THE HISTORY OF WORLD
万国通史

# THE HISTORY OF CANADA

# 加拿大通史

李节传／编著

上海社会科学院出版社
SHANGHAI ACADEMY OF SOCIAL SCIENCES PRESS

目录

1 导 言 加拿大历史的地理环境

12 第一章 土著民族的古代社会
12 一、土著民族的祖先来自亚洲
16 二、劳动生存方式
22 三、家庭与社会组织
27 四、宗教、习俗与文化
31 五、欧洲人开始入侵
41 六、法国在加拿大建立首块殖民地
48 七、土著人社会剧烈变动

60 第二章 新法兰西的兴盛与覆灭
60 一、行省殖民地的建立与扩张
65 二、新法兰西之外的殖民地
71 三、经济的发展
76 四、社会制度与社会生活
86 五、宗教、教育与文化
87 六、与土著民族的关系
92 七、争夺加拿大的早期战争
102 八、七年战争中的决战
110 九、新法兰西的覆灭

114 第三章 英属北美殖民地时代
114 一、英国人初期的治理
121 二、英属北美殖民地与美国革命
127 三、1812年战争
131 四、征服后的经济发展
143 五、移民加拿大
148 六、前期的政治制度
157 七、建立责任政府制
166 八、社会生活

177 九、土著民族的灾难
180 十、宗教与文化

192 第四章 自治领国家的诞生、成长与壮大
192 一、经济起飞
200 二、走向联合与独立
203 三、建立自治领国家
218 四、扩张为三大洋国家
224 五、加速推进国家工业化
237 六、小麦经济
243 七、工业社会的阶级关系
251 八、工业社会的政治变动
260 九、工业社会的生活变迁
272 十、土著人空前凄惨的命运
280 十一、对外关系
292 十二、文学、艺术与科技进步

304 第五章 跻身当今世界强国
304 一、战后的经济、社会与政治
318 二、魁北克“平静革命”
329 三、皮埃尔·埃里奥特·特鲁多自由主义时代
343 四、自由主义的衰落
365 五、21世纪以来经济、政治与社会变动
382 六、第二次世界大战结束以来的对外关系
397 七、土著人的进步
404 八、文化和科学的繁荣

418 深入研究的基本书目

432 后记

433 修订本后记

# 导言 加拿大历史的地理环境

加拿大国土面积995.670万平方公里，相当于欧洲面积总和，是其原宗主国英国和法国相加的13倍。其边界东起纽芬兰的斯皮尔角（Cape Spear），西至不列颠哥伦比亚省西北部的夏洛特皇后群岛，长5 514公里，跨80个经度，几乎绕地球周长1/4；南起北纬42度上的伊利湖（Lake Erie）上的佩里岛（Pelee Island），北至北纬83度上插入北冰洋深处的埃尔斯米尔岛（Ellesmere Island）顶端的大地尽头，宽约4 600公里。

**地理环境** 加拿大领土三面被大洋环抱，可划分为六大地理带，即6个主要自然区域：树木生长线以南划为5个自然区域，从东到西依次为大西洋沿岸滨海区、圣劳伦斯河与大湖流域、加拿大地盾（Canadian Shield）、中央低地与高原，以及远西部科迪勒拉山（Cordillera）地理带；树木生长线以北为一个自然区域，即包括北极圈陆地（北纬66度33分以上）与北冰洋群岛：最北部的北冰洋海岸与北极群岛地理区，包括拉布拉多半岛（Labrador Peninsula）、昂加瓦半岛（Ungava Peninsula）、西北地区（Northwest Territories）北部与北极群岛，占加拿大国土面积1/5。北极群岛面积130万平方公里，为世界之最；全世界30个大岛这里占6个，巴芬岛位居第六。中部和西部的岛屿较为平坦，东部岛屿上有高山，终年为厚冰所覆盖，加拿大最大的冰川就来自这些冰盖。北极群岛上的最高峰为埃尔斯米尔岛北部的巴博山，高2 616米，是落基山以东的北美最高峰。

整个地区皆属寒带苔原气候，永久冻土，最冷处的冻土厚度可达550—1 000米，最热的月份不过10摄氏度，几乎常年朔风怒号。北极群岛最冷，冬季三四个月里不见阳光，平均气温在零下20度以下；夏季的三四个月，整日白昼，温度或在零度以上。

在这一地理带的整个区域完全没有树木生长，而是为苔藓覆盖，间或有短草和灌木生长。有植被的地方，在短暂的夏季景色也很美丽。

紧接这一地理带的加拿大地盾地理带，面积为460万平方公里，呈现西北—东南走向，从地面上看，像个大扇面，扫过加拿大2/3的国土。由于地形呈盾牌状，称加拿大地盾。加拿大地盾的地质构造形成于前寒武时代（从45亿年前地球诞生到5.7亿年前地球生命大量产生之时），故也称前寒武地盾。地盾的岩石层与地球的年龄一样古老，大部分呈结晶状，通常是花岗岩、带彩条状的片麻岩。在前寒武时代，地盾岩块相互层叠，冲撞向上隆起，形成山峦，所谓地盾就是被古代冰川久远侵蚀、切削并削光了土壤的古老的巨大岩块。这个大岩块的北部边沿，实际上在北极群岛底层沉积岩的下面，其岩石向南延伸，岩层逐渐向上隆起，到树木生长线处始露出地面，然后一直向南与东南方向继续延伸，东到拉布拉多海岸；东南与南面经过五大湖（Great Lakes）湖底及圣劳伦斯河河床，一直延伸到今天美国边境而成为地下较短岩层，在纽约州的阿第伦达克山脉（Adirondack Mountains）处再现地面。

在加拿大地盾上，展现了加拿大最丰富多彩的地貌，最突出的特色是，史前冰川划过而形成星罗棋布、大小各异的湖泊，以及纵横交错的河流。这些河流绝大多数东西流向，注入哈德孙湾（Hudson Bay）或詹姆斯湾（James Bay）。地盾的中心区哈德孙湾，是地盾最低处，从高空观察，加拿大地盾像个大水盆或大碗，从中心最低处向外沿逐渐升高，西部边缘靠近落基山脉；东部边缘较高，构成拉布拉多半岛凹凸不平的海岸线。这里群山耸立，峭壁千仞，其北部大西洋沿岸为托斯格特山脉，最高峰考布维克峰海拔1 650多米。拉布拉多沿海岬湾与深港密布，风景如画，险峻形胜，因此，在第二次世界大战中曾在这里建成西方盟军最大的古斯贝空军基地。

从行政区划上，地盾这个地理区包括西北地区东北部、努纳武特因纽特人自治区（1998年新从西北行政区独立划出）南部，以及萨斯喀彻温省、马尼托巴省、安大略省与魁北克省的绝大部分，还包括面积几乎占纽芬兰省（Newfoundland）大陆部分面积一半的拉布拉多地区。

在加拿大地盾带东西各为两个地理带：东部紧接地盾区的是圣劳伦斯河—大湖流域，奔流千里的圣劳伦斯河全长1 197公里，河头虽在安大略湖（Lake Ontario），而其诸多支流的源头所构成的发源地却在加拿大地盾深处。这条大河按自然地形明显分为南北两个部分：南部是湖区平原和丘陵地；北部下游在地盾与阿巴拉契亚山脉之间形成西南—东北走向的河谷谷地，称为圣劳伦斯河谷低地，河流在这里从安蒂科斯蒂岛（Îl d'Anticosti）附近流入圣劳伦斯湾(Gulf of Saint Lawrence)。

整个圣劳伦斯河流域面积为100万平方公里,安大略湖与其西面依次排列的伊利湖、休伦湖(Lake Huron)、密歇根湖(Lake Michigan)和苏必利尔湖(Lake Superior)一起构成五大湖群(除密歇根湖在美国领域外,其他4个湖均为加拿大和美国两国共有)。从空中看,五大湖很像一个人摊开的5个手指,因此被该区域的加美当地居民形象地称为“五指湖”(Finger Lakes)。大湖流域总面积735 950平方公里,是加拿大面积广阔的河谷与湖域平原,农业文明的摇篮。

从这一地理区越过加拿大阿巴拉契亚山脉,便是大西洋沿岸地理区。加拿大阿巴拉契亚山脉是由美国阿巴拉契亚山脉延伸而来,直至纽芬兰岛上。从自然地理上看,该地理带由阿巴拉契亚山脉山地以及纽芬兰岛、爱德华王子岛、安蒂科斯蒂岛(正对圣劳伦斯河口)与新斯科舍半岛构成。按传统,这一地理区划分为4个行政省,即新不伦瑞克省、新斯科舍省、爱德华王子岛省与新斯科舍省构成,一向被称为滨海省,或滨海地区。这一地理带还与加拿大地盾带共享拉布拉多半岛海岸区域,即纽芬兰省大陆部分。纽芬兰岛海岸与附近岛屿的海域水浅,形成许多浅滩,其中最著名的有纽芬兰岛东边大陆架上的几条浅滩,被称为纽芬兰大浅滩,是世界著名渔场。

西部紧接加拿大地盾的地理区是中央低地与高原,它东起地盾西缘,西到科迪勒拉山边沿;南起美加边界,北到马更些河三角洲。现今加拿大中部的阿尔伯塔(Alberta)、萨斯喀彻温(Saskatchewan)、马尼托巴(Manitoba)3省以及西北地区除了地盾的大部分地区,均属中央低地与高原地理带。整个地理带分为南北两部分:即北部的马更些河谷林地与南部(皮斯河以南)的加拿大大草原(Prairies)。加拿大大草原由两个坡度不同的高地构成:一个在马尼托巴省西部,称为马尼托巴坡地(Manitoba Escarpment);另一个在萨斯喀彻温省中部,称为密苏里高原(Coteau du Missouri)。中西部的两条大河即萨斯喀彻温河(Saskatchewan River)与马更些河(Mackenzie River)分处于这一地理区的南北。马更些河是加拿大第一、北美第二的一条大河,全长5 945公里,流域覆盖低地北部,因此被称为马更些河谷林地带,是北方森林的构成部分;萨斯喀彻温河流经南部大平原,在艾伯特王子城(Prince Albert)以上分为南北两条支流。

南部高原上的大草原,即法文Prairie,相当于英文meadow,意为草地。它是加拿大最富特色的地理带之一。法国人当初在北美探险时,将他们在北美中部发现的这大片没有树木而覆盖着青草的广袤平原称为北美草原。这块巨大的草原，南起美国南界，北至加拿大马更些河支流皮斯河河谷，绵延5 000公里。北美大草原的东西北三面均以森林为界，南面向墨西哥湾敞开。其伸入加拿大的部分就是加拿大大草原。这一地理区域的行政区划分为阿尔伯塔省、萨斯喀彻温省、马尼托巴省南部，以及育空地区东南角与不列颠哥伦比亚省东北角一块小三角地带。这里也是加拿大大草原的西北角，而著名的红河平原是其最东端。

中央高原低地区气候大体是北部夏季温和而短暂，冬季漫长而干冷。加拿大大草原夏暖，冬冷而少雨，特别是南部，冬季非常干旱寒冷，1月平均温度零下14度，最低零下24度。

濒临太平洋的科迪勒拉山系则是加拿大最西边的一个独立地理带。科迪勒拉是西班牙文Cordillera，意为多山。这是西班牙人在北美探险时对太平洋海岸地理特征的描述。这个山系主要由5条山脉与大山构成：南部不列颠哥伦比亚省境内有海岸山脉、落基山脉及哥伦比亚山；北部主要是圣埃里亚斯与马更些这两条山脉。科迪勒拉山系横跨加拿大最西部的两个行政区，即不列颠哥伦比亚省与育空地区；落基山脉的东坡斜向阿尔伯塔省与西北地区边沿。

科迪勒拉山系是在1.75亿—1亿年前最后一次造山运动的过程中形成的。当时，海洋板块跟美洲大陆板块相撞向上突起而造就了这个大山系，因此加拿大太平洋沿岸的5条山系大体皆与太平洋海岸平行，而呈东南—西北走向。圣伊里亚斯山脉的几座高峰至今仍被冰川覆盖，其主峰落根山高5 951米（为加拿大的最高山峰）。

整体上看，这个地理带差异性很大，河流众多，山脉与山系之间形成许多高原、断层、沟壑、河流与峡谷，水流湍急。地处弗雷泽河（Fraser River）下游的鬼门（Hells Gate）这样的险滩，比比皆是。南部有哥伦比亚河（Columbia River）、弗雷泽河与其支流汤普森河（Thompson River）这3条大河，稍北有斯基纳河、纳斯河（Nass River）等许多较小河流。这里的河流均经不列颠哥伦比亚海岸流入太平洋。弗雷泽河和汤姆森河流经不列颠哥伦比亚南部的一块台地，构成海岸山脉与落基山脉之间的一块内陆高原。

科迪勒拉山系北部在圣埃里亚斯与马更些山脉之间也有一块高地，就是沟壑纵横的育空高原，其最北部是北冰洋海岸平原。育空河（Yukon River）发源于落基山北部的高峰上，从不列颠哥伦比亚省的最北端流出，横穿育空地区

(Yukon Territory)，全长3 185公里，流经育空地区2/3的面积，经阿拉斯加流入白令海。与科迪勒拉山系南部河流相比较，育空河流势平缓，在育空地区首府怀特霍斯以北的水电大坝修建以前，船舶可以从河口一直航行到源头。育空河这个特点以及科迪勒拉山系北部山脉的走向，可以帮助我们了解美洲土著人的祖先为什么能够经过这里移居这两块大陆的。

科迪勒拉山地理带南部属温带落叶林气候，北部为大陆性气候，可以见到最暖、最冷、最潮湿或最干旱的气候。育空道森地区1月平均气温为零下27度，最低零下34度；怀特霍斯1月平均气温为零下16度，最低零下25度。南部温哥华1月平均气温3度，7月平均气温16度，是加拿大冬季最暖和的地方，而且景色宜人。

**资源丰富**　加拿大的自然地理条件多种多样，类型齐全，尤其是加拿大地盾这一特殊地理地质构成，不仅使加拿大形成独具特色的自然风光，众多的山地、高原、丘陵和平原，绮丽壮观，也造就了这片国土物产富庶。

加拿大现在耕地面积7 000万公顷，约占全国土地面积的7%，基本上是一个不可能从事农耕的北方国家，古代就不具备农耕文明的基础，加拿大土著人民长久从事狩猎。除大草原、东西海岸南部、圣劳伦斯河谷及五大湖湖区地处北纬49度以南，作物生长季节超过160天，适合于规模农业，特别是圣劳伦斯河谷湖域平原土壤肥沃，物产丰富，非常适合林业或渔业，其余地区90%以上处于北纬49度以北，气候寒冷。

在加拿大6个自然地理区中，圣劳伦斯河—大湖流域虽然面积最小，但是却是加拿大这个国家的精华所在，将其比作中华大地的中原也不为过。这里气候温和，植被多样，既有落叶林区，也有针叶林和混合林。最古老的加拿大易洛魁—休伦人的农业文明，就产生在这一区域，公元前800年南美的农业栽种技术就传到了圣劳伦斯河谷与湖域，定居在河谷与湖区的易洛魁人(Iroquois)和休伦人(Huron)开始从事原始农耕。不过，只是到近代才有真正的规模农业产生，17世纪初法国农民移民到圣劳伦斯河下游，带来了法国个体庄园的农耕技术。不久，英国移民来到圣劳伦斯河上游和五大湖沿岸，这里便出现了英国大农场农业。安大略湖南岸的尼亚加拉半岛地区，为加拿大提供了占总量1/3的农产品、奶制品和水果。大西洋4省沿海平原也生产小麦，爱德华王子岛是著名的马铃薯产地。

19世纪80年代开始开发西部草原，建立起现代牧区和农场，到20世纪初形成大谷物农场，小麦开始成为加拿大的主要出口商品之一，草原3省变成加拿大的谷仓和“世界面包篮子”。在20世纪50年代末60年代初，中国就是主要从加拿大购买小麦度过了3年困难时期，并启动中加粮食贸易，长期购买加拿大的优质小麦。除加拿大大草原主要小麦产区外，在东西两海岸濒海地区，也有局部农业区域，除水果外，也种植小麦和燕麦等作物。太平洋海岸山脉与落基山脉之间的不列颠哥伦比亚省南端的那块内陆高原，是该省的主要农业区；在大西洋滨海新不伦瑞克省（New Brunswick）、新斯科舍省（Nova Scotia）的混合落叶林相连的地带，形成众多绿色河谷，适宜局部农耕，种植小麦等作物。现在加拿大已是农业高度发达的国家，是世界最大的谷物生产国和出口国之一。

农业之外，加拿大森林广阔，林业兴旺。占加拿大国土面积2/3以上的北方广阔国土，无论东西两海岸的巍巍高山，加拿大地盾纵横的湖泊、河流，还是中央低地与高原，以其地理与气候条件，不宜耕种，但是却为森林覆盖。加拿大地盾树木生长线附近虽然仍是苔原带，但是往南整个地盾地理带南部、东南部却森林密布。这一面积广阔的林地统称北方森林带（或北半球山地林带）。由于地盾的巨大面积，北方森林实际覆盖了加拿大从东到西极大部分的北半部国土，向东延伸至大西洋海岸山地与阿巴拉契亚山脉以及新不伦瑞克省、新斯科舍省，与那里的落叶林相混合；向西延伸到萨斯喀彻温河以西，也将科迪勒拉山系南部的森林连在一起。在西海岸山地，植被差异性很大，育空地区40%属次北极地区，为苔藓和灌木覆盖，而在道森以南的育空河上游谷地（利亚德河以南）则属北方森林地带。

加拿大北方森林绵延万里，生长着十分珍贵的树种。在地盾区森林中，多生长松、云杉和美洲落叶松等；在育空地区森林中，则不仅盛产云杉，也生长冷杉或松树及白杨、白桦等，云杉可长到35米高。海岸山脉与落基山南部由于向风面受湿润的西风沐浴，雨林浓密，长绿云杉、冷杉或松树，林木挺拔。温哥华岛（Vancouver Island）上生长一种叫卡玛纳巨木的稀有云杉，高95米，围长9.5米。在山脉东面背风面的高原上，到处覆盖青草或灌木，虽然稀疏而长绿。

辽阔的北方森林提供各类优质木材，为加拿大在很长的一个历史时期内支撑了一个十分重要经济部门，即木材和木材制品出口，这成为加拿大财富十分重要的来源。而现今加拿大仍为世界第三林业大国，木材业现已分为两大门类——木材和造纸。木材产量仅次于俄罗斯和美国，居世界第三。造纸业在加拿大制造业中的重要性也位居第三，仅次于汽车业和食品业；新闻纸产量居世界第一，纸浆产量仅次于美国，居世界第二。

加拿大的茫茫林海不仅有各类珍奇树种、有用木材，还有名目繁多的各类动物。这也是加拿大财富的象征。其中，最为珍奇的有麝牛，特别是加拿大的国兽海狸（Beaver），后者现为加拿大所独有[①]，十分珍稀。除大草原外，海狸也出没于各地山地、湖泊与大河凡是有水的地方，而北方森林则是它的中心家园。在近代历史上，这种动物曾是英法两国争抢加拿大的最早驱动力之一，利润丰厚的毛皮贸易就因它而兴起，经久不衰，持续了四五百年。当然，毛皮贸易在加拿大现代经济中已经没有多大意义了。

苍茫的西部草原也是各种动物的乐园，著名的北美野牛可重达1 000公斤，是北美最大的陆栖动物。19世纪60年代，一位欧洲移民刚到时曾感叹：未曾想到有那么多野牛，"树林及草地上到处都是……密密麻麻，整个草原似乎不可能有再塞进另外一头的空间"。即使在占国土面积1/3的北极圈内，属于苔原永冻土地，仅覆盖苔藓、短草与灌木，也不乏珍奇野兽、海兽及鱼类。在海岸水域中，有长须斑纹海豹、海象、独角鲸、白鲸、北极熊和北冰洋红点鲑；在岸边灌木中，有北美荒地驯鹿、北极兔与北极狐狸；主要生长于格陵兰的稀有动物麝牛，在与苔原相接的北方森林直到育空西北地区都有生存。

由于三面大洋环绕，加拿大渔业资源十分丰富。北冰洋沿海河流盛产湖鲑、白鲑、梭鱼和北极红点鲑，同样的鱼类直到哈德孙湾海湾及其流域的都有生长。哈德孙湾南端的大沼泽或大湖流域，也是雪鹅等候鸟的理想栖息地。大量候鸟包括世界上大多数的大雪鹅和野鸭在岸边沙滩、芦苇里筑巢。在圣劳伦斯河以及大湖流域水中，盛产胡瓜鱼、鲟鱼、鲱鱼和白鲸。东西两大洋更是渔产丰富，纽芬兰大浅滩是近代以来所发现的世界最著名的大渔场，盛产鳕鱼。除鳕鱼外，也产鲭鱼、海豹、鳗鲡、鲸、海豚和贝类。太平洋岸则以大马哈鱼闻名世界。此外，中西部的内陆湖泊及河流构成第4个渔区。加拿大水产出口位居世界第三，仅次于挪威和日本，就不足为奇了。

加拿大的矿业资源居世界前列，由于前面提到的加拿大地盾的地质成因，矿藏主要集中在地盾的史前花岗岩石内。在远古地盾形成时期，与融化的火山岩穿插交错的过程中地盾岩块逐渐磨损成残留物，而这类岩石层内富含各类矿物。地盾上的矿藏主要分两大矿带：第一条矿带在魁北克北部及东北部的昂加瓦半岛，以及该省与纽芬兰省大陆部分共有的拉布拉多地区。在这一广阔的区域内，近代发现了世界著名的赤铁矿，而远在魁北克城东北的谢弗维尔镇则是铁矿带的中心，附近有三大铁矿区。在安大略（Ontario）和魁北克

① 2017年3月初有一则新闻报道说我国新疆也有这种动物，长相与习性同加拿大海狸相似。

两省交界处，有三大铜矿和大镍矿，锌、钴、金、铂金、银等也很丰富。在地盾西部，从休伦湖岸的地盾西南边沿，向西北延伸到大熊湖(Great Bear Lake)东岸，是第二条富矿集中带。加拿大最大的两个铀矿——安大略的埃科贝铀矿、萨斯喀彻温的铀城——都位于这条湖线矿带上。铀城是北美也是世界上最大的铀矿，总储量逾69万吨，居世界前列。镍储量907万吨，居世界第三。

除地盾外，在东西两海岸的群山中，也蕴藏各类矿产，尤以煤、铁、铜等矿产居多。到20世纪80年代，矿产已经占到不列颠哥伦比亚省工业总产值的10%。在大西洋沿岸地区，除纽芬兰省的拉布拉多产铁之外，在20世纪末也发现稀有金属储藏；20世纪后期还在纽芬兰发现海上气田。在中、西部草原地理带，不仅为国家出产出口小麦，早在第二次世界大战后就在这里的地下发现了石油和天然气；还应提到的是萨斯喀彻温省的钾碱居世界之首，中国至今仍从那里大量进口。

说到石油和天然气这个现代重要的能源部门，也不应小视另一重要部门——水力发电。这是清洁能源，在加拿大可谓具有得天独厚的条件，在地盾、海岸山地或高原的绝大多数河流，瀑布落差大，水力资源十分丰富。水力资源蕴涵的发电量，年逾5 000亿千瓦，仅圣劳伦斯河水系储存总计就达800万千瓦。到20世纪90年代初，加拿大水电开发已经占到世界水力发电的15%、全国发电量的61%，不仅满足本土的需要，还有1/6可以出口给美国东北部工业地区。

矿产等自然资源如此丰富，以至2013年11月3日在天津召开的中国国际矿产大会上加拿大自然资源部一位女官员自豪地说："加拿大矿业资本市场发达，全球约一半矿业项目融资均在加拿大完成。"她是希望吸引中国资本去加拿大投资矿业，足见矿产至今依然富足。

**地理环境影响** 历史唯物主义不主张地理决定论，但是不否认地理环境对社会历史发展的影响。加拿大辽阔国土上的动植物、鱼类资源以及地下蕴藏的各类宝藏——黑色金属、有色金属和稀有金属，十分丰富，品种齐全，而且从东到西都有储藏。自20世纪二三十年代国家工业化时就已加速开发，至今仍不枯竭，取之不尽。这个年轻的国家可谓地大物博。由于地大物博，一直吸引世界各地各个种族勤劳智慧的移民带着大量资金和各类技术到来，至今依然如此。这些就是加拿大发展的源泉和动力。加拿大历史学家早已论及地理环境对加拿大发展的影响，无论古今都十分重要。这种影响既有积极的，也有消极的，其中有两个影响特别突出的，即土著人社会长久停滞与地理的南北

“一致性”，这两个影响应当提出来讨论。

历史学家现在对古代美洲包括加拿大古代人类的来源业已形成一致看法：为了追踪北极附近的大型食草动物，加拿大土著人（原称印第安人）的祖先古代猎人，在冰河结束时从东北亚越过白令陆块进入加拿大，然后分散到南北美洲各处，逐渐形成历史悠久的美洲土著人文明。这一文明一般被分为中美洲、安第斯山高原的高级农业文化；安第斯山高原附近区域的中等农业文化；南美洲南部与北美西部和北部同属渔猎采集文化区域。

加拿大是北部渔猎采集文化区域的中心地带。这里荒僻多石的地表反映了其冰川年代的起源，缺少南方气候温暖而土地肥沃那样的吸引力。不过，加拿大各地耐寒植物和皮毛动物资源却十分丰富，最适合古代土著猎人和渔民的生活方式。丰富多样的自然资源为加拿大古代猎人及其后代土著人提供了可靠的生产和生活保障，林木不仅为简单生产工具提供原料，也是他们简单居所的建筑材料。林中的动物是土著人的衣食父母，不仅是他们的食物来源，也提供保暖衣料，如熊、狐狸、麝鼠、貂鼠、旱獭、猞猁和野兔等动物。其中，海狸皮是高级保温毛皮。

动物之外，鱼品则是古代土著居民又一食物的主要来源。就此而言，加拿大得天独厚，不仅山地、高原或地盾湖泊密布，而且河流纵横交错，三面海洋环抱，鱼类、水鸟禽类资源取用不竭，是土著居民摄取蛋白质的天然仓库。

土著人的先民在这样优越的自然环境下生活，虽然艰苦，但是依靠很简单的生产工具和技术，衣食住行便可以得到保障。不过，这种生产和生活方式对生产力的技术进步，明显缺乏激励因素。再加上地处北纬49度以北的严酷气候条件，一直是古代土著猎人难以克服的天然障碍。这就制约了文明进步，加拿大古代社会能够维系万年之久，这或许是重要原因之一。

其实，加拿大气候和地理环境的双重性影响，一直持续到现代，至少到19世纪中期加拿大工业化开始时。在16—17世纪之交，法国和英国先后扩张到加拿大，同比利牛斯人到南美的背景和动机一样，是受欧洲“价格革命”促使，去寻求贵金属。法国国王给雅克·卡蒂埃（Jacques Cartier, 1491—1557年）的使命是发现“有大量黄金与其他财富”的地方。虽然他们没有西班牙征服者那样幸运，后者在阿兹特克人的墨西哥或印加人的秘鲁直接掠得数以万计的金银财宝，但是，法英殖民主义者发现了土著人两三万年以来赖以生存的鱼类和动植物等天然产品，被20世纪20年代加拿大经济史学家从经济学意义上冠以Staples即大宗产品，随后即兴起经久不衰的大宗产品贸易，为两国带来了巨大的财富，比起比利牛斯人掠夺的真金白银毫不逊色。两国的渔民先是从纽芬兰外的大西洋浅湾捕捞鳕鱼，运到南欧开展贸易；16世纪后期再兴海狸皮贸易，持续两个世纪之久；从1763年加拿大成为英国独占殖民地后，开始开发农业生产，又增加一宗出口产品——谷物，至今仍是加拿大的大宗出口产品。大宗产品贸易无论从哪个方面都促进了英国工业革命，尤其是为工业革命积累了原始资本。随着美国独立革命，效忠派（loyalists）农民大量移入，在促进加拿大农业开发的同时，加拿大也成为英国的商品市场。这样，加拿大也被卷入欧洲资本主义轨道，直接从土著人的石器时代进入现代文明。向英国出口大宗天然产品的经济发展方式，在促使加拿大文明跨越式发展的同时，也有消极影响即制约了经济社会进步，结果加拿大长期处于殖民地的地位。

另一突出问题即“地理南北一致性”，也具有积极和消极的双重性质。翻开美洲地图可以明显看出，除北极外，加美两国共同分享4个地理区域：东海岸的阿卡迪亚山区，是美国东海岸阿巴拉契亚山脉的延长；圣劳伦斯河流域，与美国俄亥俄河流域同属北美大陆的五大湖地理区；中央低地与高原地理带的西部草原，则与美国的西部草原相连，同为北美大草原的构成部分；两国的远西部地区同以太平洋为界，分属科迪勒拉山系的南北。这就是所谓的两国“地理南北一致性”。绝大多数加拿大人都生活在美加边境地区几百公里之内，无论从空中、陆路，还是从水陆，向南到达美国极为方便，比到本国的东西地区还方便。这便利了加美两国南北向的交通和联系，有利于加拿大从其现今的南邻吸收技术和投资，也使得两国开展贸易十分便利。

这种地理南北一致性，如一位加拿大历史学家所说，“与其说将加拿大从美国分开，还不如说将加拿大一个一个地区分割开来”。其弊端十分明显，即自独立战争以来美国对加拿大国家独立构成的威胁，有的扩张主义分子一直觊觎加拿大，鼓吹将它并入美国，使之成为美国的苏格兰。在1869年路易·瑞尔领导红河（Red River）梅蒂斯人起义时期，他们就曾发表一篇题为《兼并是我们的显然使命》的文章，声称加拿大的西北地区与东部相隔千山万水，从长远看却与美国“在经济、地理和文化上是一体的”。直到20世纪末，这类声音仍不绝于耳。1992年4月，美国一个称作马维斯特朗的所谓国际展望公司预测加拿大加入美国只是时间早晚的问题，1996年魁北克独立，大西洋沿岸各省会在1998—2000年相继加入美国。而这种地理一致性和南北吸引力，确实曾助长了加拿大地方分离主义的倾向。在历史上，大西洋沿海省份、西海岸的不列颠哥伦比亚乃至中西部的红河地区都曾出现过要求并入美国的呼声。

不过，加拿大自初期以来也存在东西一致性，即从东向西使国家联系在一起的力量源泉，并且也是地理上的、天然的。16世纪初期，当法国探险家和毛皮商人进入加拿大时，他们便沿着圣劳伦斯河水系以及加拿大地盾上东西流向的水系开辟海狸皮贸易的路线，从而形成东西贸易体系，即所谓的圣劳伦斯“东西轴心”。正是这一基于河流东西流向的特殊地理条件，成功地抵消了南北向的吸引力，在历史上曾起到维系国家独立的作用。1867年加拿大自治领国家建立时，联邦之父制定“国家政策”，利用毛皮贸易形成的圣劳伦斯东西轴心，成功地抵消了南北吸引力，一直维系着加拿大这个年轻的现代国家的统一和独立。确实，圣劳伦斯河对于加拿大来说相当于中华民族的黄河与长江，是加拿大文明的发祥地。

# 第一章 土著民族的古代社会

加拿大是个年轻的国家，1867年英法移民宣布建立自治领国家至今年，整整150年，是这颗星球上开发最晚的国家之一。然而，加拿大并不像西方探险家所说的是他们发现的“新土地”，土著人也不是“印第安人”（印度人）。20世纪70年代，土著人自称“第一民族”。80年代，加拿大政府已按土著人的要求取消印第安人的称呼，改称土著人。这是有科学根据的。包括加拿大在内的美洲土著人的祖先不是来自印度，而是在2万年以前自亚洲北部迁入的。他们首先发现加拿大，所以这片土地开发虽晚，却具有久远而古老的历史。因此，本书要从土著人的洲际迁移开始来叙述加拿大悠久的历史。

## 一、土著民族的祖先来自亚洲

人种学家认为人类由100万年前生活于非洲南方森林的古猿进化而来，然后北迁，逐步散布到欧亚大陆，并形成三大种群，即尼格罗人、高加索人和蒙古人种。美洲土著人属蒙古人种。从19世纪末20世纪初起，各国学者开始从地质、考古、语言、民族学和历史学等方面进行了长期考察，而后认定环太平洋的亚美大陆在民族、人种和文化上存在亲缘关系，而美洲土著人是来自东北亚的远古猎人的后裔。

**考古学的证据** 迄今为止，在美洲大陆从未发掘出过类人猿化石，30万年前的智人遗址也没有。美洲最早的人类遗址属于新石器时代。在安大略—纽约一线曾发掘的人类遗址，属于4 000—15 000年前；育空老鸦洞遗址，属于2 500—30 000年前旧石器时代的猎人遗址；阿拉斯加鹿骨刮刀、育空青鱼洞文化、马更些河以西的发掘物，分别属于27 000年、11 000年或7 000—11 000年前的土著人遗物。结论只能是，美洲先民是从北美以外的大陆迁入的。

苏联考古学家还证明，在10万年以前旧石器时代，西伯利亚已有人类居住，但是只在西伯利亚南部、贝加尔湖以南及以西地区发现过人类遗址，往北虽然有动物残骸而无人类遗迹。他们在20世纪50年代得出的结论说，远东濒海地区最古老的居民源自周口店北京猿人。由于在加拿大也未发现过旧石器时代洞穴人的化石，所以加拿大考古学家约翰逊·托马斯1988年在北京一次学术会议上说，考古发现证明美洲大陆人类祖先沿袭了周口店石器文化。

首先，考古学家对早期土著人的遗骸、猎物骨架以及使用的简单工具测定，北美土著人与亚洲北部的古人多有共同之处。西伯利亚出土的器物与加美地区的凹刃尖石等出土物相似，阿拉斯加凹形石刀在蒙古戈壁上也有发现，加拿大土著人使用过的石核，经研究源自华北的原始狩猎工具。

**民族学、民俗学与文化比较的推论**　人种比较研究发现，北美土著人的生理有别于白人而与西伯利亚民族相同，牙齿构造相同，同样耳垢干燥，婴儿有“蒙古斑”青记等。当然，他们与亚洲北部居民在血型、细胞酶及蛋白质成分等方面存在差异，研究认为这是在北美环境中长期变异的后果。

民族学、民俗学与文化比较研究，也可印证加拿大土著人与亚洲北部民族同根。加拿大土著人信仰自然神，即萨满教，认为宇宙有“三重天”(潘尼人、西伯利亚楚克奇人相信九重天、十八重天等)。北美土著人的萨满教Shama的发音，来自通古斯语Saman。他们通常用以驱邪除病，在中国北方农村，甚至晚至20世纪50年代仍可见到此类迷信。土著人模仿鹰、狼动作，跳面具舞；华北、东北少数民族中也有。黑龙江边境少数民族捕鱼打猎方法与加拿大土著民族也有共同之处。这些都表明加拿大土著人的祖先与亚洲东北部民族有渊源关系，深入进行比较研究，相信还会发现更多证据。

关于加拿大土著人的先民从亚洲迁入的经过，已有合理解释：在4万年前第四纪末期，太阳光度减弱，辐射能量降低，地球气温骤降，北半球进入冰河时期(Ice age)。从现今西伯利亚北部到加美东北部地区，为大陆冰川所覆盖，深达数百米。冰川吸水，海面降低130米，结果，从美洲西北端到亚洲东北端，海洋大陆架露出水面，形成宽约1 300公里的白令陆桥(Beringia)。白令陆桥大体存在3万多年。在白令陆桥存在期间，北极地区昼夜日晒，夏季炎热，草木繁盛，西伯利亚的各类食草动物纷纷来此觅食。为了猎取史前野牛、北美驯鹿、麋鹿、猛犸象、乳齿象以及其他的人型哺乳动物，东北亚的远古猎人也经白令陆桥从西伯利亚追逐到这里。他们就是现今美洲包括加拿大的土著人的先祖。可以想象，这次洲际移民进程，在陆块存在的整个历史时期可能一直是持续不断的。

还有两种推测：美国一位历史学家认为北美土著人的祖先是来自法国的古代福尔素母人，那时英法两块陆地相连，福尔素母人沿着北大西洋海岸的冰层到达北美大陆；也有历史学家认为南美的土著人是从东南亚经南太平洋的岛链，逐步迁到美洲的。更多的学者倾向于他们是从东北亚经白令陆桥这条线路迁入的。

**育空河谷——美洲人类文明曙光升起的地方** 科学家相信，加拿大和美洲人类文明的曙光，最先从加拿大育空河谷（Yukon River Valley）展露。在最后一次冰河期间，现今加拿大育空地区的南部与东部虽然被冰川厚厚覆盖，但是育空西部与北部直到阿拉斯加却逃过了冰川的侵袭。当时，这里曾是今天加美境内最大的一块无冰川覆盖的陆地，育空河照常流淌，越过白令陆块的远古猎人便沿着育空河谷进入加拿大。然后，有一部分先古移民应当沿着落基山东麓与哈德孙湾西沿的两条冰川之间的通道，向南与西南流动，最终散布到南北美洲两块大陆。加拿大有历史学家认为，“他们以平均每代约80公里的速度，快速前进，约在10 500年之前，已在弯月形冰盖下的南北美洲所有可居陆地定居下来。几千年后，冰河退去，足以使一些土著人能够占据哈德孙湾及詹姆斯湾周围的中央加拿大地区”。

雅克·卡蒂埃

导言部分已经提到，在最后一次造山运动中形成的育空高原，地势平坦，育空河水流势平缓，今天船舶可以从育空河口直航河的源头。正是由于育空河谷十分平坦以及科迪勒拉山系北部山脉的南北走向，越过白令陆块的加拿大土著人的祖先——亚洲远古猎人——完全有可能通过这里移居加拿大各地，并在以后漫长的岁月里继续向南面以及东南面分散。

13 000年前的最后一次冰河时期结束，地球气温回暖，北半球冰川消融，海洋水面上升，白令陆块消失，恢复海峡原始状态。刚刚露出曙光的加拿大古人类文明，与亚洲先进文明从此割断了联系，长期隔绝。这是美洲古代文明落后于亚洲古代文明的地理原因。后来再次与别的大陆文明接触，有文字记载的，是1534年6月与法国探险家雅克·卡蒂埃首次相遇。

对于这次历史性的伟大接触，雅克·卡蒂埃有十分详细的描述。他对土著人的第一印象是，土著人是不折不扣的远古野蛮人。他们“身穿动物皮毛，留着头发，头顶（毛发）像一把拧在一起的干草绳，中间穿着钉子之类的东西，戴着几根羽毛”。雅克·卡蒂埃1535—1536年第二次航行时，则有进一步描述：“这些人大概应被叫作野蛮人，因为他们可能是世界上最可怜的人，许多人除了独木舟和渔网外，没有任何价值超过5个苏的东西，相当裸露，只用一小块兽皮覆盖阴部，还有一些旧毛皮，搭在肩上……当他们旅行时，除了自己的独木舟，没有其他住所，而是将他们的独木舟反扣过来，睡在它下面的地面上”。雅克·卡蒂埃叹息道，与法国人与西班牙人在墨西哥见到的富有金银的印第安人相比，这些印第安人多么蒙昧！

加拿大各地的土著人虽然生活方式不同，但是都必须依赖自然环境所提供的资源寻觅食物和衣料，或就地取材构筑简单居所。当时，他们仍然明显处于人类的早期阶段。按雅克·卡蒂埃这个观察，当欧美大陆文明与其初遇时，加拿大土著人与他们的先祖在2万年前的状态大概没有多大区别，仍然使用简单工具进行狩猎和采集，过着原始部落的生活。显然，15世纪末土著人的加拿大，不仅远远落后于他们先祖昔日的故土——亚洲大陆的文明，也落后于南迁到美洲南方去的远古移民的后裔在中南美洲所创立的印加、阿兹特克或玛雅文明。在这一时期，即使较后的玛雅文明，已有农村公社，初步的阶级分化，远远超出加拿大太平洋沿岸最先进的部落社会。更先进的印加文明（Inca Civilization）已向奴隶制过渡，创立了“世界上最成功的极权主义国家”。印加文明不仅具有文字，建造巨大的神庙，而且数学和天文学堪与同时期的欧洲一比高下。土著加拿大却仍然停在结绳计算和口头传说的人类孩童阶段。

要为古代加拿大勾画出一幅清晰的历史画面，实属不易。16世纪初加拿大土著人刚刚与现代文明接触时，虽然说约有30万人，但是基本上是一个民族马赛克，他们有50种文化，讲12种主要语言和众多方言，极不均衡地分布在今天加拿大的所有地区。有学者认为，这种语言的多样性是由于土著人的祖先在远古的历史长河中分小群相继迁入的结果，他们到达后继续流动，不断分散。大部分人居住在太平洋沿海、圣劳伦斯河谷及大湖流域，其余以众多小部落方式，散布在广袤的森林、草原、山地或海湾、湖泊地区。虽然西海岸的少数部落有刚刚分化出的等级社会，以及简单农业，但是大多数部落过着非常原始、非常简单的渔猎采集生活。任何部落或民族都没有文字，只有零星的口头传说。

因此，叙述加拿大古代史，不可能同我们讲述中华民族古代史一样。这里没有可靠的文字记述为依据，只能求助早期欧洲入侵者的记述、考古以及土著人的口头传说。显然，使用这些资料研究加拿大古代历史是有局限性的。好在19世纪中叶，美国人摩尔根长时期考察了易洛魁人的社会组织，根据对这个民族的生产、生活、社会结构、婚姻和亲属关系的考察，写了《古代社会》一书，再现了远古的人类社会。后来，马克思根据这项研究在《摩尔根〈古代社会〉一书摘要》中提出原始社会的概念，经恩格斯在《家庭、私有制和国家的起源》一书中创造性地发挥，创立了唯物史观的原始社会史理论。有了这样的理论基础，加上新的考古发现以及其他材料，如卡蒂埃和尚普兰等人的探险记，或早期在土著人部落中传教的耶稣会士（Jesuits）的记事，我们可以大体依据土著人的生存方式而演绎出加拿大土著人的古代社会形态。

## 二、劳动生存方式

加拿大的史书一般按土著民族的居住地区，将他们分为北方森林猎人、草原野牛猎人、北极因纽特猎人、北方农民，以及太平洋海岸渔民与商人这五大文化区域。不过，按摩尔根—马克思的分类方法，即以与劳动生存方式相适应的社会形态来区分，则更为科学。这一划分方法能够比较全面地反映土著民族社会的进化状态。

**北方民族的渔猎生活** 游动部落居民，无论草原野牛猎人、北方森林猎人，还是北极因纽特猎人，他们主要的生产方式及日常生活的许多方面都是共同的：相近的生活环境，没有永久定居地，从一个狩猎地迁移到另一个；生活依赖简单的技能，工具、武器（包括弓、石箭、石标、横木陷阱和罗网）、服装和礼仪物品在各处几乎一样，都取材于当地而非来自贸易；制作武器、构筑房屋或缝制衣服也很原始，不过是石刀、木刮刀、刻刀、石针、动物骨、角乃至牙齿、骨腱之类。只有极地西部的因纽特人，用的是铜制弯刃刀、刮刀和缝具。

北方森林的奇佩瓦扬人（Chipewyan People）用罗网捕猎荒地驯鹿，用灌木枝编成围兽栏，里面布满小树篱，反向开口，非常相似，形成迷宫，诱引或驱赶驯鹿进入陷阱，用矛刺死或箭射死。与此相似，克里人（Cree）在道路中央建造“鹿篱”，上面放上罗网捕捉林地驯鹿或兔类等，也捕食鱼类，使用鱼钩线、网、围堰或拦河树篱。在饮食方面，他们与因纽特人有相同之处，以猎捕北美驯鹿作为主要食物。捕猎方法则与他们北方森林中的邻居阿撒帕斯卡人（Athpaskan）和克里人的相同，即通过集体合作将猎物赶到水里，用投枪刺死，装入独木舟，或赶进石头堆成的兽栏，用箭射死。秋季是红点鲑的大渔讯期，在这个季节的大多数时日，他们移入内陆，靠集体大量捕捞从海里游到河的上游产卵的红点鲑，大多数村落都在通海的河流中建有石头或柳编鱼堰。他们也食用湖鲑。后来，从林地迁到草原的阿西尼本人（Assiniboine）和克里人，也在红河与阿西尼博因河使用这样的方法大量捕捉春季洄游的鲟鱼。

因纽特人在饮食上与林地民族的最大不同之处，是大量食用海洋动物和海洋鱼类。北冰洋的大型动物，如北极熊、有须斑纹海豹、海象、独角鲸、白鲸以及冻土地带的灰熊或粗毛麝牛，都是他们的食物来源。极地以东的因纽特人则在冬季采用冰面凿孔的方法猎捕海豹，先用狗在气孔外闻，逼海豹去选定的洞口来捕获；在春天则以模仿海豹动作来诱捕。捕鲸则靠多人合作，用鱼叉猎捕大鲸，春天则利用小白鲸在海湾浅水区或河口产卵的习性用陷捕或鱼叉捕猎鲸群。北方游动部落一般没有贸易，食物短缺不可能通过贸易得到缓解，只有住在与易洛魁部落接壤地区的村落，才有以少量毛皮交换玉米的贸易。在森林的部落之间没有贸易，因为他们没有多余物品用于交易。

平原黑脚部落是加拿大古代最有名的猎手，一般追逐野牛这种大型猎物。虽然他们也像北方猎人设计多种方法来诱捕或陷捕，但是在更多的情况下要依赖集体力量，其中最常使用的有效方法是夏季赶崖。所谓赶崖，就是包括妇女和儿童在内，大家一起追赶、惊吓，或用火烧，驱赶畜群跳下悬崖摔死或致残。现已发现史前赶崖的地址广泛分布于草原各地，萨斯喀彻温的古尔湖（Gull Lake）野牛骨遗址有15英尺，即4.5米深，证明这种方法反复运用了几千年。他们也使用“围术”来捕猎，猎手披挂带牛毛和牛角的牛皮，引诱野牛进入兽栏或围栏，犹如因纽特人在冰上引诱捕猎海豹的做法一样。狩猎结束后，由督导狩猎的长者分配猎物，由妇女制成干肉饼以备日后食用。通常把野牛肉晒干，捣成肉粉，用肥油加热炼制，也加进萨斯卡通浆果，做成味美而营养丰富的食品。欧洲人扩张到西部之后，正是依靠这种干肉饼从事毛皮长途贩运。冬季野牛消失时，平原土著人则在草原树林边缘追捕红鹿。后来，从林地移入的阿西尼本人、波卢德人、克里人和奥吉布瓦人(Ojibwe，又译作欧及布威族)都食用鹿肉。林地奇佩瓦扬人也用类似黑脚部落做干肉饼的方法，制作一种叫beeatee的美味食品。这是他们的常备食品，用血、肥肉片、鲜嫩的瘦肉与剁碎的心肺等内脏碎片混合塞入鹿肚，吊在火上烘烤而成。

村社游动部族在衣、住、行方面也十分简单，多是因地制宜，甚至多使用食用动物的皮、毛、筋骨或牙齿，再加上石头和林木等，派作各种用途。阿西尼本人用鹿皮做衣服，也捕猎草原狼和海狸，剥皮制作冬装。奇佩瓦扬人妇女使用动物皮、毛制作服装。奇佩瓦扬意为“带尖的皮”，指留在衣服上作为装饰的动物尾巴。他们男女外衣相似，穿着长衫或束腰外衣，再加上绑腿及鹿皮靴，着装表面工整。相比较而言，草原妇女穿着稍好一些，甚至在制作衣服的皮子上绘画，因为他们更靠近南方比较先进的土著人部落，往往学习其西南的邻居。后者则是从居住在更南面的部落学来的。因纽特人的冬装，男女都穿皮大衣，男裤或女裙用驯鹿皮做成，并用海豹、白鲸和驯鹿皮制作长及膝盖的靴子；内衣则用驯鹿皮和鸭绒皮等制成，柔软暖和，冬季毛面向里穿，夏季则毛面向外。狼、狼獾、北极兔、北极狐狸、海狸和麝鼠的皮毛，也被他们用来制作衣服。

草原居民的住所很难称为房舍，如奇佩瓦扬人住在用木棍搭成的圆锥形帐篷里，上面覆盖驼鹿皮或鹿皮、树皮、灌木，最多可容纳15人。这与草原土著人居所用野牛皮搭建而称作Tipi的帐篷几乎一样。在这里，帐篷是财富最重要的标志，用10—12张野牛皮盖成，最好的还有精心装饰。因纽特人冬季狩猎远征或旅行所住冰屋或圆顶冰屋(在北极中东部常见)，高1.5米，直径2.1米，是其有名的生活特色。他们的固定居所要大得多，通常高3—3.7米，直径3.7—4.5米，可居住两个或更多的家庭。在马更些三角洲北岸较干燥的西部以及拉布拉多南岸，一种半地下的木架构建筑，覆盖着木板及冰光闪闪的草根泥，是典型的家庭冬屋。这种住屋中厅开阔，有3间居室环绕，一间居室住一个家庭。在一年较暖和的月份里，因纽特村社居所为圆锥形或拱形的帐篷，帐篷覆盖着海豹皮或驯鹿皮。除了居所，一些村社还建有一种称作kashims的大的建筑，用作节庆等活动场所。北方民族之所以住处简单，是因为他们随季节逐野兽而迁徙。

北方土著人最著名的交通工具可能就是树皮独木舟，重量轻，吃水浅，容易修理。迁到草原后，阿西尼本人和克里人仍然沿袭在森林生活时使用树皮独木舟的习惯。黑脚部落等居住在草原的较早捕猎野牛的部族，则使用牛皮船。这是一种椭圆形小船，在一根小木柱架上覆盖牛皮，一般渡河时使用。徒步旅行的平原人主要以狗负重，使用一只狗拉的雪橇，负重75磅货物。因纽特人也使用狗负重，特别是冬季，在深雪中使用狗拉雪橇、平底雪橇很重要。只用一只狗，因为一般很少能够饲养更多的狗，因此在狩猎地之间迁移时，妇女要背负许多东西。铜地因纽特人一对夫妇使用由两只狗拉的雪橇。因纽特人也有独木舟或木架小划艇，木架覆盖皮子的独木舟为单人使用，用于浮冰边缘捕捉猎物，或投掷游过湖河水面的驯鹿；平底盖皮的木架小船，用于捕猎大型动物，也用于迁徙时搬移帐篷，可乘10人，负载4吨货物。在魁北克北部，逆流时使用这种船，要有狗队来帮助拖曳。

**南方的先进农业** 加拿大古代土著民族的劳动和生存方式往往是与他们的社会发展水平相一致的。北方森林部落的南方邻居要比他们先进得多，无论易洛魁人或休伦人，都是农业定居居民，依赖粗放耕作的农田作物生活，居住在紧靠农田的村庄里。休伦人的农业生产提供75%的食物，主要以玉米、豆类、南瓜和向日葵为食。使用刀耕火种方法，不断更换耕地和村落地点。没有应手的农具，清理土地对于休伦人来说非常费力棘手，男人在离地面2—3英尺高处砍下树枝烧掉，挖走树根。然后，由妇女负责清理树间的地面，每隔一步挖个圆坑，布下9—10粒玉米种，一次播下足够提供两三年食物的种子。玉米种经过挑选分类，用水浸泡后再播种。在农业定居部落，几千人可以生活在一个区域内。

农业部落居民的生活质量高于北方林地居民，他们也进行渔猎，是为了改善生活。在收完谷物之后，一般在秋季甚至晚冬季节，几百人离家远征猎鹿。他们利用白尾鹿在这种季节群居的特性，用V形鹿篱笆来捕猎，方法与北方森林奇佩瓦扬人相同。他们在晚冬狩猎时，也与平原野牛猎人一样，要有妇女同行，帮助屠宰猎物，大部分鹿肉要立即吃掉，带回肥油和兽皮。休伦人也有秋季远征捕鱼的习惯，到乔治亚湾，为期一个月，捕捉白鲑鱼。住在今天魁北克城附近的斯塔达考纳人，是北美最北边的农业居民，冬季也有捕鱼的习惯，到圣劳伦斯湾捕捞鲭鱼、海豹、鳗鲡和海豚。与易洛魁人不同，他们离不开海，还远到加斯佩半岛（Gaspé Peninsula）或贝尔岛海峡（Strait of Belle Isle）捕鱼和海豹，并进行其他采集食物的远征。

虽然打猎比耕种或捕鱼提供的食物要少，但是却很重要，因为需要兽皮和毛皮做衣服。在易洛魁人与休伦人居住区域，人口相对稠密，缺乏猎物和毛皮。这样，在欧洲人到来前很久就开展了活跃的贸易，甚至建立了固定的贸易路线和交易方式，实行货物交换，或买卖信息交流。这两个加拿大比较先进的农业民族所生产的玉米，剩余相当多。他们的北方邻居则很需要玉米，一般用毛皮来交换，在北方森林严酷气候下捕猎到的动物，比他们自己在大湖流域猎获的皮毛质量高得多。玉米、烟草和绳网是乔治亚湾南岸休伦地区外运的主要货物，而从外面输入的是毛皮、干鱼、肉和冬季衣服。

与北方猎人小规模村社最明显的不同是，易洛魁村庄比较大，可容纳2 000余人。他们居住在村庄的长屋里，居住条件也比前者好得多。典型长屋足有90—100英尺长、25—30英尺宽，建在插入地中的柱架上，上面用雪松树皮覆盖。在长屋一端或两端，建有封闭门廊，里面储存食物或木柴。屋内建有高台和搁架，用来存放衣服及其他财物。在长屋中央的地面上，建有间隔约20英尺的一排炕灶。在较大的村庄中，长屋还要用树桩做成栅栏加以防卫。为了储藏食物，易洛魁人发明了许多食品制备和储藏的方法，晒干田里产品，储存在门廊或吊在居室屋顶，晒干或熏干的鱼储存在树皮容器里。

除了建造比北方猎人更大、更耐用的居所，易洛魁人还建造更坚实的独木舟，能装载5—6人以及他们使用的行李，航行在乔治亚湾或大河的波涛之上，用于贸易、战争或捕鱼。

这里的居民拥有财富比其北邻阿尔冈昆人（Algonquian Peoples，又译阿尔衮琴人）更多，但是不鼓励个人贪财行为，他们过着相对固定的定居生活，每个氏族的财产归集体拥有，贸易得来的财富在整个社会成员中间进行分配。

**太平洋海岸丰富多彩的生活**　从各方面来看，农业土著民族比森林、草原和北极的游动民族要先进、文明不少，似乎高出一个进化阶段，而太平洋海岸的等级社会则更先进，也更进化。这里有多样化的文化，更丰富多彩，各个部落的吃、穿、住、行都要比前两类部落群体讲究得多。

太平洋海岸的古代文化之所以如此丰富多彩，是因为基于相对的富饶。他们的食物来源广泛，海豹、海獭和鲸鱼在整个海岸都可以捕到，也有大比目鱼，而最重要的海洋食物主要依赖大马哈鱼。在沿海及海岸河流下游，分布着5种大马哈鱼，产量可观，能够满足土著人的需要。红大马哈鱼要游到内陆在源头产卵，下网或筑鱼堰是捕捉大马哈鱼最有效的方法，而在峡谷则用长柄鱼叉、鱼钩和撒网。与别处一样，这里也是由妇女负责加工鱼，烟熏、干晒后用雪松容器大量窖藏，以备过冬食用。红大马哈鱼多脂，做成熏鱼；小马哈鱼少脂，做成干鱼。在贝拉库拉人妇女手里，一条大马哈鱼处处皆可食用，鱼子和鱼油都要收起来，甚至鱼刺也烘烤食用。

在西海岸离海岸稍远的内陆，土著人更多地依靠狩猎。在这里的山地或高原的密林中，各类小动物颇多，可供捕猎。斯基纳河上游的吉特克桑人（Gitxsan，属钦西安语族）和巴比奈人（Babine，属阿萨帕斯卡语族）捕猎山羊，这种动物的毛和角都比较贵重。海岸山区是海狸的边际活动区，钦西安人（Tsimshian）非常珍惜这一贵重资源，捕猎海狸或熊作为祭祀食品，也取海狸的皮毛用于穿戴。在落基山以西，除了鱼及动物，还盛产浆果，如美洲越橘等。这类果树也是土著人采集食品的重要来源，所做果饼，不仅家用，还装在雪松盒里去卖，成为内陆居民到海岸交易的主要物品。

可以看出，太平洋海岸的民族与东部的农业民族一样，已不像北方森林的游动民族劳动生产仅仅为填饱肚子，而是要求较高质量的生活。这要通过贸易来达到，因而他们很重视贸易。无论是用于交易的物品品种，还是交易量，甚至都比东部农业部落要多，不仅大马哈鱼用于交易，极富脂肪的太平洋细齿鲑或蜡烛鱼鱼油也用来交易。纳斯河是出产这种鱼的最著名渔场，鱼油既可食用，也用来照明，还输往内陆开展鱼油贸易。西海岸村民非常善于从事鱼类贸易，他们甚至制作精美的手工产品用来贸易。后来哈德孙湾公司的商人曾把这里的巴比奈人"称为由来已久的鱼贩子"。

西海岸的精细文化以手工编织业和精制雪松家具为代表。男女外套用鱼皮、兔皮或黄雪松树皮编织制成，北方的特林吉特人（Tlingit）和钦西安人用野山羊毛制成毡袍，并装饰图案，成为象征地位高贵的物品，只有等级高的人才可拥有。一般人雨天穿雨布，头戴雪松树皮装饰的圆帽，冬天穿戴海獭及其他动物毛皮做成的手套和斗篷。海獭斗篷与北方森林土著民族的海狸皮外套一样，只是制作更考究。这些物品曾使早期相遇的欧洲人很羡慕。日用家具中最考究的是带装饰的弯成木盒子，用作贮藏或坐具。这表明西海岸土著人已拥有技术熟练的木工工匠。他们已经能够使用雪松木来建造木构房屋，比易洛魁人或休伦人的长屋更胜一筹，不仅实用耐久，也更有文化品位。这里的房舍与易洛魁人的长屋有相似之处，也是多家共居。台式房屋建于地面，旁边还建有多处棚屋作为厨房和鱼坊。台式房屋建在固定埋于地下的多根柱子上，离地面约12英尺，地板长100—120英尺，宽约40英尺，中央建有3—5个炉灶，用作取暖及熏鱼。整个长条建筑物在两边用雪松木板分隔成7平方英尺的多间单元房。在支撑大梁的柱子上吊着烤鱼。屋顶用木板和树皮覆盖严实，但是脊柱两边开有3英尺宽的洞孔，用以透光和排烟。最早来到太平洋海岸的苏格兰探险家亚历山大·马更些（Alexander Mackenzie，

亚历山大·马更些

1764—1820年）对贝拉库拉人村庄的这种结构复杂的房舍，也颇为惊叹。

西海岸特林吉特部落的制造技术，似乎更为高超，能够建造加拿大土著民族中的构造最大最好并加以华美装饰的独木舟。亚历山大·马更些看到有一只独木舟“漆成黑色，画上各种不同鱼形的白图案，船舷上缘前后都镶嵌着海獭牙齿”。实际上，这已不能再称其为独木舟而应当称之为海船。这种海船长35—70英尺，装载70多人及其给养，沿海岸能航行几百英里。长而行动快捷的船用于打仗，宽的用于贸易，这些船只比休伦人航行于大湖上的独木舟显然更结实，更抗风浪。与欧洲人接触以前，他们还没有金属工具，能够建造这样规模的船只，确实让人赞叹。据了解，特林吉特人是将一棵巨大的雪松树伐倒，先用火烧出一个凹槽，然后用简单工具修理加工，做成一只海船。

## 三、家庭与社会组织

按社会组织状况，古代整个加拿大的土著民族大致可分三类社会形态：即游动的原始村社、半定居的农业部落联盟和太平洋海岸的等级社会。

**游动的原始村社**　除圣劳伦斯河、五大湖流域、太平洋海岸的土著民族外，加拿大其他地方的所有民族，包括北极的因纽特人，都可归类于游动的原始部落社会。在北方森林地理带，通常是“小规模”土著人社会，其最小的组合是冬季村社，通常由几个关系密切的家庭组成。他们主要捕猎驼鹿和驯鹿等不成群的动物，两人或小猎队足以胜任。他们的日常交往一般限于亲族之间，靠血亲结成部落，从事渔猎，这能够提高生存机会。一旦家庭男性头领生病或死亡，将得到村社的援助，能避免饥饿。村社组织结构非常简单，一个冬季村社的首领，通常是一个出色的已婚猎手，且能说会道；夏季村社的首领，来自较小冬季村社首领中最受尊敬的人，他们没有特权，只根据办事能力选出。部落实行集体议事的民主原则，生产和部落的其他事务安排都是集体作出的，意见达成一致前一般不作决定；首领靠说服来处理问题，从来不强迫。当涉及处理外部关系时，首领便是代表部落的优秀代言人，被选中的部分原因，是其作为传统发言人的能力和口才。北方森林经常发生火灾，会造成土著人的猎物缺乏，为了应付这些问题，村社内部实行近族互助而分享剩余物品的习惯。共享是义务，而贮藏个人财富则被看作是反社会的，而且期望首领首先表现出慷慨。分享也发生在群体之间，如果在一个村社的土地上捕猎不到驼鹿或驯鹿，一般被允许在相邻村社的土地范围内捕猎。

大约在4 000年之前，因纽特人从西伯利亚迁来。他们的生存环境与北方森林土著人相近，只是气候比他们的更恶劣。北极冬天漫长，漆黑而寒冷，经常下雪，无疑生存十分困难。在这样的环境中，单个家庭不能独自生活，要聚合成小的村社，以便合作捕猎、捕鱼和采集食物。为了在海洋捕猎动物，在近海河流捕鱼，因纽特人全年总是按季节迁移，因此多变的小村社要灵活而方便。在七八月的夏季里捕鲸，按村社在海岸扎营；从晚秋到春天，多数因纽特人在靠近海岸或冰上的固定营地聚居。春季白日变长后，他们就移往捕鱼营地。他们的社会结构也与北方森林带（亚北极）的土著人近似，由母亲、父亲、孩子或祖父母组成家庭，家庭和婚姻关系较为稳定。他们很重视婚姻习俗，女孩出生时，一个少年就会向女婴之父求婚，并许下将来迎娶的诺言，得到允许就确立了婚姻关系，女孩适龄后就被送往已许配的丈夫。

移居生活意味着北方猎人不可能积累财富，也不鼓励贪得无厌的行为。共享也是因纽特人部落社会的显著特征，这与北方森林游动的原始部落社会相似。他们按规则分配集体捕猎所得，确保在村社内均匀分配匮乏的财富；伙伴分享财富，有时甚至分享妻子，以求互相庇护。参加捕猎和采集食物活动时，由一个头领领导，这个临时头领也是村落头领，一般是好猎手。他通过血亲关系进行控制，基本责任是组织捕鲸。在马更些河谷地区，这个职位通常父子承袭；在魁北克则由拥有小划艇的男性所有，且在家族以外不存在领导关系。

平原猎人包括黑脚部落及后来从林地移入的阿西尼本人、波卢德人、克里人和奥吉布瓦人，由于生活在开阔的大草原上，主要捕猎大型动物北美野牛，因此他们的村落社规模要比北方森林土著人或因纽特人大得多，组织方式也相对复杂一些。这里采取议事会管理的方式，冬季村务由头领及长者议事会负责。与易洛魁人实行的民主原则一样，议事会的决定通常要求一致同意，主要通过劝说来实行，尽管有时也要强制。夏天情况有些不同，因为扎营的营地经常像最大的休伦人村落一样大，超过千人，需要保证部落社会控制和村落安全，尤其是在捕猎大队牛群时，必须仔细筹划，并严密制定规则。另外，在夏季部落冲突较为普遍，必须保持防卫态势。冬季村社由长者组成部落议事会，号召组成一支男子军事团体，必要时强制实行他们制定的规则。村落社和军事团体的组织结构已成为部落社会生活的重要部分，帮助维系大族群的团结。在那些意识到身份重要并积极争取部落社会地位的男人中间，军事团体会细致安排，以实现他们地位的提升。有的男人甚至购买这些团体的成员身份，只有那些财富最多、个人地位最高的人，才能够进入团体的最上层。由此可以看出，草原土著人中已经有了等级意识，早晚会产生特权。

这里实行一夫多妻制，地位高的男人通常有几个妻子，一般为姐妹。自从17世纪二三十年代欧洲马匹和枪械传入后，狩猎技术改善，男人死亡率大大增加，进而刺激多妻制婚姻数量增加。另外，大量捕杀动物，要加工狩猎工具以及其他用具，男人非常依赖做大部分手工活的妻子，一个猎人需要超过一个以上的妻子及女儿来帮助。草原族群的婚姻，也具有因纽特人婚姻的一些特征。例如，克里人要结婚，除了家族和父母的同意，男人要求有做猎手的本领，妇女要有好身体，以及帮助丈夫减轻家庭负担的愿望。当两人性情发生矛盾不能和睦过活时，就彼此分开，只需举行一个小仪式即可，像结合时一样。草原妇女贞节率很高，但是不认为贞节是重要的品德，所以这里也流行与因纽特人共妻习性相近的婚姻习惯，即换妻。“这块土地上的男人夜里彼此交换妻子，是非常普通的习俗，而且这个习俗至今仍不被认为是犯罪，却被认为是连接两个家庭之间友谊的一条最有力的纽带。一旦两个男人中的一个死去，另一个则认为他有义务扶助死者的孩子。那些人至今不是将这种约定只视为一种仪式，在北方印第安人那里，未发生一例曾忽略自己承诺应该承担的责任”。这两个族群这种相似的婚姻习惯，成因显然也是相同的，那就是生存环境恶劣，生活条件低下。

**半定居的农业部落联盟** 土著农业部落有两大势力，分别是易洛魁人和休伦人，或许他们是整个加拿大最强大的族群。易洛魁人居住在圣劳伦斯河与安大略湖以南，说几种方言，并形成独立的5—6个族群部落，即塞内卡、卡尤加、奥内达、奥农达加和莫霍克人（Mohawk People）等，组成易洛魁联盟（Iroquois Confederacy）。休伦人族群居住在休伦湖、伊利湖与安大略之间，即今天南安大略一带，共5个部落（另一说4个部落），每一个部落控制一块休伦地区，也组成休伦部落联盟。在大湖区还有伊利人（Erie People）、皮坦和其他非联盟的族群。与欧洲文明接触时，这一地区的土著人大约5万人左右，休伦人至少占一半，1648年被易洛魁族消灭以前人口最多，约2.5万人，也有认为3.5万人。易洛魁族的人口也差不多这样多，尽管他们在部落战争中比休伦人强悍。

易洛魁人建立了复杂的社会体制，与西海岸的各个族群差不多，这里的族群社会也建立在氏族和家族的血亲纽带的基础上。他们与北方猎人最明显不同的是居住长屋，也比阿尔冈昆人、阿撒帕斯卡人的核心家庭复杂，组织性更强。在易洛魁人的长屋社会里，世系按女方追溯，家庭一般选择继续留在母亲家中，一个长屋居住着一个复合家庭，一个母亲同她的女儿或一群姐妹及她们的丈夫、孩子生活在一起。一个村庄可能有30—50个长屋，在每个长屋当中，都有一排火坑，而在两边各有一排床。地下挖有储藏谷物的储藏坑，一般深约1.25英尺，直径不到1英尺，既可防止火烧，又防鼠害。社会按氏族组织，氏族由村中来自一个共同女性祖先的那些复合家庭组成，一个村庄可能有一个或几个氏族，每个氏族拥有一个属于部落的氏族姓，如熊、鹰、龟等；住在不同村庄而拥有相同姓氏的族人，也承认代表密切关系这个符号。较大村庄属于同一氏族的家庭居住的一个长屋，可容下20个由丈夫、妻子与其子女组成的家庭，约50—200口人，由一位年长老妇人管理。虽然村庄或部落所有男子都参与村庄议事会或部落议事会，但是重要的决定必须取得妇女的批准。例如，男人决定同另一个部落打仗，而管理农业生产的妇女不供给粮食仗就打不成。村庄或部落的酋长来自某个姓氏，但是要由这个姓氏的女人选定，如果他办事不合她们的心意，就会被她们换下来。在这方面，休伦人也与易洛魁长屋社会大体相同。同大多数土著族群差不多，易洛魁部落的性关系比较随便，青年女子可以同她希望的任何青年男子发生关系。虽然婚姻要由家庭安排，但是一对夫妻要在婚前一段时日住在一起，同时要经部落允许。休伦族氏族成员之间已经实行禁婚制度，与北方森林地区相似，缔结婚姻关系也很简单。如果一个男人喜欢一个休伦女人，就带礼物向女方求婚，得到女方父母同意后，女方家长就邀请双方亲友参加婚礼，全村每位妇女送给这对新婚夫妇一担柴火。离婚很多，也很简单，找个借口即可，男方拿走工具和武器，女方带走家庭用具。如有孩子，女儿随母亲，儿子归父亲，所生子女已经不属女方氏族。这可能是休伦人不同于易洛魁人的另一个重要方面，即已从母系社会过渡到父系社会。

易洛魁部落事务的管理方式也是非常民主的。任何人都可以成为首领，每个氏族有两个首领：一个是行政首领；另一个是军事首领。行政首领更重要，处理日常生活问题。首领与成员之间地位平等，不同之处是首领在打猎、作战及辩论口才上要比一般成员强，有维护本部落利益的能力。军事首领负责组织奇袭队，这时他的地位很高，因为安大略湖以南的村庄经常发生氏族纷争或械斗，特别是与休伦族之间的部族战争。战斗发生时，作战双方为寻仇而袭击对方的村庄，折磨男人，收养妇女及儿童，往往有很多老人、妇女及儿童被俘，用来补充本族成员。

休伦人的村庄议事会，由负责居民日常事务的各个氏族酋长组成，虽然有一人充当村庄发言人，但是所有头领地位平等。村庄管理实行协商一致的原则，除管理日常事务的头领，受尊敬的老人也参加村庄议事会，讨论本村事务，包括安排公共庆祝仪式、公共建筑等，并裁定纠纷。

每个休伦人村庄隶属一个部落，部落由来自各个村庄管理日常事务的头领组成部落议事会，管理本部落这块土地上的所有事情。如同村庄议事会一样，部落议事会成员之间也地位平等，议事会实行协商一致的民主原则，只推举一人担任部落发言人。每个部落议事会成员都有某种承袭下来的义务，如保护其氏族的贸易路线等。部落议事会还负责处理村庄之间或部落之间的事务。

在部落议事会之上就是大联盟理事会，无论是易洛魁人，还是休伦人，都有大联盟理事会，只不过休伦人及中立部落的大联盟是在15—16世纪与欧洲人接触时才形成的。洛魁人大联盟的建立要早得多，而且明显更有聚合力。大联盟理事会的功用是维持盟员之间的友好关系，协调贸易及军事事务，等等。

**太平洋海岸的等级社会**　太平洋海岸的原住居民是加拿大最大的部落群体，分为特林吉特族、海达族、努特卡人和贝拉库拉人等七大民族。同东部地区的土著民族一样，他们的经济和社会组织也是建立在家庭、氏族和家族的血亲纽带基础之上。不过，在这里村庄的行动独立，不像易洛魁人由部落组织彼此联系在一起。有时，相邻村庄一起行动，或联合起来战斗，这是完全自愿的联合行动。每个村庄都有一个或几个家族，村内每座房屋只住一个家族，由几个亲族家庭组成。在北方海岸，家庭按女性一方追溯世系；在南方，则按男性一方；在中部地区，两种情况都有。渔场和狩猎地在村庄对面，界限明确，打鱼和打猎由屋主或族长仔细控制。这种做法使第一批接触吉特克桑人和乌特苏韦腾人的欧洲商人感到困惑，以为“财产所有人是族长”。族长不仅为外来者制定进入其地区的规则，而且控制自己族人的打猎或捕鱼活动。在巴比奈人中，有一半成年男子根据“财产所有人”的命令禁捕海狸，通过这种方式管理财产。

有别于所有其他加拿大土著民族最明显的地方是，这里的社会组织方式已有等级差别，有的族群分成3个阶层，即酋长来自贵族阶层，占人口大多数的是普通大众，最底层是奴隶，通常是俘虏或俘虏的后代。特林吉特族有的有4个等级，北部的钦西安人以及南部居住在布塔海湾和温哥华岛上几个族群也分为4个等级，即奴隶、平民、贵族和王族。这表明，在与欧洲人接触时，西海岸的土著民族已经从母系社会过渡到父系社会。社会地位由血统决定，但是奴隶除外，一系列权利和义务与传承相关，包括装饰图案使用特定徽记的权力，权力转让要在冬季赠礼节（Potlatch）上公开见证。这是所有北美社会制度中最著名的制度。通过冬季赠礼节，竞争的头领也就确立了新的社会等级，得到了新地位；接受权力的新头领，要把在族人帮助下收集来的礼物分赠给应邀前来的所有客人。这些见证人接受礼物，则象征他们承认新秩序。这对权利和责任的代代传承尤其必要。

相应地，西海岸的土著人在婚姻制度上也出现了等级观念，贵族与平民不通婚。他们同北方森林阿尔冈昆人、阿撒帕斯卡人、草原黑脚人等族群一样，流行核心家庭制，家庭成为最小的社会单位。

## 四、宗教、习俗与文化

**萨满教**　由于加拿大土著民族生活基本依赖采集和狩猎，其宗教基本上是建立在狩猎文化基础之上的，迷信自然现象，奉信崇信自然神的萨满教，相信万物皆有灵，相信轮回投生。这与亚洲古代民族相似，那里也信萨满教，信“神”、“灵”和“鬼怪”，希望通过祈求，得到神灵护佑。就此而言，也证明加拿大土著人的祖先无疑来自亚洲。

游动的北方民族各部落都有通过幻想、祭祀并以击鼓之类的仪式寻求神灵赐福。克里人信仰保佑人类的最高神灵是大大神，其他生命处于大神或众多小神的庇护之下；一个小神分别照顾一种动物，他们都对大大神负责。猎人不做任何触犯这些动物的事情，杀死动物时，要做些事情感谢这种动物的神，允许他们杀死这种动物。

平原民族信仰太阳为大神，每年在紧随野牛捕猎期之后的七八月份举行太阳舞节，持续3天。以野牛祭品祭祀大神，野牛的峰肉、舌头是最好的节日食品,人们跳舞,萨满表演巫术。

同亚洲的萨满教一样,这里的萨满才有特权与神沟通。阿尔冈昆人的萨满通神时,举行的拜神仪式称为跳帐,即在特别的帐篷内与神交谈。奥吉布瓦人的巫师则结成大巫会,用象征神圣的桦树皮文书手卷帮助成员记忆。这是土著人中最重要的宗教组织。

休伦人也信仰各种神灵,所有易洛魁部落也乞求这样的神灵,因为他们都是农业部落。他们的最高神灵是天神,司掌天气,低一级的是奥克神。此外,易洛魁部落还指望天神帮助建立富裕社会以及强大的军事,或消灾祛病。当然,他们也是借助萨满巫师。

**节庆仪典** 休伦人相信人生轮回,因此要将死者的名字留给生者,也为了让后人永远记住死者,所以有一著名的习俗,即要为逝去的亲人举行长达10天的亡灵节。这实际上是集体殡葬仪式。休伦人的村庄每隔10—15年搬迁一次,这时,要为逝者举行正式的殡葬仪式,同时通知所有邻近部落,以便他们参加葬礼,超度亡灵。"直到这时,逝者的亡灵才离开躯体,西归灵山"。休伦人的坟墓很大、很深,能容纳所有的尸体、陪葬家具及皮子,墓穴从底到周边铺挂新海狸皮和袍子,陪葬品还有战斧、水壶、珠子、项圈、贝壳和念珠手镯等亲友赠品。仪式结束宴饮后,人们喜悦而满足地散去,认为已为亡灵送去掠来的东西,有了这些财富逝者来世就会变成富人。在休伦人社会中,亡灵节具有重要作用,利用聚会缔结新友谊、新联盟,如同死去亲友聚集一样,他们也须和睦相处。不过,休伦人最大、最重要的节庆,是每年的联盟议事会会议,以及新领袖任职的庆祝会。这样的庆祝集会,要有跳舞、游戏和宴饮等活动。

西海岸土著人的宗教活动最主要的要算冬季祭神节了。夸夸嘉夸人(Kwakwaka'wakw)认为冬季"神圣",其他时节"污秽"。在这一地区,冬季祭神由秘密会团发起,有很明显的等级特点,既定成员大都性别相同,社会等级相同,实行严格保守秘密。新会员入会在冬季跳神会举行,由会头严格监督,整个村庄应邀观看跳神舞,穿着精制服装,戴着雕木面具进行表演。这种以秘密团体集体仪式的祭神方式,虽然不同于其他土著部落的乞神仪式,但是目的也是祈求神灵护佑。有的民族如贝拉库拉人向带给他们基本福祉的神灵(大马哈鱼)表示虔诚尊敬。除宗教仪式外,西海岸土著人也有纯粹为了娱乐的节庆。

像东部农业民族的亡灵节一样,西海岸的冬季赠礼节也是最重要的大节,是头人确立地位的典礼。节日期间新头人向所有客人分赠礼物,新头人通过此举是为了让出席者见证他所取得的权力。西海岸等级社会所特有的节日，也验证了这里的各个族群在向等级社会过渡，这些活动适应了新的社会等级的需要。

西海岸民族是贸易民族，他们热心追求财富，像休伦人和平原土著人一样，以贸易作为一种致富方式，因此冬季赠礼节也具备经济功能。通过冬季赠礼节在部落内实现重新分配，有时也为成员遭遇经济不幸（如捕鱼失利）而举行，发挥了维持社会序列的作用。

像大多数加拿大土著人一样，西海岸土著人伴随着对节庆的热爱，也极为嗜好赌博。卡列尔人使用大约50根磨光的长短羽毛的小棒，其中有一定数目的小棒画有红线，其数目只有一个参加游戏的人知道，包在干草里让对方猜，按猜测数目多少或得分定输赢。赌徒后面都有大队助赌者，并选出仲裁人进行监督，但是很少能友好结束。赌注不小，有袍子、鞋子、弓箭或其他财物。

因纽特人常见的信仰是每事都托庇于灵魂或神，也崇敬所捕猎的动物或鱼的灵魂，狩猎前后要遵守清规戒律。也由萨满充当世俗社会与神灵界的中介，与其他地区土著人不同的是，神巫未结成兄弟会，也没有相应的亡灵节、太阳舞节，或太平洋海岸的冬季赠礼节那样精心设计的宗教仪式。因纽特人有非常活跃的节庆，通常建造一个特别帐篷或冰屋建筑，用作庆祝活动场地。最常见的是鼓舞节，男人轮流跳舞，一边敲打大鼓，一边唱歌，通常为发泄敌对情感提供一个公开场合。在鼓舞节上也进行各类游戏和运动竞赛，特别是摔跤和拳击。

东部大西洋沿海的北方森林土著民族的社会发展和生活方式也与上述土著人类似，各个族群的文化、宗教信仰与习俗也大体同步演变。只是奥萨克人、米克马克人（Mi'kmaq）和马莱西特人（Malecite）既居住海岸，也生活在内陆森林里。

**文学和艺术**　同种族众多一样，加拿大土著民族的文化也精彩纷呈。音乐、舞蹈以及文学艺术具有的突出特点是，大体都反映了原始部落简单质朴的生活内容。舞蹈伴有音乐，音乐节奏比较简单，旋律单调；伴奏乐器少而原始，一般为各类木鼓，如草原土著人用单鼓、黑脚印第安人和波卢德人用手鼓，蒙生皮而成，跳太阳舞有柳条或鸟骨制作的哨子伴奏。亚北极地区流动部落的生活更原始，奇佩瓦扬人唯一的乐器就是鼓，更简单，如奇尔科廷人的所谓鼓就是在木箱子上蒙块兽皮。

草原及北方森林民族的音乐往往反映他们的狩猎生活，或民族的古老传说，而且大都与萨满教仪式相伴；西海岸地区的音乐和舞蹈则高一个层次，反映了其社会发展较高的状况，虽然仍与宗教有关，但是已出现娱乐性的音乐和舞蹈，如众人舞，甚至还渗入政治和社会内容，如歌颂特权以提高个人权威。最能够说明西海岸音乐和舞蹈层次较高的，是出现歌颂特权内容的戏剧，例如，温哥华岛的夸扣特尔人演出《雷公鸟》这出戏，至今仍保留这一习惯。《雷公鸟》叙述的是古代夸扣特尔人一位大酋长遭遇洪水的故事。这位大酋长住在库克角克拉斯基山，在闪电过后，一只雷公鸟飞到酋长面前，变成人，救出酋长以及其他幸存的族人，酋长就让雷公鸟跳舞，令族人观看。就这样，这个舞蹈与雷公鸟的特权一代一代在酋长家族中传承下来。这个故事的意义在于说明夸扣特尔人的继承特权天经地义。

与雷公鸟古装舞蹈戏剧相比，加拿大古代土著人的口头文学更能够突出这一社会意义。无论是东西海岸山地和北方森林，还是南方农业先进部落，整个加拿大土著人直到遇到欧洲人时，都还没有文字，口头故事是保留部落历史和传统的主要文化方式。那里土著人的神话文学大致可以分为四类：即关于世界起源和自然现象、关于骗子、关于人轮回投生的故事，以及关于传说英雄的故事，而且多为创世神话。在因纽特人全部神话中占中心地位的神话故事，是关于海上女妖塞得娜的故事，而且不止一个版本。其中一个说道，从前有个女子被父亲从部落放逐到一个冰天雪地的荒岛上，因为老人怀疑女儿同家里的领头狗交媾。后来，那条狗不断给塞得娜送食物，使她得以活下来，最终生育了3个人和3条狗；人成为因纽特人的祖先，狗是白人以及其他民族的祖先。这个故事既将塞得娜塑造为力量的赋予者，又讲了因纽特族的来源。

同类神话故事几乎存在于所有美洲的土著人中，尤其是西海岸和美加边境地带的农业民族，即易洛魁人、休伦人以及别的中立民族都有讲述。易洛魁人和休伦人有关于大龟岛的神话。其中，易洛魁部落联盟中奥农达加族的故事说道，很久以前，就有类似人的生物住在天上的长屋里，而在他们居住的主要村庄的中央生长着一棵神树，挂满灯笼，金光闪闪，象征知识与和平。一天，一个好奇的女人要她的丈夫将神树连根拔起，以便能够一探神树的力量来自哪里。当她刚一弯腰要看树根下的深洞时，就跌入地下，借着洞内通往地下的闪光，动物看到了那个女人的窘态。于是，加拿大天鹅飞入洞内施救，将她放到乌龟背上。这样，大龟岛即北美洲，就浮现出来了。此类神话的主人公多为女性，而且大多讲述她们与各类动物的关系。实际上，这反映了土著民族的社会正处于母系社会发展阶段以及狩猎的生产方式这一事实，妇女占据社会生产关系的中心，而林中动物和鱼类是土著人活命的依赖，即使在大湖地区的农业民族那里，他们也离不开渔猎。

加拿大土著人也有绘画艺术，其水平也与他们的劳动生产方式和社会发展相一致。在草原奥吉布瓦人的语言中，艺术一词的含义就是“以手工制作”。绘画是萨满教巫师的才能，巫师在桦树皮卷轴上绘画，以线条形象地记录盛典或礼仪盛况。加拿大土著人绘画艺术方式多样，除桦树皮卷轴外，还有木刻和岩画，最常见的是西海岸的图腾柱和大湖地区的岩画。这类绘画具有实在的社会功用，缅怀闻名的先祖，描绘氏族形象，等等。直至今天，在安大略省西南部的中立民族中，他们还经常在未砍伐的树木上刻上一个面具，意在从大自然汲取生命活力，显然是借以寄托民族的希望。

比较三类土著民族的劳动生产方式、社会组织以及相应的意识形态特征，北方森林游动部落采集和狩猎的劳动生产方式最简单、最原始；易洛魁人和休伦人以农业作为主要生存方式，处于母系氏族或由母系社会向父系社会过渡阶段；太平洋海岸各个部落的生产方式更先进，有了手工生产，贸易占据较重要的地位，服装和居住房屋的构造也高于前者，业已从母系社会过渡到父系社会，出现了等级差别（如富裕家庭、酋长世袭等现象），正在向阶级社会进化。恩格斯在《家庭、私有制和国家的起源》中论述说，易洛魁人或休伦人的部落联盟能够协调酋长与军事首领关系，部落议事会以及财政机构已经克服氏族排外主义，早晚会达到全盛阶段而发展成为民族国家。没有欧洲人的入侵，加拿大土著民族都会演变进入文明社会。然而不幸的是，加拿大在15—16世纪遭遇了所谓地理大发现后欧洲人的扩张，原有文明的进程被打断。

## 五、欧洲人开始入侵

其实，最早惊醒与世隔绝的土著人世界的，是985—995年通称维京人的冰岛和挪威等地的北欧海盗对“芬兰德”（Vinland）的侵扰，只是由于200年后气候变冷，没有留下任何重要的实际后果，只在纽芬兰留下一些荒冢遗迹。加拿大土著人的传统社会与外界的实际接触，开始于15世纪末欧洲人寻找东方航路即所谓的地理大发现之时。

**寻找东方航路**　有记载的加拿大土著人与欧洲人的持续接触，各地在时间上并不一致：东部最早，开始于15世纪末欧洲人寻找东方航路；在哈德孙湾和詹姆斯湾，接触几乎要等一个世纪之后的1610年亨利·哈德逊（Henry Hudson，约1565—1611年）航行时；在太平洋海岸，直到3个世纪之后的1774

亨利·哈德逊

年西班牙人胡安·佩雷斯(Juan José Pérez Hernández,约1725—1775年)沿加利福尼亚向北探险到达夏洛特皇后群岛之时。但是整体上看,1497年意大利人约翰·卡波特(John Cabot, 1449—1498年,又译作乔瓦尼·卡博托)探访纽芬兰以及1534年法国人雅克·卡蒂埃航行到圣劳伦斯湾和圣劳伦斯河,应当是加拿大土著人社会开始接触欧洲近代文明之始。15世纪所谓地理大发现的探险活动,现已成为老生常谈,但是作为近代欧洲人侵入加拿大的社会历史背景仍应简单一提。

在13世纪的后蒙元帝国时代,成吉思汗的子孙统治中亚的各个汗国,截断了陆上丝绸之路的中段,原据中亚的突厥人被挤压到了中东及小亚细亚半岛,造成中近东剧烈的地缘政治变动。1453年,奥斯曼土耳其人占领君士坦丁堡,欧洲经过地中海到东亚的商路也就中断了,欧洲商人再也不能够控制利润丰厚的东方贸易了。而这一时期,欧洲极为需要与东方通商,因为随着商品经济和资本主义的发展,15世纪的西欧对用于商品交换的贵金属需求量急增,“普遍地极缺乏金银,葡萄牙尤其缺乏”。这样,此前《马可·波罗游记》对中国的夸张性描述给欧洲人留下的错误印象,这时便发酵了。欧洲商人和贵族急切地想到中国或印度寻求黄金,也更加重视东方贸易。由于传统的陆路贸易路线被阻断,于是,西欧人由葡萄牙人和西班牙人作为先锋,开始转身向西,寻找经过大西洋的海上商路。

航海技术和地理学知识的积累,已经能够满足开辟新航路的需要。首先,公元2世纪托勒密所著的《地理学》,在15世纪初翻译为拉丁文,地圆说已成为常识,认为通过大西洋向西航行可以到达东亚;其次,造船技术和海上航行的知识及技术,也能满足打通海上航道的需要;再次,阴差阳错,哥伦布误算了分隔欧洲与日本的海洋宽度(不到3 000哩)以及日本距离亚洲大陆的里程(1 500哩),增加了人们横渡大西洋的勇气和决心,认为“前往亚洲的最便捷之路是横渡大西洋”。在哥伦布之前20年,就有人勇敢地进行这样的探索了。有确切记载,1472年有丹麦人航行到过纽芬兰。当然,1492年哥伦布受命于西班牙国王横渡大西洋的壮举意义最伟大，导致了到1520年对包括加拿大在内的整个美洲大西洋海岸所进行的早期密集探险活动。

约翰·卡波特原是意大利奴隶贩子，他受英国王室之命，几乎紧随哥伦布之后在1497年探察加拿大海岸。英王亨利七世（Henry VII of England，1485—1509年在位）眼红哥伦布为西班牙发现的金银财富，派他从布里斯托尔启航为英国"向西航行以发现新土地"。他在回来后宣称，1497年6月24日登陆一片未知的土地，竖起了英国和罗马的两面旗帜。据信，他登陆的地点可能在纽芬兰海岸。如果属实，他应当是近代在今天加拿大领土上登陆的欧洲第一人。也有材料称，在此之前这些土地已被布里斯托尔的商人发现过，并且以一幅15世纪80年代的地图作为证据。这表明1492年哥伦布到达美洲前后，加拿大海岸业已进入欧洲航海者的视野，所以一进入16世纪尤其是在卡波特之后，有更多的人参与探察，因为这里离欧洲更近，航行更方便。参与这一时期探察最著名的或许有4个葡萄牙人，即若昂·费尔南德斯·拉佛拉多（João Fernandes Lavrador）、考特—瑞尔兄弟（Corte-Real brothers）、若昂·艾尔渥斯·法甘德斯（João Álvares Fagundes，约1460—1522年）和为法国探险的意大利人乔瓦尼·达·韦拉扎诺（Giovanni da Verrazzano，1485—1528年）。考特—瑞尔兄弟于1500年在纽芬兰的一个海角登陆，要依据1494年《托尔德西里

约翰·卡波特

乔瓦尼·达·韦拉扎诺

亚斯条约》(*Treaty of Tordesillas*)“确认这块土地归葡萄牙所有”。若昂·乔尔渥斯·法甘德斯1521年先后到过纽芬兰和新斯科舍，葡萄牙政府将这一块土地授予他。在新斯科舍一个海角，一些殖民者甚至建立了居民点，这是10世纪北欧人离开纽芬兰后由欧洲人建立的第一个居民点。但是，这些殖民者后来被土著人杀光。这些葡萄牙人在今天加拿大的这些探险活动表明，葡萄牙王室与正在南美疯狂扩张的西班牙王室竞争的动机是相同的：准备将加拿大土著民族的这块土地据为殖民地，具有明显的掠夺性质。

而从地理考察的角度来看，乔瓦尼·达·韦拉扎诺的航行更有意义。1523年3月，这位航海家航行到了今天美国北卡罗来纳州海岸，然后向北航行，发现了纽约及其深港，并一直向北探索沿海地带，直到今天加拿大的纽芬兰省，并经这里回到法国。正是在这次探察中，他将包括新斯科舍省在内的今日加拿大滨海省比作“令人心旷神怡的古希腊的阿卡迪亚”(这个地名后来被欣然接受用作大西洋滨海地区最常用的称谓)。乔瓦尼·达·韦拉扎诺在这次航行过程中绘制了最早的一幅美洲东海岸的航海图。

至少到1510年左右，已经能够知道哥伦布发现的这块土地是个“全新的世界”，而并不是他所断言的是亚洲的一部分。这是为意大利美第奇家族工作的佛罗伦萨商人兼银行家亚美利哥·韦斯普奇(Amerigo Vespucci, 1454—1512年)作出的断言。他1497—1504年曾几次亲自远航美洲海岸。据此，地图学家马丁·瓦尔德泽米勒(Martin Waldseemüller, 约1470—1520年)在1507年提出“新世界”应改称“亚美利加”，即以亚美利哥的拉丁文名字命名作为纪念，并在出版的《瓦尔德泽米勒地图》上使用这个地名。至此，欧洲人为确定大西洋是否能够直通亚洲的探险便告一段落。此后的探察，目标在于寻找经美洲大陆(包括加拿大)通往太平洋的水道，以及经北冰洋的西北航道(Northwest Passage)。在这方面，英国人和法国人走在了前头，毕竟他们离加拿大海岸较近，而且这两个国家的渔民很早就在纽芬兰东面的大浅滩捕捞鳕鱼了。

**卡蒂埃三次探访加拿大**　第一个在加拿大内陆寻找通道的是法国探险家雅克·卡蒂埃(Jacques Cartier, 1491—1557年)。他奉法国国王弗朗索瓦一世(François I, 1515—1547年在位)的御令，“去新世界寻找黄金和一条通往亚洲的通道”。卡蒂埃在1534年4月20日这一天，率领两艘船及61人驶离了法国小港圣马洛，于5月到达纽芬兰岛，6月初又穿过贝尔岛海峡，向西南方向探测了拉布拉多海岸(长约200公里)。然后，穿越爱德华王子岛，进入沙勒尔湾

（Chaleur Bay）探测，最后在米拉米奇湾（Miramichi Bay）附近今天加拿大的新不伦瑞克省的东海岸登陆。在这里，他们遇到了大队米克马克人，约有40—50只独木舟的两支船队，做了毛皮交易。再后来，他们到了今天魁北克省的加斯佩半岛，与易洛魁人一个村落的酋长多纳科纳（Donnacona，1539年死于法国）相遇，并劝说他同意将其两子带回法国。

1535年5月，雅克·卡蒂埃第二次航行加拿大。由于有两个易洛魁青年作为向导，雅克·卡蒂埃顺利地到达圣劳伦斯河口，登陆多纳科纳的斯塔达科纳村（今天魁北克城的所在地），并且向上游航行到一个叫霍什拉加（Hochelaga）的易洛魁人的村庄（今天蒙特利尔的所在地），但是在这里他被今天蒙特利尔（Montreal）以南的拉希纳运河（Lachine Canal）顶端的拉希纳激流（Lachine Rapids）挡住了去路。然后，他登上山头，向西南望去，看到的只是远处的莽莽密林，误以为这条河到了尽头，感到非常失望。此后，他再也没有回到这里探寻航道。这实际上宣告了法国早期探险加拿大的失败。就这样，同约翰·卡波特一样，雅克·卡蒂埃寻找加拿大航道的努力以失败结束。当他6年后再回到圣劳伦斯河口时，已另有目的，即以商人身份从事毛皮贸易。

不过，此后探寻西北航道的尝试并未中断，而是仍在断断续续地进行，一直持续了4个世纪。当然，16世纪早期阶段的探索十分困难。紧接雅克·卡蒂埃之后，1536年英国人罗伯特·霍尔受命考察加拿大西北部，“寻找一条东

拉希纳激流

马丁·弗罗比舍

方商路”。40年后，英国女王伊丽莎白指令海盗马丁·弗罗比舍（Martin Frobisher，约1535—1594年）作为赎罪行动，为英国寻找北方航道，从1575年到1578年航行到达北极地区，已远至加拿大的巴芬岛。不过，除了从那里运回大量毫无价值的黑色岩石外，一无所获。1585年，英国人约翰·戴维斯（John Davis，约1550—1605年）再探巴芬岛和北极圈。1588年，有个西班牙人也向其国王报告发现了西北航道，结果也证明是失败之举。实际上，直至20世纪60年代以前，寻找西北航道所有的努力都没有结果。

这些早期的加拿大探险并非毫无意义，而是为欧洲人发现和考察加拿大作了先期的准备，特别是为以后法英两国侵入加拿大作了先期准备。此外，探险活动也有益于加拿大地理学。“加拿大”国家的名称就来自这些探险活动：一说这一名称出自葡萄牙语“一条狭窄的通道”，是早期葡萄牙人航行圣劳伦斯河时期留下来的，据说来自葡萄牙的巴斯克航海者早就使用加拿大一词称呼圣劳伦斯河。另一说出自西班牙语，意为“一无所有之地”。第三种说法，“加拿大”国家的名称出自土著人阿尔冈昆语Arcadia的词根，有“古典乡村小康生活”之义，说是韦拉扎诺用来形容所见到的加拿大海岸的特点。也有说，加拿大的名称来源于阿尔冈昆语Cantata，意为欢迎。但是，更多人相信“加拿大”国名可能是雅克·卡蒂埃1535年第二次航行加拿大留下的：他问这是什么个地方，得到的答复是Kanata，音译加拿大，因此就将正航行其上的圣劳伦斯河叫作加拿大河（到17世纪初才改为现名圣劳伦斯河）。当时，多纳科纳的族人似指自己村庄的名称，而卡蒂埃误以为是地区名称，并将自己误解的这个名称带回欧洲，被刚兴起的欧洲地图学所采用，成为以后加拿大国家名称来源的主要说法之一。

在几乎确知哥伦布发现的是一块新土地的同时，以1519年占领阿兹特克帝国为开端，西班牙人在南美进入疯狂的殖民征服阶段。按美国学者斯塔夫里阿诺斯的断限，1500—1520年为南美的探险时期，1521—1550年为征服时期，开始大肆掠夺土著民族的财富，特别是金银宝物。1532年11月，弗朗西斯科·皮萨罗（Francisco Pizarro，约1471—1541年）在征服印加帝国期间，扣留印加帝国皇帝以索取赎金，掠得长22英尺、宽17英尺、高7英尺的一堆金银器物。据统计，1521—1544年西班牙平均每年从美洲运回2 900公斤黄金，30 700公斤白银。在征服南美期间，为了寻找传说中的锡沃拉第七座“黄金城”的梦想，也开始对北美进行掠夺，到1539年已到达今天美国中部密西西比河与阿肯色河汇流处。

西班牙和葡萄牙两国运回大量金银财宝的信息传遍欧洲，显然影响了同为天主教国家的法国，于是法国改变了在加拿大的冒险计划，从寻找商路转向殖民地掠夺。因此，法国人在加拿大的所谓探险活动，从16世纪30年代以后就不仅为寻找通往太平洋的海上航道，而且兼有掠夺和占领殖民地的目的，后来越来越转向以殖民征服、寻找金银财宝为主。1534年雅克·卡蒂埃代表法国王室第一次航行加拿大，虽然受命寻找到亚洲的航道，但是也有殖民征服的安排，在米拉米奇湾附近今天的加拿大新不伦瑞克省遇见米克马克人回国以前，雅克·卡蒂埃宣布这块土地属于法国，并在桑迪海滩对面的港湾入口处竖起一个30英尺高的十字架，在上面固定了代表法国王室的3支百合花和王室盾形徽章，以及刻有“法兰西国王万岁”黑体大字的一块木板。此时，西班牙人征服阿兹特克人的墨西哥已经15年了。1533年，西班牙又征服了印加人的秘鲁，掠回与远东财富一样贵重的金银财宝。正是在此背景下，雅克·卡蒂埃宣布加拿大为法国的殖民地。

1535年卡蒂埃第二次航行加拿大，更明显地具有西班牙人在南美殖民征服和掠夺金银的侵略性质。多纳科纳的族人向卡蒂埃讲述了萨格奈王国的神话，说加拿大河上游在拉希纳激流后面通向内陆大湖，那里是“富产金矿、红宝石与其他财宝的萨格奈”。这很可能是土著人为了诱骗法国人离开斯塔达科纳村而编造的故事，雅克·卡蒂埃却信以为真，也要像西班牙人一样在那里寻找真金白银，所以航行到霍什拉加村时，他就让村民领航渥太华河（Ottawa River）以确认“萨格奈这座城市”。由于他给霍什拉加村洗礼，并改名皇家山（Mount Royal）而激怒了村民，他无法去寻访萨格奈王国，并因害怕受到攻击而匆忙回国。临返航时他对多纳科纳宣布：“法国国王就是他未来的主人”，并抓走多纳科纳及其10名易洛魁族人（包括4名儿童）。除一名年轻的姑娘外，他们后来相继死在法国。

在相隔6年后的1541年，雅克·卡蒂埃第三次航行加拿大，便充分显露了法国从事征服和掠夺金银财富的目的。这是法国历来组织的最大的一次航行，任命贵族罗伯瓦尔（Jean-François Roberval）为"加拿大、纽芬兰和拉布拉多的第一任总督"，雅克·卡蒂埃为领航，率1 500余人，分乘5条大船，还带去200名囚犯移民及家畜。法国国王弗朗索瓦一世给雅克·卡蒂埃的使命是发现"一些据说必定也有大量黄金和其他财富的岛屿与国家"。雅克·卡蒂埃在斯塔达科纳上游15公里处的红水角（Cap-Rouge）宣布建立殖民地，也确实尝试过破土开荒，种植农作物，并饲养带去的家畜。可是，当在河口附近发现一些金光闪闪的黑石头后，卡蒂埃以为是金矿或钻石，便在1542年6月离开了红水角河口居留地，要回去向法王炫耀他的发现。虽然途中（可能是在纽芬兰）遇到这年启程来加拿大的罗伯瓦尔，后者要他重返圣劳伦斯河，但是雅克·卡蒂埃仍回到法国。他带回的东西经验明为石英岩及硫化矿，因此他失去了国王的信任。罗伯瓦尔在红水角河口定居地过了一冬，坏血病夺取了60人的生命，他在加拿大的殖民活动也以失败告终。

雅克·卡蒂埃的失败宣告了法国16世纪前期在加拿大寻找亚洲水道、金银财宝以及建立殖民地的图谋全部落空。在这个世纪剩下的时间里，法国也基本上停止了官方的殖民活动。虽然有1578年任命拉·迈斯古斯侯爵为"全纽芬兰（新法兰西）总督"的记载，但是那纯属私人性质，也未产生实际影响，尽管这位侯爵誓言将"那片土地从野蛮人手中夺过来，征服它，开拓为殖民地"。1598年，他又带了40名囚犯在今天新斯科舍省海岸登陆，也搭建了简单住屋和仓库，当1603年他再度返回这块殖民地时，只剩下11人还活着，且都到圣劳伦斯河做毛皮生意去了。

在雅克·卡蒂埃尝试失败后直至17世纪初重返圣劳伦斯河的60多年里，法国之所以停止了在加拿大的探险和殖民活动，主要是因为受制于欧洲的国际关系以及法国的国内政治。在雅克·卡蒂埃航行加拿大期间，法国正与神圣罗马帝国皇帝为争夺意大利进行战争（1494—1559年），不久国内又爆发新教与旧教贵族之间的内战，即胡格诺战争（此战争由查理八世发动，从1562年持续至1594年），直到1604年波旁家族的亨利四世夺得法国政权后，这些纷争才宣告结束。

英国人也在北大西洋及加拿大从事探险活动，甚至比法国人还积极，但是在加拿大建立殖民地的计划明显比法国迟缓。1558年，英国曾有一批移民抵达纽芬兰的特里尼蒂。1583年6月11日，汉弗莱·吉尔伯特（Sir Humphrey Gilbert，约1539—1583年）率5艘船到达纽芬兰，并宣布今天加拿大新斯科舍省的圣约翰斯附近的地区为英国的领土，但是均未成功。原因是自1497年卡波特发现纽芬兰大浅滩的鳕鱼后，英国西海岸来捕鱼的渔民不愿移民干扰他们的渔业生产。汉弗莱·吉尔伯特宣布圣约翰斯为英国领土时，就遭到西班牙巴斯克渔民的反对，他们声称自己一直在这里捕鱼，具有领土占有权。巴斯克渔民的所谓占有权，其实就是他们春来秋返的季节性临时居所。总之，在整个16世纪里，无论是法国和英国，还是其他欧洲国家，都没有在加拿大建立起自己的殖民地，或者说，建立殖民地的尝试都失败了。

汉弗莱·吉尔伯特

**鳕鱼与毛皮贸易的开端**　约翰·卡波特和雅克·卡蒂埃的早期冒险活动虽然没有能够为英法两国建立起像西葡殖民者在南美建立可以掠夺大量金银财富的殖民地，但是并非一无所获。1497年5月在美洲海岸登陆后，约翰·卡波特沿纽芬兰岛东海岸航行大约一个月，没有找到通往东方的航道，然而却有意外收获，其重要性不下于原来期望实现的目标，即在纽芬兰东部海岸外的几个浅滩上发现密密麻麻的鳕鱼鱼群，伸手即可捞到许多。此后，葡萄牙、法国和英国的渔民开始在今天加拿大的纽芬兰省与新斯科舍省海岸大规模捕捞鳕鱼，加拿大的鳕鱼贸易便开始了。1504年，英国渔民最早在今天纽芬兰省的圣约翰斯附近建立一个渔村，晾晒或加工鳕鱼。从1515年起，居住在法国与西班牙之间的巴斯克族渔民也远行到圣劳伦斯河口、拉布拉多或纽芬兰岛沿岸捕鱼或捕鲸。1540年，巴斯克族的捕鲸者已在贝尔岛海峡设立捕鲸站，甚至深入加斯佩半岛捕鲸，1544年鱼站已经出现在萨格奈河口塔杜塞克这块阿尔冈昆人蒙塔格奈族的居住地。到16世纪50年代，每年都有几百条船、几千人往来于欧洲各港口与这个新渔场之间。在纽芬兰岛的红海湾殖民地，1565年已有500—600人居住，渔民来往于大浅滩与圣劳伦斯河口捕鱼。渔民一般春季到来，秋季返回，夏季在海岸设立临时定居点晾晒和加工鳕鱼。到16世纪60—70年代，每年夏天捕鲸者业已超过千人，有时也在此过冬。据记载，1566—1599年，约有8 000—10 000名欧洲渔民参与鳕鱼贸易。

当然，鳕鱼贸易并非发现加拿大后才兴起的，中世纪已有格陵兰的鳕鱼行销北欧。当时，由于缺少运入欧洲内陆的技术，只有很少的人吃过鳕鱼，因此在欧洲这是一种同牛肉一样贵的鱼类，买卖非常赚钱。早期渔业是一种小单位的经济活动，资金不多，易做易赚钱，所以很多渔民加入，竞争激烈。当初，比利牛斯人用这种加拿大的干货开辟了欧洲地中海沿岸的市场，不久其他西欧渔民如法国布列塔尼人和诺曼人也竞相参与。

尽管英国资助约翰·卡波特航行发现了鳕鱼，在16世纪末叶以前英国当局并不支持纽芬兰的捕渔业，一方面是缺少盐保存鱼；另一方面英国官方认为资助私掠船抢劫西葡两国的运金船回报更高。在1582—1604年之间，英国经常袭击西、葡、法等国的商船和渔船。另外，来自英格兰西海岸的个体渔民也反对公司参与鳕鱼贸易，甚至在议会里阻止向那里移民。进入17世纪后，英国跟法国和荷兰竞争海上优势，将大西洋渔场作为海员养成所，才改而积极支持大西洋渔业。起初，英国渔民为了保持竞争优势开发了干腌技术，返欧前先在海岸将鱼晒干。这需要时间，却节省盐，便选择在纽芬兰岛的海岸作为晒渔场。而法国渔民在17世纪中叶以前一直采用湿腌法，可以游弋在圣劳伦斯湾与纽芬兰岛的海岸北部捕鱼。使用干腌法运到欧洲的鳕鱼的质量更高，后来法国渔民也采取了干腌法而实现规模经济，形成大宗鳕鱼贸易，鳕鱼贸易便成为促进英法竞争加拿大的重要因素之一。

毛皮贸易的兴起则另有原因，即16世纪中叶欧洲人改变戴帽习惯，开始流行海狸皮毛毡帽，直到19世纪中叶被丝帽取代，其间加拿大海狸皮一直是欧洲的抢手货。16世纪中叶前后，西欧的海狸几乎绝迹，而在加拿大，除了西部草原外，东西山区、北方森林以及地盾河流、湖泊岸边，海狸资源却相当丰富。而且，由于加拿大的气候条件，加拿大海狸皮质量更高、更为珍贵。在鳕鱼贸易阶段，欧洲渔民已经经常与土著人做零星的交换，以此作为鳕鱼贸易之外的副业。大体在16世纪中叶前后，毛皮贸易就取代鳕鱼贸易，成为欧洲人与加拿大土著人持续接触的主导因素。

大规模的海狸皮贸易或大宗海狸皮贸易，正式开始于1551—1578年雅克·卡蒂埃重返萨格奈河口期间。他这次重返加拿大时，带去圣马洛商人，专为与蒙塔格奈人做毛皮生意的。从前面的叙述中可以看出，萨格奈河口一带一直是重要的捕鱼和捕鲸地，而在鳕鱼贸易期间，蒙塔格奈人已经与过往的船只进行零星的毛皮生意，因此毛皮贸易起初只在圣劳伦斯湾四周进行。但是，海湾沿岸河流流域并不宽阔，海狸不久就灭绝了。接近16世纪末，毛皮商到萨格奈河口的塔杜塞克建立定期集市，欧洲各国商船定期停靠，每年与猎民交换一次。这样，塔杜塞克便成为最初的海狸皮贸易中心,但是非常短暂,只持续到1600年。

在加拿大土著人中,最早出现的专门贸易商,是蒙塔格奈人。为了满足欧洲商人的需要,他们向北、向南推进,捕捉海狸。捕猎—贸易线从圣让湖分别向北推到米斯塔西尼湖,向南到达渥太华河上游。这就表明,在沿海的北方地区,海狸很快减少了。蒙塔格奈商人往往把价格提得很高,加上越洋运费昂贵,致使欧洲商人难以获利,结果,从一开始毛皮贸易便成为垄断行业。这是从1588年开始的,这一年雅克·卡蒂埃首先从亨利三世那里获得垄断权,带着他的两个侄子到了加拿大。其后,法国商人对这个新兴而十分赚钱的买卖趋之若鹜,激烈争夺,促使毛皮贸易在17世纪前半期进一步扩张,很快形成规模。其最终的结局是,土著人的加拿大也像中南美洲一样,很快沦为欧洲国家的殖民地。

## 六、法国在加拿大建立首块殖民地

土著人的加拿大沦为法国的殖民地是17世纪初萨缪尔·德·尚普兰(Samuel de Champlain, 1574—1635年)到来之时。他原是毛皮贸易的代理商,而到达后不久,便萌发了将加拿大建成法国殖民地的雄心,认为即使为了垄断海狸皮贸易,也要将加拿大开辟为法国的殖民地。此后,其他的欧洲国家,即已将北美南半部视为独占殖民地的英国、已与葡萄牙瓜分南美洲的西班牙,都参与了同法国展开争夺加拿大的竞争。这就彻底打乱了土著人世界的秩序,开始了昔日这片处于原始状态的广阔土地殖民化的进程。

**尚普兰——新法兰西的奠基人**　塞缪尔·德·尚普兰是法国西海岸布瓦瓦日镇人,探险家、地图绘制者,年轻时随其叔航行到西班牙的西印度群岛和墨西哥等地。1603年,他陪商人弗朗索瓦·格拉维·杜邦(François Gravé Du Pont, 1560—约1629年)航行到过圣劳伦斯河,进行商业探险,转年受贸易垄断商皮埃尔·杜加·德蒙指挥到达芬迪湾(Bay of Fundy),先后在今天美国缅因州的圣克鲁克斯河(Saint Croix River)河口的圣克鲁克斯岛(Saint Croix Island)、罗亚尔港(Port-Royal)从事3年商业探险。1603年冬天极其寒冷,带去的79人中35人死去,第二年他们便转移到了河口对岸的罗亚尔港(在今天加拿大新斯科舍省的安纳波利斯河口)。这次探察了今天美国的新英格兰和加拿大新不伦瑞克省的海岸,画下海图,记述了考察过程。经初期的这两次加拿大之旅,塞缪尔·德·尚普兰决心重返雅克·卡蒂埃当年发现的圣劳伦斯河谷,在那里建立法国的北美殖民地。法国当局根据他的建议,在1607年放弃了最初在芬迪湾建立殖民地的计划，1608年7月尚普兰奉旨率领28人到达圣劳伦斯河谷，开始实施建立殖民地的计划。

尚普兰一行在鸟瞰今天魁北克城（阿尔冈昆语意为“河流变狭窄的地方”）的钻石角（Cap Diamant）山崖下登陆，沿着巨崖边界建立魁北克居留地。这是欧洲人在加拿大土地上建立的第一块永久居住地，也是土著加拿大变成法国殖民地的开端。今日加拿大魁北克省的首府魁北克城，25年后便在这块居留地上成长起来，再过一个半世纪，逐渐扩张为庞大的新法兰西殖民地。自韦拉扎诺1524年第一次使用新法兰西以来，在新大陆建立法国的殖民帝国一直是法国王室的梦想，塞缪尔·德·尚普兰现在终于使这一梦想变为现实。在以后长达27年里，他按照自己的设想极力推进法国的梦想。塞缪尔·德·尚普兰奠定了新法兰西的基础，因此他被尊为“新法兰西之父”，加拿大魁北克省至今也尊他为“魁北克之父”。

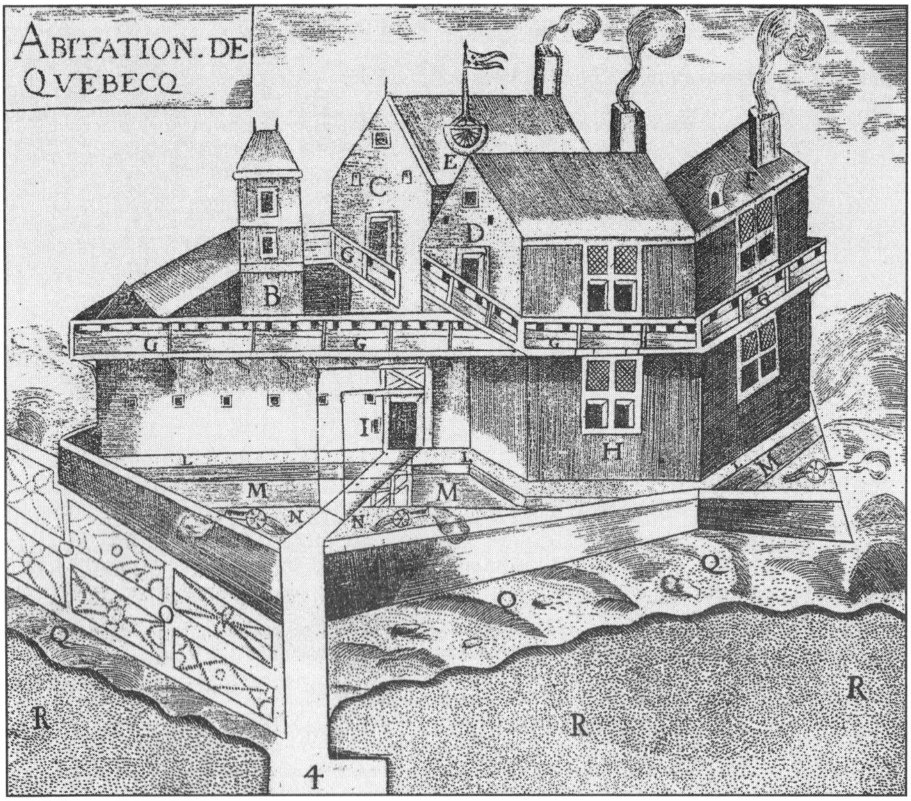


魁北克居留地

阿尔冈昆人

当然，塞缪尔·德·尚普兰的努力并非孤单无援，他得到了贸易公司支持，也是王室政策的代理人。到尚普兰建立魁北克时，法国商人早已与蒙塔格奈（塔杜塞克）人缔结了同盟，而他采取的方法是，利用土著人不同部落或不同族群之间的不和，各个击破，抢占他们的领地。他首先恢复和巩固了法国商人与塔杜塞克人建立的早期贸易同盟关系，利用他们希望与法国人进行毛皮贸易来取悦和欺骗所谓的盟友。此后，他又与阿尔冈昆人和休伦人等族群缔结类似的同盟关系。实际上，这既是贸易伙伴关系，也是政治和军事同盟。这一策略不仅巩固了法国商人对毛皮贸易的垄断，也保证了新法兰西殖民地的安全。然后，塞缪尔·德·尚普兰就以援助蒙塔格奈人与其内陆盟友为旗号，对跟法国人敌对的易洛魁人宣战，为此，便开始了外交活动和军事征战，主要目的是巩固对魁北克居留地的占领。

来自加拿大3个土著族群，即魁北克东北部的蒙塔格奈人、渥太华地区的阿尔冈昆人和乔治亚湾的休伦人的勇士，1609年春天在魁北克定居地与法国人会合。据尚普兰记载："他们庆祝了五六天，跳舞或宴会。"贸易货物被当作巩固友谊的礼物交换，实际上为确认政治同盟关系。宴会一结束，同盟军就开始了攻打易洛魁人的军事行动。他们沿圣劳伦斯河、黎塞留河向尚普兰湖推进，7月与易洛魁部队遭遇。这支所谓的同盟军，实际上由塞缪尔·德·尚普兰指挥，完全不把易洛魁五大民族联盟放到眼里。这是一次资本主义欧洲的先进武器对付使用原始弓箭的蒙昧部落的战役，结果可想而知。第一轮攻击，塞缪尔·德·尚普兰就枪杀了两个易洛魁人头领，伤了第三个。这是一场力量悬殊的对决，同盟军很快就取得了决定性的优势。

在随后的6年里，塞缪尔·德·尚普兰继续参与反对易洛魁五大民族联盟的更多更大的战斗，进而与这里的两个阿尔冈昆人部落即阿拉麦特族和派蒂特族也建立起贸易和军事同盟关系，因为他们控制着渥太华（Ottawa River）

中下游河谷的毛皮货源。这样，法国人领导的北方同盟控制了圣劳伦斯河中下游地区。接下来，法国皮毛商人就将生意沿圣劳伦斯河谷上游推进，扩张到了黎塞留河（Richelieu River）及尚普兰湖，即毛皮业新的中心地带。除利用属于阿尔冈昆人的塔杜塞克部落的旧关系替他们到四周村落收购货物外，法国毛皮商也在南方寻找新的毛皮贸易掮客，先后将居住在渥太华河谷及圣劳伦斯河以东的阿尔冈昆人以及居住在安大略湖以北的休伦人变为新的中间商人，到遥远的内地为法国商人收购和运输毛皮。这时，塞缪尔·德·尚普兰完成了最初作为毛皮代理商的义务，此后便与商人分道扬镳，专门从事法国的殖民地扩张事业。

1612年，塞缪尔·德·尚普兰被任命为新法兰西副总督并被授予代行总督之职，表明法国王室增强对塞缪尔·德·尚普兰开发殖民地事业的支持。他接下去要做的，就是与休伦人直接缔结盟约，将殖民地拓展到西南部地区。在1609年以前，法国人还没有遇到过休伦人，尽管休伦人得到欧洲货物已经有50年或更久。他们是通过蒙塔格奈人或阿尔冈昆人得到的。法语词根Huron一词表明，法国人起初对休伦人非常藐视，认为他们落后，是乡下人。可是，在接触不久，塞缪尔·德·尚普兰就认识到休伦部落比他所缔结的同盟中任何其他部落都富有而强大。因此，1612年，被任命为新法兰西副总督的塞缪尔·德·尚普兰便从魁北克出发去寻找休伦人的家乡。在以后的几年里，他乘船沿河而上，考察大河上游的广阔土地。这是欧洲白人首次考察黎塞留河、尚普兰湖、圣劳伦斯河上游以及渥太华河以南的广大地区。

1615年，塞缪尔·德·尚普兰跟随一队休伦人旅行了一个月，并准备在休伦部落传播天主教。他们从蒙特利尔岛（Island of Montreal）上溯渥太华河，穿过尼皮桑湖和休伦湖，最后到达休伦湖以南的休伦尼亚（Huronia），即休伦人的家乡。那年夏天，塞缪尔·德·尚普兰参加了休伦人袭击易洛魁地区的战斗，还受了伤，在休伦人中过了一个冬天。这对巩固与休伦人的同盟关系很重要，而这个同盟对魁北克殖民地的安全则是生死攸关，非常关键，不仅保证了这块殖民地头20年的安全，即使在塞缪尔·德·尚普兰去世后，这个同盟依然对新法兰西的安全至关重要。这次休伦尼亚之行坚定了塞缪尔·德·尚普兰对加拿大殖民地事业的信心。在过去的一个世纪里，欧洲人从未到过比蒙特利尔更远的内陆，而与休伦人结盟不到20年，就使欧洲人将视线扩展到苏必利尔湖以外。至少到1616年，塞缪尔·德·尚普兰就将整个加拿大殖民化作为首要目标了。在1618年从休伦尼亚回来后，他给法王路易十三呈上一份报告，表达了这样一个信心：要以魁北克为中心，建立永久城镇；用基督教教化土著人；未来使渔业、采矿、林业和农业像毛皮贸易一样繁荣；甚至预言这将打开一条从大湖以西到达东方的道路，使“大量财富能够由此滚滚而来”。

不过，塞缪尔·德·尚普兰的殖民地发展计划并不顺利。实现他所描述的前景的基础，是包括传教士和农民家庭的定居移民，然而1608年他带去的28人在第一个冬季便死去20人。魁北克居留地的头10年仅是年轻毛皮商人的临时过往居所。1615年，第一个教士到达。1617年，“加拿大第一个农夫”路易斯·赫伯特一家五口到达。按移民含义，这是第一户真正的定居移民，到1626年这样的移民才60人左右。魁北克作为殖民地赖以生存的基础，仍是土著人的毛皮，殖民者的生存供给依然要靠船从法国运来。

**百人合股公司**　塞缪尔·德·尚普兰能够在17世纪前期为法国建立加拿大这块殖民地，首先是与红衣大主教黎塞留（Cardinal Richelieu，1585—1642年）的支持分不开的。黎塞留也笃信重商主义，也是同塞缪尔·德·尚普兰一样的法兰西帝国的梦想家，在此期间执掌法国宰相大权。为实现塞缪尔·德·尚普兰上述庞大的殖民计划，黎塞留在1627年组织了新法兰西公司

土著人提供毛皮

尚普兰被掳往英国

(Compagnie de la Nouvelle France),也称百人合股公司(Company of One Hundred Associates)。这是仿效英国和荷兰的东印度公司(1600年、1602年)进行海外扩张的做法。法王亨利四世将北美贸易和殖民的管理权授予百人合股公司。1640年,百人合股公司在塞缪尔·德·尚普兰建立的三河城(1634年)、魁北克之外,又在雅克·卡蒂埃曾访过的阿尔冈昆人村庄霍什拉加建立了蒙特利尔,取代魁北克作为中心商站和军事防卫点。蒙特利尔地处渥太华河与圣劳伦斯河的交汇处,从南、北、西三个方向集中毛皮异常便利。百人合股公司从蒙特利尔继续向南、向西开发毛皮资源,很快到达密执安湖,向南则深入格林湾,为法国人以后沿密西西比河向西南扩张奠定了基础。1649年,法国的毛皮贸易边疆向西已推进到大草原东部,东马尼托巴的阿西尼博因人和克里人也在为休伦人、渥太华人或奥吉布瓦人的商人提供毛皮。

法国官方推进殖民计划的第二步重大行动,便是授予百人合股公司毛皮垄断权,以换取公司投入更大财力组织移民,快速增加魁北克定居地的居民。1628年,百人合股公司按约组织了400个移民,但是不幸的是,英国那位取得纽芬兰殖民地特许状的戴维·科克(David Kirke,约1597—1654年),那年夏天率领舰队封锁了圣劳伦斯河,迫使法国百人合股公司的船只返航欧洲。第二年,戴维·科克又占领魁北克,驱逐了绝大部分居民,塞缪尔·德·尚普兰也成了英国人的俘虏,被掳往英国。后来证明,戴维·科克袭击魁北克是他的个人行动。这时,英国尚无兴趣与法国争夺加拿大,因为英国与荷兰人在今天美国的新英格兰地区矛盾冲突不断,已经难以应付了。经过谈判,英王查理一世在1632年将魁北克归还法国,作为对他的法国王后带来丰厚嫁妆的补偿。随后,黎塞留大主教再次任命塞缪尔·德·尚普兰为新法兰西总督,1633年重返魁北克。

然而,魁北克毕竟草创不久,虽然当年塞缪尔·德·尚普兰在魁北克上面建立了三河镇,但是经戴维·科克3年折腾,这时几乎要从零开始。不过,塞缪尔·德·尚普兰当年就恢复了三河镇。可是,两年后塞缪尔·德·尚普兰去世,魁北克定居地便由百人合股公司管理,面临更加严峻的考验。1636年,法王任命一名贵族夏尔·蒙马尼(Charles de Montmagny,约1599—1654年)担任总督,在此后12年他一直担任这个职务。夏尔·蒙马尼与百人合股公司一起力图恢复殖民地,又运来400个移民,开垦出新农田,三河镇初具雏形。虽然新法兰西殖民地比塞缪尔·德·尚普兰最后几年时略有起色,但是与北美其他国家的殖民地相比整体上仍显得较落后。到1663年百人合股公司在新法兰西的委托管理结束时,才有3 000人。此时,英国在弗吉尼亚发展了烟草业,在新英格兰发展了渔业和贸易,吸引的移民已有10万之众。荷兰哈德孙河殖民地也有1万多人。而且,新法兰西吸引移民的只是毛皮贸易,这个行业仍然主要靠土著人。法国商人一般只带很少人来加拿大做转手贸易,许多人在完成贸易后不是留下来从事农业,更不会当移民,而是返回法国。塞缪尔·德·尚普兰设想的多样化的殖民地计划,仍只停留在纸面上,远未实现。

魁北克尚普兰雕像

**殖民政策的改变** 实际上,在法国的土著人贸易伙伴休伦人1649年被易洛魁人击溃以后,新法兰西就已困难重重了。随着休伦人战败,土著民族中的休伦人的贸易伙伴要么撤向西方,要么转移到西北。渥太华河下游的法国毛皮商又经常直接面对易洛魁人的攻击。结果,自17世纪40年代中叶起,被迫将垄断权转租给私人或私人公司,即梅达尔·舒瓦尔·德·格罗塞利埃尔(Médard Chouart des Groseilliers,1618—1696年)、皮埃尔-埃斯普里·拉迪松(Pierre-Esprit Radisson,1636—1710年)这些人。由于从圣劳伦斯河(即从蒙特利尔、三河镇)向西北推进跨大陆的贸易十分困难,运费高昂,格罗塞利埃尔、拉迪松这对姻兄从1654年至1660年便一直对大湖地区进行探险。1654年，他们在第一次独立向西航行中就敏锐地意识到大湖区以西丰富的海狸储备。1659年，他们到了苏必利尔湖以西，从克里人（原为土著人的中介商渥太华人、奥吉布瓦人提供西部的毛皮）那里了解到，主要的毛皮产地位于苏必利尔湖以北，而且发现哈德孙湾是个十分便利的运输通道，因此决定在哈德孙湾建立新的贸易商站。

作为西进先锋之一的格罗塞利埃尔，年轻时曾加入休伦传教团的耶稣会，当过契约雇工，学会了土著人语言，与休伦人建立了联系。他有信心也有能力为法国打开通向西北方、西方乃至南方（今天美国地面）的商道，进一步扩展毛皮业。然而，这只是他个人的美好愿望。1660年，格罗塞利埃尔、拉迪松从西北地区返回新法兰西后，殖民当局非但没有接受他们开发西部毛皮业的建议，总督还以他们未经许可盲目冒险而对他们处以罚款，尽管他们在易洛魁战争（Iroquois Wars）中运来毛皮，拯救了殖民地的商业。他们这时之所以失败，主要是因为提出建议的时机不宜。1661年法国国内政治发生变化，法王路易十四亲政，改变王室此前重毛皮贸易、轻殖民的政策。接管殖民地事务的让-巴普蒂斯特·柯尔贝尔（Jean-Baptiste Colbert，1619—1683年）认为毛皮贸易与移民相抵触，主张推进农业，以巩固殖民地的基础。

商人以追逐利益为主要目的，将自身的利益看得比民族或家族利益更重。结果，格罗塞利埃尔、拉迪松这两个非常有远见的殖民者在建议被拒后，转而寻求法国的对手英国人的支持，得到采纳。具有讽刺意味的是，这对法国的姻兄商人，却在此后半个世纪里成就了英国在加拿大的毛皮贸易的根基。由于这个错误，法国政府实际上已经为日后丢掉新法兰西殖民地自掘了坟墓。

## 七、土著人社会剧烈变动

欧洲国家的商业和殖民入侵对土著加拿大的历史产生了巨大的影响，促使1万年以来的传统社会发生急剧变化，而这种变化有积极的，也有消极的，但是消极的影响居多。土著民族在痛苦的挣扎中缓慢地走出史前文明。

**文明的跨越进步**　在加拿大土著社会与欧洲人经常接触之前，欧洲的货物实际上已经通过南方进入加拿大了。考古工作者发掘到的16世纪的墓穴，经常埋有珠子、铜制品或铁制品等欧洲舶来物品。到1550年，欧洲物品已大量渗透到东部阿尔冈昆—易洛魁人地区，甚至远至休伦湖、密歇根湖沿岸。

在接触早期，土著人一般对与欧洲人的接触持积极态度，土著人用传统狩猎劳动产品交换铁斧、矛头和金属箭头之类的欧洲工场手工业制品，作为生产工具和武器，也交换铜壶、服装和饰珠之类的生活用品。他们用毛皮交换来的生产工具或生活用具，比原先简单打磨的石器更灵巧，狩猎或采集生产效率大大提高。随之，他们的生活质量得到很多改善，甚至穿衣习惯也受影响而加入了欧洲元素，例如妇女以金属锥子、刀子、针及剪刀制作时尚衣服，将兽皮与欧洲布匹混缝，不仅制衣更加方便，使用商品珠子取代传统羽毛或贝壳来镶嵌长袍等衣物，更显美观。

当然，土著民族的贸易并非欧洲商人教给的，在欧洲人到来以前休伦人与阿尔冈昆人之间早就有玉米与毛皮的交换贸易，西海岸则有鱼油贸易，而草原猎人也用野牛皮来与南方曼丹人（Mandan）的手工制品交换。这样的贸易建立在土著人比较原始的生产方式的基础上，物物交换，简捷方便，只为解决衣食所需。与欧洲人接触之后，贸易已不是原来意义上的简单交易了，性质和方法都发生了本质变化。土著人是用自己原始生产方式的劳动所得，去与早期资本主义手工工场产品交换，受到了先进技术的熏陶，应当说这是生产力与社会关系的巨大进步，意味着加拿大土著民族一两万年以来的传统常规被打断，这是文明的跨越性进步。这样，土著民族通过接触欧洲先进文明，从石器时代直接进入铁器时代乃至机器时代，具有划时代的积极意义。

然而，这样的进步是加拿大土著人付出惨重的代价换来的。商业入侵将土著社会深深地卷入了近代资本主义商业欺诈的漩涡，从各方面腐蚀土著人的社会，他们的宗教信仰和文化价值观很快发生改变。例如，我们已经从早期法国殖民者的记述中看到，休伦人中皈依基督教者已经有人放弃了亡灵节的古老习俗，学习法国人以玫瑰花安葬女人，取代原来用海狸皮和珍贵财物厚葬死者的风俗。这样，他们的轻财物积累的古老习惯就被抛弃了。而且，欧洲商业交换中的一些陋习，诸如商业欺诈也对土著人产生了明显的消极影响，他们学会了欧洲人追求高额利润的交易手段。类似欧洲专门低买贵卖的土著人中间商人也很快产生了，他们在分发和运输商品过程中将价格提高，使欧洲商人的利润大幅度缩水。更为严重的是，欧洲商业入侵在促进土著社会文明进步的同时，也从各个方面损害了土著人，让他们付出了十分沉重的代价。

**沉重的代价** 从早期探险者、毛皮商人以及耶稣会传教士的记述中可以看到，早期殖民主义者极力从经济、社会、宗教、文化乃至人种上铲除土著民族，对土著人所犯罪恶罄竹难书。一部早期接触史，实际上是土著民族或种族的灭绝史。

第一，入侵破坏了土著民族生产和生活的基础。毛皮贸易的主要货源是海狸等林中动物，这些东西自古以来是土著民族的衣食父母，生存的基本保障。接触欧洲文明后，猎人装备欧洲短柄斧和凿冰刀，便于冬季开凿冰冻的海狸窝，从而加快了猎捕海狸的速度。这就使生态平衡很快遭到破坏，海狸迅速灭绝。起初，英法等国商人只在圣劳伦斯湾四周获取海狸皮货源，16世纪后期萨格奈河下游河口区域成为毛皮交易中心，而海湾沿岸河流流域并不广阔，那里的海狸不久就绝迹了。此后，毛皮商开始顺圣劳伦斯河向上游追踪和捕猎猎物，到17世纪20年代，海狸皮贸易线推进到渥太华河的上游，30年代迅速到达大湖地区。已有资料证明，1635年"休伦民族的海狸资源几乎殆尽"。17世纪60年代以后，英法商人就不得不到哈德孙湾以西收购海狸皮了。这意味着哈德孙海湾以东的海狸资源业已耗尽。土著人千百万年以来衣食所系的这种主要动物的迅速消失，意味着欧洲商人财富的迅速积累，而土著人则生活越来越贫困。

第二，欧洲人带来的传染病是土著人更大的灾难，造成人口快速减少的严重后果。有充分的证据证明，传染病在土著人中传播，是因为欧洲商人带来的病毒。美洲原住民"因为清洁的生活方式和……经常变更生活地点"，"通常较易受疾病袭击"，结果，经常造成毁坏性浩劫。一般认为，天花首先是由西班牙人在16世纪初带到墨西哥的，1516年尤卡坦的玛雅人因天花传染死去数千人，1520年记载了阿兹特克人的一次大规模天花传染病。这种传染病可能很快由南向北，传遍整个南北美洲。又据记载，1616—1619年天花在大西洋东北海岸即今天美国的东北部及加拿大东海岸发生了一次流行。加拿大土著人死于这些早期传染病的确切人数，从来没人知道，但是从几个记录的例子可以看出，情况极其严重。最新材料表明，1500年欧洲探险家带入的疾病毁灭了生活在魁北克和拉布拉多的多赛特人。1636—1637年，流行性感冒在圣劳伦河谷与五大湖周围传播，导致休伦人大批死亡。1640年夏天，又有天花肆虐，"阿尔冈昆人死亡之多，简直来不及掩埋"。土著人称耶稣会士是"穿黑长袍的"，认为他们带来了灾难。随着欧洲探险家、传教士和商人的足迹远及偏远的内地，西部草原地区也难于幸免，遭到各类疾病的危害，人口大量减少。1693年，一次有记载的传染病使休伦人损失50%以上。1837—1840年，一次传染病夺走了98%的曼丹人、黑脚人和阿西尼本人的生命。众所周知，西班牙人和葡萄牙人对南部土著人实行种族灭绝政策，法国人和英国人在加拿大何尝不是如此。

1636—1637年五大湖的那次流感，休伦人推断是因穿黑袍的人“实施巫术”。还有一次，密执安湖以北渥太华人的村落，十之八九毁于大规模的天花传染，原因是英国商人给了他们一个“神秘锡盒子，盛有褐色粉末”。可见，传播传染病是夺取土著人土地而控制毛皮资源的最便捷手段。

第三，种族战争包括挑拨土著民族之间的战争，或欧洲人发动的种族灭绝战争，被欧洲殖民者视为夺取土地、控制毛皮资源的另一有效手段，而且是欧洲殖民者经常使用的手段。当然，欧洲探险家到达加拿大以前，土著民族之间的部族战争业已存在，因为他们经常迁徙，部族之间难免会时常发生争夺地域或营盘的战争。有很多证据表明，“在美洲，迁徙的自由是常规”，北方森林地理带的游动民族，经常随捕猎地的变更而迁徙；南方的易洛魁人和休伦人那样的定居民族，也是如此。休伦人在一个地方耕种10—15年，资源耗尽后，就更换新的居住地。这样，各部族之间难免会因争夺狩猎和采集领地而发生争战。不过，在欧洲人到来以前，这种“战争对他们不过是一场游戏罢了”，是为了展示勇气，也是“一种庆典而非生死搏斗”，扎起营盘打仗……则非常罕见，也很少伤亡。“没有一年不发生休伦人被抓捕或杀害的事情，易洛魁人也一样，但是大规模的屠杀，即使在这些混乱的年代中，也不很常见”。法国耶稣会传教士也说过，土著民族“打仗的目标是袭击一下（而不是杀人），然后干脆胜利地逃走”。

但是，在塞缪尔·德·尚普兰等殖民主义者到达美洲之后，这种小打小闹的部族战争的性质和规模都发生了变化。圣劳伦斯河和渥太华河流域的阿尔冈昆人及其同盟伙伴休伦人，隔着圣劳伦斯河与易洛魁人对立。在1615年以前，塞缪尔·德·尚普兰靠阿尔冈昆人提供毛皮，并支持他们对付易洛魁人，将其驱赶到现在美国纽约州地区。到17世纪30年代毛皮贸易线推进到大湖之后，休伦人就取代阿尔冈昆人而成为法国人在西部和北部获取毛皮的中介。塞缪尔·德·尚普兰从事贸易之所以成功，是因为休伦人愿意与他结盟，一起对付易洛魁人。在30年代以前，休伦人从法国人手中获得了欧洲武器，在部族战争中暂时占有优势。从1630年起，荷兰人开始武装易洛魁人，“煽动他们进行战争的动机是要确保他们自己能够弄到较多的海狸皮”。为了同样的目的，英国人后来也提供武器装备易洛魁人。1635年，易洛魁同盟开始大规模进攻休伦人与阿尔冈昆人同盟，这年8月荷兰商人挑唆易洛魁人袭击阿尔冈昆人的7条独木舟。因此，法国人的毛皮贸易损失很大。

在挑唆种族战争中，法国耶稣会传教士扮演了极为卑鄙的角色。由于在休伦人中布道失败，他们从17世纪40年代初就教唆易洛魁人进攻休伦人，并参加易洛魁部落同盟中比较强悍的莫霍克族1643年在圣皮埃尔湖附近发动的休伦战争。这场战争持续了6年之久，导致整个休伦民族遭受了最残酷的摧残，仅1649年冬天就死亡约5 000人。易洛魁人已经不仅仅为了俘获一些俘虏，而是要消灭对方，只此一役，附近原来80—100个休伦长屋只剩下5—6个。通常，休伦部落的一名舰长要率领800勇士，而经此一役，300—400个独木舟的舰队就只剩下20—30人。后果非常严重，剩下的全是女人和女童，几乎找不到男人。休伦战争持续到17世纪50年代之初，易洛魁族之外这个最强大的农业—商业民族的五部落联盟，损失了1/4的人口，再也难以恢复昔日的辉煌了。休伦族大败的主要原因是作为盟友的法国商人的背叛。法国人估计荷兰人和英国人提供给易洛魁人500支枪，而休伦人只从他们那里弄到120支枪，双方力量悬殊。而且，战争打起来后，法国人也没有援助。例如，在圣路易斯战役时，驻防附近圣玛丽的法国人没有出击，看着易洛魁人消灭自己的贸易盟友。这里大部分休伦人被杀。据此，有一部著作写到休伦人可能在1649年灭亡了。实际情况是，他们作为一个强大的部落联盟消失了，但是族群没有灭绝，只是被打散了。休伦战争之后，休伦人在休伦湖召开最后一次联盟会议，决定向西投靠奥吉布瓦人，并得到了他们的庇护。另有一部分部众被吸收进阿尔冈昆人，或并入苏族（Sioux）。这两部分休伦人很可能被融合了。还有不到7 000人，大概因为改信天主教，其后随法国传教士到了魁北克殖民地，分别定居在奥尔良岛（Île d'Orléans）和基督徒岛，大部分也因传染病或别的灾难陆续死去，最后剩下大约300人。

打散休伦人后，易洛魁联盟接下来又先后打败纽拉特人、伊利人等弱小族群，“东海岸所有土著民族都要向易洛魁人进贡”。此后，他们又在英国人的支持下，进行奥吉布瓦战争（1653—1658年），向西和向北攻打奥吉布瓦族，而这次易略魁人遇到了强大的对手。“奥吉布瓦族是一个很强大的民族，他们再一次派兵惩罚那些违犯和平条约敢于来犯之敌”。在1653年在苏圣玛丽战役中，奥吉布瓦人以弓箭和斧头抗击易洛魁联盟的火枪，居然打败了他们。在马尼图岛，120人的易洛魁人来犯队伍，无一人逃脱。在1656年战争的最后阶段，在今天安大略半岛北端以彼得伯勒为中心，从赖斯湖到锡姆科湖的广大范围内，进行了3次大战。第一次战役，易洛魁人战败，全队投降，被放回休伦湖；第二次战役，易洛魁人很少幸免；第三次战役，大批易洛魁人被杀，只有一个易洛魁勇士单枪匹马逃脱特伦特河口的战场。尽管这时法国人转而支持易洛魁人，但是易洛魁人被这次大战完全打垮了。1658年，他们曾组织了1 200人的队伍，图谋报复，也被粉碎，此后再无力量重整旗鼓对抗奥吉布瓦人了。结果，其遭遇几乎同休伦人一样。

也像西班牙人和荷兰人一样，除了挑唆加拿大最强大的土著民族之间互相厮杀、自我消耗外，英法殖民者还直接屠杀土著人。贝奥萨克人就是这样被灭绝的几个族群中的一个典型例子。据考古发掘和土著人传说，贝奥萨克人漂流于海上，沿格陵兰与美洲东海岸来回迁徙。大约从公元前5 000年到公元500年，居住在今天加拿大的纽芬兰岛以及拉布拉多地区。按这一说法，他们是来自欧洲的人种，有学者推测他们也曾回到过欧洲，是匹克特人（被罗马人称为“脸涂色的民族”）的祖先。这种说法有一个有力的根据，就是他们长有一副欧洲人的脸型。也有学者认为他们就是美洲土著人，属于阿尔冈昆族。不论起源哪里，到欧洲人侵入时，他们已是加拿大地道的原住民。同北方其他土著人一样，他们也使用独木舟，穿雪鞋，住在使用树皮与毛皮搭成的（50英尺的）长屋里。由于他们十分强悍，欧洲殖民者残酷地对待他们。据记载，从1501年起，西葡两国的奴隶贩子往欧洲运送奴隶，贝奥萨克人很可能是最先遭受这样的命运。这一年，有57名贝奥萨克人运到里斯本展示，只是由于他们全部死于拘禁中，展示才被迫作罢。

在欧洲人侵入的早期，土著人与欧洲殖民者还相安无事，甚至欢迎与欧洲人接触，因为可以用毛皮交换新奇的生活用品。但是，在东海岸，从英国渔民上岸开始就与纽芬兰的贝奥萨克人发生了冲突。英国渔民霸占海岸建立锚地或鱼站晒鱼，贝奥萨克人传统的森林营地被烧毁。他们被迫迁往荒凉的内陆。遭马克思《资本论》怒斥的剥土人头皮的罪恶，原是俄罗斯公元前5世纪的一种残忍刑罚，1613年被法国人首先搬到北美洲，用来对付贝奥萨克人。这类种族屠杀导致加拿大贝奥萨克人迅速减少，到20世纪初，仅剩下的一人也于1929年死于肺结核。这样，贝奥萨克人就灭绝了。

第四，宗教同化则是欧洲人灭绝加拿大土著人的残忍手段。在商业侵入的同时，宗教也同样是入侵工具。尽管早期欧洲人的活动具有强烈的商业性质，传教士作用较小，但是他们的目标明确，为了配合殖民扩张及种族灭绝战争而特别重视从文化和宗教上来同化土著人。虽然早期不乏意图尚好的传教士，怀有防止欧洲文化的坏因素侵害印第安人和因纽特人的善意，但是他们大多将土著人视为野蛮人，将他们信仰的自然神宗教看作异端，企图以基督教取而代之，要用“高尚”的欧洲文化乃至生活方式改造土著人已经持续千万年的传统文化和习俗。

在新法兰西和拉布拉多海岸，商人与传教士几乎同时到达。1603年，塞缪尔·德·尚普兰为开展毛皮贸易航行到达芬迪湾和罗亚尔港(在今天加拿大新斯科舍省的西海岸)时，随行的有天主教传教士的身影，甚至有加尔文派传教士到米克马克人(Mi'kmaq)中传教。塞缪尔·德·尚普兰是个虔诚的天主教徒，将土著人看作是“行为像动物一样”的野蛮人，“受魔鬼欺骗”，“对上帝一无所知”，因而热心传播基督教以改变土著人的信仰。1604年，塞缪尔·德·尚普兰到达圣劳伦河谷时，有更多的耶稣会传教士随行。1615年，休伦人第一次邀请塞缪尔·德·尚普兰访问休伦居住区，也有传教士跟随。由于休伦人怀疑他们是为侦察贸易秘密而来，拒绝他们进入。不过，1625年前后，耶稣会传教士开始在土著人中传教，访问过纽拉特人、易洛魁人和奥吉布瓦人部落，宣传信仰基督教会给他们带来繁荣和长寿。但是，这些土著人根本就不信任他们，称他们是撒谎者。1633年，有耶稣会传教士再次尝试到休伦地区传教，也遭失败。直至17世纪30年代末休伦地区成为法国毛皮贸易收购点后，这里才成为主要传教点。

加拿大土著人的文化丰富多彩，各自的宗教表达方式也不尽相同，但是都与他们原始部落的社会生活相一致，相信“天神”，主张人与自然、大地与宇宙、人与生物界(包括动植物)要保持和谐关系。当时，欧洲天主教盛行的一套宗教教条，尤其是宗教裁判及各类迫害异端的刑罚和拷问制度，与土著人的信仰格格不入。然而，法国天主教传教团体从一开始就把这些腐朽的东西搬到新大陆，用人死后或进天堂或下地狱来吓唬土著人，用迫害异端的办法强制土著人接受他们的信仰。一个在塔杜塞克人中传教的神父说道，“好的神父善于使用皮鞭”，“忏悔应当以神鬼和鞭笞作为指导，要让土著人受到摧残才行”。“儿童需要脱光衣服痛打才能改信上帝”。传教团建立寄宿学校，强行把儿童从其母亲身边带走，并且拷打儿童。他们还体罚在怀中的幼儿，修女甚至劝说土著妇女按欧洲的宗教习惯给婴儿断奶(土著人幼儿4岁才断奶)。他们强行推行欧洲的宗教仪式，如为行将死亡的人或儿童施行洗礼，等等。

实际上，强制宗教同化作用并不大，受到了土著人强烈抵制。他们借助毛皮贸易推进传教事业，许下以传教促进贸易的诺言，后来又威胁说“除非温达人(休伦人)变成基督教徒”，不然4年后就中断贸易，甚至给接受洗礼者较高一些的毛皮价格。这些伎俩确实起到了作用，但是效果也不大，只有少数从事毛皮中间贸易的土著人加入天主教。据说，17世纪30年代末有60名土著商人加入基督教，他们大多是为了巩固与法国人较为有利的贸易关系才入教的。直到40年代，土著人仍然强烈抵制天主教。一份耶稣会传教士报告说，“几乎所有野蛮人、阿尔冈昆人或易洛魁人都如此充满情绪地盼着耶稣会传教士死掉”。耶稣会传教士被称为“穿黑袍”或“穿黑睡衣”的“恶魔”、“恶棍”，无论走到哪里都会带来死亡和不幸的灾星。这一时期在休伦湖传教的神父布莱包夫也报告说，不仅休伦人继续抵制，纽特拉人也拒绝他们的礼物，所有人家的门户“都对穿黑袍的人紧闭”，不断有休伦人出来证实传教士的罪恶。他们最终只待5个月就撤走了。易洛魁人认为他们是“魔鬼”，更是“门户紧闭”，或“堵上耳朵”，“把脸蒙起来”，不听他们说教。布莱包夫说有1 000名休伦人入教，实际上只有大约30个从事毛皮贸易的商人被迫入教。

虽然耶稣会传教团的收获不大，但是也腐蚀了土著人的信仰和习惯，乃至分化了他们。改信天主教的土著人一般在部落内要受到警告或惩罚，妇女被迫放弃过去与丈夫平等的地位。有的著作认为，休伦人被易洛魁人打败，也与耶稣会传教士有关，他们在改信天主教者与抵制信仰天主教者之间制造分歧，因而削弱了休伦人的力量，客观上帮助了易洛魁人。此外，强迫土著人改信天主教，不仅是宗教同化，也是文化和语言同化。传教士为使用法语传教而建立儿童（寄宿）学校，把儿童从部落带走，更是加速了宗教和文化同化。

强迫宗教和文化同化，也是促使土著人口减少的原因之一。法国耶稣会传教团17世纪30年代在休伦地区建立传教基地后，休伦人口减少开始加快。耶稣会也曾做过调查，土著人说“自从法国人来了之后，他们的民族就在走向死亡”，原因是“那些独自接受了我们（指法国传教士）的教义的人，变得沉默寡言，死气沉沉”，因信仰改变而生了病。传教士还改变土著人用草药治病的习惯而替病人放血，“让他们的生命力量耗尽”。秘密为即将死亡的人实施洗礼，也促进死亡，在一个休伦人村庄中发现70个7岁以下儿童在接受洗礼之后死去。

第五，混血同化是英法殖民主义者对加拿大土著人实行种族灭绝的另一步骤，甚至是最为残暴的手段。在这方面，西班牙和葡萄牙殖民主义者15世纪末对中南美洲印第安人的行为最为丑恶。他们一到美洲大陆就大肆侵犯土著妇女，产生许多混血人。虽然有土著人酋长娶西班牙女子的例子，但是那里的混血人绝对是白人男子与土著人妇女的后代。1510年一个关于葡萄牙船员与马萨诸塞土著人通婚的记载，有关于西班牙人与当地酋长女儿结婚的叙述，有通婚的产儿，但是绝大多数是强奸或强迫性关系的后果。这方面的记载很多，1492年的一则记载说道，“哥伦布与他的军队喜欢青年妇女，包括8—10岁的女童，如果她们不服从，就要被他们强行奸污”。1541年，西班牙人抢劫并消灭了阿拉巴马河边的逖古埃村落，“奸辱他们的妇女”。

由于欧洲人到加拿大比到南美晚，没有像西葡殖民者那样放肆强逼妇女，有那么多的混血人后代，但是他们对加拿大土著人妇女犯下的罪行同样不光彩。在1600年大规模侵入以前，加拿大已有混血人的零星记载，最早一则是关于1200年北欧人移居拉布拉多开始与因纽特人通婚的记载。1576年的一份记载提到英国海盗兼奴隶贩子马丁·弗罗比舍带到巴芬岛的水手，“与土著人结为亲眷”，几乎“乐不思蜀”了。17世纪初英国人到达北美南部，也出现类似情况，一般是诱骗土著人妇女同他们发生性关系，或通婚，生出许多混血后代。1607年英国人建立詹姆斯城，在这个殖民点里，有40—50名殖民者与土著妇女结婚，结果，詹姆斯城的大多数后代都是梅蒂斯人。

一般认为，混血现象是伴随最初的商业入侵出现的。1600—1636年是加拿大梅蒂斯文化即种族混血开始产生的时期，而随着鳕鱼和毛皮贸易的日益兴隆，混血现象也越来越多。欧洲渔民去加拿大是季节性的，毛皮商人最初也不过是一两年的投机性活动，一般都不带妻子，或是未结婚的男子，便强迫土著妇女发生性关系，或随意同居。自从欧洲人来到东海岸和圣劳伦斯河谷，即不断出现混血人种。1603年，塔杜塞克的蒙塔格奈人将收养的一个易洛魁女子献给法国商人杜邦，以求建立贸易同盟关系。1605年，法国人在罗亚尔港建立第一个毛皮贸易站，贸易站内就有法国人与米克马克人混血的梅蒂斯人。1608—1630年，随着塞缪尔·德·尚普兰与百人合股公司在圣劳伦斯河谷和大湖地区迅速推进毛皮生意，梅蒂斯人口迅速增加。17世纪70年代，哈德孙湾公司与西北公司（North West Company）将毛皮贸易推进到哈德孙湾以西时，便大量出现了法英毛皮商人与土著妇女同居或结婚所生的梅蒂斯人（将在后面两章叙述这一情况）。

白人与土著人女子同居关系造成土著人人口减少，主要有两个原因：首先，强迫同居或通婚会使土著儿童出生率降低。按殖民地政府的法律，或土著人部落的习惯，白人与土著妇女正式或非正式结合，她本人及所生子女就丧失了土著人身份。其次，土著人一向认为，迫害他们的妇女（包括强迫、为奴、强奸、同居）是他们人口减少的最重要的原因。“尤其是他们带走了土著人的妇女，土著人就会大量死亡”。土著人的儿童一向依赖父母精心呵护，“印第安人从不举手打孩子一下，不管人们提出什么理由，都不能处罚孩子……”土著妇女很少在幼儿三四岁之前断奶，妇女被带走，儿童没有母亲呵护，死亡较多。耶稣会传教士为土著儿童开办学校，母亲拒绝将孩子送进学校，因为担心受到体罚或折磨。而且，儿童对生活环境的突然改变不适应，也会死亡。接受洗礼的儿童死亡很多，很可能就是对生活环境改变的不适应所致。土著儿童的大量死亡是土著人人口迅速减少的另一个重要原因。

总之，商业和殖民入侵给加拿大土著人带来了灾难，尤其是种族战争、传染病等，造成加拿大土著人大量死亡，人口剧减。生活在最富裕的大湖地区的休伦人五大部落，按殖民者粗略统计，在法国和荷兰殖民主义者入侵之初，大约有2.5万—3万人死亡；到17世纪三四十年代毛皮贸易推进到休伦尼亚，尤其是1635年前后，土著人赖以生活的海狸灭绝，休伦人人口已减少到约9 000人（1640年的统计）。

**反抗斗争**　法国人踏上加拿大这块土地不久就开始了对土著人的征服。1534年，卡蒂埃在加斯佩半岛登陆后，遇到易洛魁300人的捕鱼队伍，如入无人之境，宣布这块土地属于法国，竖立带有法国王室盾形徽章、刻有“法兰西国王万岁”黑体大字征服标志的十字架。此后，塞缪尔・德・尚普兰通过毛皮贸易积极拓展殖民地，也是如此。这些法国殖民者认为掠夺土著人的土地天经地义，因为依照罗马教皇1454年的教谕，任何基督教国家都有权占有野蛮人或异教徒的土地而无须顾及他们的利益。

无论是易洛魁人，抑或是阿尔冈昆人，还是后来与法国人建立贸易关系的休伦人，都反对法国人占领他们的家园。当雅克・卡蒂埃占领加斯佩半岛土地时，当地易洛魁部落的头领多纳科纳当即率领族人进行强烈抗议，喝令法国人赶快走开！多纳科纳宣布：“所有这个地区都属于他，没有他的允许，不准竖立这个十字架。”在1535年第二次航行中，雅克・卡蒂埃在圣劳伦斯河将霍什拉加村庄命名为皇家山，再次激怒了易洛魁人。当1541年雅克・卡蒂埃第三次到来时，易洛魁人便开始攻击法国人，杀死了35人。第二年罗伯瓦尔带200个移民到达时，也遭到了与雅克・卡蒂埃同样的命运。易洛魁人对法国人关闭了圣劳伦斯河，致使法国最初的殖民活动归于失败。

法国在加拿大的征服、定居和传教活动，违背了土著人的根本利益，自然会遭到坚决抵制，即使是建立贸易同盟的休伦人或阿尔冈昆人，对法国殖民主义者也一直存有反抗情绪。1615年，塞缪尔・德・尚普兰访问休伦尼亚，休伦人认为随行的传教士不怀好意，拒绝他们进入。此后法国耶稣会传教士的传教活动，普遍遭到了休伦人和中立部落土著人的抵制乃至反抗。他们称耶稣会传教士是穿黑袍的恶棍，无论走到哪里都会带来死亡或不幸。据在休伦人地区传教的神父让·德·布雷伯夫的一篇报告，不仅休伦人，纽拉特人也拒绝接受他们的礼物，所有土著人的门户"都对穿黑袍的人紧闭"。休论人也采取暴力攻击传教士，传教小屋被夷为平地。1640年，休伦部落联盟议事会多次讨论处死或驱逐"穿黑长袍者"。休伦人村庄愤怒的村民以石块和棍棒攻击传教士，打得传教士鲜血直流，十字架被推到砸碎。1643年，部分法国传教士伙同莫霍克部落进攻一个休伦人温达特部落的村庄，两个法国人被俘，一个被拷打处死，一个收入部落为奴。据这两个耶稣会传教士记载，他们访问纽特拉人，"几乎整个民族燃起了反抗穿黑长袍者的怒火"，"所有的野蛮人，无论易洛魁人或阿尔冈昆人，都强烈盼望耶稣会传教士们死掉"。加拿大土著人并不相信法国殖民主义者的"友谊"。

不仅圣劳伦斯河谷土著人抵抗法国殖民者侵入，大西洋与纽芬兰地区法英渔民最初到来时，便遭遇到贝奥萨克人抗击。贝奥萨克人是反抗性很强的民族，经常洗劫英法渔民。例如，1613年他们一次反抗就杀死了37个法国人。因此，欧洲殖民者称他们"极端残忍"，是"一群邪恶的"野蛮人，对他们进行残忍的报复。

从塞缪尔·德·尚普兰和百人合股公司移民计划的挫折，可以看出加拿大土著人抗击法国殖民者而阻挠侵略的作用。法国人早期在加拿大进行殖民侵略时，挑拨和利用土著部落，与休伦人及其传统贸易盟友阿尔冈昆人结盟，将与其对立的部落易洛魁人赶到尚普兰湖以南，新法兰西即圣劳伦斯河这块殖民地才得到30年的和平。这只是武装和平。塞缪尔·德·尚普兰虽然取得在圣劳伦斯河立足的成功，为新法兰西殖民地打下基础。然而，他的结盟政策注定要失败，因为这一结盟政策使加拿大土著人中最先进、最强悍的易洛魁五大部落成为法国殖民者的死敌。

实际上，法国人一踏上加拿大的土地，易洛魁人就表现出强烈的抵抗意识，一直是抵抗法国侵略的主导力量。在得到荷兰的武器后，易洛魁人发动了1645—1655年的易洛魁战争。这次大规模战争彻底摧毁了法国—土著人联盟中主要盟友休伦人以及其他中立部落（佩坦人、伊利人）的力量，沉重打击了法国耶稣会传教士的传教活动，许多传教士死于这次战争。例如，安东尼·丹尼尔（Saint Antoine Daniel，1601—1648年）神父、让·德·布雷伯夫（Jean de Brebeuf）、加布里埃尔（Gabriel）等追求为传教而殉难的传教士，"传教事业不再存在了"。同时，新法兰西殖民地的经济基础毛皮贸易也被摧毁了，新法兰西生存本身也成了问题。这是魁北克殖民地发展缓慢、遭受挫折乃至最后覆灭的远因。自17世纪50年代以后,易洛魁五大部落联盟把攻击矛头直接转向圣劳伦斯河谷的法国移民。1660年,法国人亚当·多拉德·奥莫带领一队人马企图直接从易洛魁人手中夺取毛皮,遭到全军覆没。这一年及下一年,易洛魁人的武装奇袭队接连攻击新法兰西各地,包围蒙特利尔、魁北克城的奥尔良岛,直至圣劳伦斯河口历史悠久的毛皮贸易基地塔杜塞克,不仅使魁北克殖民地处于风雨飘摇之中,而且打垮了百人合股公司。这个殖民公司自1629年落入科克之手以来,一直财政困难,在易洛魁战争期间公司更是雪上加霜,无力自卫。因此,路易十四在亲政后解散了百人合股公司,新法兰西殖民地改由法国王室直接统治。于是,加拿大进入了一个新的历史时期。

# 第二章 新法兰西的兴盛与覆灭

在17世纪60年代以前，英国主要从事北美南部（今日美国）的殖民和贸易扩张，还没有与法国展开对加拿大的争夺。随着17世纪中叶欧洲大国格局的变动，英国开始转变对加拿大事务的立场。1651年颁布《航海条例》规定，英国与非欧洲国家的贸易只限于英国船只，开始倾向于支持英国特许公司在北部的活动。法国王室不久也改变新法兰西的政策，由原来注重毛皮贸易转变为重视殖民扩张。1669年，英国投资者派遣自新法兰西投靠英国殖民当局的拉迪松到哈德孙湾探察，建立固定商站，获得英国政府批准。1670年5月，英国哈德孙湾公司（Hudson’s Bay Company）成立，获得对哈德孙湾以西土地上的贸易特许权。从此，英法两国的商人展开了对加拿大西部毛皮的激烈争夺。加上英法两国早期在纽芬兰争夺鳕鱼业和东海岸的殖民地，17世纪下半叶加拿大便成为英法两国竞争的场所。

## 一、行省殖民地的建立与扩张

1661年法国路易十四亲政，欧洲政治形势已经明朗，只剩下英法两大对手在广阔的海洋和大陆角逐了。路易十四1643年继位时年仅5岁，统而不治，由其母亲奥地利的安妮摄政；而他亲政这年就23岁，是一位好大喜功的年轻国王，决心纵横捭阖于欧洲，与英国一决雌雄，包括在北美殖民地一争高下。为实现王室的北美殖民帝国梦想，路易十四采取一系列的新举措，大力推进新法兰西的扩张。此前法国在美洲不太明朗的政策，就这样便由路易十四及其长孙路易十五确立起来了。

**镇压易洛魁五部落**　进入17世纪60年代，易洛魁五部落联盟对法国殖民者的反抗不断升级。在1660年和1661年连续两年中，易洛魁奇袭队先后攻击蒙特利尔、魁北克城的奥尔良岛以及塔杜塞克这些移民中心，农户遭到埋伏在田边地头的易洛魁勇士的突然袭击，猝不及防，200名定居者死于这次攻击中。侥幸生存者，或退到木栅堡垒里面暂时躲避，更多的雇工则返回法国。这时，新法兰西的移民大概还不到3 000人，损失是严重的。易洛魁人攻击虽未摧毁殖民地，但是彻底打垮了百人合股公司，自科克袭击后，这个公司就陷入了严重的财政困难。新法兰西的农业殖民计划刚一起步，可能就要彻底落空了。

因此，对于法国王室统治来说，要发展和扩张新法兰西，首先是结束易洛魁战争，维护殖民地的安全。路易十四决心保卫这块殖民地，作为加快扩张的新举措，便派遣一支正规军卡里南—萨利斯团（Carignan-Salières Regiment）到加拿大，镇压易洛魁五大部落联盟的反抗。1665年，卡里南—萨利斯团1 000多名士兵抵达魁北克，拉开了第二次法国—易洛魁战争的序幕。

卡里南—萨利斯团对易洛魁人的打击，给了新法兰西殖民地民军强大的支援，坚定了他们取胜的信心。最终，易洛魁五大部落联盟对魁北克殖民地的军事袭击受到了遏制，一直处于进攻威胁下的移民生活得以恢复。1667年，遭受战争和瘟疫蹂躏的易洛魁人，不得不同新法兰西殖民当局缔结和约。到17世纪80年代发生第三次战争之前，这个和约至少维持了20年的和平，使新法兰西得到第一次集中发展的时机。

**改革统治机构**　路易十四的第二个举措，是改革殖民地的管理，解散百人合股公司，将新法兰西置于王室的直接管辖之下，即建立行省，从而强化了统治。在新法兰西行省开端时期，殖民地事务表面上由海军大臣监管，但是殖民地政府一切都听命于法国国王。在殖民地，国王的政令通过两个官员即总督和省长下达。总督以副王头衔代表王室，主持政府以及公共事务。他通常是一个军事贵族，担任指挥武装部队的责任，指导与英国殖民地或土著民族的对外关系。总督既在形式上也在实际上代表王室权威。新法兰西时代的总督，没有谁能够比路易斯·德·包德·弗隆特纳克（Louis de Buade de Frontenac，1622—1698年）更突出的了。他1672—1682年、1689—1698年两度出任总督，76岁死于任上，专横跋扈，穷奢极欲，但是为法国发展毛皮业立下了汗马功劳。

法国王室派往殖民地的第二位最重要官员是省长。省长一般由次一级的贵族出任，担任行政长官，控制军事拨款和供应，职责包括财政、司法和社会治安。随着殖民地规模的扩大，职员、仓库保管、法警、地方办事人员、港口以及道路官员也先后成为省长的僚属。总督和省长之下，有一个包括主教在内的最高议事会（后来称上级议事会）。这个机构除辅助总督和省长以外，也是殖

方济·拉瓦尔

民地的最高法院，下辖一系列低等法院。在新法兰西行省治下，殖民地的军事建制也在逐渐扩大。

同法国国内一样，殖民地的天主教会也是新法兰西行省统治的重要支柱，其职责主要是从精神方面控制并同化土著人。其中，1659年随百人合股公司来到新法兰西的主教弗朗西斯·德·拉瓦尔（François de Laval，1623—1708年），对新法兰西的发展发挥了特别重要的影响。法国天主教会要受王室限制，而拉瓦尔作为教皇极权主义者，反对国家限制教会。他到来后，只听命于罗马教皇。这就使新法兰西成为教皇集权主义的堡垒。加拿大天主教会比在法国本土甚至还有权威，对殖民地的各个方面包括管理和民众的精神世界都影响巨大，在18世纪60年代以前，尤其如此。

不过，路易十四加强王室的统治意味着教士控制殖民地事务的衰弱，作为一种补偿，新法兰西天主教教会在行省殖民地时期正式建立起来。王室帮助建立起教区机构即主教管区，赋予教会许多利益，例如，建立允许教会征收什一税的体制，等等。自1627年起，新法兰西仅接受天主教徒移民，虽然少数新教徒的到来也被容忍，但是新教徒的婚姻和宗教仪式在殖民地是受到禁止的。

**加速移民** 路易十四的第三项措施是加速移民，推动殖民地快速开发。17世纪60年代初，由于暂处和平时期，并有王室支持，新法兰西开始实现塞缪尔·德·尚普兰所预期的人口增长。1659年为2 000人，1663年改为行省殖民地以前为2 000—3 000人，其中1/3是15岁以下的儿童。他们在未来行省时期将成为殖民地居民的双亲，因此50年后又会新增3 000人左右，但是这对于王室殖民地来说仍不算多。因此，路易十四便采取强制性措施快速增加新法兰西行省的人口。

首先，将1665年派来抵抗易洛魁人的卡里南—萨利斯团解散，希望他们成为新法兰西的居民。多数军官和大约400名士兵留了下来，成为永久建制的海军陆战队连（Compagnies Franches de la Marine）的成员。陆战队连归海军部领导，士兵在法国征召，军官则由殖民地的贵族即原卡里南团军官及其成为军官的男性后代来担任，还有少数高贵移民及其男性后代也可充任。实际上，这是从法国把贵族移到了加拿大，加强对殖民地的统治。

其次，是征募城市平民劳动力（雇工）移居新法兰西行省。这是行省政府延续百人合股公司做法的一个措施即与自愿移居加拿大的城市平民签订契约，限定雇工为雇主或买得起雇主契约合同的任何人服务3年；受雇人相应地获得去新法兰西行省的特许、船票和一小笔年资；3年契约期满后可以选择自愿留下居住更长时间，也可以回法国。通常大约有半数人留下，和平时期留下的定居者更多，有些年份多达500人。

最后，征募"国王之女"（Filles du Roi）。在新法兰西行省时期应募去殖民地的人大多是年轻工人和士兵，基本上没有家眷，而自愿移民或与殖民者结婚生活的妇女又很少。1663年，殖民地男女的比例几乎为2∶1，也就是说有一半男性移民在加拿大解决不了婚姻问题。这样，新法兰西行省开始了移民史上最壮观的一幕即招募"国王之女"嫁到加拿大。在新法兰西行省殖民地的头10年里，即1663—1673年，约有775名接受王室条件的妇女来到加拿大。王室希望殖民地单身男人有妻子，而受招女子需要丈夫，她们的嫁妆由王室安排提供，嫁资50里弗尔，或相当于一个契约劳工一年工资的2/3。经过这一安排，

1667年"国王之女"的到来

玛丽·德·英卡内申

90%的妇女在殖民者找到配偶，往往在到达几星期或几个月内就举行婚礼。按魁北克城圣于尔絮勒修道院的创建者、为新来的妇女提供住宿的玛丽·德·英卡内申（Marie de l'Incarnation，1599—1672年）修女的说法：这些女子很明白那些已经有自己农场的男子是她们最好的归宿。"这是这些女孩自己认识的第一件事，并且她们聪明地去做了。"例如，有一位来自巴黎的18岁少女尼科尔·索尼耶，父亲已经去世，在1669年夏天到达魁北克城，10月就与一个早几年定居在奥尔良岛附近的契约工结婚。他们生活在那里40多年，家庭成员日益扩大。像索尼耶一样，大部分"国王之女"是孤儿，或生活无助者，碰到这个难得的机遇，情愿接受远赴殖民地的婚姻。在新法兰西行省殖民地的头10年里，每年约有130名这样的女孩来到新法兰西行省。"国王之女"为新法兰西行省的未来发展作出的贡献不可低估。到17世纪70年代中期，女性人口几乎增长两倍，而国家资助移民的措施也就结束了。

新法兰西行省时期的平民移民主要来自法国西部。最初以诺曼底地区的移民最多，邻近的佩尔什成为一个主要来源，来自这两地的移民在1663年占移民的1/3。后来，拉罗舍尔代替诺曼底的鲁昂成为移民出发的主要港口，南方移民就增多了。在17世纪，加拿大一半以上的移民来自法国南北分界线的卢瓦尔河以南地区，而不论来自南方或北方，都是法国大西洋的省份。移民去殖民地以前半数以上生活在城市，1/3以上识字，学做买卖时可能学过读写。多数"国王之女"和士兵来自巴黎。也就是说，移民总体虽然贫穷，但是不是法国社会中最贫穷者，而且比同代大部分人有技能、有文化，更城市化。结果，虽然法国绝大多数居民是农民，而新法兰西则有一半男性移民从事贸易。

在1663—1673年及其后的年代里，新法兰西行省的年出生率为55‰，甚至65‰。这个增长率简直空前绝后（通常认定"自然"增长率为40‰，现今加拿大出生率约为15‰，第二次世界大战战后高峰期也未超过30‰），新生儿存活率则高达3/4，年均死亡率保持在20‰—30‰的合理区间内。这样，人口增长自然更快。增长的关键是塔龙省长奖励大家庭，以及鼓励女孩早结婚，1680年以前的一半新娘都未过20岁，寡妇再婚率也很高。通常，家庭一组成就尽可能多生孩子，六七个兄弟姐妹的家庭很普遍，半数以上的家庭超过10个孩子。另外，相对于欧洲，殖民地人口少，而且环境清洁优美，居住舒适，动植物食物丰富，没有欧洲的赤贫和拥挤，有益于健康，居民寿命更长。

由于法国政府的这些措施，以及殖民地的优越条件，新法兰西行省人口以前所未有的速度高增长，1681年人口接近1万人。此后，大规模的移民停止了，虽有少量士兵和契约工留下，还送来一些罪犯作为补充，但是殖民地人口主要依靠自然增长。这1万名定居者繁育了新法兰西行省时期的基本人口。沿圣劳伦斯河岸边这块法国也是欧洲唯一的移民社会，在新法兰西行省的一个世纪中，是法国统治加拿大时期人口增长最快的年代。1700年为1.5万人，1713年增长到1.8万人；18世纪30年代短暂的和平时期之后，几乎加倍增加到3.5万人，18世纪50年代再增加一倍，达到7万人。这是法国统治时期加拿大人口增长的顶峰。

不仅人口增加，新法兰西行省的扩张也突破了原有地域的局限，从圣劳伦斯河流域殖民地向东、西、南三个方向推进和延伸。从17世纪60年代圣劳伦斯河流域殖民地重建到1700年，由塞缪尔·德·尚普兰的魁北克定居地成长起来的这个新法兰西殖民地，仍是北美北部唯一的欧洲人社会，居民分布在魁北克城、蒙特利尔、三河城之间的农场上，形成一条狭长的定居带。在重建时期，虽然无官方支持，具有冒险精神的商人开始向西拓展毛皮贸易，他们在哈德孙湾沿岸建立零散的据点，加上大西洋海岸初期建立的几小块殖民地，圣劳伦斯河流域这片18世纪用来专指“加拿大”的新法兰西行省，在17—18世纪之交便得到了其他殖民地的支撑。

## 二、新法兰西之外的殖民地

18世纪法国人全力经营新法兰西的同时，也在今日加拿大的大西洋区域营建3块殖民地，即纽芬兰的普莱桑斯（Plaisance）、罗亚尔岛（Île Royale）及罗亚尔港等殖民地。实际上，那是法国人最早建立的殖民地，以后不断加以扩张。

**大西洋殖民地**　在前期鳕鱼贸易的基础上，在今天加拿大领土最东端的纽芬兰省，法国曾首先尝试建立第一块殖民地。自1497年卡波特探险后，欧洲渔民包括法国来自巴斯克、布雷顿及诺曼底各港口的渔民，就来到纽芬兰从事鳕鱼捕捞或贸易。16世纪末，英法两国迫使西葡两国的商人退出这个产业，只剩下英法两国进行竞争。在16—17世纪，同英国渔民一样，法国渔民也一直来往于欧洲与纽芬兰之间，每年春天到来，秋季满载晒干或盐水腌制的捕获物返回欧洲。尽管有人尝试推动定居，但是渔业始终依然是季节性的。不过，1660年，法国人首先建立一块永久殖民地，即少数法国渔民在纽芬兰南海岸的普莱桑斯开辟一块居住区，开始定居。这是一块很小的定居地，只有几百个居民，然而也有总督、驻军和防御工事。在17世纪剩余的时间里，由于法国集中发展圣劳伦斯河流域殖民地，忽视了在东部滨海殖民地的发展。在西班牙王位继承战争后，根据1713年《乌得勒支和约》规定，法国将纽芬兰的这一小块殖民地割让给了英国。

1664年，英国夺取了荷兰的新阿姆斯特丹，改称之为新英格兰，稳定了在今天美国东海岸的殖民地统治。其后，英国除了主要向西突破法国的路易斯安那殖民地外，也将视线转向北方的法国殖民地即新法兰西和大西洋殖民地。《乌得勒支和约》除了允许法国在“法国海岸”即纽芬兰岛北岸晾晒捕获物之外，作为它放弃纽芬兰的普莱桑斯的补偿，法国获得了圣-让岛（Île Saint-Jean）即未来的爱德华王子岛（Prince Edward Island）以及布雷顿角岛（Cape Breton Island）殖民地。这样，法国便从纽芬兰转向重新命名为罗亚尔岛的布雷顿角

1745年6月，英军攻占路易斯堡

岛殖民地（即曾短时期做过独立殖民地的今日斯科舍省北部的一个独立行政区）。此后，法国准备将罗亚尔岛殖民地建设为在大西洋沿海与英国争夺的基地，并从1713年开始加快这个基地的建设。首先，设置了一整套的殖民地管理机构，以及一支守卫部队，并在岛的东岸修筑了路易斯堡（Louisbourg）作为这个新殖民地的首府，到1738年路易斯堡已建成为新法兰西最完备的防御要塞。1738年，罗亚尔岛殖民地大约有5 000居民，其中有2 000人居住在路易斯堡内，环绕城镇还修筑了石头与灰泥堡。再经过多年建设，到1744年乔治王之战爆发时，法国不仅恢复了鳕鱼贸易，而且显示了在大西洋的军事存在。在乔治王之战中，英国虽然攻占了路易斯堡（1745年6月），甚至把罗亚尔岛的殖民者驱逐回法国，但是根据1749年和约，法国重新获得罗亚尔岛的所有权。只用了一年，路易斯堡又像以往一样繁荣了，直到1763年新法兰西灭亡时才最终转归英国所有。

法国在大西洋另一块最早的殖民地是阿卡迪亚，也称为安纳波利斯罗亚尔港（Annapolis Royal）殖民地。不过，这块殖民地有其特殊的地方，本来塞缪尔·德·尚普兰1603年首航加拿大是选择阿卡迪亚的罗亚尔港作为法国在新大陆的殖民地的，但是这里海岸狭长，犬牙交错，难以控制，第二年他便放弃而转向开发圣劳伦斯河流域殖民地。然而，阿卡迪亚被法国官方放弃不久，让·德·比安古·普特兰古（Jean de Biencourt de Poutrincourt et de Saint-Just, 1557—1615年）、尼古拉·德尼（Nicolas Denys, 约1598—1688年）、夏尔·德·圣埃蒂安·拉图尔（Charles de Saint-Étienne de la Tour, 1593—1666年）、夏尔·德·梅努·多尔奈（Charles de Menou d'Aulnay, 约1604—1650年）等少数法国商人和传教士，又重新占领和定居阿卡迪亚。所以，法国圣劳伦斯河流域殖民地之外的第一块殖民地应当是阿卡迪亚。可是，从一开始这里就不是法国人所独占的殖民地，既有法国人，也有苏格兰人、爱尔兰人和巴斯克人。这是一块五方杂处的殖民地，内部经常发生种族冲突，也时常受到南方英国殖民地的攻击。只是到了17

夏尔·德·梅努·多尔奈

拉萨尔宣布密西西比河流域的土地归法王路易十四所有

作用。他发起对密歇根湖以西麦斯阔蒂族或福克斯族的长期战争，在1740年到达温尼伯湖（Lake Winnipeg），随后进入草原地区，在马尼托巴湖泊边上建立，贸易站群，确保遏制英国哈德孙湾公司在远西部的毛皮扩张。此外，西班牙王，位继承战争结束后，作为法国放弃哈德孙湾贸易权要求的补偿，《乌得勒支和约》确认了蒙特利尔贸易中心的地位。这些措施保证了新法兰西能够继续保持贸易优势。

就这样，经过半个世纪的扩张，法国人完成了所要建立的一条东北—西南方向横穿大陆的圣劳伦斯河—大湖—密西西比河—墨西哥湾的大陆防线。法国殖民者在北美腹地从东、西、南三面出击，巩固了以圣劳伦斯河流域为基地的新法兰西殖民地、以罗亚尔岛为中心的大西洋殖民地，新建了以新奥尔良为中心的路易斯安那殖民地，以及以哈德孙湾以西的要塞群为前锋的完整的安全拱卫体系。到17世纪40年代，法国的北美殖民帝国事业可谓蒸蒸日上，在北美的竞争中似乎占据优势。可以清楚地看出，法国人要囊括从加拿大到路易斯安那、从阿勒根尼山到密西西比河的领土，而将英国限制在阿巴拉契亚山以东的狭长海岸地带。然而，无论是已经巩固的新法兰西（此时称为加拿大），抑或是新建的路易斯安那，还是密布于俄亥俄、密西西比及西部草原与河流流域的贸易站或要塞群，都对英国在北美的利益构成日益明显的严重挑战。此后，英法两大帝国的矛盾加剧，争夺日趋激烈，最终法国北美的帝国之梦破灭。

## 三、经济的发展

1600—1663年，毛皮贸易一直是新法兰西的唯一的经济部门。新法兰西行省殖民地建立后，一度曾计划推进农业、木材贸易、造船业以及其他产业，以实现经济多样化。农业虽然逐渐起步，但是发展缓慢，其他的努力也不成功，主要是计划不切实际。行省殖民地时期仍属重商主义，人们仍然看重毛皮贸易的丰厚利润，因此整个新法兰西时期乃至其陷落之后的英国殖民地时代，毛皮贸易始终是加拿大主要的经济部门。1672年，弗隆特纳克任总督后放弃了农业，转而仍以毛皮贸易为主，并且以官方的力量加以推进。

**毛皮业持续繁荣**　在塞缪尔·德·尚普兰之后的百人合股公司殖民地时期，由于主要贸易盟友休伦人被易洛魁部落同盟打散，法国商人无法在蒙特利尔坐等西部和西南部的优质毛皮了，就有商人开始冒险到西部直接从土著捕猎者手中收取毛皮，于是在土著商人之外产生了新的中间人，即"深入林中者"（法文Coureur de bois直译为深入林中者，即中间人，意指非法到林中走私的商人）。最初，成功的商人、新法兰西当局、王室官员都不愿殖民者放弃农业到土著人地区收购毛皮，而宁愿使圣劳伦斯河流域成为一小块紧凑的农业殖民地，仍由土著人充当中间人，运毛皮到蒙特利尔。所以，深入林中者刚出现时被视为非法，受到了限制。尽管不断禁止，最终有1 000多个年轻人远涉上部地区（指蒙特利尔以西、以北的渥太华河与圣劳伦斯河的上游地区），用法国货物交换海狸皮。这样，毛皮贸易被推进到新法兰西定居地以西今天加拿大安大略省西北、马尼托巴草原以东一带，直至萨斯喀彻温河的汇合处。在新法兰西陷落以前，这是法国毛皮商人向西推进的最远处。

前面提到的梅达尔·舒瓦尔·德·格罗塞利埃尔及其妹夫皮埃尔-埃斯普里·拉迪松，是第一批中间人中最出名的两位。他们当时提出将毛皮边疆推向上部地区的正确建议，时机不宜，正当行省当局改变殖民地政策转而重视农业开发之时，因而不但没有接受，而且受到不公正对待。他们后来就投奔英国人。不过，格罗塞利埃尔、拉迪松所开创的深入林中者的西行扩张步伐，并没有因当局不支持而止步，相反，其他个体深入林中者接踵而至。自1673年

拉迪松

路易·诺利埃、雅克·马尔凯特神父深入密西西比河上游后，探险家热内–罗贝尔·卡瓦利埃·德·拉萨尔1679年乘自造的格里芬号航行休伦湖、伊利湖，首次到达尼亚加拉瀑布。他们都应列入深入林中者的行列。正是这些人在17世纪七八十年代将法国人的毛皮边疆远远推向西南今天美国的地面，远至墨西哥湾（1682年）。经过他们的努力，到17世纪末已经先后在圣劳伦斯河—大湖以及大湖—密西西比河上游建立了两个系列的要塞群。

此外，还有许多未取得官方认可的私人冒险者，如20岁的中间人雅克·德·努瓦永（Jacques de Noyon，1668—1745年），他1688年在西部马尼托巴建立贸易站。这样的贸易站在南部、西部和西南部构成庞大的贸易网络，截收土著中间人本来要到英国阿尔巴尼或哈德孙湾贸易站去交售的兽皮。通过这些贸易站，深入林中者把大量毛皮运回蒙特利尔，将新法兰西的毛皮贸易推向繁荣的鼎盛时期。"深入林中者"以及各类中间人运到蒙特利尔的海狸皮如此之多，以至于王室官员认为已经削弱法国与土著商人在蒙特利尔以海狸皮交换法国货的贸易，便决定为中间人发放特许证，称作航行许可证制。当局的初衷是限制中间人（"深入林中者"），却使这种非法贸易合法化了。于是，出现了一种新行当——包运船户（Voyageurs）。新移民、破产商人和农民纷纷奔向西部林中，用大湖独木舟运送生活品来交换海狸皮。蒙特利尔商人给包运船户提供交换货物，更多的毛皮就到了他们手上。包运船户也没有损害土著人中间人的地位，每年8月蒙特利尔都举行大规模的集市交易，一批批印第安人贸易同伙前来交易，购买生活必需品。由于没有深入林中者中间的克扣，可以交易得到更高的价钱，他们更愿意到这里来交易，印第安人贸易同伙这种直接交易甚至呈上升趋势。1690年，到蒙特利尔交易的有500人；1701年，达到12 000人。原来担心"深入林中者"的活动会威胁蒙特利尔作为毛皮贸易中心的地位，非但没有发生，贸易反而显得更加繁荣。在整个新法兰西时期乃至新法兰西被征服之后，蒙特利尔都是欧洲毛皮的货源供应地，胜过哈德孙湾公司或纽约阿尔巴尼公司。

包运船户推动的毛皮扩张如此成功，以至于尽管1688年发生的奥格斯堡同盟战争波及北美（这里称之为威廉王之战），而从蒙特利尔运出的海狸皮非但未减少，反而超过市场需求。凡尔赛宫在西印度公司（Compagnie française des Indes occidentales）的压力下，决定暂时关闭毛皮市场，不再签发航行许可证，限制毛皮输入。这自然受到毛皮商人的抵制，当局妥协，直至17世纪末，欧洲毛皮市场继续供给过剩。不过，这种过剩是暂时的，不久欧洲发生鼠害和虫害，毛皮储备很快枯竭，结果，进入18世纪不但海狸皮需求迅速恢复，其他如驼鹿、鹿、熊和貂皮等也颇受欢迎。繁荣的主要原因是18世纪早期王室对毛皮贸易的一次新改革。为了削减扩张费用，行省当局把贸易控制权转交给西部军事指挥官，提高他们的支配权，实际上给了他们发财的机会。这些军官多为年轻的贵族，都抱有发财和升迁的野心，因而在获得毛皮贸易控制权后极力促进扩张。一般做法是，他们与商人和包运船户结成合作伙伴，后者支付费用，或提供利润分成，以换取当地的贸易垄断权。这样一来，王室的开支就节约不少。

新改革侵害了以前包运船户的独立性，他们在蒙特利尔与贸易站之间从事长距离水陆联运，现在则变为雇佣劳动者，从商人及其军队合伙人那里赚取报酬。但是，这一改革也大大提高了运输效率，因为改革之后使用的是长10米8人划桨的大独木舟。这种独木舟在18世纪30年代实现了操作分工，甚至还实现了专业化，分为报酬很高的前桨手和后舵手，使毛皮贸易出现了空前的繁荣。这说明改革相当成功。在这一时期，毛皮贸易量增长迅速，每年平均150万利弗尔，而1754年则多达400万利弗尔。

**农业的早期发展** 17世纪30年代，尽管在魁北克附近的圣劳伦斯河岸出现了第一批庄园，但是直到1663年新法兰西行省建立时还没有庄园农场，不生产谷物，少数殖民者的生存依然依赖从法国运来供应维持。1659年，新法兰西人口2 000人，行省殖民地建立那年约有3 000人（其中1/3为儿童），算下来大部分为毛皮商人，农民恐怕也就是几百人。17世纪50年代在蒙特利尔、魁北克城和三河镇那3个所谓庄园带，未成气候。这个时期仍同授地制实行初期差不多，庄园主对组织移民并不积极，或组织失败，土地很少实际经营，而转让投机者的也不在少数。由于还没有建立农业殖民地，所以才有路易十四将公司殖民地改为王室行省殖民地之举。

第一任省长塔龙（Jean Talon）任期从1663年到1670年，他为改变此前单一毛皮贸易的状况，实现经济的多样化发展，首先促进农业社区的增长，便发布命令,实行奖励措施,加快移民。土地是夺自土著民族,非常充足,甚至狭窄的圣劳伦斯河谷,耕地从来都没有短缺过。经过将近10年的推动,采取前面提到的那些增加移民的措施,让·塔龙任满的两年后,即1672年,这块殖民地的农业社会有了实质性的发展。农民人口已超过6 000人,即使路易十四因欧战而无法顾及继续移民,依靠现有人口自然繁殖,已经能够保证稳定增加了。在1663年之后的10余年间,农田逐步被开辟出来,只有到这时,在蒙特利尔、三河镇和魁北克城的沿河北岸才建成了一排排庄园农场,住满了农民家庭,展现了法国乡村的风光。大约再经过一代人的开拓,到17世纪90年代,谷物已能自给,初步改变了一直依赖法国供给的状况。

在这一时期,殖民地的农业即使有了基础,也只是维持生存的摇篮农业。受气候条件的制约,以及同土著人或英国人打仗的影响,开发十分缓慢。契约雇工家庭力量薄弱,通过艰难砍伐森林,开辟出小块农场,十分原始粗放。虽然土地充足,但是还很贫瘠,加上劳力匮乏,不可能实行欧洲的精细农业,而是实行作物轮种,管理简单,无需技术。小麦是基本作物,还有一些玉米、燕麦、大麦和烟草,等等。

在西班牙王位继承战争结束后,新法兰西迎来了相对和平时期,大约持续40年,农业才开始有较快的增长。在战争结束的1713年,人口是1.8万人,18世纪30年代加倍,达到了3.5万人,50年代再加一倍,达到7万人。在魁北克城以南博斯地带这样的新定居区,王室又授予许多新庄园,分配以后,也允许人口已显拥挤的圣劳伦斯河沿岸地区的农民移入,结果,产量几乎以人口增长速度的两倍快速增长。只有到这时,农业才开始出现从维持生存到商品生产的转变。然而,这种转变并不明显,传统方式依然占据主导地位。虽然实现小麦出口,而市场同这一时期的北美政治形势一样,十分不稳。加上18世纪三四十年代有几次歉收,以及1745年罗亚尔岛陷落造成的航运危机,十分脆弱的小麦贸易几乎被摧毁。因此,18世纪农业经济没有发生根本性变革,维持生存的农耕农业仍然是乡村生产的主要使命。

新法兰西殖民地农业发展缓慢的主要原因是,“毛皮贸易最后的也是非常重要的一个经济特征,是它与移民相抵触……最主要的冲突存在于毛皮贸易和农业之间,后者要求清除土地,这就破坏了带毛动物的栖息地”。这是当今一位加拿大经济学家得出的非常经典的结论。结果,尽管在行省初期因王室非常重视而有了农业经济,但是主导的毛皮贸易经济却最终制约了农业发展。

**手工业出现** 在新法兰西行省时期,不仅出现了农业部门,也有了早期木材加工、造船业等手工业部门。这是新法兰西的第三个经济部门，兴起于行省殖民地建立以后，但是在17世纪剩余时间内还没有能够有效地发展起来。在让·塔龙省长为改变此前单一毛皮贸易、实现经济多样化发展的计划中，除保持农业社区发展外，还采取奖励措施，大力支持建立小型的造船业、木材加工业及其辅助行业，如沥青、钾碱业，等等。此外，随着殖民地人口的增长，他还计划促进与日常生活相关的酿造和皮革服装加工业，并开展同法国的西印度殖民地的鱼和木材贸易。

由于法国缺少资本和劳动力，加上受加拿大地理和气候条件的限制，像在本土一样，在新法兰西推行重商主义十分困难，初期全部遭受了挫折。不过，由于这些促进措施在以后的年代里逐步发生影响，在魁北克等地陆续出现了适应贸易要求并与居民生活需要相关的手工工场。手工业受最早出现的鳕鱼贸易影响而集中兴起于圣路易斯的鳕鱼加工厂，专门腌制或加工鱼干，运销欧洲。另一重要手工业部门为魁北克的造船业，到1730年已初具规模，1720—1740年共建造200艘商船。第三个手工业部门是铸造业，主要是为了适应移民增加和农业发展的需要，生产各类农具以及生活用品，如平底锅等。著名的铸造业工厂是三河镇的圣莫里斯铸铁厂，1730年由王室资助建立，至今仍是加拿大历史最悠久的工厂之一。第四个手工业部门是木材加工工场，最初主要是大型的锯木工场，生产粗木板，运销法国和欧洲其他国家，到1734年已有52家锯木工场。此外，还有陶瓷工场，等等。

总体上看，新法兰西手工业的一个显著特点是适应生活或生产需要，与南方的英国殖民地的手工业相比，显得十分落后，其原因是重商主义尚未在这块殖民地扎根，同时也受地理环境和气候条件的限制。

**交通和商业**　随着18世纪前期新法兰西经济的发展，农业、手工业特别是木材加工和造船业部门日益发展，也促进了交通运输与商业联系的扩大。这种扩展首先表现在新法兰西各地之间商业交往增多，同欧洲或美洲的其他殖民地的商业交往也日益频繁。新法兰西已经有3个规模初具的商业城镇，即魁北克城、蒙特利尔和路易斯堡。魁北克城不仅是政治和文化中心，也是商业中心，是加拿大进出口货物的枢纽。随着农业和木材加工业的发展，小麦或木材制品经这里的出口日渐增加。本来为宗教使命而建立的蒙特利尔，已经承担起毛皮集散地的商业使命。第三个商业中心罗亚尔岛殖民地的首府路易斯堡，虽然起步较晚，却有后来居上之势，在18世纪30年代有5 000人，2 000余人居住在城镇，很快形成商业性很强的社会。这里主要有渔业捕捞，捕捞量大概占法国在新世界产出的1/3，也因此促进了繁忙的海外贸易和海上航运业，10年之后已经能够与魁北克城竞争了。

各地经济的活跃，自然对交通运输提出要求。虽然罗亚尔岛殖民地仍是新法兰西的一部分，但是距离已被称为加拿大的新法兰西老定居区要几天的航程。行省殖民地当局曾想修筑道路相连，可是被阿巴拉契亚山的密森所阻，当时又缺少在这样的山地修筑道路的技术条件。在行省中心地带的圣劳伦斯河谷地，18世纪30年代已建起南北陆路交通，从魁北克城经三河镇到蒙特利尔，已无需完全依赖水路而受半年结冰期的停运限制。也就是说，到行省时期，老加拿大地区已形成陆路和水上交通体系，到达大湖与上部地区的交通也较为方便了。这促使加拿大农民向加斯佩或圣劳伦斯河北岸迁移拓展农业，内河运输也随之日益忙碌，进出魁北克城的船只日渐增多。

新法兰西的经济发展，也使这块殖民地与外界的商业交往空前活跃。路易斯堡的商人运鳕鱼到欧洲以及法国的加勒比海殖民地，例如海地、马迪尼科，从那里运回蜜糖、咖啡或朗姆酒；从法国运来纺织品、食品和工业产品，再运到加拿大或英国新英格兰殖民地，用以交换食品、建材、牲畜和船只。与阿卡迪亚的贸易，即使它在1710年转归英国治下，仍然很活跃。法属加勒比海殖民地利用迅速增长的奴隶人口，不仅为欧洲，也为正开辟中的路易斯安那殖民地的种植园主生产糖。商业扩张已使各块殖民地连成一体，至少罗亚尔岛的渔民、加勒比海的奴隶种植园主，都对新法兰西的小麦、木材甚至蔬菜提出需求。最终，小麦价格开始上涨。

总之，到18世纪40年代，即行省殖民地建立的80多年之后，法国的北美殖民地的经济步入正常的发展时期。

## 四、社会制度与社会生活

毫无异议，新法兰西时期最基本的社会制度是从法国移植来的，核心是领主制的土地所有制。这是最基本的社会制度，一切其他制度都建立在这一制度的基础上。

**庄园制度** 1598年法王颁布特许状，将领地授予愿意为加拿大提供防卫者，义务是组织移民。在整个新法兰西时期，曾有60次这样的授地。像在本土一样，法王也是加拿大最大的土地所有者，不同的是，这里的土地是从土著人那里抢夺来的。这一授地方式，实际上是按宗主国在中世纪“无土地就没有贵族”的分配方式，国王通过总督把土地赐予臣民。由于加拿大自然条件恶劣，这样的授地方式并不成功，在1627年之前，总共只有3个接受授地的庄园地主，而且也没能组织起移民。

在百人合股公司时期，为了招募移民，改为将庄园授予可组织移民的任何人。第一批通过这一方式获得庄园的，是一位普通外科医生罗贝尔・吉法尔（Robert Giffard de Moncel，1587—1668年）及其两个朋友。他们来自佩尔什，所组织的第一批定居者1634年在魁北克城的博波尔地方得到了土地。到17世纪50年代，在魁北克城、蒙特利尔和三河镇附近已有3个庄园群，这意味着领主庄园所有制在新法兰西的起步。其耕作方式也同法国一样，所有庄园领地都是与河岸垂直的狭长地块。

新法兰西的领主制又跟法国的有所不同，即授地对象不一定是贵族，授地领主并不授予贵族身份。另外，殖民地的贵族有拥有土地的优先权。1663年，有一半领主是贵族或女贵族（得到丈夫地产的寡妇）。他们领有新法兰西3/4的土地，而且以后仍然在增长。为了把卡里南团以及后来海军陆战队连的军官留在新世界，也授予他们土地。卡里南团上尉皮埃尔・德・索雷尔率连队反击易洛魁人对殖民地的袭击，驻防在蒙特利尔附近黎塞留河与圣劳伦斯河交汇处的要塞，连队解散后，要塞变成了索雷尔领地（后来的索雷尔庄园），许多士兵成为首批佃农。

新法兰西的庄园领地分为庄园土地和平民土地。不论是直接由国王赐予，还是从其他领主那里取得的，土地持有者都向地主效忠，但是不必缴付地租，而是为得到的土地永远支付租金。平民土地持有者称租佃农，除租金外，还要附加一系列义务，例如，帮助领主修磨坊，出售土地租约也要缴纳出让费。领地一般较大，包括多块平民土地；平民土地很少大过单个的家庭农场。

作为一种社会制度的庄园制，其核心是领主产权，正是靠这一产权来剥削租佃农场主（同在本土一样被称为农民）。在新法兰西时期，这种庄园剥削较为沉重。在新法兰西的早期，人口很少，租佃农也少，领主从租佃农的剥削中所得不多，领地收入很少。因此，无论是教会，还是军事贵族，都不可能比本土的贵族富有，他们最初对地产也不太重视。随着移民的不断增加，他们直到能够获得更多的地租和劳役后，才开始重视自己的地产。

**社会结构**　新法兰西行省从17世纪60年代至18世纪60年代整整存在一个世纪，正处于法国大革命之前法国封建制末期。新法兰西的庄园制，实际上是这种制度在殖民地的衍生品。因此，殖民地基于这种庄园制基础上的社会结构和阶级关系，也大体与法国相当，是封建等级制的社会结构和阶级关系。同法国本土一样，加拿大社会也大体划分为3个社会等级：即领主贵族、僧侣和包括资产者在内的第三等级。当然，作为这一制度移植地的殖民地加拿大，由于自然条件特殊，新法兰西的阶级与阶级关系也会发生一些变异。第一社会等级是领主贵族，可分为军功贵族和普通贵族两类，包括总督和省长在内新法兰西行省的各类官员，属于前者；普通人获得领地者，属于后者，例如百人合股公司殖民地时期第一批获得授地的移民医生罗贝尔·吉法尔等人（1700年后国王停止授予成功的平民贵族身份）。授地的初期，军功贵族大多来自法国，总督、省长、卡里南—萨利埃团、海军陆战队连的军官自不必说，士兵最初也都来自法国本土。军功贵族成为加拿大首批精英贵族，当地的实际统治者。前面提到驻防蒙特利尔附近的卡里南—萨利埃团上尉索雷尔，在要塞变为庄园后不只是一个领地地主，还是所在地区的领袖，仍指挥地区防卫，并且是教区教堂的庇护人。他作为土地所有人、磨坊建造者，在当地最富有，拥有华丽的庄园住宅。他不仅统管自己的佃农，也领导周围庄园的乡绅，并且地位是世袭传承。军功贵族是新法兰西封建社会制度的支柱。

庄园授地特别是早期的庄园授地，庄园主并没有自己经营，而是转租给他人经营。到18世纪这种状况发生变化，担任高级职务的贵族，仅有少数来自本土（如陷落时的蒙卡姆侯爵等）。作为殖民地贵族主体的加拿大精英贵族阶层已经形成，并且仍以军事人员为主，主要是海军陆战队连的军官，他们成为贵族的补充之源。在法国统治末期，他们形成了一个精英群体关系网，由200—300名军官或候补军官组成，靠婚姻裙带关系控制殖民地社会。虽然大多数殖民地贵族家庭拥有庄园，但是却不能依赖庄园维持悠闲的生活，而是主要依赖殖民地军队即海军陆战队的职权，以传统的军事指挥权来维护其特权和经济利益。无论是在17世纪对荷兰人、英国人和易洛魁人的战争中，抑或是在18世纪驻守毛皮边疆对土著人的外交和战争中，还是在开拓西部或监督毛皮贸易中，他们都立下了战功，并且因此享有特权。例如，保罗·马林·德·拉·马尔凯，一名军官的儿子和毛皮商的兄弟，就是这类军功贵族的典型代表。1722年，他30岁时获授海军少尉衔，在此后20年里，在苏必利尔湖周围的要塞中服役，1743年提升为中尉，1745年率远征队从魁北克到达阿卡迪亚和罗亚尔岛，1746年袭击纽约萨拉托加，1748年重返西部担任密歇根湖绿湾要塞的指挥官，直至1753年在俄亥俄河谷去世，一直在为新法兰西的扩张进行战斗。

加拿大贵族虽然生活水平远高于普通人，但是并不富有。到18世纪，他们基本上与本土兴旺家族已没有联系，而是靠晚结婚或少生子女才能维持贵族生活，一般都参与商业活动或投资。例如，保罗·马林·德·拉·马尔凯就从事毛皮贸易，或利用领地和贸易控制权甚至利用军事指挥权克扣属下津贴和供应品来积聚财富。以总督为核心的高层指挥官集团，是殖民地权力社会的宝塔尖，在魁北克城形成了一个复制于凡尔赛的宫廷社会，他们生活奢侈，高踞于绝大多数殖民地居民之上。

新法兰西教会上层也属于领主阶层，在某种意义上是贵族阶级的分支，同法国本土一样，是以祈祷为国王服务的第二等级。授予教士和修女的领地，不仅仅是为宗教慈善事业，也成为剥削佃农来增加财富的庄园。他们也像世俗贵族阶级一样扩展地产，因此教士即神职人员也靠农民等阶层来养活。新法兰西大主教拉瓦尔既是高级神职人员，又是贵族，是魁北克奥尔良岛的领主。絮尔皮森修道会，虽然以宗教理想创立，却成为最成功的教会庄园地主，是蒙特利尔岛的领主之一。修道会凭借其财富实力，以及良好的阶级关系，不断拓展地产，到19世纪初，大半个蒙特利尔岛已归其所有。

随着经济特别是商业的发展和城市的成长，在新法兰西的大小城镇逐渐出现商人之外各色人等，包括手工业者、工匠、佣人和奴隶等，加上乡村的农民（即农场主），他们都要为以上两个阶级服务。他们的社会地位等同于法国本土的第三等级。

由于新法兰西殖民地兴起于毛皮贸易，所以在这个混合群体中，最早出现也是最重要的阶层，当然是各类商人特别是毛皮商人。由于这块殖民地产生的环境，首先孕育了商人中的精华毛皮商人。17世纪早期仍同早先一样，毛皮商人大多是来自法国本土的商人。他们就像一个任期就能发财的总督或省长等行省殖民地高级官员一样，并不定居在殖民地，先是在塔杜塞克，后来在魁北克城等城镇经商，或经常从法国港口城市的商行派儿子或下人押运货物到魁北克城。

随着人手需求增加，毛皮商人开始在曾是包运船户最主要来源地的蒙特利尔岛以外招募人手。1730年以后，有一半签订合同从事毛皮贸易的人自称农民，但是他们大多数人往往仅进行一次西部航行，当个临时工，赚点钱，而后就放弃，再回农场全身心地照顾农活。随着毛皮事业的日益扩张，从乡村吸引了越来越多的参与者，他们或多或少缺乏技能和热情，但是人数却日益增长。"深入林中者"和包运船户不少便是这样的富有农民，他们最早只是将毛皮贸易作为农闲副业，以贴补家用。也有包运船户一直追随他们的父辈，将从事毛曾抱怨服军事劳役、限定小麦价格或征收什一税，却不能置疑。在行省初期，政府摆脱了教会的控制，自由贵族也无视旧有的规则。例如，1749年一群贵族要求蒙特利尔本堂神甫重新计划封斋日早晨仪式，以便他们从省长举行斋前通宵舞会回来时顺便参加。不过，在整个新法兰西社会，天主教对市民控制牢固，教义严格，一丝不苟，甚至不允许跳舞。教令具有权威性，教会有很多措施监督民众，参与人们从出生、结婚到死亡的一生每件大事；军事胜利、公共节庆、管理医院和学校、公共慈善、工匠协会、弥撒聚会，都是教区的重要事件。即便在新法兰西陷落后而由实行代议制较为民主的英国统治下，甚至1789年法国大革命一举扫除原宗主国的君主专制、教会和贵族制度之后，在新法兰西，旧制度依然未被触动而保留下来。为了应付美国革命，新主人对这块殖民地的居民作出了重大让步，总督和主教照旧对法裔居民实行世袭统治，并视为理所当然，即使不再以国王名义继续把持各种特权。这一旧制度的残留给加拿大以后的发展打上了深刻的历史烙印，甚至影响至今。

20世纪初魁北克尚普兰街

**城镇生活**　在新法兰西，贸易中心先于农场出现。新法兰西行省政府初期，超过1/3的殖民地居民住在城镇，此后缓慢下降，到法国统治末期仍有1/5以上为城市居民。虽然蒙特利尔、魁北克城比新法兰西乡村发展慢，18世纪与新建的路易斯堡一起成为主要城镇。作为这个殖民地的首府，魁北克城是殖民地最壮观、最古老的城市，其人口从1715年约2 500人增加到18世纪50年代的6 000多人。1746—1749年，跨陆地边界修筑了一连串的棱堡，淹没了尚普兰当年竖立的界标甚至他的墓地；钻石角悬崖顶上的自然壁垒，仍然是主要屏障；屹立于圣路易斯城堡的巨大建筑是殖民地总督官邸以及省长官邸，还有教堂、神学院、女修道院或主宫医院，军官、王室高官、神父和修女步行、骑马或坐马车，往来其间。城市下部有船坞，轮船靠岸，驳船进坞，还有码头、货栈和商业区，商人、账房先生和水手聚集在那里，卸载并储运进出殖民地的货物。两三层坚固的石头建筑，排列于狭窄的街道两旁。街上行驶着四轮马车，阔绰太太、小姐带着仆人、奴隶进出商店。

在魁北克，在一定程度上也包括蒙特利尔和路易斯堡，殖民地的达官显贵沉迷于豪华舞会、晚宴或赌博。结交以总督为中心的高层指挥官，对于普通军官的提升来说至关重要，而女人在这方面则扮演着关键的角色，她们的父亲、丈夫和儿子远离魁北克城服役。由于女修道院教育使她们受到比男人更好的教育，长袖善舞的女人在殖民地的宫廷社会里对家庭的发达贡献很大。

实际上，在新法兰西同在法国一样，炫耀是贵族的本性，像贵族那样生活是贵族身份的表现，尽管负债累累。他们拥有比普通人更大的房子，着装时尚，有仆人或奴隶伺候，享受奢华娱乐。年轻男贵族在街上耀武扬威，追逐情人，进行决斗和挑战，而对知识和文学不感兴趣。关于子女教育，男孩主要是军事训练，女孩则是培养高雅举止。他们在终生保住面子之后，通常在债台高筑中死去，只指望国王供给遗孀养老金，靠军衔或与商人联姻供养后代。

这一时期，蒙特利尔大约有4 000人，规模和影响还不能与魁北克相比。作为毛皮贸易中心，蒙特利尔仍有边疆气息，是包运船户、土著商人和士兵的天下。直到1750年陷落前夕，才改变贸易站的样子，经过1721年和1734年两次大火，一半以上的木质屋宇被石头建筑取代。

魁北克和蒙特利尔两城都还没有自来水和铺面街道，也无公共照明设施，但是都显出浓厚的商业氛围。王室不鼓励殖民地发展制造业，新法兰西城镇没有可能给劳工提供生存机会，而城镇居民则学习和从事贸易、医疗和手艺。魁北克城和蒙特利尔集中了政府和贸易机构，是王室官员、军官和教会人士的安家之处。殖民地上层人士在两城随处可见，加上他们的家庭，人口约占40%。从百人合股公司开始，就有耶稣会士、絮尔皮森会士、圣于尔絮勒女修士等教会团体在土著人中传教。到18世纪初，教士80%逐渐扎根于城镇，而殖民地人口70%住在乡村。

城镇还有另一类下层阶级，即从法国本土征召来守卫城镇的海军步兵连队的士兵，他们驻扎在城镇居民中间，或靠近乡村农民，在和平时期常被作为雇佣劳动力。这数百名单身士兵，军纪松散，往往偷窃和酗酒，也有一些士兵退伍后结婚定居而融入殖民地民众之中。

尽管存在着社会差距，贵族、商人和工匠在人口拥挤的城镇中混住在一起。所有这三类人家中都使用仆人，女仆多于男仆，绝大多数在加拿大出生，一些男仆招自法国。17世纪40年代，魁北克城一半以上仆人为孤儿或穷人孩子，是社区解决无助儿童采取的一种办法。与同时代的欧洲城市相比，这里城镇太小，没有很多贫困人口，也缺少工业吸引乡村人口。城里人比乡下人结婚晚，生孩子也少，婴儿死亡更多，贵族家庭的婴儿死亡率（Infant mortality）高达50%，可能是因为拥挤和疾病。

**乡村生活** 新法兰西行省的乡村社会，是在行省建立10年后才形成的。初期的移民措施尤其是省长塔龙的奖励办法，使契约农迅速增加到6 000人。前面提到过，他们才是现代魁北克农民的祖先。契约农3年契约期一满大都成为农民，通常经营一个租佃农场，足以养活家庭。农场地块也同庄园领地一样，与河流垂直，狭长排列，以方便耕作和水路运输。农民初租的土地，不是现成的耕地，而是首先要清理的林地。清地和建造居所，往往是一对农民夫妇一辈子的事业；经过一辈人的奋斗，一个家庭农场基本形成规模，可以保证这个家庭过上较为轻松舒适的生活。法裔历史学家路易斯·第尚纳（Louise Dechêne）说过，先驱契约雇工“在他得到让与30年死去时，他拥有30阿庞可耕地、一小片草场、一个谷仓、一个马厩、一所稍微大些的房子，门前有一条道路，有了邻居和在教堂靠背长凳上的一个座位。他的一生都花在清理及建筑上了”。新法兰西经过持续3个世纪的开发，沿圣劳伦斯河逐渐形成了像法国本土那样的乡村田园风光。

由于面包是农民的主要食物，小麦是新法兰西的基本作物。自1650年不再依赖法国的粮食供应后，面包价格开始持续75年的下降，农民生活稳定下来。但是，由于远离市场，吃穿用度一切都要靠自给：各家有菜园，并饲养家畜以维持少量食肉、奶品和鸡蛋；从简单用具、绵羊毛线、亚麻布到皮鞋，均为自产。不过，加拿大农民一般比大多数欧洲国家的农民吃得要好。

到1700年，平坦肥沃的土地即便在魁北克城周边地区也很容易得到，这里就成为一半以上移民的家园，有1.5万人居住在从魁北克城、三河镇到蒙特利尔的不断扩展的农场里。这时，新法兰西已经走出粗犷的拓荒时期。可是，农民依然很艰苦，农场仍然需要家庭成员共同进行劳作，没有家内分工，女人一般与男人一起照料农场，孩子也要在田里随父母一起干活，不可能接受更多的教育。这样，后代反而不比他们的移民双亲有文化，因此乡村文盲迅速增长，达到90%。

17世纪的标准农舍式样演变较少，尤其是便于排雪的那种斜屋顶。绝大多数农舍用木头建造，有时涂上灰泥，或刷上石灰，屋顶覆盖茅草或木板。室内只有一个房间，一般由中央烟囱及壁炉分成两间。多数农户使用壁炉，既为取暖又可煮饭。这样的房舍一般住着一个大家庭。最基本的家具大多数自制，几乎没有装饰。18世纪二三十年代，由于乡村手艺人匮乏，农民仍要自己制作许多工具、陶器和大部分食品。然而，由于拓荒者留下来财产，部分由于18世纪的和平与繁荣，农民大部分比他们17世纪的先辈过得更好了。家居不仅比过去略大，摆设也讲究一些了，用上了圣莫里斯铸造厂制造的取暖炉，也有人闲暇时制作加拿大风格的家具。他们增加了自信，比如不愿被称为“雇民”，而是喜欢农民的称呼。由于拓荒者后代天生崇尚自由，认为出售或遗赠土地租约乃至迁徙，理所当然。他们愿意自己安排生活，不愿领主、官员或商人进行干涉，因而总有一些人在城乡之间流动，接触城市商业或森林边疆生活。农民之子到城里当学徒，年轻人离开农场，用上几个季节当包运船民。这是农民家庭经营多元化的变革，有助于积累财富，改善生活。

乡村另外一个变革是一些地区乡村比较繁荣，吸引了商人，出现了一些以一两个商人为中心的村庄，他们用进口产品交换剩余谷物。这也有助于农民生活的改善，使他们能够穿上进口织品，或消费一些进口糖和朗姆酒。一些土地条件好、有技能或雄心的农民，总有多余小麦，在满足最低的基本需求和开支外，用以提高生活水平。

虽然绝大部分农民能够操持家庭的唯一财产——家庭农场，但是农业生产并不稳定，每年必需的负担是支付地租、什一税、种子和口粮，每当遇到哪怕是很小的挫折（歉收或疾病），则必须举债。这样农民就可能挣扎在不断增长的债务负担之中，结果会更加贫穷，农场会被转卖或面积减少。当时的公证簿册记载了农民买卖土地租约、租用工具或牲畜等交易事项，以及举债情况。举债的法定年利率为5%。最重要的法律事务是有关财产和继承，为了保护家庭农场，农场主遗嘱里记载了严格规定的财产条款。当时新法兰西使用的是《巴黎习惯法》（*Coutume de Paris*），法典提倡继承人平分财产，但是不强迫主要家庭农场无限分割，父母用赠予或出售方式把土地完整传给选定的孩子，这个孩子同意补偿兄弟姐妹、赡养父母。90%夫妇的婚姻契约同样详细规定了双方家庭为新婚夫妇的农场提供的帮助。

在1681年以后，停止了对加拿大的移民，其人口主要靠在1万定居者基础上的自然增长。到18世纪中叶，人口已经增长了3倍，圣劳伦斯河旧农业区已不能养活增加的后代了，不得不在河流对面的早期农场之后或其他地方寻找新土地。这样，更多的新土地快速开发出来。18世纪，40%的新农场由结婚10

年以上的夫妇主持，一般以旧农场作抵押，或将其留给长子或兄弟姐妹照管。在其后的年代里，这样的变动过程似乎一直没有停息，直到20世纪仍然能够在魁北克省的乡村看到类似这样的扩张。

## 五、宗教、教育与文化

且不说新法兰西早期从事毛皮贸易时期，就是在18世纪农业社会确立之后，大部分居民仍然是文盲，在城镇也只是少数人有文化。同宗主国一样，新法兰西的教育和文化事业由天主教会控制，主要为灌输宗教思想服务。

**天主教会控制下的教育** 从百人合股公司时期起，已有耶稣会士、絮皮尔森会士、圣于尔絮勒女修士等团体来到加拿大，他们是为教化土著民族，进行宗教同化而来的，是为教化土著民族放弃自然神宗教信仰，而改宗天主教。1635年，魁北克建立了耶稣会学院。1641年，蒙特利尔设立了神学院。在行省殖民地时期尤其是拉瓦尔作为新法兰西主教后（1659—1688年），天主教会成为殖民当局有力的统治支柱，通过教区及其控制下的学校，加强了对加拿大民众的精神控制。1663年，拉瓦尔创办了魁北克神学院（即现今的拉瓦尔大学），至今它仍为魁北克乃至加拿大神学研究的名校。魁北克神学院创办时，主要是培养主教辖区的神父，同时培养向土著人地区传教的传教士。经过这样殖民地本地化的培养，到18世纪中期，新法兰西靠自己已经能够提供4/5的教区神父了。

玛格丽特·德尤维尔

天主教会的另一重要任务是在新法兰西建立和管理世俗学校。不过，在这里不同于在法国本土，没有世俗教育，因为自1627年之后不容许新教徒移民，移民都是天主教徒。天主教团体建立了许多学校和医院，这样的学校和医院差别较大，从非常正规到相当简陋的都有。魁北克圣于尔絮勒女修会，是为上层精英女孩而开办的一所学校，较为正规。玛格丽特·布尔热瓦（Marguerite Bourgeoys，1620—1700年）在蒙特利尔建城初期创办的玛利城圣母修道会姐妹修会，在这里接受教育的甚至有远至路易斯堡各个阶层的女孩。玛格丽特·德尤维尔（Marie-Marguerite d'Youville，1701—1771年）在18世纪30年代建立慈善姐妹会（Grey Nuns of Montreal），专门为穷人子女服务，并开办了一所医院，即后来蒙特利尔总医院的前身。

**文学**　在新法兰西时期，尚没有多少文学作品，非功利性的创作形式非常淡漠，如果说有文学创作的话，那就是包运船户在西部森林中从事长途贩运期间创作的浪漫歌曲，或民间传说。他们是力量和忍耐力的崇拜者，也是北方汉子，留在遥远的西部过冬，吃土著人的食物和干肉饼，每年秋季返回蒙特利尔时才能吃到腌猪肉。这样的吃苦精神，在各类歌曲或民间传说中受到歌颂。这些作品反映了在荒远西部所忍受的孤苦和凄凉，梦想或回味在东部家乡享受的温馨。例如，有一则故事讲道，魔鬼带着装满包运船户的独木舟，在一个晚上就飞回了东部家乡，但是现实却没有那么浪漫。

这个时期，在加拿大还没有出版社及出版物，作为很少的例外，是17世纪三四十年代耶稣会士在休伦湖的传教通讯，也是在法国印发。文学读物来自法国或欧洲各国，就是富裕人家的私人藏书室，藏书也以宗教（祷告）文学、商业、科学或地理的实用手册为主。新法兰西的艺术和文学服务对象，主要是统治精英和教会人士。到18世纪90年代，圣瓦利埃主教还在抱怨魁北克城只上演莫里哀的讽刺文学作品《伪君子》。

**艺术匮乏**　在新法兰西时期，由于教育事业为教会所垄断，不可能有真正意义上的文化事业和艺术创作。在这一历史时期，最重要的艺术活动资助者就是教堂，资助创作了大量的宗教艺术品。大部分绘画和雕塑也是宗教性的，例如为教堂和女修道院提供的圣像、还愿绘画、装饰品和祭坛饰物。严肃音乐尤其是管乐和合唱音乐，也几乎完全为教士所独占。

城市是文化艺术生活的中心，贵族文化不高，但是支持银器制作、绘画或其他艺术创作，也保存了一些高水平的作品。

## 六、与土著民族的关系

**新贸易伙伴**　1667年，新法兰西与易洛魁部落联盟缔结了和约，双方关系改善。这有利于新法兰西地区的稳定和发展，正是利用20多年的和平稳定，毛皮边疆推进到了上部地区，即苏必利尔湖以北及西南地区。到17世纪40年代末休伦人同盟灭亡后，与已经巩固的贸易盟友阿尔冈昆部落的关系得到进一步发展，尤其是渥太华人和奥吉布瓦人抓住时机成为法国人的毛皮中间人。此外，在休伦贸易盟友不存在后，法国人并未在蒙特利尔被动地坐等土著中间人送货，而是由“深入林中者”到西部直接寻找土著捕猎者。这就把哈德孙湾以西甚至密西西比河上游地区的土著部落诸如阿西尼本人和奇佩瓦杨人等，也拉入与新法兰西直接贸易的体系之中。1731—1740年，拉韦朗德里父子在西部远至萨斯喀彻温河交汇处建立系列要塞贸易站时，进一步巩固了与奥吉布瓦人的伙伴关系，同时也把克里人纳入了贸易伙伴圈。在新法兰西覆灭以前，这是新法兰西贸易关系网推进的最远处。

1664年，英国人在哈德孙河取代荷兰人而与易洛魁五大部落建立同盟关系，巩固了这一地区的毛皮贸易。1670年，在两个法国商人帮助建立哈德孙湾公司以后，英国人在哈德孙湾以西与新法兰西商人发生了直接冲突。1650—1670年，东马尼托巴的阿西尼本人和克里人村落一直为新法兰西的中间商人渥太华人和奥吉布瓦人提供毛皮，而现在则直接与近在咫尺的英国哈德孙湾贸易站进行交易。

哈德孙湾贸易站

新法兰西行省殖民地建立后，尤其是1670年英国哈德孙湾公司加入在加拿大的毛皮竞争之后，毛皮贸易稳定地向西横跨大陆不断推进，把更多的土著部落卷入贸易网络之中，也就是把更多的加拿大土著民族卷入欧洲的殖民体系之中。这进一步促进了加拿大土著人的经济和社会变动。可以明显看到的是，狩猎经济已深深融入资本主义的体系，土著民族生产和交易的技能也随之提高了。土著人不再像早期那样随便将毛皮卖给欧洲商人，而是学会自己评估市场价格，坚持要价，并利用英法商人的矛盾，即利用一方削弱另一方而压低或抬高交易价格，以维护自己的权益。

与此同时,英法的殖民侵略对土著人的影响无论是在社会关系方面,还是在宗教文化方面,都十分深刻而广泛。1667年,新法兰西与易洛魁部落联盟缔结和约,意味着再也没有土著人的力量会威胁法国殖民地的安全。相反,在17—18世纪之交,随着新法兰西人口和力量的稳固增长,土著人却日益严重地遭受欧洲传入的疾病的毁灭性打击,人口损失比早期更为惨重。侥幸活下来的,虽然逐渐适应而生存下来,但是力量平衡发生了变化。土著人仍继续控制着毛皮贸易和圣劳伦斯河流域及大湖以北、以西的土地,但是随着法国移民家园的不断扩展,他们受到的影响比以往任何时候都大。这意味着土著民族将进一步被同化,例如越来越多的土著人皈依天主教,即使曾是敌对部落的易洛魁人也是如此,例如有些莫霍克人天主教徒在1667年和约缔结后甚至迁居蒙特利尔,建立了卡纳韦克(Kahnawake)等莫霍克人社区。更能够说明问题的是,出现了一个人口正在不断增长的新民族,即"介于殖民者与土著人之间"的混血人种,俗称梅蒂斯人。

**梅蒂斯人**　自欧洲人到加拿大探险不久,就开始出现了梅蒂斯人(the Metis),不过那时只是偶然的、零星的。到17世纪三四十年代,即所谓埃蒂安·布律莱时代,更多的法国商人和传教士进入土著人地区,法国人与土著妇女的"乡村婚姻"不断增多。这种婚姻构成了毛皮贸易同盟的重要组成部分,他们所生子女也属于土著人社会。后来,在17世纪40年代末新法兰西土著中间商休伦人被扫荡以后,"深入林中者"深入西部,大湖周边毛皮站不断增多,那里一半法国人一半土著人的永久社区就迅速成长起来,梅蒂斯人也很快增加。但是,真正见证梅蒂斯人社会出现的,是新法兰西行省时期包运船户远涉西部之时。

每年春天,包运船户的船队离开蒙特利尔岛,最短的旅程是到密歇里马克纳克或底特律,当年秋天就可返回;较长的航程大致占从蒙特利尔出发的船队的一半,是到西部高地,需要在那里度过两个冬天或更长时间。包运船户一般将家仍然留在蒙特利尔,几年回家一次,住上一两个季节,重返西去的旅程。随着18世纪二三十年代贸易和商站的西移,包运船户开始在西部定居。毛皮贸易也将越来越多的年轻人带到西部,他们携带妻子到达大湖或密西西比河上游地区,在那里安家扎根。也有不少人最终返回新法兰西,生活在蒙特利尔、三河镇或魁北克城的乡间农场里。有不少商人与土著妇女结合而融入土著人社会,在底特律、密歇里马克纳克或当时被称为伊利诺斯的上密西西比地区安家。这样,那里就出现了许多种族混合家庭。在这种家庭中出生的印第安—欧洲混血人即梅蒂斯人，随着法国殖民者毛皮贸易足迹的西移逐渐增加。由于语言和社会关系，梅蒂斯人在毛皮贸易中发挥了独特的作用，比如充当翻译和探险向导等。这是原先土著人或殖民者不能替代的。

几乎同时，英国哈德孙湾公司出现在哈德孙湾也助长了梅蒂斯人社会的迅速扩展。哈德孙湾公司在哈德孙湾扎根的17世纪70年代，英国毛皮商人（主要是苏格兰人）在西部广设贸易站，他们与印第安妇女结合产生的后代即梅蒂斯人也日渐增多。由于哈德孙湾公司的贸易方式是坐站等候土著人送货上门，贸易站周围不久出现了全套的“地方志愿者”，他们以毛皮中介人、捕猎者、向导或“代理家庭”的身份成为公司雇员，居住在贸易站附近。“商人们不是不愿意用强力获得性爱的”。公司的放荡商人大有人在，他们多为单身，经常与印第安女人私通。按哈德孙湾公司探险者赫内1771年的一则记载，哈德孙湾公司丘吉尔堡（Fort Churchill）的总经纪莫塞斯·诺顿本人就是混血婚姻的产儿，而他在身上经常带着一盒毒药，“用来对付使其妻女拒绝他的那些印第安男人”，而与很多土著女子发生性关系。由于此类事件很多，哈德孙湾公司职员与土著女人私通或结婚的案例也与日俱增。这样，围绕哈德孙湾公司或其贸易站，苏格兰人—土著人血统的梅蒂斯人社区就发展起来了。因此，17世纪六七十年代英法商人竞相向西和西南推进之后，梅蒂斯人的人口数量也以商业入侵阶段所未有的速度不断增加。一个新民族很快形成，并且随着毛皮边疆的西移而迁徙，后来成为加拿大大草原上的基本民族，从事农业、野牛捕猎、毛皮中间人或包运船户等同欧洲毛皮贸易相关的行当。在长期的进化中，他们也形成了自己的“梅蒂斯语”方言，以及习俗和独特性，成为世界人类大家庭中的一个新成员。

**第三次法国—易洛魁战争**　1667年，易洛魁人虽然与法国人实现了和平，改善了关系，但是法国贸易商仍然绕过易洛魁部落联盟，而依赖老贸易伙伴阿尔冈昆族各个部落供给毛皮。随着英国人、法国人与土著人的贸易网络跨越大陆向西推进，易洛魁人的贸易利益越来越遭到忽视，17世纪80年代到了他们难以容忍的地步，于是又发动战争。他们的攻击首先对准法国人的土著盟友，后来就直接攻击新法兰西。但是，易洛魁人的进攻不仅没有能够封锁前往蒙特利尔的贸易通道，相反，在17世纪晚期却使五部落自身受到了伤害，甚至在17世纪40年代休伦战争中夺取的南安大略领土的控制权也丧失了。这种变化是易洛魁人同其北方对手长期战争导致的后果。土著人的口头传说叙述了许多这样的战斗，从伏击水陆联运到对木栅村镇的袭击，各个参战方面都能够组织起千名以上的战士，既使用欧洲步枪，也用原始弓箭和战斧，从苏圣玛丽向南直至伊利湖，沿着河边和湖岸，无处不在战斗。结果，易洛魁人不得不退回到安大略湖以南的故乡。1700年，米西索加人也从休伦湖北岸迁回安大略湖南岸，人口再也没有恢复到17世纪战争以前居住在南安大略湖滨时的数量。

1688年，欧洲奥格斯堡同盟战争爆发，英法两国同时也在北美宣战。英国挑动和支持此前被法国人赶到今天美国纽约州的易洛魁部落联盟，进攻作为新法兰西心脏的圣劳伦斯河殖民地。这样，第三次法国—易洛魁战争在1689年8月5日拂晓打响了。1 500名易洛魁勇士袭击了蒙特利尔拉希纳（Lachine）正西的包运船户的出发地，移民庄园损失惨重，80座房舍被焚毁了50座，24人被杀，掳走90人。在此后的几年中，殖民者仍不断遭到洗劫。1691年有100多人被杀，1692年韦谢尔庄园（Vercheres）再次遭到袭击，被迫撤退到每个殖民点必备的避难所里。易洛魁人实行打了就跑的战术，几乎危及新法兰西殖民地的生存，致使新法兰西发展缓慢，到17世纪90年代又处于维持阶段。

新法兰西总督弗隆特纳克决心为拉希纳被袭复仇。1689年，他派兵袭击纽约、新英格兰边疆的城镇，同时也袭击易洛魁部落的村镇及其战斗队。他也采用易洛魁人打了就跑的战术，经常在隆冬季节利用森林作掩护，出其不意地发动袭击，烧杀劫掠村寨，并且在易洛魁人能够组织起反击之前，就掳掠俘虏逃之夭夭了。驻防西部哨所群已经扩编到1 400人的海军陆战团，加上1 000名殖民地民军，也沉重打击了易洛魁人，造成了他们重大伤亡和财产损失。在17世纪剩余的时间里，双方经常发动被法国人称为“小战争”的这样的进攻。虽然易洛魁人的家园从来没有受到有效攻击而被摧毁，但是战争和瘟疫使他们的人口逐渐减少。因此，在1697年英法休战不久，易洛魁

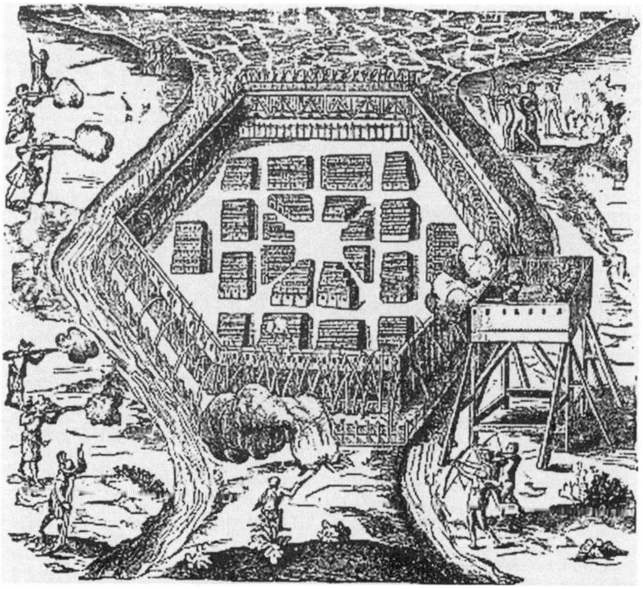

遭袭击的奥内达加人村庄

人也开始寻求与法国人谈判以结束冲突。1701年，易洛魁五部落联盟与新法兰西及其土著人盟友达成广泛的和平，宣布在英法战争中维持中立。在随后的七年战争中，易洛魁人确实没有参与支持英国人的军事行动，并且在《乌得勒支和约》签订后，还利用英法矛盾加强了自己的力量，图斯卡罗拉族回迁安大略湖以南，加入易洛魁联盟，五大联盟变为六大联盟。他们作为自己土地上的一支独立力量，一直坚持到新法兰西消失之后很久。

除易洛魁人外，其他土著人也在这一时期对英法殖民者普遍开展了反抗斗争。1734年，蒙特利尔有个叫玛丽-约瑟夫-昂热利克的奴隶，点火烧毁法国殖民者50所房子；同年，福克斯族的一个叫克阿拉的领导了福克斯族抵抗新法兰西的起义。

## 七、争夺加拿大的早期战争

16世纪，几乎与法国人着手建立新法兰西殖民地的同时，在现今加拿大的地面上，英国人也开始了商业和殖民扩张。在法国人活动的几乎所有地方，即纽芬兰、新斯科舍和哈德孙湾等地，英国也建立了贸易站、要塞和居民定居点。只是在1664年以前，因与荷兰和西班牙在所谓十三州殖民地即今天美国地面上的竞争，英国还抽不出身来全力与法国人争夺加拿大。1664年，英国打败荷兰夺取了新阿姆斯特丹，英法两国在北美北部就直接面对面了，但至17世纪70年代还没有发生直接冲突。英国至多以武器支持易洛魁人来扰乱新法兰西，而法国则将注意力集中在密西西比河流域西南部的开拓上。1670年是一个转折点，这一年英国哈德孙湾公司正式开张，英法两国表面的和平就再也维持不下去了。为了解英法两国在北美大陆北部矛盾的积累过程，这里有必要首先叙述英国在今天加拿大早期扩张的历史。

**英国的殖民地与定居点** 英国王室开始在今天加拿大地面上的殖民活动早于法国人约40年。1497年5月，英国国王亨利七世资助约翰·卡波特到北美探寻去中国的航道。约翰·卡波特到达的地方可能是今日加拿大新斯科舍省与纽芬兰省的海岸，宣布这些地方归亨利七世所有。我们在前面讲到，卡波特没有发现东方航路，却发现了价值不下于西葡两国在南美掠夺的金银财富的鳕鱼。然而，亨利七世可能想要的是金银财宝而不是鳕鱼，此后约翰·卡波特便湮没无闻了。因此，直至1670年前后，英国人在纽芬兰，无论是早期的鳕鱼贸易，还是尝试建立殖民地，都是移民个人的行为，没有英国官方的行动。

1610年，布里斯托尔的商人和冒险家约翰·盖伊（John Guy）率领一队移民到达康塞普申湾（Conception Bay）。10年后，巴尔摩勋爵在阿瓦隆半岛（Avalon Peninsula）的非瑞兰（Ferryland），为英国天主教徒开辟了一块短命的定居地，不久他的兴趣便转向南面切萨皮克湾的马里兰。到17世纪晚期，所谓英属纽芬兰实际上是指纽芬兰岛东海岸从特里尼蒂湾、康塞普申湾到圣约翰斯南边的非瑞兰与里纽斯一带。当时，那里只有1 000名男人、少数妇女和儿童每年在此过冬，夏天才有数千英格兰渔民前来捕捞鳕鱼。在此期间，圣约翰斯从渔民聚集地缓慢地成长为最大的定居地，并逐渐变为一个贸易站，而后成为英国商人的家园。另外，还有一些在渔港和哨站周围形成的小散居地。本来1610年约翰·盖伊要着手为英国建立纽芬兰殖民地，但是遭到此前一直在纽芬兰捕鱼的英国西海岸渔民的强烈反对，渔民害怕英国政府干预纽芬兰的捕鱼业。这一时期，渔民的惯常做法是，由每年春天到达岛上的第一艘渔船的船长负责管理当地事务。1634年，英国政府承认这个惯例，并授权这个船长管理纽芬兰。至此，纽芬兰仍是英国渔民季节性的临时居住点，还算不上移民的定居地。1637年，英国政府将纽芬兰殖民地的特许状授予海盗戴维·科克，着手建立渔业基地，此后才在瓦龙半岛东端形成一块永久居民地（即今天纽芬兰省首府圣约翰斯）。英国在加拿大的第一块殖民地纽芬兰，就是在这个永久居民点的基础上建立起来的。英国建立加拿大殖民地之所以比法国晚，主要是因为它在此期间忙于与荷兰争夺今天美国的新英格兰地区，为此甚至暂时还要与法国结盟。

18世纪初期，英国人开始正式经营纽芬兰，同时开发新斯科舍殖民地，也就是最早由法国人在1604年开发的阿卡迪亚。这块殖民地可谓变化无常，在英法之间几经换手，主要是因为这里地处新法兰西与新英格兰之间，地位比较敏感。英国人染指阿卡迪亚不比法国人晚多少，最早在17世纪20年代，苏格兰诗人、英格兰斯图亚特王朝的宠臣威廉·亚历山大爵士，曾选择这里作为苏格兰人在新英格兰以北的一块殖民地，并精心计划。但是，他没有法国人那么有耐心，最终除了一个持久的名字新斯科舍外，什么也没有留下。这时，英国官方的视线还远在南方，这里还不受重视。1654年，阿卡迪亚首次落入英国人手中，但3年后重归法国。在1688—1697年奥格斯堡同盟战争（威廉王之战）中，它被英军占领，在战后签订《里斯维克条约》（*Treaty of Ryswick*）时，被作为利益调整的筹码又归还法国。这块殖民地虽然建立之初就被法国官方抛弃了，但是法国的殖民者还是不断来到此地，从未间断过。1671年，有60人从新法兰西前来，居民增至500人。他们挡潮汐造田，比他们在圣劳伦斯河谷同胞

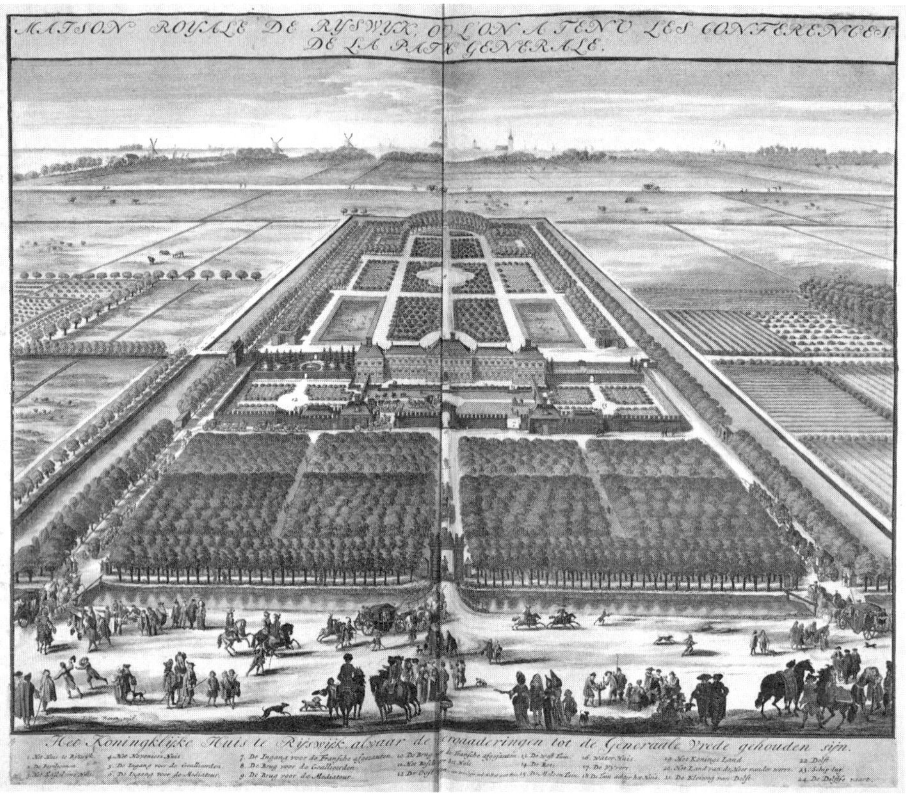


签订《里斯维克条约》的所在地——里斯维克的Huis ter Nieuwburg

的农业开发还要早，并且颇为成功。在新法兰西行省殖民地政府建立将其收归管辖之前，安纳波利斯河谷几乎成为法国农业殖民的典范，直至1713年被正式割让给英国。

除在大西洋沿岸外，英国人也在别处挑战法国人，对新法兰西和哈德孙湾的贸易站、要塞或定居点展开零星袭击，但是多为未经官方支持的个人或海盗行为，例如1629年科克兄弟曾夺取魁北克。直到1634年，两国官方在这些地方基本上相安无事，英国至多同情或卖武器给易洛魁人以支持其对法国人的骚扰。具有讽刺意味的是，竟然是两个法国的深入林中者格罗塞利埃尔和拉迪松这对姻兄，请来了英国人跟自己的同胞竞争。作为唯利是图的商人，他们只把自己的行为当作商业事务。然而，这个商业不久却成为英法两国矛盾加剧的主要因素。

拉迪松和格罗塞利埃尔关于在哈德孙湾以西开展毛皮贸易的建议，在英

鲁珀特王子

格兰得到了一个朝臣小集团的赞助。这个小集团以安东尼·库柏(Anthony Ashley Cooper, 1st Earl of Shaftesbury, 1621—1683年)和乔治·蒙克公爵(George Monck, 1st Duke of Albemarle, 1608—1670年)为首,前者为第一任舍菲泰斯堡伯爵,后者则是那位在英国革命中清洗克伦威尔小国会、帮助斯图亚特王朝复辟的驻苏格兰英军司令。他们十分关心建立帝国经济的平衡,而在他们背后则是国王弟弟约克公爵詹姆斯和查理一世的侄子鲁珀特王子(Prince Rupert of the Rhine, 1619—1682年),因此非常有势力。由于得到权贵的庇护和支持,拉迪松和格罗塞利埃尔的建议很快便付诸实施。1668年6月5日,格罗塞利埃尔从泰晤士河启航,9月29日到达詹姆斯湾南部,与克里人进行了第一次交易,非常成功,而后安全返航,换回满船上好的冬海狸皮。受这次成功贸易的鼓舞,1669年英国投资者再派拉迪松率领另一艘船远航,同样获得了成功。这次还建立了一个长久商站。1670年春天,他们起草了哈德孙湾公司章程,5月2日,查理二世(Charles II of England)批准,"总督与企业公司"被授予贸易垄断权,准其行使在所有流入哈得孙海峡的河流流域的土地上进行殖民的权力。

这是一片巨大的领地,囊括了今天加拿大安大略和魁北克两省的北部、马尼托巴省全部、萨斯喀彻温和阿尔伯塔两省大部以及西北地区的部分领土。这块土地的面积分别超过英国或法国本土面积15倍和5倍。为了表彰鲁珀特王子,这个巨大产业被冠名鲁珀特地(Rupert's Land)。

哈德孙湾公司特许状如同早期的殖民地商业特许公司一样,虽然为殖民地公司,但是在其存在的整个历史时期内,只从事毛皮贸易,除了贸易站周围外,没有从事殖民地开发。有历史学家说,哈德孙湾公司特许状是个巨大的讽刺,公司由两个法国人构想,在最初的关键年代也由他们指导,却一举成就了英属加拿大最大、最成功的商业。法国人开创的许多贸易实践,也为这个英国公司所吸收和利用,例如,在正式贸易开始前按印第安人的惯例举行等价交换礼物的仪式,等等。从1671年开始,哈德孙湾公司在海湾的主要河口建立了贸易

亨利·凯尔西在西部看到成群的野牛

据点；以后10年，在鲁帕特河、穆斯河、阿尔巴尼河及赫埃斯河等地也陆续建立了这样的贸易点。这对法国的贸易造成了极大的伤害，也必然加剧了英法两国在加拿大的争夺，最终诉诸战争，前后达4次之多。

**威廉王之战** 英国哈德孙湾公司的商站都是建在新法兰西的北翼，对法国人构成明显而强大的威胁。1690年，海湾公司职员亨利·凯尔西（Henry Kelsey，约1667—1724年）已远至西马尼托巴边界，使阿西尼本人定期到约克法克特里贸易站交易。哈德孙湾公司早期的开发使新法兰西当局终于认识到拉迪松和格罗塞利埃尔的建议正确，最好的毛皮在大湖区以北地区，而不是在俄亥俄西南和密西西比上游地区。这样，两国在哈德孙海湾的直接冲突就在1682年爆发了，1684年在尼皮贡湖，1688年在雷尼湖（Rainy Lake）也先后发生了冲突。1686年，契约雇工出身的殖民地庄园主贵族特鲁瓦家族的皮埃尔·德·特鲁亚（Pierre de Troyes，？—1688年），率领士兵与包运船户组成的队伍从蒙特利尔出发，经过两个月的独木舟航行，远袭哈德孙湾公司在詹姆斯湾的所有据点。早在海湾战争打响之时，法国人已经在苏必利尔湖地区加速建立小商站，在1690年以前他们一直采取先辈的办法，以印第安人为向导，向大湖以西推进。

不久，零星战斗就与欧洲1688年爆发而持续至1697年的奥格斯堡同盟战争搅和在一起。由于英法是主要对手，他们在北美的冲突也更趋激烈。这是两国在加拿大进行的第一次规模较大的战争，全面开战的战场已经超出海湾地区，涉及各个殖民地的前哨，纽约前线、阿卡迪亚、纽芬兰和路易斯安那皆有战斗。1690年，新法兰西总督弗隆特纳克派兵袭击纽约及新英格兰殖民地的边疆城镇；1690年英国出动30多艘舰船，攻击魁北克城，因其防卫坚固不

新法兰西总督弗隆特纳克拒绝英国的要求在魁北克战役（1690年）中投降

战而退；在大西洋沿岸的战役中，英国人成功地攻占了阿卡迪亚的罗亚尔港。就这样，在近10年之中双方经常攻伐，冲突不断升级，主要贸易点也都几经易手。在哈德孙湾，虽然法国人比英国成功，夺得并保住了大部分贸易站，但是从来未能将哈德孙湾公司驱逐出去。因此，威廉王之战并未打破英法两国在北美的均势。1697年总体战争结束后，根据《里斯维克条约》，哈德孙湾地区部分归英国所有，部分仍留在法国。

**安妮女王之战**　《里斯维克条约》只保证了短暂的休战，战火很快便死灰复燃，也就是西班牙王位继承战争（War of the Spanish Succession，1701—1714年），在北美称为安妮女王之战（Queen Anne's War，1702—1713年）。同上次一样，英法两国也是在欧洲和北美两大战场同时打仗，在北美打得更激烈。这是英法两国争夺加拿大的第二次大战。

1687年，沃德勒伊侯爵（Philippe de Rigaud Vaudreuil, Marquis de Vaudreil, 1643—1725年）奉派来到新法兰西，任高级指挥官，并于1703年出任新法兰西总督直至1725年死于任内。这位保守派的法国贵族很讲求策略，主要利用“小战争”来抵制新英格兰，以支持受到威胁的土著人盟友米克马克人和阿本纳克人(Abenaki),而避开纽约边疆,使易洛魁人继续保持1697年冲突结束后所持的中立立场。

1706年、1709年法军袭击纽芬兰,新英格兰人则在1710年占领阿卡迪亚,并再次分兵攻击魁北克城,它的天然屏障再次让英国人遭到失败。1711年8月,霍维登·沃克海军上将所率7艘战船沉没于圣劳伦斯湾北岸。在哈德孙湾战役中,法国取得了胜利,但是没有多大意义,结局仍由总体战所决定。在欧洲战场上,法国军队很被动,路易十四最终被迫作出让步,牺牲了在加拿大殖民地的重要利益。1713年英法订立《乌得勒支和约》(*Treaty of Utrecht*),法国将全部法属纽芬兰和阿卡迪亚割让给英国;哈德孙湾沿岸的独占权包括从苏必利尔湖去往北部水域的通道,也全部割让给英国哈德孙湾公司,法国从沿岸所有哨所撤离。就这样,这个和约在较大程度上改变了英法两国在加拿大和北美大陆的力量平衡。1713年以后,阿卡迪亚最终归英国所有,改称新斯科舍殖民地;丢失阿卡迪亚,法国损失最大。由于英国海军强于法国,此后阿卡迪亚便成为英国的进攻基地,新法兰西将面对英国海军的直接威胁,所以战后法国刻意经营罗亚尔岛(即布雷顿角岛)殖民地(按这次和约划归法国)。法国在该岛的最东端修筑了路易斯堡,以取代原阿卡迪亚的罗亚尔港,试图防御英国海军自新斯科舍殖民地的进攻。

初期,统治阿卡迪亚人的英军统帅认为他们会接受统治,也没有采取刺激新法兰西的行动,所以统治者与被统治者双方谨慎地维持中立。加上1713年《乌得勒支和约》带来30多年的和平,这个昔日法国的小居住区,却在异族卵翼下迅速繁荣起来,人口从1700年的2 000人增至18世纪40年代的1万多人。阿卡迪亚人虽然沦为英国殖民地居民,但很快适应了外族统治,甚至可以两面取利,既与英国殖民地也与新法兰西进行贸易。由于没有原来领主的剥削和兵役,也没有多少英国人的干扰,在天主教教士抚慰下,阿卡迪亚人依靠筑堤防御芬迪湾海潮的侵害,在富饶的土地上过着悠闲的生活。

《乌得勒支和约》也确认纽芬兰为英国独占的殖民地,这有利于这块英国在加拿大最早的殖民地的发展。从这时起,英国官方才开始管理纽芬兰,建立了渔船护航队,1728年指挥护航队的海军军官被正式任命为纽芬兰总督。此后,有更多的渔民来此定居,这个殖民地开始了较快发展的时期。到18世纪中叶,殖民地居民已达7 500人,而且妇女和儿童的数目不断增长。虽然定居者仍少于季节性渔民,但是殖民地正在转变为一个生机勃勃的永久定居区。晚至1750年,纽芬兰移民仍以英格兰西海岸的移民居多,但是爱尔兰天主教徒移民潮也已开始涌动。到18世纪60年代，任命了总督，有了议会以及民选的有组织的政府。可是，任命的总督却以驱赶居民为己任，官方估计那时的人口为16 000人。阿瓦隆半岛和北部海岸气候及自然条件不适合农业发展，在18世纪中期以前，居民需要的大部分食物和日常生活用品主要从欧洲进口；18世纪中期以后，又转靠南面从新英格兰获取供应。这同英国渔民最初发现大浅滩渔场时期没有多大变化，仍以鳕鱼贸易为主体经济部门，捕捞鲑鱼和海豹特别是鳕鱼，运往南欧和加勒比海地区。

《乌得勒支和约》虽然暂时解决了40多年来殖民地的争端，维持了和平，而且是相对较长期的和平。可是，哈德孙湾公司跟新法兰西毛皮商人之间的竞争，并未因和平的恢复而结束，因为他们的商业领地犬牙交错。最初的这种竞争只是在哈德孙湾公司的詹姆斯湾商站，海湾西岸还算平静。由于海湾周边的贸易垄断权归属哈德孙湾公司，对于法国人来说，这意味着海湾以西的内地同时向英法两国商人开放，于是就向西部推进贸易。这样，《乌得勒支和约》带来的和平，成为法国人跨越大陆向西推进的开端。1717年，查卡里·罗布特巩固了雷尼湖的旧商站。18世纪20年代后期，拉韦朗德里被任命为北部（上部）地区要塞的指挥官后，重新穿过苏必利尔湖高地，进入哈德孙湾沿岸，环海湾建立了一系列商站，将英国的贸易点与内地隔开。1727年，拉韦朗德里为了获得殖民部官员的支持，制定了将扩张内陆贸易与寻找西海（即通往东方的水道）结合起来的计划，因为这些官员只对探险有兴趣。正是在探险和毛皮贸易的双重激励下，并且利用一体化的交通运输安排，法国人向西扩张的速度很快。以1732年伍兹湖贸易站建立为开端，法国人穿过了南马尼托巴，18世纪40年代已远至萨斯喀彻温河下游，在萨斯喀彻温河交汇处建立了附角堡（Fort de la Corne，在今天萨斯喀彻温省艾伯特王子城附近），最终结束了在苏必利尔湖西北的推进。这是法国在加拿大贸易体系伸展的极限。拉韦朗德里的策略是先发制人，中途截收印第安人的优质毛皮，而先前他们要航行到哈德孙湾公司的西部商站出售给英国商人，结果法国商人明显得到了最大份额的毛皮，英国哈德孙湾公司的贸易量在18世纪四五十年代锐减，尽管印第安商人仍能够给哈德孙湾公司贸易站带来足够的毛皮。

**乔治王之战** 英国人在开发加拿大西部毛皮贸易中之所以暂时输给法国人，主要是因为在安妮女王之战后突然得到了广阔的领地，哈德孙湾公司一时还没有作好开发的准备。因此，1713年《乌得勒支和约》签订后的一段时间内，哈德孙湾公司宁愿让贸易留在印第安人的中间人手中。可是，这一政策民的装备不够完善，经常受到法国人和当地土著米克马克人同盟的攻击。但是，由于这里南距新英格兰较近，来自那里的移民不断迁入，这块以哈利法克斯城为中心的新殖民地很快得到了巩固和发展。1752年，一位名叫约翰·布谢尔的新英格兰人还在这里出版了加拿大的第一份报纸《哈利法克斯报》（*Halifax Gazette*）。

## 八、七年战争中的决战

英国加强新斯科舍殖民地防卫的种种举动，尤其是增兵和雇佣外国新教徒修筑卢奈恩堡，使1.2万阿卡迪亚人四面处于英国移民的包围之中，倍感受到威胁。18世纪50年代，就有一些阿卡迪亚人开始移往罗亚尔岛或圣让岛。法国政府对英国在新斯科舍殖民地的举动的反应是，扩大路易斯堡的卫戍部队，并沿着希格内克托地峡（Isthmus of Chignecto）仍为法国拥有的领土的南部边界（今新斯科舍省与新不伦瑞克省边界）设立哨所。由此可以看出，《爱克斯·拉夏贝尔和约》也没有解决英法两国的矛盾，相反，矛盾随时可能一触即发，并且很快就在七年战争（Seven Years' War，发生在1754—1763年，而其主要冲突则集中于1756—1763年）的决战中最后进行清算。

**华盛顿上校打响第一枪**　18世纪40年代后在大西洋沿岸战云密布的同时，在圣劳伦斯河及大湖以南的边疆地区，紧张局势也已形成，甚至更为激烈，导因是英属宾夕法尼亚、弗吉尼亚的殖民者源源不断地越过阿巴拉契亚山，向俄亥俄河或密西西比河流域迁徙。1748年，弗吉尼亚殖民当局宣布拥有西部土地，一个有势力的集团成立了俄亥俄公司。这个土地公司获得了移民和毛皮贸易垄断的权利。但是，在17世纪70—80年代热内-罗贝尔·卡瓦利埃·德·拉萨尔进行大湖探险期间，法国人早已在这一区域建立系列的贸易站，将这里视为新法兰西的南部毛皮边疆，并且历任总督都在俄亥俄河岸及其支流建立要塞，巩固对这些区域的占领。1701年，易洛魁中立的条约签订后，法国人本来感到加拿大安全了。可是，弗吉尼亚殖民当局1748年的举动，便引起新法兰西当局作出强烈反应。1749年，为了维护自己的贸易利益，并支持伊利湖南面的土著人盟友，新法兰西当局派兵驱赶跨越阿巴拉契亚山的英国移民或毛皮商人。起初，只发生了小冲突，而且冲突也仅限于法国土著人同盟与美洲人之间。由于这种冲突发生在大西洋沿岸的形势全面紧张的背景下，自然不能小视，双方便在这一地区加紧备战。

自上次战争之后，法国增加了军费。18世纪以来，殖民地预算平均每年50万锂以下，而1744年则首次突破100万锂。随着局势的日益恶化，到18世纪50年代初，则快速增至300万—600万锂；到18世纪50年代晚期，最终增至3 000万锂。驻新法兰西的海军步兵陆战连，也成倍扩充，由步兵连升格为中队，获双倍的补充，并另增一个炮兵连队及相应的工程兵。自17世纪60年代，又首次派遣正规部队支援新法兰西的海军卫戍部队。1755年，英国派遣两个正规团到达十三州殖民地。这一年七年战争主要冲突尚未发生，双方仍与欧洲同盟国在谈判，而北美前线则摩拳擦掌，准备大战。还是在1753年，弗吉尼亚总督派未来的美国总统乔治·华盛顿上校率民兵赴俄亥俄，要求法军撤出，对方未予理睬；1754年再率300人到来，法军态度仍十分强硬，要求华盛顿退兵，结果发生首次边界冲突，从而揭开了决战的序幕。

战争是由两国的正规军打响的，1755年双方分别在纽约—尚普兰湖以及俄亥俄前线开战。法军司令让-阿尔芒·迪斯考（Jean-Armand Dieskau，1701—1767年）在尚普兰湖战斗中受伤被俘；英军将领爱德华·布雷多克（Edward Braddock）试图攻取法国设在俄亥俄的迪凯纳堡（Fort Duquesne，今匹茨堡）时，率领的军队被法国海军陆战部队与土著人同盟打散，爱德华·布雷多克也在战斗中阵亡。双方只好撤退休整，等待以后进行决战。即将爆发的这场决战是两国那一时期在北美所进行的一次最全面的战争，从位于俄亥俄的迪凯纳堡，穿过哈德孙—黎塞留河狭长地带，远至路易斯堡，以及美洲大陆东北角的广阔地区，以奥斯威戈堡、卡里永堡、博赛茹尔、路易斯堡和魁北克城为中心，无处不在战斗。这次战争一直持续到1763年，在欧洲被称为七年战争。

受伤的让-阿尔芒·迪斯考

**阿卡迪亚人大驱逐**　当大湖地区炮声隆隆时，大西洋沿岸也发生了大驱逐的残酷事件。1755年夏天，英军攻陷新斯科舍省与法国罗亚尔岛边界的一个法军要塞时，发现守军中有300名阿卡迪亚

新斯科舍省格朗普雷村阿卡迪亚人被驱逐

人。英国人怀疑阿卡迪亚人对英国不忠，可能危及新斯科舍省的安全，于是要求阿卡迪亚人宣誓效忠英国。但是，这个无理的要求为阿卡迪亚人的代表所拒绝。随后，英国新斯科舍省代理总督查尔斯·劳伦斯上校发起了这次大驱逐。这表明大驱逐是前哨战，后来证明这是英国人为即将到来的决战作清理准备。平民成为七年战争中最悲惨的受害者，死伤数量最多。

1755年7月，新斯科舍省参议会一致通过驱逐决定，立即执行。他们把阿卡迪亚人赶到一起，动用英国集结在新斯科舍省的军队，雇佣一个商船队，驱赶他们携带行李上船，然后放火烧掉村庄。到1755年年底，在芬迪湾沿岸的格朗普雷（Grand-Pré）、米纳斯、博巴森，一个村庄又一个村庄，至少有7 000名阿卡迪亚人被抓走流放，分别运到英国在美洲的几个殖民地。在行动中，劳伦斯上校非常残暴，命令拆散阿卡迪亚人的家庭。从新英格兰到佐治亚的港口，都有从船上下来的被驱逐者，但是没有一个殖民地愿意接纳这些阿卡迪亚人。在这次大驱逐中，可能只有2 000名消极反抗者，他们逃进森林，才留了下来。

在1758年后续的驱逐中，约有700人死于海难。1762年之后，又陆续驱逐了几批阿卡迪亚人，几千人被流放，有些人甚至被运回法国。在流放中，有1/3的人死于传染病。而幸存者则沦为难民，以小社区的方式生活在美洲其他港口，成为异族社会中不受欢迎的少数族。其中，不少被流放者很快就离开了原来的流放地，来到法属加勒比海、路易斯安那，或辗转回到圣劳伦斯河谷。

就这样，这个由塞缪尔·德·尚普兰1603年开创的、经过一个半世纪发展的圣劳伦斯河之外的另一个最大的北美法语社会，首先覆灭了。它原有约1.2万多人，定居在从芬迪湾海潮中围堤造田而来的土地上，已经有好几代了。但是，故土难舍，在1763年战争结束后，少数阿卡迪亚人零零星星地开始从陆路和水路又陆续回到阿卡迪亚。这个回乡的过程，一直持续了几十年。然而，回来以后，他们发现阿卡迪亚已经不是原来的阿卡迪亚了，英国新移民占有了他们围堰建造的最好的良田，因而不得不到那时仍然荒芜的土地上安家。结果，老阿卡迪亚的中心逐渐西移，对被放逐、被遗弃的种种灾难的共同记忆，成为这个正在形成的阿卡迪亚人新社会的基础。这就是今日加拿大的新不伦瑞克省。

**战争进程**　阿卡迪亚人大驱逐的第二年，即1756年春天，七年战争全面开战。当时，英国正处于竭力推行殖民扩张政策的皮特内阁执政，强调这是一场对法兰西帝国的战争，不只是打败新法兰西，还要征服之。由于在先期的冲突中，法国殖民地民兵及其土著人盟友组织战争的能力一直优势较大，英国便不断增强对海洋的控制，能够随时以军队和装备增援殖民地，而法国则远不能与其相比。到战争末期，英国的14万军队有超过2万人在北美服役，还得到人数更多的殖民地民兵的支援，又有皇家海军舰队配合。从总体上看，英国在这场决战中占较大优势。

在战争的第一阶段（1755—1757年），双方在俄亥俄边疆、蒙特利尔—纽约边界、黎塞留河—尚普兰湖一线以及大西洋防线三个方向同时进行战斗。新法兰西殖民地所有地方及其土著人盟友都卷入了战争，而英国的易洛魁同盟（未来六大部落的领袖约瑟夫·布兰特例外）则大部分坚守中立，尽管英国人千方百计地引诱他们援助自己。战斗首先在奥斯威戈堡（Fort Oswego）打响，法军暂时处于主动，尚能积极进攻和防守，1757年甚至在乔治湾攻克威廉亨利堡（Fort William Henry）。这两个要塞都是上次战争时英国人在法国势力范围内新建的。这是法军进攻的顶峰。

在七年战争中，新法兰西几乎变成一个军人社会。在每一个教区，16—60岁的男性都应征加入民兵连队；在1755年的夏天，有1/4的人口在为战争服务。市民和民兵不仅随军作战，还帮助运输供给品、守护仓库、修建道路或要塞。此时的总督迪凯纳侯爵（Michel-Ange Duquesne de Menneville，约1700—1778年）

沃德勒伊-卡瓦尼亚尔侯爵

曾评论说："我不知道在全世界还会有比这些加拿大人更好的人民。"殖民地居民的士气和决心，也受到1756年到达的法军总司令路易-约瑟夫·德·蒙卡姆（Louis-Joseph de Montcalm, 1712—1759年）将军及其副手弗朗索瓦-加斯东·德·莱维（François de Gaston, Chevalier de Lévis, 1719—1787年）的赞扬和鼓励。莱维认为，只要新法兰西的小卫戍部队以及动员起来的人口能继续抵抗英军，新法兰西"就可能比英国纳税人更持久地坚守而存活下来"。对法方不利的是，战斗主要在法方的领土上进行，并且是全民迎战。这造成农业荒废，物价迅速上升，货币短缺，只好实行食物定额配给。1757—1758年冬天发生了严重的食物短缺，配给量又不得不大幅削减。另外，1755年到任的新总督沃德勒伊-卡瓦尼亚尔侯爵（Pierre de Rigaud, Marquis de Vaudreuil-Cavagnial, 1698—1778年）与蒙卡姆将军在战略上有分歧，致使法军没有能扩大战争初期暂时的优势。1757年年末，蒙卡姆赢得王室支持，才得以不受总督沃德勒伊-卡瓦尼亚尔侯爵的监督而自主地执行战役意图。

1758—1760年是战争的第二阶段，虽然蒙卡姆可以不受牵制而坚持自己的战略意图，但是为时已晚，战局业已发生不利于法军的转变。很快，俄亥俄河上的迪凯纳堡陷落，俄亥俄最后落入英国人手中，安大略湖的弗隆特纳克堡也被摧毁。在陆地上的两个作战方向，法国全部失利。1758年7月，蒙卡姆曾率军击溃英军，从尚普兰湖南路向卡里永堡（提康德罗加堡，Fort Ticonderoga, formerly Fort Carillon）推进，是他赢得的最大的胜利。他认为，英军在卡里永堡失败后，几周内不可能攻占路易斯堡，新法兰西腹地得以在1758年内不会受到威胁。然而，法军在大西洋战场也很快失利，英国新任统帅杰弗里·阿默斯特（Jeffery Amherst, 1717—1797年）亲自指挥攻击，路易斯堡很快陷落，尽管法国军民坚持抵抗到了1758年7月末。接下来，几乎重演了1748年的情形，5 000名法国殖民者和数目几乎相同的士兵被英国人强行装船运回法国，要塞和城镇同时被毁。这样，英国便从海上打通了进攻魁北克城的通道。

蒙卡姆（右）欢呼攻占卡里永堡的胜利

1759年春天，决定新法兰西命运的时刻到来了。阿默斯特首先在陆地发动强大攻势，到夏天攻下新法兰西外围的卡里永堡、圣弗里德里克堡（Fort Saint-Frédéric），同时配合殖民地民兵，占领了尼亚加拉堡。然后，他兵分三路，齐头并进，向尚普兰湖、黎塞留河与蒙特利尔推进。最大的攻坚战在魁北克城。从海上到来的英军，由32岁的陆军准将詹姆斯·沃尔夫（James Wolfe，1727—1759年）指挥。1759年7月，英国舰队与8 000名正规军溯圣劳伦斯河而上，直达魁北克城下，在圣劳伦斯河对岸扎营。法军一方，蒙卡姆部署2 200名正规军、1 500名海军，加上1万名民兵。沃尔夫认为，蒙卡姆的士兵虽然数量众多，但是素质低劣，英国士兵数量虽少，但是素质很高。他预见只需一天战斗，魁北克城便可攻下。

**魁北克陷落**　在魁北克城下，英军首次从蒙莫朗西瀑布（Montmorency Falls）进攻，被加拿大民兵打退。沃尔夫命令用炮火轰击，魁北克城垣大部分

亚伯拉罕平地战役

被炸成碎石，又派军队去焚烧拜—圣保罗、拉·马尔拜以及城东圣劳伦斯河南岸低洼处长约80公里的人口密集区的房舍。蒙卡姆则利用圣劳伦斯河北岸高耸峭壁的险要地形，整整坚持了3个月，英军简直无计可施。由于魁北克冬天将至，9月12日沃尔夫准备撤退，但是恰在此时，一位英军旅长提出突袭法军背后迫使蒙卡姆交战的建议。在9月12—13日夜里，沃尔夫利用法军守城部队的疏忽，使用轻舟将4 000名士兵和野炮偷运到城西的狭窄小河湾，沿一条小径爬上峭壁顶端的亚伯拉罕平地，迫使法军进行决战。蒙卡姆只好搬来大炮，投入战斗。双方人数大体相等，但是仅仅打了不到15分钟，法军战败。蒙卡姆在撤退时受伤，次日死去。英军损失也很大，沃尔夫阵亡。几天后，这个凭借钻石角天险守护达一个半世纪的新法兰西殖民地首府就陷落了。

战争并未因魁北克城陷落而完全结束。法军沿圣劳伦斯河退守蒙特利尔，在莱维指挥下，又坚持战斗了一年。在法国仍控制的领土上，莱维使用强迫手段征召民兵入伍，抵抗英军长达5年，有1/4的人口参军。在英军征服期间，有多少加拿大人死去是个未知数。据估计，大约有1/10的殖民地人口，即6 000—7 000人受伤。战败意味着魁北克将遭遇阿卡迪亚人与罗亚尔岛居民

沃尔夫之死

一样的命运。到1759年年末，无论是农民、商人、包运船户和工匠，还是其他人，均已丧失信心，放下武器回家，捱过1759—1760年的冬天，等待一个外来统治者的到来。1760年9月，蒙特利尔也被攻陷。法国军队在数倍于己的敌军包围之下，沃德勒伊-卡瓦尼亚尔侯爵被迫请求停战，签署《蒙特利尔投降条款》，向杰弗里·阿默斯特将军投降。

圣劳伦斯河上的停战并没有给加拿大带来最后的和平，战争还在继续。在1761年整年，英法两大帝国仍在印度、加勒比海和欧洲等地为帝国命运而战。在法国的盟国西班牙宣布参战后，冲突又扩展到了东印度。1762年，法国袭击者甚至还一度占领圣约翰斯及纽芬兰的绝大多数鱼站，然而，英国的优势已不可改变。在冲突结束之前，英国人已开始辩论是占有产糖的瓜得罗普岛，还是寒冷的加拿大。有好几个战略上的理由倾向于占领加拿大：把法国逐出圣劳伦斯河谷将会结束毛皮贸易的国际竞争，也会结束因此引起的印第安人的袭击，同时还可以打开从纽约通往西方的贸易和领土扩张的道路。只是在1763年2月10日签订的《巴黎条约》确认《蒙特利尔投降条款》，将包括新法兰西行省、罗亚尔岛（刚割让时曾作为英国的一块独立的殖民地，后并于新斯科舍省，至今仍是该省的一个行政区）和圣-让岛（Île Saint-Jean，即爱德华王子岛旧称）殖民地在内的法国在今天加拿大境内的所有领地割让给英国；宣告法国放弃路易斯安那，其东半部直接割让给英国，西半部割让给西班牙以换取西班牙将佛罗里达让与英国（只暂时保留奥尔良城）；纽芬兰岛以南大西洋中的圣皮埃尔和密克隆群岛仍为法国所有，供渔民捕捞鳕鱼之用。

就这样，英法在北美长达数十年的冲突结束了，新法兰西帝国之梦也随之彻底破灭。法国撤出了北美大陆，新法兰西居民变成英王的臣民，而只留下纽芬兰北部沿海（捕鱼权）、圣皮埃尔岛、密克隆岛、圭亚那、马提尼克岛、圣卢西亚以及瓜得罗普岛等地，作为法国在西半球帝国之梦的仅存遗产。

## 九、新法兰西的覆灭

法国丢掉加拿大殖民地有诸多原因，既有近因，也有远因；既有政治上的，也有经济上的原因；既有战略上的，也有战术上的失误。

**策略失误** 近因首先表现在与英国决战中，殖民当局的上层在战略和战术上存在严重分歧。法国指挥决战的司令官路易-约瑟夫·蒙卡姆是欧战老将，1756年才到达美洲战场。总督沃德勒伊-卡瓦尼亚尔侯爵也是在决战前夕1755年刚刚被任命为新法兰西总督。他是18世纪早期的总督沃德勒伊侯爵的儿子，属于出生于加拿大的加拿大人。这位总督是在袭击英国殖民地边界的战争环境中长大，经常采取土著人打了就走的美洲战术，并强调保持与土著人同盟的重要性。因此，他很难容忍来自欧洲战场一位正规军的军官对殖民地军队和民兵的藐视。蒙卡姆觉得殖民地军队不正规，很难服从沃德勒伊-卡瓦尼亚尔侯爵更擅长的北美战争的策略和战术。蒙卡姆主张保持军队的完整，反对沃德勒伊-卡瓦尼亚尔侯爵保卫殖民地非常分散的边疆的观点。殖民地居民是为了保卫殖民地而战，而蒙卡姆则代表宗主国的利益，将加拿大看作是法国诸多战场中的一个，甚至认为王室可能会将新法兰西作为平衡帝国的整体利益的筹码，为了解决与英国的矛盾，随时会放弃。

主帅在战略战术上的分歧，必然会制约法军作战能力的发挥，尤其是在战争的第一阶段，其影响非常明显。蒙卡姆强调圣劳伦斯河谷中心战区的重要性，一直主张必须保持军队的完整。这是他反对沃德勒伊-卡瓦尼亚尔侯爵保卫边疆的主要原因。显然，这是导致路易斯堡过早陷落的重要原因。路易斯堡的丢失敞开了魁北克省的门户，便利了英国从海上的攻击，使英军能够发挥海军强大的优势，很快集结主要兵力，攻陷新法兰西的首府。可见，蒙卡姆力主集中主力于圣劳伦斯河谷的战略，并没有实现确保新法兰西安全的目标。如果他以正规军配合殖民地民军防守阿默斯特的海上攻击，至少不会使魁北克城过早地暴露于英军面前。他实现了集中兵力，防止英军从陆地向新法兰西腹地推进，只是滞缓了英军陆战的胜利，却没有防备好英军从海上的攻击，而从海上攻击则是英国的强处。当时，法军兵力和装备并不比英军悬殊太大。1759年4月，莱维写道："这次战役将是决定性的。"这年春天运到魁北克城超过20船物资，法军3 500人正规军、2 500人海军陆战团和1.5万名民兵，装备充足。这些兵力和装备足够用来守护圣劳伦斯河谷、尚普兰湖和安大略湖一线的安全，英国不付出高昂代价，难以攻入魁北克城。

**官员腐败** 新法兰西晚期的社会腐败是造成殖民地陷落的主要原因之一。这是近期的社会和政治原因。在弗朗索瓦·比戈1748年担任省长后的那些年里，英法两国在北美矛盾日趋激烈，正在酝酿和准备最终决战。法国王室不断增加开支，为保卫新法兰西进行军事备战，甚至造成王室债务负担加大，不到12年就增长了60倍。

然而，在殖民地最需要资金的时候，比戈却把资金挪到了自己的口袋里。他在魁北克城过着穷奢极欲的生活，维持显赫地位，包养情妇。有历史学家说，按20世纪的腐败分子的标准，比戈也算是个巨贪。他还利用职位的便利进行商业投资来赚钱。在向魁北克城运输备战物资的过程中，比戈与供应商勾结，贪污或获取巨额利润。而且，这时的新法兰西，贪污腐败，利用公职谋取私利，不独比戈或法国王室机构，殖民地贵族也大都公私不分，这种现象非常普遍而不受谴责。后来，比戈被关押和流放，声名狼藉，只不过是个替罪羊。

**综合实力的差距** 以上说的这些近因至多是法国在最后决战中失利的原因，而造成法国将新法兰西最后割让给英国的主要原因，则应当从长久的经济和政治因素中去探究。可以说，新法兰西最终命运是由英法两大殖民帝国经济、政治和军事综合实力较量的结果。

18世纪60年代，英国已开始工业革命，工场手工业非常发达。法国虽然也有了手工业，但是比英国落后，仍然是落后的农业社会，而且正处于封建制度即将崩溃的革命动荡的前夕。两国的经济实力根本不能相比，这从两国的毛皮贸易政策即可看出。英国毛皮商人能够给土著人中间商提供物美价廉的商品，所以他们可以坐等土著商人到哈德孙湾贸易站送货上门；而法国的毛皮商人即"深入林中者"，则要远涉西部草原，到土著人部落才能够抢收到优质的毛皮。

七年战争的决战更能够反映出英法两国经济和军事实力的悬殊。新法兰西的最后覆灭，其实取决于两次战役，即路易斯堡战役和魁北克战役。当然，其中有新法兰西当局指挥不当以及内部不团结等因素。但是，从根本上来说，海上运输和作战能力才是决定因素。英国的海上优势始终制约着战争的进程。路易斯堡战役之后，英国利用强大的海军舰只，很快将8 000人生力军运到魁北克城下；而法国则缺乏有效的海军拦截力量。英法两国都是在1756年决战前夕将增援军队运到北美战场，英国利用较法国更强大的舰队集结军队，更迅速、更成功，三个方向作战的前线兵力配置都很到位；而法国运兵船则增援不力，差一点被英国大西洋舰队截获，在战争过程中进一步的增援也被英国有效阻止了。

法国最后丢掉加拿大也表明其殖民政策的长期失误。我们已经看到，法国王室在加拿大扩张的一个半世纪中一直注重商业掠夺，而且主要追逐毛皮贸易的利益。也就是说，它始终停留在英国、荷兰甚至西班牙和葡萄牙在16—17世纪早期商业殖民公司的阶段。英国在北美的殖民活动早在与法国角逐加拿大以前很久，也在很早就转向以农业殖民开发为主。到1641年，新法兰西移民只有300人，而南方的英国殖民地仅新英格兰一地就有5万人之多，远远超过新法兰西。当然，路易十四亲政后积极进取，改变以前重视毛皮贸易而轻视农业的传统，改革管理，由公司殖民地转变为与本土一致的行省制，试图促进农业发展，但是进展不大。到1663年，新法兰西的移民增至2 550人，而此时英国新英格兰一地则多达8万人。而且，路易十四的殖民地政策不久几乎半途而废。1666年，法国财政总监让-巴普蒂斯特·柯尔贝尔(Jean-Baptiste Colbert, 1619—1683年)在给塔龙省长的一封信函中表示："主要不应等待来自法国的移民"，而是要教化当地的土著人来扩大殖民地。正是受这一政策的影响，到1754年新法兰西的移民才8.5万人，而此时英国新英格兰一地则有148.5万移民。移民的多少意味着殖民地经济实力的强弱，由此可见法国丢失新法兰西绝非偶然。

到18世纪50年代，虽然新法兰西的社会经济已基本成熟，圣劳伦斯河谷的农业产品也大体可以自给，还可以出口到大西洋和西印度群岛的法国殖民地，并且有了毛皮之外的其他商业和手工业。可是，新法兰西的经济发展很不稳定，而天时似乎也有意跟法国人作对。在与英国决战之前的18世纪50年代，新法兰西遭遇歉收，而随着同英国冲突的加剧，急需扩大防卫而增加军事捐税，这就损害了农业生产，所以发生王室官员到乡村去“没收囤积的食品和谷物”，农民的牲畜甚至马匹“都逐渐消失于汤锅里了”。这是自毁生产力。新法兰西转而不能自给了，又需依赖法国本土的供给。反观英国，情形完全不是这样。独立的北美殖民地经济体系已经形成，再过二三十年，已经强大到有足够力量进行独立战争了。之所以会有这样的反差，一言以蔽之，归根结底，是因为英法两国政治和社会制度存在巨大差异。法国封建农业社会缺乏英国资产阶级社会的进取精神，法国王室对于开拓加拿大的态度，基本上是目光短浅，只顾短期的商业利益，没有全面发展的长远考虑，甚至认为加拿大自然条件恶劣而视为负担，不仅在早期亨利四世的财政总监有这样的观点，就是路易十四的孙子路易十五，也认为加拿大只是“几块小雪原”。

# 第三章　英属北美殖民地时代

新法兰西殖民地的衰亡和英法争霸战的结束，为最终称为加拿大的北美北部这片领土开辟了一个重要发展阶段——英属北美殖民地时期。从1760年到1867年加拿大自治领诞生的一个世纪中，这块原法国的殖民地纳入了英帝国的管理。这一个世纪正好是英国工业革命从开始到完成，经济和社会变革剧烈。随着机器大工业的发展，游离出来的数百万英伦三岛的自耕农和城镇贫民迁往殖民地，大部分到了加拿大，形成了规模不小于本土的殖民地英语社会。这个海外社会曾竭尽所能，同化法裔和土著人的社会和文化，但无论是前者还是后者，都顽强进行抵制，以保持自己独特的种族、语言、文化和宗教信仰。久而久之，便形成了加拿大当今社会多元文化的特色，且色彩也日趋浓厚。在这个过程中，新世界发生了巨大的变化，也遇到了严峻的挑战，成为一个“风格迥异而分裂的王国”。

## 一、英国人初期的治理

英国征服新法兰西后，加上它在北美北部原有的殖民地，共有三大块殖民地，即魁北克（新法兰西）、路易斯安那以及包括爱德华王子岛（原圣让岛）、布雷顿角（即罗亚尔岛）、新斯科舍（原阿卡迪亚）在内的大西洋殖民地。英国人除了用路易斯安那交换西班牙的佛罗里达外，还将其余与英国原占的纽芬兰、鲁珀特地一起组成新的英属北美殖民地（今天的加拿大）。之所以称之为新，是为了区分不久即将独立的原英属十三州殖民地。

**新法兰西征服后的北美现状**　1763年《巴黎条约》实施后，英国接过新法兰西，改称魁北克省。原法国殖民政府的官员、职员、部分庄园主、商人及天主教会的上层人士撤离返回法国。但是，新法兰西的大多数人，主要是农民、西北公司职员、普通教士和一些庄园主留了下来。另外，在这块狭长的殖民地南部边界以外的五大湖地区的毛皮猎获地，大概还有2 000多名毛皮贸易商人。他们与当地印第安女人结婚，生下被习惯称为梅蒂斯人的混血儿，逐渐形成一个独特的族群，后来英国官员常常将他们贬低为无法无天的流浪汉。他们也应归属于原来的法裔社会。英国人统治下的这些异族，无论是农民，还是西北公司员工，更不用说梅蒂斯人，都不可能返回法国，因为即使从路易十四鼓励法国农民移民加拿大算起，绝大多数新法兰西农民和庄园主，在加拿大至少已历三代，有整整一个世纪了。

在1760—1763年间，英国政府对新法兰西暂时实行军事管制。在此期间，英国官员看到的本质上仍是一个秩序稳定的封建农业社会，大为欣赏，羡慕法裔农民的殷实，生活舒适。因此，英国政府允许继续保留天主教，并努力构建与新法兰西农民和庄园主的良好关系。当然，这首先是为了安抚新附的法裔居民，稳定殖民统治。这样，北美法裔农民的生活状态虽受到了这次政治大变动的影响，但是没有发生根本的改变。圣劳伦斯河沿岸仍然是永佃农和大小庄园主的天堂，他们的财富差距依然不像他们本土的同胞兄弟那样大。源于法国的个体小农业还是加拿大的特色。天主教会的势力，虽然因居住区的分散和神父的短缺而受到限制，但是教堂高高的尖顶，依然衬托出天主教会在这个北美法裔社会的重要性。天主教堂、小磨粉厂和锯木厂都显示出法裔居民早已适应依然牢固的封建秩序。事实上，一群在1755年被驱逐的阿卡迪亚人也迁移到这里，不久才有人沿着大西洋岸边移居到已归西班牙的路易斯安那，或返回已改称为新斯科舍的阿卡迪亚的故地。

早在18世纪中期，原法国北美殖民地的居民尤其是农民就已发现他们与法国十分疏远，在北美生长几代之后，他们已经感觉不再是法国人或欧洲人了。而且，几乎1/5的法裔加拿大人都住在魁北克、蒙特利尔和三河镇等城镇里，所以1759年转归英国统治之后，尽管是改朝换代，他们并没有感到有多大的震撼。相反，由于持续一个世纪的美洲殖民地争霸战的结束，他们因可以过上和平安定的生活而觉得欣慰。总之，18世纪60年代之后，魁北克省已经过时的社会制度和生活模式基本上稳定地保留了下来。

魁北克省之外，纽芬兰属于英国固有的殖民地，但是一直被英国官员视为“停泊在浅滩旁的一艘英国巨轮”。在近代，英国人首先“发现”纽芬兰，自15世纪以来一直视为自己的殖民地，纽芬兰也确实是英国在今天加拿大的最早属地。然而，英国政府一直把它当作自己的渔场，作为养成水手的摇篮，不仅可以带来丰厚的渔业贸易利润，而且在国际危机时也可随时用来作为培养水手的训练场所，以补充海军兵员。因此，英国政府不鼓励向纽芬兰移民。所以，几个世纪以来，这里一直是季节性的渔场，不仅允许英国西海岸渔民也允许欧洲渔船在邻近水域捕鱼，甚至英国接手英属北美的20年后（1760—1780年）仍是这样。虽然到18世纪中期商人或政治家仍然反对移民，但是已阻止不住，常住人口增加较快。当捕鱼船队秋天离开时，已经签约工作两三个夏天的水手要留在纽芬兰过冬，除了承担看守任务外，还要加工和储存夏天捕到的鱼。另外，由于德文郡失业严重和爱尔兰饥荒，一些人便将纽芬兰看作是近便的移居地。这些人中有人与军官或其他官员带来岛上的女佣结婚，寻求永久定居生活。在18世纪60年代早期，已有8 000—9 000人在纽芬兰过冬，白人增加了一倍，其中约有850—900名妇女、2 000名儿童，占永久居民人数的将近一半。这样，在英国独自领有整个北美大陆时期，一个已准备就绪的英裔加拿大人殖民地社会，也大体在纽芬兰形成了。

在英属北美初期，纽芬兰的人口集中居住在鱼群密集出没的波纳威斯塔与东南阿瓦隆半岛之间的地区。沿着曲折的海岸，分散着密密麻麻的小屋、小棚、高台（或码头）和晒台（或晒鱼架）。在5—9月的捕捞时节，从英国开来的大船上卸下的小渔船，停泊在海岸，取下索具同长住渔民一起工作。捕捞的鳕鱼被切开用盐腌制，铺开放在晒鱼架上晾晒，到夏末秋初装船运到南欧市场。在圣约翰斯，约有200名士兵驻扎，因此有了店铺，成为岛上最为重要的中心，但是房舍之间、林丛之后，也有牛羊出没，表明还只是个小渔村。可见，尽管英国很早就与法国争夺纽芬兰，但是直到掌管它时，也没有认真经营过。到19世纪初，英国开始重视纽芬兰的建设，这块殖民地才进入早期发展阶段。1800年，永久居民占夏季人口的90%，“每年几乎都有大量的人口在此过冬，有自己的房子、土地和家庭”。这时纽芬兰才“更像是一块殖民地而不是一个渔场了”。而且，由于移居的妇女和儿童的迅速到来，人口占比急升，作为殖民地的状况明显转好。1825年，派来了首任正式总督托马斯·科克，以取代此前由海军军官代理总督，翻开了历史新的一页。1832年，又按居民的要求建立了立法议会。

英属北美的第三块重要的殖民地为新斯科舍，1755年英法第二次决战时已被英国接手，从1759年就准备作为七年战争的进攻基地加快发展。此后10年，英国和新英格兰的移民早已填满驱逐阿卡迪亚人后的“真空”，在芬迪湾边缘建立了农业殖民区，尽管这时整个大西洋海岸地区仍是渔业殖民区。哈利法克斯被建成最优良的海港，到18世纪60年代已有3 000—4 000人口，以木栅栏圈出的城镇边界，一直向后伸展到森林、灌木或岩层的后面。一座英国圣公会大教堂尖顶直插天际，轮廓醒目；阅兵场上，士兵忙着操练，政府官员在总督府里进进出出。在1760年之后，尽管开支减少，局势恶化，人口数量下降，哈利法克斯仍然是波士顿与魁北克之间最繁忙的港口城镇，大约有9 000名居民分布在从芬迪湾顶端到哈利法克斯西南利物浦沿岸的区域，在这片新拓殖区内，艰苦创业，以求生存。

除了这3块领土外，1713年《乌得勒支和约》划归丘吉尔的私人公司哈德孙湾公司的哈德孙湾以西的广阔土地，变为所谓的鲁珀特地（Rupert' Land），虽然说也是处在英帝国权威之下的特殊殖民地，不过仍由土著人民居住。

总之，1763年《巴黎条约》之后英帝国完全领有的整个北美大陆北部的广阔领土在早期英裔殖民者为少数，仍以法裔加拿大人为主，将近10万人，主要集中在大西洋海岸和圣劳伦斯河流域的两大区域内。而在广阔的内陆，只有少数欧洲人分散在哈德孙湾沿岸的贸易站内，收购毛皮；土著人依然分布广泛，在东部森林地区、内陆平原以及太平洋海岸，按人数，土著人人口仍居优势。有历史学家估计，他们同白人人口比率至少为2∶1。令人惋惜的是，土著民族仍同新法兰西时期一样，没有形成共同体，种族、语言和习俗传统也使他们彼此分离。

以上就是英国刚接管北美大陆北部的大体现状。治理这样广阔的地域，对英帝国是个巨大的挑战。纽芬兰和新斯科舍相对比较容易管理，只是巩固的问题。虽然对纽芬兰刚开始完善统治，但是英国渔民和殖民者在这里一直占优势，有统治基础。英国真正领有新斯科舍虽然仅短短10年，但是它曾作为攻取新法兰西的军事基地，业已建立比较牢固的控制机制。对于英国人来说，最难治理的是8.5万多人的新法兰西的法国遗民。这是一个根深蒂固的法裔社会，而且经过一个半世纪的血腥战争，刚刚放下武器，让他们接受异族统治，谈何容易。所以，且不说1759年、1760年魁北克和蒙特利尔先后失陷后，即使在签订《巴黎条约》（1763年2月10日）后，英国政府都没有在加拿大进行政治制度改革，而是暂时实行军事管制，以谋长久之计。

**《1763年皇家宣言》**　为了治理这块庞大的殖民地，经过几个月的准备，英国政府决定首先进行领土版图的调整划一。1763年10月颁布《1763年皇家宣言》（*Royal Proclamation of 1763*），宣布将英属北美的领土划分为3个省和两个地区，即纽芬兰、新斯科舍和魁北克3个省，以及印第安人领地和鲁珀特地两个地区。这样的划分用心良苦，主要是为了分解原来的新法兰西殖民地：将其一分为二，即边界大致从安蒂科斯蒂岛（Anticosti Island）到渥太华河，包括加斯佩半岛（Gaspé Peninsula）、圣劳伦斯河流域的魁北克省；从大湖边界以南到俄亥俄河、从阿尔根尼山到密西西比河的三角地带，划为独立的印第安人地区，禁止英属美洲大陆其他地区向该地区移民。将新法兰西北部的拉布拉多、安蒂科斯蒂岛和马德莱娜岛并于纽芬兰，以便统一控制渔业。新斯科舍包括芬迪湾以北的大陆、爱德华王子岛（圣让岛）和布雷顿角岛。确认鲁珀特地为哈德孙湾公司所有，但是没有划定准确的边界，大体上，从哈德孙湾到落基山的中西部内陆地区。

颁布公告划出印第安人领土不是出于慷慨，而是被迫对印第安人作出让步。1763年夏天，印第安部落对内陆贸易站发动了一系列袭击，特别是新法兰西的印第安人盟友渥太华族，在法国失败后十分仇视英国人，他们在自己的勇士庞蒂亚克（Pontiac，约1720—1769年）领导下杀死了2 000多个英国人。为了平息土著人，削弱法裔新属民而保障新领土的安全，以及协调毛皮商、移民者和投机者利益，这种调整是十分必要的。但是，英国政府主要是出于当时在北美的总体利益的考虑，即阻止十三个殖民地向西移民，希望将他们引向北方进入魁北克，以便加快在民族、宗教、文化和制度上同化法裔加拿大人，尽快实现“英国化”。

其次，《1763年皇家宣言》宣布在北美殖民地实行英国议会制度，以英国法律替代法国法律，推广英国国教，但是允许天主教信仰。这个公告同时也有鼓励英国或英属北美居民向印第安人领地之外的新区移民的动机。

《1763年皇家宣言》宣布的措施，在新斯科舍的执行获得了成功，因为那里的法裔居民在英法战争中已被驱逐，但是在魁北克省，情况却大为不同。这里原先的法裔居民、文化和制度基本保持原样未变，因此实施《1763年皇家宣言》遇到了障碍。在从新法兰西的统治到英国军事占领和统治的转变过程中，产生了诸多矛盾。第一，与新法兰西经济和社会价值不同的英国法律体系遭到了魁北克法裔居民的敌对，因为英国法律禁止天主教徒担任公职，法裔居民完全被排斥在议会和政府之外，他们不可能欢迎这样的英国制度特别是英国的议会。第二，吸引从英国和十三个殖民地的移民只达到部分的目标。在《1763年皇家宣言》之后，只有有限的英国商人包括来自十三个殖民地的阿尔巴尼商人移居魁北克。最初，他们主要是为英国占领军提供服务的承包商，也为接管毛皮贸易，住在魁北克或蒙特利尔，确实起到了填补撤离的法国商人位置的目的，说英语的贸易商在蒙特利尔商业活动中逐渐占据优势地位。英国人的土地占有也逐渐扩大，到10年管制结束时，已有30个庄园转手英国人。结果，导致以蒙特利尔英国商人为中心的少数英国精英上层统治绝大多数法裔居民的政治局面。其实，这对英国的统治并不利，加上毛皮贸易恢复缓慢和战争对魁北克造成的破坏，以及物价不稳、通货膨胀、经济不景气，英国的统治就更加困难了。

詹姆斯·默里

英国最初派到魁北克的两任总督詹姆斯·默里（James Murray，1721—1794年）和盖伊·卡尔顿（Guy Carleton，1st Baron Dorchester，1724—1808年）都发现了强行实施《1763年皇家宣言》的弊端。他们都是保守派贵族，对英国正在进展的急剧的经济和社会变革不满，而是十分赞赏圣劳伦斯河两岸魁北克省有序稳定而本质上仍是封建庄园制的法裔农业社会。粉刷一新的农舍、恬静的农庄，从圣劳伦斯河的后面一直延伸到布满漆黑森林的地盾岩石边沿处，这一派田园风光以及法裔农民的殷实生活，使他们回想起18世纪英国乡绅的美好时光。因此，他们反对改革，主张继续保留新法兰西原有的社会和政治制度。首任总督詹姆斯·默里在1763年受命在魁北克省推行英国法律，为进行议会选举而着手建立临时委员会时，他既没有照办，也未按《1763年皇家宣言》限制天主教，结果与新迁入的英国商人发生了冲突。后者竭力要求在这里实行议会制度，因

盖伊·卡尔顿

此詹姆斯·默里1765年被迫辞职。

接任的盖伊·卡尔顿是一个更加保守的爱尔兰贵族，同前任一样非常赞赏魁北克省法裔的封建农业社会和庄园制度。1769年，英国政府敦促他召开魁北克议会时，他不仅表示反对，而且要求维持新法兰西殖民地的旧制，以让步和宽容来换取法裔居民尤其是他们的“天然领导者”——庄园主和神父对英帝国的忠诚。他的理由是在1763年之后北美十三个殖民地越来越不听话，动荡不断，在这样的危机时期，可以依靠魁北克省的军事化庄园贵族应付即将到来的危机，甚至把魁北克省作为英国的军事基地。他认为强行实施《1763年皇家宣言》，可能促使魁北克省的法裔居民参加十三个殖民地的动乱。到英属北美第一个10年治理即将结束时，美国革命即将爆发，英国政府被迫接受卡尔顿的建议，搁置了《1763年皇家宣言》而颁布《1774年魁北克法案》（*Quebec Act of 1774*）。

**《1774年魁北克法案》** 颁布该法案，是为了重新调整魁北克省的疆界，将《1763年皇家宣言》宣布的印第安人地区以及并入纽芬兰的魁北克的领土，重新并回到魁北克省，回到新法兰西时期的原状；宣布实行的议会制度被取消，代之建立法裔居民所熟悉的立法委员会，由总督代表英王任命的17—23人组成，行使殖民地的政府职能；英国刑法与法国民法并用；宣布保留新法兰西的庄园制度；承认天主教为魁北克省的官方宗教，天主教会可以自由传教、征收什一税；英语和法语同为官方语言。可以看出，新的法案对法裔加拿大人作出了重大让步。这是出于应付南部的美国革命的冲击，以稳定对英属北美的统治。

《1774年魁北克法案》也确实起到了稳定英属北美的作用。魁北克人没有跟随十三个殖民地起来造反，加拿大安全度过了美国革命风暴的动乱时期。不过，这个法案无论是政治上还是社会上都是一种倒退。政治上，取消议会制，将权力集中到以总督为首的立法委员会是恢复法国统治时期的旧制度。除新斯科舍保留名义上的议会外，其余3个殖民地均实行总督统治，更谈不上党派政治以及英国人所熟悉的责任内阁。这是一种专制倾向的政治制度。因此，当代加拿大历史学家伍德科克曾指出，在1760年之后的30年里，英国在加拿大所实行的政治制度，是与新法兰西时期“并无区别”的“一种权力主义模式”。这种政治制度不仅与南方十三个殖民地议会民主相比是后退，也比英国本土的立宪民主落后。从短期来看，也影响了此后英属北美时期的社会政治改革，最终造成混乱。

从社会和文化上看，《1774年魁北克法案》的影响更为久远。英国征服新法兰西后放弃英国化政策，保留法语文化、天主教、法国法律和社会制度，是对魁北克省法裔社会的重大让步，使法裔社会和文化在英语人口和文化占优势的美洲处于受保护的特殊地位。从英国的长远利益来看，丧失了一次同化法裔加拿大人的机会。实际上，英属北美殖民地从一开始就确立了英法两大民族并存并重的"双元体制"，为以后的多元文化奠定了坚实的基础。这是至今难以解决的"魁北克难题"的历史起因。这个难题曾长期干扰加拿大的国家统一、稳定以及内部团结，进入21世纪仍是如此。

实行《1774年魁北克法案》，对法裔加拿大人作出让步，主要是为了应付十三个殖民地危机的革命冲击而稳定英属北美统治的不得已的措施。就此而言，英国达到了预定目的。同时也应看到，这个法案确实也促使了美国革命的爆发。

## 二、英属北美殖民地与美国革命

**美国革命的爆发**　从根本上说，《1763年皇家宣言》不完全是针对十三个殖民地，而是主要为英国毛皮公司考虑，力图使俄亥俄河以南的三角区域作为其垄断的贸易区，又避免与印第安人发生冲突，尽快使哈德孙湾公司取得对蒙特利尔法国毛皮商的优势。可是，毛皮贸易与农业移民是有冲突的。英国国内的商人集团认为十三个殖民地居民向西迁移损害了他们的商业利益，而十三个殖民地人民不考虑这些，坚持认为哈德孙湾公司对西部贸易区的垄断堵塞了他们西向移民的通道，对此表示强烈不满。当时，大西洋沿海一带人口已增至将近200万人，切萨皮克湾等老农业垦殖区已经出现佃农过剩，而新英格兰市镇则十分拥挤。自18世纪60年代初狩猎者丹尼尔·布恩越过阿巴拉契亚山，十三个殖民地的小农场主西向的移民流已难阻挡。南部大种植园主更是贪婪西部肥沃的土地。当时，英国政府似乎还没有意识到问题的严重，在随后的两年内又先后颁布《糖税法》和《印花税法》等，企图把七年战争的负担转嫁给殖民地人民。十三个殖民地民众指责英国为支付与法国长期战争的费用而对殖民地征税，于是借反对管理西部土地的新措施，奋起反抗英国的殖民统治。

反抗之初，十三个殖民地人民还对英国抱有幻想，或许会像对印第安人一样，最后也向他们让步，所以一开始仅限于向英国议会提交"怨情申诉书"。华盛顿也曾认为，设立俄亥俄河土地禁区是"安抚印第安人情绪的权宜之计”，西部土地以后会向十三个殖民地开放的。可是，《1774年魁北克法案》虽然取消了独立的俄亥俄土著人领地，但是重新将这片土地划归魁北克所有。这样一来，他们的幻想就彻底破灭了。

十三个殖民地民众尤其是新英格兰人，一向认为阿巴拉契亚山到密西西比河的土地应当归属他们，所以在七年战争尚未打响时，弗吉尼亚议会就曾派华盛顿到俄亥俄驱赶法国人。现在倒好，不费一枪一弹，英国政府又将它归还给昔日的敌人，自然对此强烈不满。他们对《1774年魁北克法案》承认法国的民法、领主制以及罗马天主教，更是充满疑虑，认为会威胁到南方的民主制度。这是他们所不能容忍的，因此将《1774年魁北克法案》和《印花税法》看作是英国暴政的象征，认为《1774年魁北克法案》含有要马萨诸塞就范的条款。当威斯敏斯特英国议会通过法案时，这种不满便引发了在波士顿郊区邦克山跟英军交火，成为美国革命的导火线。

1775年美国独立战争爆发后，大陆会议通过决议，煽动魁北克和新斯科舍殖民地人民也起来反抗英国暴政。在新斯科舍，虽然法裔居民被驱逐后绝大部分新居民来自新英格兰，但是他们认为十三个殖民地民众追求西部土地同他们没有多大关系。虽然在坎伯兰地区有起义谋划，但是迁到这里的新英格兰人在整个独立战争期间基本上维持中立。魁北克的法裔民众虽然刚被英国征服，与英国殖民当局有矛盾，甚至可以借机摆脱强加给他们的殖民统治，但是，由于法裔加拿大人的精英庄园主和上层天主教人士一向保守，对英国人作出的让步已经满足，并且对美国革命者宣扬的民主思想十分反感，认为这与他们的天主教信仰格格不入，响应他们岂不是帮助以前的旧敌！在魁北克省，也有响应美国革命的势力，那是1763年后迁入蒙特利尔或魁北克城的来自南方或英国的商人集团。他们希望建立英式或美式的民主，对英国当局在《1774年魁北克法案》中给予庄园主和天主教会的让步十分不满。然而，他们这时在魁北克还成不了气候。来自南方的阿尔巴尼毛皮商人，作为圣劳伦斯河毛皮帝国的继承者，自然站在英国政府一边，在与哈德孙湾毛皮公司的竞争中还希望得到支持。在法裔居民下层中，也有响应美国民主思想的分子，同样不起作用，因为绝大多数居民已经满足《1774年魁北克法案》的让步。

美国革命者的反英号召，在纽芬兰几乎没有什么反应，而鲁珀特地的哈德孙湾公司则坚定拥护英国殖民当局。结果，大陆会议异常失望，于是1775年派大陆军从纽约北上，沿着1759年、1771年英军侵入新法兰西的老路，侵入英属北美。蒙特利尔东南部地区和东部濒海的圣约翰斯曾一度落入入侵者手中，但12月31日进攻魁北克城却遭到魁北克人民以坚固防线为屏障的顽强抵抗，无任何突破。而且在1769年春季，卡尔顿将军的防守军队又得到英军舰队的支援，大陆军最终失败撤退。

《1774年魁北克法案》促进了美国独立战争的爆发，而美国独立则彻底改变了北美政治版图。此后，美国成为影响英属北美殖民地及其承继者——加拿大的一个持久因素，有时甚至制约了它的发展走向。所以，美国和加拿大有的学者认为美国独立战争不仅创立了美国，也创建了加拿大。在美国独立战争过程中，出现效忠派，就佐证了这一论断。

**效忠派**　尽管《1763年皇家宣言》和设立印第安人领地的主要目的是为了引导十三个殖民地民众向北部移民以及宣布魁北克和新斯科舍的土地对马萨诸塞、康涅狄格、宾夕法尼亚或纽约的居民开放，但是1760年之后15年的状况表明，虽然新斯科舍吸引了一些新英格兰的移民，魁北克和蒙特利尔也吸引了毛皮商人，然而，移居者人数很少。盖伊·卡尔顿总督曾说，“宁愿忍受加拿大漫长的严寒的冬天而放弃女王陛下南方各省更为宜人的气候和肥沃的土地者”仅为少数，“想想灾难就觉得震惊”，只要为这样的困难所阻，这块殖民地就仍将是法裔加拿大人的领地。可是，美国独立战争一打响，情况发生了根本改变，促使人口迅速向北迁移，而这些移民就是效忠派。

效忠派来到新不伦瑞克

在美国革命过程中及其以后的一段时期内，有10万士兵和平民选择站在“亲英”一边，许多人显然是随大流，结果估计错了。英国曾在和约中为效忠派争取到受保护的权利，美国政府同意并建议各州发还效忠派被剥夺的财产，停止没收。不过，革命后的联邦国会对各州没有约束力，州议会否定了发还效忠派被夺财产的提案。最后，效忠派只有离开。另一些人，离开的理由更简单，仅仅因为土地和粮食在革命过程中已经出手。按新斯科舍总督约翰·帕尔(John Parr, 1725—1791年)的说法,这些到主要登陆点谢尔伯恩来的大多数人,并未“抱有多少忠心”,效忠派“只是他们加以利用的一个泛称”。除了回到英国或去其他殖民地,10万效忠派中约有4万人集中在1783年和1784年的两年中离开南方,到了新斯科舍或魁北克省。1783年《巴黎条约》签订的当年春天,约有3.5万名较富裕者集合在当时还被英军控制的纽约,在卡尔顿指挥和安排下疏散,坐军舰来到新斯科舍。新斯科舍半岛人口因此增加1倍;1780年芬迪湾以北只有不到1 750个欧洲人的后裔,这时增至1.4万—1.5万人。这里离哈利法克斯较远,因此在1784年从新斯科舍省分离出来,结果诞生了一个新的省,即新不伦瑞克省,省府设在弗里德里克顿,港口是圣约翰。移居沿海的效忠派,还有约1 000多人来到圣约翰岛(St. John’s Island,1798年之后改为爱德华王子岛)或布雷顿角(效忠派到来后一度在1784年成为独立殖民地,1820年又并回新斯科舍)。

另外还有9 000余人,大都是军人及其家属,或靠近魁北克的十三个殖民地的农民,迁居魁北克省。他们大都被安置在该省西部,其中约7 000多人居住在伊利湖顶端、尼亚加拉半岛、坎泰湾周围以及圣劳伦斯河北岸,即所谓的安大略半岛地带。迁到黎塞留河口附近及圣弗朗西斯湖旁或渥太华河下游一带的,有1 000多人。他们比迁到新斯科舍的效忠派穷困,知识和技能也不多,但是更适应拓荒生活,被授予土地和生活物品后定居在这里。这9 000余人效忠派,之所以被安置在魁北克省西部边疆,是因为这里曾是新法兰西的毛皮边疆,除了印第安人外,没有法裔农民居住。相反,圣劳伦斯河下游已经开发完毕,早已被法裔农民填满,效忠派已插不进去,尽管这里土地肥沃。

实际上,效忠派作为一个群体,除了重新安置的经历,并无其他相同之处。他们有的原是军人,有的则是平民甚或黑人,也有易洛魁印第安人;有的受过教育,也有大字不识的,或富或穷;有的来自老的世家,或新近移民过来的家庭;有哈佛毕业生、大种植园主或其他殷实富有者,有的官员家世甚至可以追溯到乘五月花号到来的先驱,而绝大多数是小农场主、工匠、劳工和手艺人等普通人。到新斯科舍的效忠派,还有3 000名黑人逃亡奴隶,其中1 200人在1792年去了塞拉利昂。莫霍克族领袖约瑟夫·布兰特领导下的6个易洛魁人部落的2 000多人,则移居到大湖以北的格兰德河岸。英王为奖赏他们忠诚,不仅赠予土地,还补偿了他们在英法战争或美国革命中的损失。

初迁加拿大的移民,大部分都要面对新居住地艰苦生活的考验。新斯科舍一群效忠派曾抱怨说:“劳动艰辛,居所狭窄,住露天茅棚,长时间忍饥挨饿或吃不健康食品。”移居魁北克的效忠派，从清除林地到第一次收获而适应这里的生活并扎下根来，大约用了七八年时间，直到度过1789年荒年之后，才逐渐好转，过上安生日子。

在边疆流动社会的艰苦环境中，效忠派之间、效忠派与以前的老移民之间以及前后期效忠派之间都存在歧义而复杂的关系。例如，上加拿大就有人数众多的所谓“后效忠派”，他们迁到这里，有现成而良好的土地，且地价低廉。副总督西姆科非常欣赏美国拓荒者的能力，在1791年之后实行“棋盘计划”，就是为了鼓励纽约和宾夕法尼亚的边疆农民大量移入。正是这些人构成了后效忠派队伍，他们包括众多的教友派、门诺派教徒或其他和平主义者，在1775—1783年美国独立战争年代中保持中立。当然，他们在美国建国后会不受欢迎，只好步老效忠派的后尘。就这样，到1812年魁北克省西部（后被称为上加拿大，即今天加拿大安大略省）的居民，已达到8万多人；其中，效忠派及其后代约占1/4，80%来自美国。这对英属北美殖民地早期的经济、政治和社会都产生了很大的影响。不久，英裔和法裔居民要求分治，就是这样的后果之一。

**《1791年宪法法案》** 大量效忠派的到来，对英属北美殖民地最为明显的是政治上的巨大影响。犹如迁到新斯科舍的效忠派，移居魁北克的9 000余人的效忠派，不仅使边疆面貌迅速消失而变为农耕区，而且很快要求另立门户，与法裔的下加拿大省（Lower Canada）分离，另建一个新省上加拿大省（安大略省）。对《1774年魁北克法案》赋予魁北克省的法国法律、宗教、语言和庄园制，他们难以适应，尤其是对天主教和庄园制格格不入，而他们需要的是自己熟悉的英国代议制度。将他们安排在荒僻的西部居住，就可以创立他们自己需要的制度。这批效忠派就是今日加拿大安大略省的开拓者和创建者。

效忠派在魁北克省引起的一系列改革，是美国革命对英属北美殖民地最直接的影响。同时，从魁北克省的英裔商人或法裔下层在美国革命中的表现，英国政府也看出必须改革管理，因而颁布《1791年宪法法案》（*Constitutional Act of 1791*），实行英裔和法裔居民的分治：以渥太华河为界，将魁北克省一分为二，分为英裔加拿大人居住的上加拿大省（安大略省）和法裔加拿大人居住的下加拿大省（魁北克省）。各省分别设立议会（包括在此前没有议会的魁北克省），议员由居民选举产生；每省派一位副总督，作为最高长官，代表英王行使统治权；副总督之下，各设一个立法委员会和行政委员会，委员会成员由英王指定，作为副总督的咨询机构；各省通行的法律自定，大体上，魁北克省实行法国民法和刑法，而上加拿大则实行英国法律；魁北克省保留庄园制，上加拿大实行自耕农土地占有制；重申天主教为魁北克的宗教，上加拿大允许英国国教信仰。在新斯科舍等其他几个英语省份，实行的各项制度也基本上与上加拿大相同。

颁布《1791年宪法法案》表明，英国政府找到了适应美国独立战争后新形势下治理北美殖民地的新方法，逐步完成英属北美殖民地的整顿和改革。总体上看，整顿和改革具有调和色彩，是将《1774年魁北克法案》的让步与《1763年皇家宣言》的强化统治措施相结合，既满足了法裔居民的各项要求，也满足了效忠派要求独立的愿望。就英国而言，实现了“分而治之”，达到了加强控制的目的。

英国政府之所以能够实现分而治之，是因为美国革命后的政治环境。美国独立以及随后的法国大革命使英国统治者认识到，强制推行民主制度会使他们在殖民地的统治不稳定甚至丧失，所以接受了教训。然而，尽管根据英国移民的愿望设立了议会，但是并没有将立法实权赋予它。当时，无论是上加拿大省的英裔居民，还是下加拿大省的法裔居民，对这样的整顿是可以接受的。在上加拿大省，构成居民主体的效忠派，逃亡到加拿大重新创业，经济上需要当局扶持，政治上期望稳定，因为经历美国独立战争，对美国的民主已有领受，没有好感，不希望实行这样的民主招致社会动荡。在下加拿大省的法裔居民，由于一向崇尚传统的宗教和社会制度，更希望保持社会稳定，不求变革。这样一来，英国政府巩固统治的需要与加拿大人民普遍追求稳定的共同愿望相适应，就促成了《1791年宪法法案》的实施。

从形式上看，在魁北克省设立议会，满足了新来的英裔商人要求民主的愿望，表面上沿用了十三个殖民地的政治制度，比《1774年魁北克法案》前进了一步，但是局限性十分明显。魁北克省设立的议会没有南方殖民地议会那样的权力，大权由英王的代表总督和由英王直接任命的立法委员会和行政委员会共同掌握。通过总督和这两个委员会，英国政府便掌控了殖民地的局势。这样，通过1791年的体制，宗主国与殖民地之间暂时寻求到了平衡。不过，由于该法案基本上承袭了《1774年魁北克法案》的权力主义模式，本质上带有专制权力的弊端。到19世纪初在大批英国移民到来而引起经济、政治和社会变革后，这一弊端便很快显现出来。在19世纪三四十年代，加拿大出现了激进派，提出变革要求，最终导致1837年起义及随后的政治改革。1812年英美战争也是这样的后果之一。

## 三、1812年战争

迁入上加拿大的很多居民仍然信奉共和原则，使英国官员和北美效忠派深感不安，担心进一步的民主要求，因而时刻警惕美国。美国脱离英属北美殖民地成为一个独立国家，确实影响了北美经济和政治发展。首先，使国际格局复杂化，英美分家，英属北美殖民地多了个制约因素。其次，分家之后遗留的诸多问题要理清，清理的后果却是1812年英美战争。

**战争起因** 1783年《巴黎条约》签订后，英美双方在大湖以南和俄亥俄河区域冲突不断。按条约，这里已经划归美国，但是西北公司的毛皮贸易站要求推迟两年交割，理由有二：第一，要调整业务以减少损失；第二，印第安人也不承认条约。这一地区的土著人认为，英国交出的土地本属于他们，从未承认美国对该土地的所有权。而实际上，英国政府一直也后悔这一土地割让，担心印第安人不满而危害加拿大。于是，英国便利用条约的含糊条款，继续拖延交割大湖西部的许多军事据点或贸易站，借口是美方没有履行归还“效忠派”的财产。

就美国方面来说，刚刚获得独立，扩张势头正旺，独立战争原本因为西部领土而起，即禁止它的移民扩张。现在胜利了，在他们看来障碍消除了。可是，英国却借故拖延交出土地，美国人对继续阻止他们扩张倍感愤怒，于是掀起了反英狂热，叫嚣合并魁北克省。因此，自1783年《巴黎条约》签订后魁北克西部边界一直不平静；在大湖和俄亥俄河地区，更是事端不断；18世纪90年代之后，则升级为武装冲突，主因是美国驱逐印第安人。当时，上加拿大省总督切斯特曾暗中策划建立俄亥俄印第安人国家，用以作为英美之间的缓冲区，防止美国兼并，并与肖尼族印第安人结盟。这激起了美国方面的激烈反应。1794年，一支美国军队击败印第安人，缓冲国企图破灭。当年签订《杰伊条约》(*Jay Treaty*)，双方妥协，英国同意两年后交出西部据点，美方允许英国商人继续进入西部，也同意认真对待“效忠派”的要求，但是矛盾没有消除。

此外，也存在贸易纠纷。英帝国仍然实行传统的重商主义，实行帝国内自给自足，而美国则一再侵犯英国在这方面的利益。1783年《巴黎条约》允许美国渔民在新斯科舍、拉布拉多以及马德莱那岛海岸晾晒捕捞物。可是，他们却借机走私茶叶、郎姆酒、糖和葡萄酒等日用品。一位深受其害的新斯科舍商人说，1787年在这里没有一间住宅缺少美国货。而据纽芬兰省总督20年后的估计，当时这块殖民地消费的糖蜜90%是经美国从法属西印度群岛非法进口的。在19世纪早期，又在新斯科舍与新英格兰边界水域（帕萨马科迪海湾）走私石膏。殖民地官员试图阻止，而美国非法贸易商则“一天称自己是英国臣民，另一天又说是美国公民”。1802年，拿破仑宣布大陆封锁令，英国枢密院颁布1807年谕令，进行报复，禁止中立国船只与欧洲大陆开展贸易，因而不断发生美国的船只被扣，美国被迫关闭港口。这反而促使走私规模扩大，走私船只增多。美国走私者将面粉和钾碱等货物装满了英属北美殖民地的船只，或在英属北美殖民地的一些港口自由进行交易，因此英国加紧搜查美国商船队。1803—1811年，英国劫持美国的商船达1 500艘，还到美国的船上搜索皇家海军的逃兵。在1807年“切萨皮克号事件”中，强征4名海员，其中3人实为美国公民，结果发生一次小海战。美国群情激愤，战争一触即发。而且，美国国内主张兼并加拿大者大有人在，主要是那些西部土地扩张主义者的所谓鹰派人物。1810年当选为众议院议长的亨利·克莱，是鹰派领袖，竭力主张对英开战，叫嚷加拿大是惩罚英国的最好地点。托马斯·杰弗逊（Thomas Jefferson，1743—1826年）总统本人主张以禁运打击英国，甚至主张鼓动加拿大西部移民脱离英国政府控制，并声称美国对加拿大的征服“仅是一次行军的问题”。1807年12月在当了两任总统卸任之前，他迫使国会通过《禁运法案》（*Embargo Act of 1807*），禁止种植园主和农场主对欧洲出口。这对正在加速进行工业革命的英国，无疑是沉重打击。

英美两国开战的导火线是1811年美国驱赶肖尼族印第安人的事件。在首领特库姆塞的领导下，肖尼族组成联盟，在五大湖流域西部抵抗美国人的侵犯，在瓦伯什河的蒂帕卡努被击溃，特库姆塞及其追随者逃往上加拿大省。美国以此为借口，在1812年6月18日对英国宣战，进攻加拿大。

**战事与结局**　美国先是进攻上加拿大的西部边疆，以为这里便于兼并。当时英国只有2 200名士兵驻扎在加拿大要塞之地，指挥官是第49团少将艾萨克·布罗克（Isaac Brock，1769—1812年），很有军事才干。首先，他指挥英军迅速占领接手新法兰西的西部毛皮贸易站及军事据点的密歇里马克纳，取得了战术上的胜利，增强了加拿大民兵的信心。另外，特库姆塞1812年在莫拉维亚镇阵亡前，指挥肖尼族印第安人对英国在安大略半岛西部取得的胜利，也发挥了关键作用。在战争期间，英军一直占据密歇里马克纳，以保证对美国西部毛皮贸易的控制权再延长一段。布罗克在底特律消灭了入侵的美军大部之后，又转战尼亚加拉战场，击败美军在这里的进犯。在昆斯顿高地，甚至美国民兵拒不执行美国将军向上加拿大推进的命令。这次，英国人多少有几分幸运，居民劳拉·西科德听到在她家吃饭的美国军官讨论的计划，便报告要塞驻军。大部分居民想要过和平的生活，刚刚在英国殖民地找到低税收的便宜土地，农民并不急于加入共和制的美国。

1813年，战役开始转向东线，侵入者试图占领金斯顿(Kingston)，分割加拿大，并首先攻占容易得手的约克镇(即今天多伦多)，放火焚烧了公共建筑，夺得了海军补给。在1813年夏秋两季，尼亚加拉半岛发生了几次小战役，美军占领了乔治堡(Fort George)，但是在斯托尼克利克和比弗尔坝(Beaver Dams)被击退。美军撤出乔治堡，放火焚烧了纽沃克(在尼亚加拉靠湖的一边)，而英军则在布法罗猛烈报复。美国海军在伊利湖取得了胜利，直到战争结束都控制着伊利湖。虽然再次穿过尼亚加拉河，但是未能夺回乔治堡。7月25日深夜，双方在尼亚加拉瀑布前的伦迪斯兰恩遭遇，惨烈混战，疲惫不堪，在僵持中结束了战役。

沿着尚普兰湖、圣劳伦斯河和大西洋沿岸地区也有冲突。由新斯科舍副总督、颇具才干的民兵司令约翰·舍布鲁克爵士(Sir John Sherbrook)率领的

英美谈判代表在比利时签订《根特条约》

英军，从哈利法克斯袭击缅因，占领卡斯汀。大半个缅因在战争期间一直为英军占领，1814年8月还袭击了华盛顿，火烧白宫及许多政府建筑，麦迪逊总统仓皇逃走。至此，战争已经处于僵持状态，双方开始谈判。美国坚持领土要求，英国因拿破仑的“百日政变”，欧战在即，在美洲也未坚持。在1814年圣诞节的前夜，英美谈判代表在比利时签订了《根特条约》（*Treaty of Ghent*），同意回到战前1811年的状态。

**划定早期边界** 《根特条约》实际上只是个停战协定，基本问题并未解决。美国移民侵占西部，土著人部落继续反抗，但是没有成果。美国人也发现加拿大不那么容易征服，那里的居民并非像他们所想象的那样向往共和，便放弃了兼并计划。1817年，英美双方签订《拉什—巴戈特条约》（*Rush–Bagot Treaty*）及其后续的几个条约，约定五大湖禁止战舰航行，不设立海军基地，建立和平边界。《1818年条约》（*Treaty of 1818*）主要解决大湖之外的边界划分，确定从伍兹湖到落基山以北纬49度线为英属北美领土的南界，落基山到太平洋一段，留待以后再定。后来，在1842年再签订《韦伯斯特—阿什伯顿条约》（*Webster–Ashburton Treaty*），确认圣劳伦斯河穿越大湖到伍兹湖的边界，但是落基山到太平洋一段仍未划定，约定共管俄勒冈地区10年。这个条约还划定1783年《巴黎条约》尚未探明和划分的圣克洛伊河的边界。

《巴黎条约》未妥善解决的捕鱼问题，这一次也初步解决了。《1818年条约》对美国渔民在英属北美海岸捕鱼和晒鱼的权利作了某些限制。后来，在1854年签订的互惠协定中，又补充规定美国渔民可以在加拿大、新不伦瑞克、新斯科舍及爱德华王子岛沿海捕鱼，美方也允许英国渔民在北纬36度以北的美国水域享有对等的权利。这样，经过1812年后的一系列条约，英美两国基本上实现了和平。

不过，在很长的一段历史时期内，边界地区仍纷争不断。英国很多行政官员仍忧虑美国的野心，而在19世纪二三十年代把大量开支用于增强金斯顿的防御设施。从金斯顿到毕镇（现渥太华），修筑了丽都运河（Rideau Canal），作为蒙特利尔到大湖的另一条备用水上通道，以防美国突然控制圣劳伦斯河。还在上加拿大的前沿地带，增加卫理公会派和浸信会教友派的移民。美国方面也有频繁动作，例如教科书和教师灌输革命狂热，或对英国政治制度的仇恨。因此，在加拿大的西部边远地区，体制明显脆弱，时常受到美国方面的威胁，不久即为1837年起义所证实。

丽都运河

## 四、征服后的经济发展

英国在美国革命以前，一向视英属美洲为英国的“税收矿源”。美国的独立，他们的信心受到动摇，商业部谢尔伯恩勋爵曾担心说，丢失十三个殖民地，“大英帝国的太阳”将永远沉落。经济学家亚当·斯密并不认同，而主张放弃殖民地垄断，提倡自由贸易，认为工业革命确立的英国经济霸权，可以实现贸易优势；英国资本主义会改变加拿大的经济落后状况。确实如他所料，农业及木材业很快成为殖民地经济的支柱，不过英国人也没有放弃殖民地的鳕鱼和毛皮贸易的传统经济部门。

**渔业与鳕鱼贸易的新发展** 开始于发现时期的纽芬兰渔业是北美历史最悠久的产业，到英国整合北美时，已历经两个半世纪。但是它在英国1760—1780年接管北美殖民地的早期，基本上仍保持原来季节性的传统。这时，渔业贸易从业者分为3个群体：第一个群体是英格兰或爱尔兰的商人，通过在纽芬兰开店铺将北美渔业纳入国际贸易网络；第二个群体是船主，有常住居民（或是农场主），也有移民，拥有捕鱼、加工鱼的渔船和设备，将鱼卖给商人；第三个群体是雇员，同样也有长住民和移民，是从事渔业生产的劳动力，为船主或商人捕鱼和加工。

在美国革命期间，北美渔业受到匪徒或私掠船的扰乱，1783年《巴黎条约》签订后，渔业才恢复，但是大量干鳕鱼存货使价格下跌，鳕鱼贸易商损失巨大。欧洲拿破仑战争期间，季节性渔业再度受到沉重打击，有逐渐衰落之势。拿破仑战争结束后，英国才有机会重视纽芬兰殖民地，渔业开始恢复，并得到定居移民的支持。1800年永久居民占纽芬兰夏季人口的90%，生产了95%的出口鳕鱼。

圣劳伦斯湾的渔业经历了同样的艰难。海湾渔业集中在沙勒尔湾加斯佩的比亚克到布雷顿角的阿里沙特及彻蒂坎布一带，雇佣海峡群岛移民或魁北克海边有船的渔民和雇工。像在纽芬兰一样，个体渔民的船只很重要，可随时到达渔场捕捞。在这里，也是有赖于商人将鱼运送到遥远的市场，他们拥有资金和设备运输鱼品，并运来这里渔民所需要的生活用品。

**推向远西部的毛皮贸易**　英国接管加拿大初期，同法国统治时期一样，重要的经济部门就是鳕鱼贸易和毛皮贸易。而在18世纪五六十年代新法兰西灭亡的混乱中，由蒙特利尔商人掌控的毛皮贸易停滞不前，受到了非常严重的损失。在七年战争的前两年即1754—1755年，英法两国已在俄亥俄谷地开战，法国在萨斯喀彻温的大部分贸易站关闭，因与圣劳伦斯河毛皮中心相隔甚远，法国毛皮商人的损失更为严重。此后，这项贸易由圣劳伦斯河法裔商人与英国哈德孙湾公司分割，但是仍集中到蒙特利尔。到七年战争结束前夕即1760年，英国哈德孙湾公司贸易商就垄断了西部毛皮贸易，不过他们的成功非常短暂。法裔的个体加拿大人船户、译员和贸易商毕竟经营西部毛皮生意历史长久，拥有更实用的技巧和经验，用白兰地酒或其他高质量的英国物品来交换毛皮，没过多久又成为英国哈德孙湾公司在西部毛皮贸易中的可怕竞争对手，严重损害了英国商人的利益。1755—1770年，克里人每年向约克法克里特装运20—30艘独木舟的毛皮，而在18世纪70年代早期，却让中间人捎话给哈德孙湾公司代理人安德鲁·格雷厄姆说："你不能对他生气，因为这个冬天他喝了太多的白兰地，所以不能来了。"这是指蒙特利尔的法国毛皮商人直接跟印第安人交易，通过供给弹药、烟草和酒精饮料而抢购了头等的毛皮。这样，在新法兰西被征服后很短的时间内，原由法国殖民当局垄断的毛皮贸易，因暂时的干扰而由法国商人个人、合股人或其松散的联合体接手，继续与英国哈德孙湾公司进行竞争。由于前者手段灵活，成为后者更可怕的对手。在1776—1779年间，法国商人通过资源整合，形成共16股9个过冬合伙人的西北公司；一年之后再度组合，到1787年进一步联合成为更强的公司。18世纪90年代初，通过合作协议，最终实现联合，新的蒙特利尔商人集团与哈德孙湾公司在激烈的竞争中迅速将毛皮业推向西部和远西部。

詹姆斯·库克

虽然哈德孙湾公司首先对“法国旧边疆”以外地区进行了探察，将毛皮业最终推向远西部，但是西北公司发挥了关键作用。1771年，丘吉尔堡总经纪人摩西·诺顿派遣塞缪尔·赫恩（Samuel Hearne，1745—1792年）深入西北约1 000英里，探险科珀曼河（Coppermine River），首先到达中西部地区，在萨斯喀彻温河的汇合处以外建立坎伯兰豪斯贸易站。1778年，詹姆斯·库克（James Cook，1728—1779年）船长探察了奴特卡海湾，仅用很少的一点货物换得一船海獭皮，运到中国，发了大财。这一消息一经传出，更多的毛皮商人涌向了西海岸。塞缪尔·赫恩这次探险的7年之后，1778年来西北公司的彼得·庞德（Peter Pond，1739—1807年）探明主要的海狸产区分布在北萨斯喀彻温的阿萨帕斯卡湖以远，便在阿萨帕斯卡湖以西65公里处设立庞德堡（贸易站）。他从奇佩瓦扬人口中得知阿萨帕斯卡河流入今天的马更些河与大奴湖（Great Slave Lake），而不久之后，即在1784—1785年冬天，詹姆斯·库克船长出版了探察太平洋海岸的日记，谈到有一条河从东北流入太平洋。庞德认为马更些河就是流入太平洋的那条大河，并断定毛皮贸易很快会在西海岸繁荣起来，而如果能够证实马更些河从富产海狸的阿萨帕斯卡直通太平洋，就可以节省跨大陆的高运费，便决定探察马更些河。不过，1789年他告老回家，只得将这个任务交给自己的副手亚历山大·马更些（Alexander Mackenzie，1764—1820年）去完成了。

亚历山大·马更些

1789年6月3日，马更些率队以马托纳比村落奇佩瓦扬人的“英语酋长”为向导，从奇佩瓦扬堡（Fort Chipewyan）出发，顺马更些河（他称之为奴河）而下，7月初到达现在以他名字命名的这条河的三角洲。马更些发现这条河流向北冰洋，而不是太平洋，非常失望，因而将它称作“失望河”。尽管非常沮丧，马更些没有迟疑，在1792年秋天再次从奇佩瓦扬堡出发，一直向西探寻太平洋海岸，在皮斯河（Peace River）与斯莫基河（Smoky River）的汇合处建造一个小商站过冬，转年继续往西。1793年6月23日，来到一个十字路口，尽管土著人向导建议他顺弗雷泽河而下，可缩短时间，但马更些坚持径直向西，7月17日终于在位于贝拉库拉河岸的友谊村来到太平洋海岸。这就宣告自卡蒂埃开始的在今天加拿大地面上寻找太平洋的探险史结束了，历时只差一年整整260年；若从约翰·卡波特1497年6月24日在纽芬兰海岸登陆算起，只差4年零23天，整整3个世纪。

西蒙·弗雷泽

接下来，也是西北公司的西蒙·弗雷泽（Simon Fraser，1776—1862年）、戴维·汤普森（David Thompson，1770—1857年）两人，先后于1808年、1811年探查了西海岸的4条大河中的两条，即弗雷泽河与哥伦比亚河，从南方到达太平洋海岸。西北公司将这里命名为新喀里多尼亚（New Caledonia，即今日加拿大不列颠哥伦比亚省），建立了几个贸易站。这样，西北公司就将毛皮业推进到整个西海岸。

在太平洋海岸，毛皮贸易不同于加拿大中、东部内陆的贸易方式。既然马更些等人寻找从加拿大中部直通太平洋的河流落空，就意味着制约内陆与西部贸易的主要困难——长距离运输的问题没有解决；西北公司没有解决，哈德孙湾公司也没有解决。这两个公司都不可能大力开发远西部的毛皮贸易。

在太平洋海岸的毛皮贸易中，最初活跃的只有西班牙人和俄罗斯人，后来英国人和美国人主要进行海獭皮贸易。这里的毛皮贸易使用海洋大船，比东部海狸皮贸易使用的独木舟甚至约克船要大得多，相应地，贸易量也比中、东部大得多。到世纪之交，每年有20多船海獭皮运出西海岸，与其对照，哈德孙湾公司和西北公司合在一起，好不容易每年在西北部才有不超过4船货物运回蒙特利尔。太平洋海岸的土著人用海獭皮交换欧洲贵重货物，竞争也很激烈，在1794年《杰伊条约》将英国贸易商逐出美国领土及大湖西南地区之后，尤其如此。英国商人中有一些人在1795年加入西北公司，其他人仍独立运营，在内陆地区挑战西北公司。1798年，福塞斯—理查森与利思—詹姆斯合组为新西北公司（New North West Company），因为皮毛包印有XY记号也称XY公司。不久，亚历山大·马更些及西北公司的一些不满意的越冬合伙者，也加入这个公司，竞争就更趋激烈。1804年西北公司专横跋扈的西蒙·麦克塔维什（Simon McTavish，约1750—1804年）死后，两公司才实现合并，仍称西北公司，不过，竞争并未消除。1789年，大约有100多个贸易站建立起来，几乎2/3属于西北公司，16年后又增323个，约40%属于哈德孙湾公司。竞争导致了价格上涨，毛皮资源快速消耗，蒙特利尔商人集团维持内陆贸易站的花费大增，哈德孙湾公司的开支也在上升，尽管1805年内陆永久雇员不到500名。当时，正处于拿破仑战争期间，毛皮市场收缩，利润大幅缩水，哈德孙湾公司的红利在18世纪晚期是8%，而1809—1814年间下降为0，西部剩下100个贸易站（42个是哈德孙湾公司的），1825年仅有45个。显然，必须进一步整合，最终在1821年合并，仍称哈德孙湾公司。至今，这家公司仍是加拿大最大的百货公司之一，公司大楼矗立在多伦多市中心扬街与海湾街的街角上。

蒙特利尔的麦吉尔、马更些、麦克塔维什、弗罗比舍或埃塞斯的财富和豪宅，以及哈德孙湾公司股东在英国的时髦生活，表明英属北美殖民地这个古老行业的辉煌，也见证了加拿大的成长。其实，加拿大就是从近代的毛皮贸易中孕育出来的。

**木材采伐与贸易**　英属北美殖民地的茂密森林尽管面积广大，但是拿破仑封锁欧洲港口，殖民地的木材运不来，使英国木材的价格上涨，最终产生越洋贸易，木材成为英属北美最大的出口物质。1790年，下加拿大的主要船运货物仍为毛皮，到1810年已不到出口总量的10%，而包括船只在内的木制产品斯河到新不伦瑞克,从皮克图到爱德华王子岛,千帆万舸,竞相运输木材。

木材贸易跟渔业及毛皮贸易不同,对殖民地开发、投资乃至社会变迁都具有很强的促进作用。现成的木材运输船,使越洋旅费更加便宜,加快了殖民地的移民速度。运输木材船只从英国回程一般不空仓西行,移民便成为压舱物。而大量移民的到来,为木材贸易、伐木营地、木材运输或分类、装船提供了便宜的劳动力。伐木营地需要干草和食物,从而刺激了农业发展,从爱德华王子岛的农场或饲养场运来大量燕麦、牛肉、猪肉或家畜,供给米拉米奇河的伐木工人。魁北克省的精面、猪肉、包装牛肉、饼干及其他物品则运往新不伦瑞克北部的密林中,以养活大量伐木工人。这样,木材的采伐和贸易促进了殖民地经济的多样化。

**混合的拓荒农业** 英属北美的各块殖民地,农业发展不尽相同。在下加拿大、新斯科舍芬迪湾,经过法裔加拿大人一个半世纪(1608—1760年)的开发,到英国接手时,农业经济已有相当基础。但是,在上加拿大、新不伦瑞克乃至纽芬兰局部农业区,农业是在效忠派移居后才开始的,尚属开发阶段。不过,无论在哪块殖民地,由于北美特殊的地理和气候环境,欧洲的精耕农业在加拿大不适合。北美农业一般耕作粗放,消耗土壤肥力。这主要是因为北美土地广阔,地价相对便宜,而资金短缺,劳动力匮乏而昂贵。为了节省成本,往往实行作物轮作制,同一片土地上一年耕种小麦,下一年休耕。访问加拿大的大多数英国游人看见家畜在林子里寻食,肥料到处放,小麦种在树桩之间,感到十分痛惜。

在大西洋沿海地区,只有刚刚从新斯科舍分离出来安置效忠派的新不伦瑞克,农业开发在英国接管后才开始。据1810年到新不伦瑞克不久的野战民兵监察官约瑟夫·格宾斯中校的记载,这里还相当荒芜,到处森林覆盖,旅行不易,没有大路,装船从英国运来的精美马车完全用不上。长途旅行或运输最快捷的是走冬天结冰的河面,运输货物到市场也容易得多,马拉雪橇一天可走96公里。而夏天旅行则要"穿过沉寂的森林,走一条条泥泞的小路"。1810年,离效忠派到达已有25年,新不伦瑞克仍有拓荒痕迹,2.8万平方英里的土地清理出不到70平方英亩。农场里到处是砍成短段或剥去树皮的树木,树干留在地里多年,只能在树干之间耕种。砍倒的树木用来盖房或作为柴火,也有与灌木丛一起烧荒的。当时在新不伦瑞克到处都是这样的清理方式,遍地都是烧焦或砍倒的树木,田地用树篱隔开,房舍和谷仓掩映在一排排树墙的浓荫中,是这里的典型风光。其他沿海省份也基本上是这样。在纽芬兰的渔业海岸，农耕不会超过补充维持生存的水平，土地贫瘠、酸性、季节晚、春季多雾及渔业对夏季劳动力的需求，都限制了农耕发展。

在上加拿大，同在新不伦瑞克一样，农业也是在英国接管后起步的，仍有拓荒痕迹。农田从森林中辛勤开垦出来，绝非易事。最初，一个精力充沛的定居者一年最多大约清理出4英亩，而随着小块农地开始耕种，开垦速度减慢。无数男女的生命就这样耗在开垦的劳作之中。开垦之初，种植燕麦、玉米、南瓜、马铃薯或萝卜，以满足家庭生活所需。农田逐渐扩大后，便种植小麦和黑麦。打谷使用连枷，到1832年有了打谷机。起初，养公牛是为了耕田，但是也养母牛、小牛、猪、鸡和鸭等家畜。这样，一种混合型的农村经济就发展起来了。当时，加拿大的农场10个中有9个种植小麦。除种植谷物外，早期安大略也有其他产业。在东安大略，酒类、珍珠粉（从中提取碱制肥皂）或木材往往比小麦更重要；安大略湖区养猪收入成为基本来源，而黑麦、烟草或大麦的收入超过小麦，尽管殖民地的边缘地带40%—50%清理出来的土地种植小麦。整体上看，上加拿大以混合农作物为基础。定居者很少能够或愿意脱离市场，这可能源自他们的英国传统，他们从乡村店主处赊购生活必需品，注定要被卷入商业体系，因为他们不可能完全自给自足，也无人这样做。移民努力清理土地，在森林安家，把农场视为在新世界谋生的手段和中心所在。产品有市场，定居者会在满足家庭需要之外再多种几英亩，希望剩余产品换得现金来偿还债务，或购买日用品，这同从事木材采伐甚至毛皮业以贴补收入的目的是一样的。不过，不管市场如何变化，早期农场基本上是供给居民自身需要，农民一般只把消费不掉的产品拿去卖。与木材不一样，在1840年以前，小麦还不是大宗出口产品。运输成本高、价格低以及英国《谷物法》（1815年）的限制，加拿大产的小麦难以进入英国市场，即使在可以出口的年份，运至英国的小麦平均不到人均4蒲式耳，小麦收入一般占农民收入的1/5，产量波动很大。这时，面粉生产主要供殖民地日益增多的城镇人口消费。湖岸地区的谷物进入市场较为容易，特别是大农场，19世纪头10年已有大农场存在。大农场主学习英国农民，为了商业目的而改良农业，排水施肥，实行作物轮种制，用进口种马和公牛改良配种，只是在1840年以前在上加拿大还不是主流，农场与市场的联系一般较少。当地热心于科学耕种者也组织农业协会，传播科学栽种知识，但是参加者很少。小农场主拒绝改良家畜，对谷物质量也漠不关心，在运输与市场准备好以前，加拿大还不会有农业改革。

早期上加拿大的农业经济代表了整个英属北美农业发展的基本特点。在新不伦瑞克、新斯科舍和爱德华王子岛的很多地方，信贷、债务和交换将小农纳入一个更为广泛的商业世界中，但是土地贫瘠，气候恶劣，农民很难有剩余产品，即使有，也不稳定。在这些地区，市场还不如在上加拿大那么重要。在整个19世纪的前半期，沿海地方农业协会曾试图让苏格兰移民放弃传统，但是徒劳无功。

下加拿大的农业和乡村生活的问题与上加拿大等地又不尽相同。这里农业开发虽然最早，但是直到19世纪早期，农业改革者仍悲叹魁北克省的传统庄园耕作方法使农业发展停滞。在这个人们定居已久的地区，农场良田遍布圣劳伦斯河谷低地，并已开发到地盾边沿的贫瘠土地，18世纪最后40年人口激增，又以惊人速度清理出领主制低地区的剩余林地。到18世纪90年代，西印度群岛市场和英国物价上升进一步刺激了农业发展，魁北克商人"全部买下了农民维持生活所需以外的所有谷物"。尽管农耕以小麦和放牧为主，1802年小麦已赶上毛皮出口的产值，但国内消费剧增而减少了小麦的出口，出口急剧下降。为了供养新增的家庭，旧庄园的土地也一分再分。杂草丛生，田地肥力下降，面粉质量差，加上人口增长，促使农场主实行多样化生产。马铃薯种植越来越多，至19世纪20年代晚期产量几乎占农产品收成的一半。猪肉也成为法裔加拿大居民新的主要食品。这样，下加拿大逐渐形成了低质量的混合型农业经济。

在英属北美殖民地，无论是上加拿大代表的拓荒农业，还是下加拿大的庄园制农业，在18—19世纪的相同之处是产量低。随着英国工业革命的进展加快，人口增长，日益都市化，粮食需求也不断增加。1795年之后连续几年收成不好，面包价格上涨，除非得到国外粮食，难以克服饥荒。然而，英属北美殖民地无法提供给宗主国足够的粮食。收成和价格波动，越洋运输费用高抵消了英国给殖民地粮食的关税优惠，殖民地出口积极性不高。魁北克庄园制农场的过剩人口及上加拿大的新移民，在农业之外尽可能寻找各种出路，不断有人移居美国寻求更好的生活。这些也反映了加拿大农业的落后状况。尽管如此，到1840年已可以看出开发造成的环境改变，很多镇区林木光秃。起保护作用的森林树叶和根系被清除后，经过阳光暴晒，雨水冲刷，水土流失，井水枯竭，土地肥力减退。而雨季则淤积成渠，河流水位暴涨形成水涝。1850年，新布伦瑞克每条重要河道的河堤上，锯屑堆积，潮汐磨坊的水坝严重妨碍了大西洋大马哈鱼洄游产卵，渔业也受到影响，甚至纽芬兰的鱼类资源也出现枯竭迹象。海狸等毛皮动物也因欧洲人的毛皮需求而数量急剧减少，其他常见猎物也日渐减少。过去野鸽群数量如此之多，以至于黄昏时使用棍棒就可以打下来，现在再也见不到这一现象了。到1849年，野火鸡的数量也大大地减少了。从布雷顿角到西加拿大，磨坊主都在呼吁解决林地开辟对水坝及水车的有害影响。

另外，开发加快国际交流，新的小麦、燕麦、绵羊、牛的品种或纯粹为了观赏的物种（玫瑰和水仙），不断引进殖民地，同时带来了蓟草和野芥末等有害的种子，也大大影响了加拿大的农业发展。

**造船与早期交通运输业**　英国占领加拿大正当工业革命开始时期，把它作为原料产地和销售市场，同对原来十三个殖民地一样，不鼓励殖民地发展制造业，纽芬兰的造船和木桶业因此甚至消失了。同美国一样，英国也制止不了英属北美殖民地早期制造业的发展，造船业在19世纪兴起并装备大部分的木材运载船队，成为这一时期第四个经济部门，集中在魁北克和新不伦瑞克两省。魁北克省原来有造船业基础，新法兰西在塔龙当省长时曾奖励手工业，大力扶持小型造船厂。到1825年，魁北克省的造船业雇佣的工人超过了3 300人，1833年建造了殖民地第一艘蒸汽动力推动的汽船。按英国政策，大西洋沿海地区完全没有发展当地制造业的机会。19世纪20—40年代，英国大量需要殖民地的木材，给予优惠关税，刺激了大西洋沿海各省木材贸易的迅速发展。适应这一

金斯顿

需求，新不伦瑞克省的造船业随之兴起。有英国的先进造船技术的支持，英属北美的造船技术改进很快，在19世纪初蒸汽船出现以前，已经能够制造各类性能良好的帆船，平底船代替独木舟，而平底船很快又被德拉姆船代替；在大湖上航行的大型木船，如哈德孙湾公司远距离运送毛皮的约克船，也制造出来了。到19世纪初，加拿大造船厂不仅能够制造在公海上航行的大木帆船，也能够制造先进的蒸汽船。圣劳伦斯河上航运使用了蒸汽船，在上加拿大金斯顿建立了军舰修造厂，1814年还制造了圣劳伦斯号战舰，用于抵御美国。

造船业促进了水上交通的改良。1809年，已有定期航班航行于蒙特利尔与魁北克城之间。1816年，装备了第一艘加拿大蒸汽船弗罗特纳号，航行于安大略湖。到19世纪30年代，加拿大的河湖运输普遍使用了汽船。

在英属北美殖民地时期，与新法兰西时期一样，陆上交通一直比较困难，这种状况一直持续到19世纪50年代铁路出现。虽然1836年修建了第一条铁路——尚普兰—圣劳伦斯铁路，从蒙特利尔拉普赖里到黎塞留河的圣让，全长14英里，使用木制轨道，外镶铁皮。1786年创建莫尔森饮料厂的约翰·莫尔森（John Molson，1763—1836年）提供了20%的资本。这条所谓的铁路，可能与18世纪末在英国煤矿使用的木制运煤轨道一样，且只能从春天运行到秋天。在这一时期，加拿大的交通仍然主要依靠河、湖和海的水上运输。

拉希纳运河

英属北美殖民地时期的交通改善主要是修筑运河。为了清除圣劳伦斯河—大湖水系障碍，例如圣劳伦斯河的拉希纳激流、蒙特利尔与魁北克城之间的浅滩、尼亚加拉瀑布而实现大河、大湖直航，在1825年修成了拉希纳运河（Lachine Canal）。这是圣劳伦斯河的第一条运河。1829年修成了维兰运河，避开尼亚加拉瀑布，将伊利湖与安大略湖连接起来。以后，又陆续修筑了8条运河，其中包括1831年修筑的以避开渥太华附近丽都河（Rideau River）中浅滩的丽都运河（继法国迷迪运河之后进入《世界遗产名录》的第二条老运河，已有2 000多年历史的中国大运河2014年才获准列入）。不过，修筑丽都运河的主要目的是军事需要，以备战时美国截断圣劳伦斯河水道，也可以实现从魁北克省霍尔镇直航大湖。

## 五、移民加拿大

英国夺取加拿大初期，经济开发和扩张尤其是农业的发展有赖于人口增加。虽然早期英国政府出于各种动机，限制英国居民移居加拿大，但是由于国内和国际形势的变化，很快改变了限制政策。

**从限制到鼓励的转变**　英国刚接手北美殖民地时，并无综合拓展计划。议会认为人口大量迁移会削弱国家的实力，反对英国人移居殖民地。1787年，加拿大高等法院院长史密斯写道："是人而不是树木构成了一国财富"，"人等于力量与繁荣"。1749年，哈利法克斯建城时，宁愿到莱茵河谷找"外国新教徒"移民，或通过授予土地使美洲复员士兵留下来，也不让本土自耕农移出。到18世纪70年代，因本土地租上涨，才有约1 000人离开约克郡，来到新斯科舍租种其官员富兰克林的土地。此前，投机商亚历山大·麦克纳特（Alexander McNutt，1725—1811年）将600个爱尔兰乡下人带到新斯科舍，就有人叫喊"使人口减少这么多，对爱尔兰是危险的"，很快又禁止移民。不过，少数爱尔兰人仍无视规定，到纽芬兰从事渔业。18世纪70年代以后，也有少数苏格兰人移居圣劳伦斯湾沿岸。

英国向加拿大移民高潮的历史背景是18世纪工业革命。随着工业革命的到来和稳步推进，经济开始扩张，居民生活水平提高，结果人口迅速增长。工业革命开始后的20年，即到1780年，英国的人口还不到1 300万人，到1831年则超过2 400万人，仅半个世纪就几乎增长了1倍，出现了人口过剩的严重状况。正是在这一历史背景下，1798年马尔萨斯发表了《人口论》，提出食物按算术级数增长而人口按几何级数增长的观点。工业革命在创造经济奇迹的同时，也破坏了英国固有的社会制度和传统的生活方式。在英格兰，发生了圈地运动，取消了厂田、共用地及自耕农按租约领有的集约耕地；在苏格兰，试图改变传统的宗族社会，开发苏格兰高地，将峡谷变为牧羊草地；在爱尔兰，耕地一再分割，小农破产，靠栽种高产的马铃薯养活欧洲过剩人口。最初，苏格兰地主曾努力在海边安置失地小佃农，让他们去捕鱼或从事海草灰生产，1815年后这个行业衰落，大地主反而进行"高地大清除"，大规模收回出租地。在圈地运动中，地主采用新式作物轮作制以及其他科学方法进行耕作，很快提高了农业生产率。公共土地上的定居者和小牧场主被迫进入乡村劳动力市场或移居城镇，靠一两英亩薄田及手摇纺织机、编织机做计件包工，长时间工作，也只能每天挣一两个便士，几乎不够维持乳酪加马铃薯的简单食物。19世纪初技术改进、工厂扩大，连这种工作机会也没有了。1815年拿破仑战争结束，成千上万的士兵和海员回乡寻找工作，人口压力更显沉重，生活陷入困顿者几乎占英国人口的15%。

在社会学家看来，圈地运动到处造成破坏性后果，便开始探讨解救办法。1814年，帕特里克·柯洪（Patrick Colquhoun，1745—1820年）在一篇题为《论述英帝国的人口、财富和资源》的文章中，提出海外移民的解决方法，认为移民不仅可以为英国工厂从国外提供原料，也能够增加消费英国制品的机会，人口过多和经济停滞就可以得到化解。这一观点很快得到普遍认可。1815年2月，第一份官方移民公告《鼓励自由移居者》刊登在爱丁堡的报纸上。英国政府一反常态，很快拿出了移民方案。此后，便开始了组织移民北美的运动。这样，英国破产自耕农就纷纷开始移民。

**组织方式** 破产自耕农到加拿大的空旷地区寻找耕地，是很自然的选择。在1815年之后，到达加拿大的移民来自整个英伦三岛，而以爱尔兰移民居多。1812年战争之后的10年，英国政府彻底改变当初限制移民的政策，援助车船费促进向加拿大移民。这时改变政策，还有为了防止美国控制上加拿大的动机。大约6 500名复员士兵、苏格兰低地失业纺织工、爱尔兰最贫穷地区的天主教徒及家人等，被运到今天安大略省东部的彼得伯勒、珀斯及丽都河流域，并获得授予的土地。

除贵族个人和政府组织的移民外，更多采取的是一种合作殖民事业，即按政府计划成立殖民土地公司，促进移民。主要有1824年英格兰特许成立的加拿大公司（Canada Company），在上加拿大获得约250万英亩的土地，包括100

多万休伦湖湖滨土地。这家公司的改良计划极大地促进了19世纪二三十年代上加拿大的农业开发。例如，在古德里奇邻近地区创建的一个安逸的村庄，后来成长为今天加拿大的圭尔夫市。加拿大公司还同新不伦瑞克和新斯科舍土地公司以及活跃于魁北克省东部城镇的英国美洲土地公司合作，在英格兰和爱尔兰所有主要港口派代理商，向英国城镇和乡村分送地图、小册子或广告，引导个人或家庭移民英属北美殖民地。

教会和民间社会团体也参与组织移民。19世纪30年代早期，在英国南英格兰地区发生了“斯文大尉运动”的乡村骚动，类似于工业革命早年城镇捣毁机器的“卢德运动”。农场工人烧毁谷仓，破坏收割机，要求提高工资。许多教区作为对这些人给予的人道援助，资助他们移民，在被1837年起义打断以前，组织了约2万移民到加拿大。皮特沃斯移民委员会（Petworth Emigration Committee）等社会调查机构，也使用特许船运送移民去加拿大，1832—1837年将萨塞克斯附近1 800多人送到上加拿大。这些机构或组织的代理人四处寻找人口“过剩”的地区，散发书面材料，轮船代理商甚至到英国乡村招揽新乘客移民加拿大。

先前到加拿大的移民也发挥了促进作用。他们有的将现金或船票寄给本土的亲戚，劝说他们移居加拿大。其中，最有引诱力的是1820年以前到殖民地的移民的信件。他们在信中炫耀说，“有充裕的木材”，“大量美食好酒”，“我不太喜欢加拿大，但是英格兰人太多，这里人手却不够用”。就这样，受到高工资和廉价土地的美好前景的激励，数以万计的人横渡大西洋，有人甚至卖掉农场，来到新世界冒险。19世纪前50年，官方统计移民有100万人，60%以上是1842年以前横越大西洋的。

**移民的苦难历程**　自19世纪头一个10年开始移民加拿大的进程，几乎延续了半个世纪。千百万人踏上横越大西洋的艰难旅途，很少有船可以在30天内到达魁北克城。1842年，查尔斯·狄更斯游览蒙特利尔，见到“几百移民聚集在公共码头上，周围散满箱笼”。在横越大西洋的旅途中，移民有时会遭遇可怕的风暴，葬身鱼腹，而更为常见的则是病死途中。

在这次移民运动的初期，横越大西洋的移民乘坐的是从事木材贸易的回程船只，设备和卫生很糟，移民挤在甲板下面的漆黑空间里，要忍受11—12周航程的极大痛苦。直到1835年，船长才应要求提供一些基本的供应，一般也就是水、硬饼干和燕麦面。一封移民代理人跟官员的通信道出了这种苦难：“肮脏的床铺”、“难闻的恶臭”、“成百人……挤作一团”。向西航行携带移民的木材贸易船，为了解决住宿，船主会在下层甲板货舱的每一边搭上两排硬铺，每铺1.8平方米见方（一艘400吨位的船底层甲板大约30米长、7.5米宽）；每边32个铺位，不透光，也不通风。按1803年生效的规则，每船可运200名移民；按1828年的规则，可运300名（在中间增加一排铺位）移民。实际上，每艘船载客一般都超过法令允许的数目。19世纪20年代，有一艘詹姆士号木材船，从沃特福德到达哈利法克斯，出发时160名乘客上船，5人死在海上，35人因病无法继续行程而在纽芬兰上岸，其他人都患上了斑疹伤寒。这是“在旅途中营养不足……船上拥挤肮脏……以及缺少医疗援助”造成的。

由于航行途中卫生条件恶劣，常常有传染病流行，如1832年期间发生的霍乱，在拥挤的移民船舱里流行。那个夏天在经历了悲惨的死亡和痛苦后，船只到达英属北美殖民地，被拦在魁北克下游30公里处的克罗斯岛进行检疫。传染病还是在6月传入魁北克城和蒙特利尔，一个星期便有250多人患病，最严重时每天有100多人死去。犹太商人亚历山大・哈特6月19日从蒙特利尔写来的信中说：“我们没有人进城，很多人移到了乡村，昨天有34具尸体从我们家门前被抬过，到今天这个时候又有23具尸体……卫生局还雇用12辆马车来运送死者，未做祈祷，就被埋葬了。”学校和商店都关闭了，唯一的买卖就是一英尺厚棺材板。当9月瘟疫结束时，魁北克城和蒙特利尔分别有近3 500人和2 000人死去，上加拿大及东部各省也死了几百人。两年之后，又一次瘟疫来袭，上下加拿大有1 250人死亡，新斯科舍省和新不伦瑞克省也有人死亡。

**人口增长**　1759年英国刚攻下魁北克时，有6万法裔加拿大人，他们是法兰西人的后代。紧接着美国独立战争爆发，在美国待不下去的效忠派迁到英属北美殖民地，应算是首批移民加拿大的英国居民，总共近5万人。其中，大多数人移居大西洋沿海的老殖民地，大体上，新斯科舍省（阿卡迪亚）3.5万人，新不伦瑞克省1.4万人，多数定居在芬地湾北岸。到东部大西洋滨海地区的移民走的是海路。

另外，还有约7 000人，由陆路迁移到圣劳伦斯河畔，或伊利湖与安大略湖之间的地带居住。这片新边疆在1791年已经从魁北克省即原新法兰西殖民地划分出来，被命名为上加拿大省（后改为安大略省）。到1812年，上加拿大省的人口已经达到8万人，大多数来自新独立的美国。

但是，英属北美殖民地时期加拿大增长的人口，主要还是来自英国本土。为了逃脱旧大陆的苦难，渴望基本的舒适和安全，也有人抱有当乡绅的梦想，甘愿铤而走险。在18—19世纪更替时，移民速度加快，起初移民都来自苏格兰高地，1801—1815年约有1万苏格兰人从高地和附近岛屿到达加拿大。舍科克伯爵托马斯·道格拉斯（Thomas Douglas，5th Earl of Selkirk，1771—1820年）在其中起了关键作用，出于对苏格兰高地民众苦难的同情，他决心在英属北美殖民地建立一块苏格兰的殖民地。1803年，他从赫布里底群岛带来800名移民到爱德华王子岛，次年又选中上加拿大省圣克莱尔湖附近，创立盖尔人社会，但是因政府不支持而失败。1812年，托马斯·道格拉斯又转向西部，从哈德孙湾公司在红河与阿西尼本河的毛皮捕猎地购买了一片土地，1815年移去约350名苏格兰人。

托马斯·道格拉斯

尽管18世纪晚期到加拿大的移民不算很多，但是在整个18世纪，殖民地人口每25—27年增长1倍，每年约增长2.8‰，接近于今天亚非国家人口的增长率。当然，人口增长迅速的原因是移民增加，在1760—1840年间，英属北美殖民地人口增加16倍，到1841年总人口已达150万人。在此期间，从1815年拿破仑战争结束到19世纪中期，是英属北美殖民地人口增长的最快时期，有50万人到来。因此，这一时期可算作首次移民高潮，人口跃升到200万人。而且，移民相对年轻，各地均以儿童和年轻人占多数。女人普遍在20岁出头结婚，生几个孩子，出生率一直高于死亡率。一位新不伦瑞克省的传教士以自己的经历见证了人口的迅速增长：他在1795—1800年为48对新人证婚，为295个婴儿洗礼，仅为17人主持葬礼。

移民移居具有地区特点。例如，捕鱼业使英国的港口地区与纽芬兰特许定居地早已建立联系，萨默塞特等地的沿海移民大多集中在特里尼蒂湾，德文郡移民聚居康塞普申湾，爱尔兰人大多移居圣约翰或阿瓦隆半岛南端。大部分移民来自英格兰西南、爱尔兰东南的少数几个教区，加拿大这些定居地具有相同的背景、习俗、信仰和传统，甚至说话和唱歌差异也不大。由于纽芬兰孤立偏僻，19世纪中期以后，很少再有新来者，致使这些特点一直保存到20世纪。在上加拿大省则具有混合的特点，移民既有天主教徒，也有新教徒，也很少有单一的苏格兰人、爱尔兰人或英格兰人聚居的城镇。

## 六、前期的政治制度

《1791年宪法法案》实行上下加拿大分治，实际上是美国革命和法国大革命背景下产生的政治体制。这有利于英国稳定对殖民地的统治。然而，分治前殖民地的情况即《1774年魁北克法案》的权力主义模式被保留下来，形成专权弊端，严重制约了英属北美殖民地前期的经济和社会发展。

**政治腐败** 英国本来能够有效地控制英属北美殖民地的，而实际上远非如此。殖民当局在接管早期就出现了管理混乱，自1776年开始，英国议会不在殖民地征税，管理权交给了政府相关部门。在18世纪最后15年，先后由商业部、财政部、海关署或海军部管理，后来又归于内政部，19世纪初则由陆军大臣直接掌管，直到1815年成立殖民部进行管理，才算实行常规治理。

在法理上，英属北美地区各块殖民地的最高管理权集中在英国议会，总督作为英国国王的代表和帝国的象征，成为帝国当局与每块殖民地的纽带，而由行政委员会、司法委员会和总督分管殖民地的行政和司法。各个殖民省都建立了立法议会，代表当地居民的利益（新斯科舍省在1758年，爱德华王子岛在1769年，新不伦瑞克省在1784年，加拿大省在1791年，纽芬兰在1820年）。在名义上，实行代议制政府，但是任命的行政委员会由各块殖民地的精英组成，在政府中起决定作用。在早期阶段，这一体制运转还算正常，但是实际上民选的立法议会与总督及其任命的把持司法和行政权的行政委员会和司法委员会之间却摩擦不断，立法议会批评行政部门滥用权力，两者之间关系日益紧张。这与英国18世纪60年代在十三个殖民地所遇到的问题一样。

这种管理体制很容易产生政治腐败。远在大西洋彼岸的殖民部，没有具体指导，总督一般权力较大，任期5—7年，但是换了一任又一任。总督任命的殖民地行政委员和立法委员却能够长期担任，行政委员实权更大。他们都是来自殖民地的高级教士、大商人、大庄园主或大农场主。到19世纪30年代，新斯科舍省的行政委员会已为4—5个家庭以联姻方式所把持，其他殖民地也大体如此。他们操纵殖民地的权力，形成了等级森严而极为保守的政治结构。这个由婚姻裙带关系以及保守观念紧密勾结而成的一小撮官僚集团，在上加拿大省称为"家族团伙"，在下加拿大省叫作"夏托集团"，而新斯科舍则是12人参议会而被直接称为"总督团伙"。由于总督来自英国，往往不熟悉当地情况，这些聚集在行政委员会和司法委员会的殖民地官绅集团，便利用这方面优势，颐指气使，干尽腐败勾当。到后来，甚至总督也奈何他们不得，甚或受其控制。新斯科舍省总督约瑟夫·豪1839年曾说过，一个殖民地总督“到任时发现他必须与已经在职的几名官员一同管理政府。他或许会像一些著名长官所做的那样，在这张大网中振翅抗争，但是就像笼中之鸟，最终必须满足既得利益者留给的狭小空间。我知道有一位总督曾被恐吓、讥笑，几乎被排斥在社交圈之外，但是从未见到有哪一位，即使在最好的情形下，能与组成为司法委员会的一小撮人以任何公平条件进行竞争，填补各个机关，行使政府的权力。”在6块殖民地中，只有新不伦瑞克省立法议会对行政委员会具有象征的控制权，这得益于效忠派，他们势力较强，引进了接近于美国的政府制度。其他5块殖民地的立法议会，也应能够依靠多数控制行政委员会，如果行政委员会太无法无天，可以解散它，总督在形式上有权解散行政委员会。然而，约瑟夫·豪所指出的上述那种困难，他们很少能够这样做。严重的是，立法议会自身也普遍腐败，在新不伦瑞克省的立法议会中，议员甚至显得“可怜无知”，薪金是“他们的最大雄心追求”，“他们更多商议的，是私人利益与声望……而不是公众的福祉”。

加拿大省的政治腐败甚至更加严重。按《1791年宪法法案》，行政委员会和司法委员会委员由英王任命，而实际上则是由总督在当地任命，议长之外殖民地的所有高官（1828年以后印第安人事务部）也由总督任命。总督还掌握王室地产，用于支付官员年薪、资助教会和教育。新斯科舍省由于效忠派势力较大，他们坚持美国的做法，立法议会对财政法案具有排他性的权力，使总督不能在财务上恣意妄为。在上下加拿大两省则没有这样的保证。《1791年宪法法案》将王室土地上基本收入的支配权交给总督和行政委员会共同掌握。总督财政独立，就能不顾立法议会反对而执行不得人心的政策。在下加拿大省，英国总督与英裔主导的行政委员会更是不理睬由法裔控制的立法议会。上下加拿大两省总督作为英国君主的代表，都能够像都铎王朝的君主一样，高踞殖民地社会之上，玩弄民意代表机构，种种腐败丑行在1791年分治后暴露无遗。

行政委员会和司法委员会大体每月开一次会，考虑要特别照顾的请求，颁发条例，批准各部门建议的各类授予权或特许权。尽管总督有权否决立法或解散立法议会，但是很难做到。大部分总督只靠任命、贿赂亲信以使自己能够相对行动自由。除常规开支外，其他开支要得到立法议会的同意，如拨款修建道路、桥梁或学校等动用国库资金的项目。作为民众代表的立法议员，往往特别怀疑救济贫困和移民之类的“高尚”提案，极有可能将有限的资金花光。试图反其道而行之的总督常与立法议会发生争执，那些明智的总督认识到权力有

约翰·格雷夫斯·西姆科

限,便随波逐流,与行政委员会和司法委员会委员同流合污。最严重的腐败行为是寡头势力将特权转化为私利,尤其是利用支配王室土地营私舞弊,通过大量授予或"购买"土地或荒地投机赚钱,结果使地价飞涨,而新移民和真正需要土地的人则得不到土地。

上加拿大省首任副督约翰·格雷夫斯·西姆科(John Graves Simcoe, 1752—1806年)是那些利用土地专权牟利的总督中少有的例外。他是在美国独立战争后派到英属北美殖民地的一位总督,精力充沛,不仅对英帝国的命运信念坚定,也很同情北美殖民地的居民,试图使这个新殖民地成为英国有效管理的范例。他对上加拿大省的发展具有重要而积极的影响,所创立的土地测量的"棋盘计划",贡献良多。在划分为棋盘型的土地上,建立标准镇区,每个镇区面积15×20公里,划分为14排大小200英亩的24块土地,而分散保留的2/7土地则用以教堂和行政。

按约翰·格雷夫斯·西姆科的发展计划,位于上加拿大泰晤士河旁的伦敦,将成为英属北美殖民地的永久首都。从这里到约克,再从约克到西姆科湖,将修一条军用道路,作为跨越大陆的交通干道和北美商路。他要把这里建成一个优良的农业开发区。坐落在安大略湖北岸、处于金斯顿与多伦多中间的科堡(Cobourg),是这个农业开发区的中心,因为其地处从安大略湖边一直向北延伸到赖斯湖北岸的一片平坦而肥沃的低地平原。到18世纪晚期,这个美丽的乡村仍被枫树林覆盖,到处是岑树、雪松和铁杉,而在台地上则长满了橡树、松林,枝叶茂盛。这里作物生长季节平均188—195天,无霜期140天(内陆120天),特别适宜于农业。为此,西姆科计划建立一个有效的土地赠予制度,大量引进普通移民,满足他们对土地的需要。不过,他更醉心的是将大量现成的土地大块大块地赠予杰出人物,或支持殖民开发的当地大小乡绅。显然,约翰·格雷夫斯·西姆科要在西安大略这块荒凉的土地上创建一个像在英国本土那样的等级社会。

然而,尽管他准备大把开支,实现自己的目标,为"上层阶级"提供教育或捐助英国国教，他的宏伟计划并不成功，只有少数精英乡绅响应。1815年以来，虽然有大量移民从英国迁来，本应给约翰·格雷夫斯·西姆科带来成功的机会，给当地带来经济繁荣，但是事与愿违，众多移民仅将加拿大当作去美国的中转站。根本的问题就是土地政策腐败，使移民流失，阻滞农业开发和社会进步。

**改革运动**　到英属北美殖民地时期，技术革新使海洋交通更加便利，各个大洋的海岸线已绘入海图，蒸汽机推动的轮船逐步替代航行于大西洋的帆船。1833年，魁北克船厂建造的“皇家威廉号”蒸汽船首航大西洋获得成功。1838年，哈利法克斯与伦敦之间有了定期航班，大西洋的低价邮政也建立起来。到19世纪中叶，到达英属北美殖民地的移民已有150万人之多，而且多为自耕农。然而，英属北美殖民地的社会政治状况，却显然有悖于移民的愿望。本来英国移民是直奔加拿大廉价或无偿分配的土地而来，可是特权集团的土地政策使地价高涨，阻碍了他们获得土地。因此，上加拿大省起初增加的移民很快转移到了美国。自1791年以来，西部农业边疆一直不平静。农村道路得不到修筑，殖民政府当局却把开支用于修筑运河，片面维护城镇商人的利益。而且，修筑运河不仅造成铺张浪费，也进一步导致政治腐败。上加拿大省的财政政策更是加深了农业移民的不满。1821年建立上加拿大银行，政府入股1/4，被边疆移民视为他们经常背债而贫困的根源，不仅不信任银行，城镇商人还将自己的不幸归咎于银行家与特权集团的勾结。还有，来英属北美殖民地以前，他们已经适应了欧洲的议会制度，英属北美殖民地特权集团把持政治与此形成极大反差，对他们来说很难容忍。在新移民中，基督教新教信仰者越来越构成人口多数，他们对英国教会保留王室1/7土地的所谓牧师专用地（Clergy Reserves）、“家族团伙”专权以及土地投机等特别不满和愤恨。这样，《1791年宪法法案》所确立的社会和政治结构日益不得人心，不断遭到农场主和城镇商人集团的强烈反对。移民不仅使殖民地劳动力增加，而且带来了欧洲或英国的信息和革命思想，他们要求进行政治体制的改革，尤其是要求扩大立法议会的权力，以限制行政委员会和司法委员会的特权。

同时，经济境况恶化，庄稼收成不好，也促使改革的要求。在特别敏感的土地问题中，腐败首当其冲，其中最敏感的当属上加拿大的牧师专用地。《1791年宪法法案》提到的新教是指英国圣公会，是官方教会，牧师专用地就是由圣公会支配的土地。苏格兰长老派教会也有部分牧师专用地的赠予，教会出售和出租牧师专用地牟利，更加剧了教会的腐败。上加拿大省的移民大多数是来自英国的自耕农，信仰主张廉洁的清教，更看不惯北美殖民地腐败的教会。同时，牧师专用地一般一块200英亩，凌乱地分散在各处，妨碍了边疆移民开拓荒地，切断了他们与邻里的联系，甚至阻碍了道路的修筑。而且，牧师专用地的出售定价较高，普通移民买不起。因此，牧师专用地问题成为引发改革运动的重要因素之一。

牧师专用地问题还加剧了教会的分化和纷争。圣公会利用掌握牧师专用地的特权控制教育和学校，引起卫理公会的不满。为了抵制圣公会对学校的控制，得到改革派的支持，他们在1826年提出牧师专用地世俗化，牧师专用地的出售收益用于发展公共教育，并且在1827年建立维多利亚学院，与圣公会的国王学院（King’s College）相对抗。1829年，阿多法斯·埃格顿·赖尔森（Adolphus Egerton Ryerson，1803—1882年）领导卫理公会展开反圣公会特权的斗争，提出教会平等。教会内部的反特权斗争，增强了政治上日益壮大的改革派的力量。总之，种种原因促使上加拿大省成为19世纪二三十年代改革运动的温床。

下加拿大省的情况更为复杂。除政治腐败问题外，还有民族和文化纷争。19世纪初，立法议会中形成英裔与法裔的派别对立，尽管1809—1810年以前没有明显按文化和语言划分阵线。这是总督詹姆斯·亨利·克雷格爵士（Sir James Henry Craig，1748—1812年）错误态度造成的。他错将法裔加拿大人在英法战争中的不满视为配合拿破仑的野心，威胁英国的权威，并且不经审讯监禁法裔加拿大人的党派首领，两次解散立法议会，试图禁止已创办4年而维护法裔加拿大人利益的《加拿大人》杂志。1822年，殖民地官员与英国商人提出统一加拿大的议案，更是加深了法裔加拿大人的恐惧，认为英国人要同化他们。《加拿大人》以“我们的宗教、我们的语言以及我们的法律”为标题，激励民族主义。19世纪二三十年代，随着移民的增加和经济的发展而要求改革下加拿大省的社会制度，法裔与英裔加拿大人之间的裂痕不断加深。1831年，法国政治思想家亚历西斯·德·托克维尔（Alexis de Tocqueville，1805—1859年）游历加拿大，道出了法裔加拿大人民族主义滋长的原因：“在城里的英国人炫耀其庞大的财富，（法裔）加拿大人财富有限。这就滋生出妒忌、褊狭和愤怒。”在乡村，法裔加拿大人也感到“英国种族影响的扩大，令人担忧……到头来他们一定会被同化”。

在大西洋沿岸，矛盾较少，运动的路线也较温和。这是因为来自美国的效忠派早已控制立法议会，控制了财政决定权，这里需要的是进一步完善议会民主。

在英属北美的各块殖民地，改革运动“业已就绪，两位记者与一名魁北克律师领导着这场斗争”。他们是约瑟夫·豪(Joseph Howe，1804—1873年)、路易斯-约瑟夫·帕皮诺(Louis-Joseph Papineau，1786—1871年)和威廉·莱昂·麦肯齐(William Lyon Mackenzie，1795—1861年)。1824年，上加拿大省的立法议会改革派首先形成气候，来自苏格兰的移民威廉·莱昂·麦肯齐很快成为改革派的领袖。他创办了《殖民地创导报》，揭露家族团伙的种种劣迹，激怒了特权集团。1826年，一群特权子弟将《殖民地创导报》的制版纸模投入安大略湖中，反而成全了威廉·里昂·麦肯齐改革派的英雄名声。1828年，威廉·里昂·麦肯齐被选进立法议会，改革派第一次成为立法议会多数。1831年，关于收入支配权的法案送上加拿大立法议会，酿成一次危机，改革运动爆发。

约瑟夫·豪

路易斯-约瑟夫·帕皮诺是加拿大人党(Parti Canadien)的代言人，认为下加拿大是一块独特的领地，是法裔保存法语和天主教的家园。随着路易斯-约瑟夫·帕皮诺的领导地位日益突出，1826年由加拿大人党发起了爱国运动。控制下加拿大行政委员会和司法委员会的英裔商人对路易斯-约瑟夫·帕皮诺进行了猛烈抨击，而改革派的反击声浪也越来越高。路易斯-约瑟夫·帕皮诺指责说，“破落贵族组成的司法委员会已成为一具腐尸”，立法议会不能容忍“让人厌恶、难以忍受”的贵族政治。任命的行政委员会和司法委员会委员，不过是“20个暴君罢了，只为确保他们所有的暴行不受惩罚”。在1834年选举胜利后，路易斯-约瑟夫·帕皮诺就更加不遗余力地追

路易斯-约瑟夫·帕皮诺

20世纪初多伦多议会大厦

求共和与民族主义理念了。

无论是威廉·里昂·麦肯齐，还是路易斯-约瑟夫·帕皮诺，后来都倾向鼓吹革命的共和激进主义，要求实行美国式的民主制度。各地的具体要求或许不完全一致，但是反特权的目标是相同的，最后都要求实行责任政府制。英国政府尤其是殖民地的特权阶层，从一开始就顽固地抵制任何改革，以维护其特权统治。就这样，经过数年较量，逐渐在立法议会中形成党派分裂，即托利党（日后加拿大保守党的前身）和改革派（日后加拿大自由党的前身），斗争也越来越激烈，甚至出现了暴力。威廉·里昂·麦肯齐四度被选进立法议会，又四度被逐出，1835年被选为多伦多市长，重返议会。这有点类似英国17世纪70年代激进运动中的"威尔克斯事件"。随之，改革派也日趋激进，主张把司法委员会改造为类似美国的参议院，由选举产生。这导致了威廉·里昂·麦肯齐同青年改革者、多伦多《环球报》的编者鲍德温（Robert Baldwin, 1804—1858年）及马歇尔·斯普林·比德维尔（Marshall Spring Bidwell）所领导的温和派之间产生分歧。温和派主张同新斯科舍省的约瑟夫·豪一样，倾向于在加拿大建立英国式的责任政府制。领导教会改革的阿·埃·赖尔森也在1833年离开改革派，带领大部分卫理公会成员加入托利派。

然而，即便温和派的要求也不为英国政府所接受，约瑟夫·豪受到了指责，运动进一步高涨。1834年，路易斯-约瑟夫·帕皮诺提出《92条决议》，列举下加拿大的种种弊端，赞扬美国的共和主义，要求按美国参议院方式改革立法议会，特别强调财政由立法议会控制；司法委员会由民选，不再由总督指定。他在一次发言中甚至提出教区牧师也要通过选举产生。在上加拿大，威廉·里昂·麦肯齐1835年提出同样激进的《17点报告》，也要求将司法委员会按美国参议院方式加以改革，由人民选举产生。在大西洋濒海各省，行政委员会与立法议会之间普遍围绕财权的控制而斗争。总之，到19世纪30年代，英属北美殖民地对特权集团统治宣战，要求建立议会民主制。

**1837年起义** 尽管英国从19世纪30年代开始进行了议会改革，然而实行议会民主的英国，却对殖民地的政治改革要求始终持强硬反对态度。1837年，颁布议会10条决议案，既不允许建立责任政府制，也不同意司法委员会民选，还同意下加拿大政府不经立法议会就可以使用地方收入。这是对殖民当局专权的纵容，使殖民当局更加有恃无恐。1836年，弗朗西斯·邦德·海德爵士被任命为上加拿大省副总督，他干预立法议会选举，提出忠诚帝国或共和主义的

在下加拿大爆发的圣厄斯塔什战役

标准，使保守党占多数，威廉·里昂·麦肯齐和激进派遭到失败。鲍德温建立英式民主的温和议案也遭到拒绝。最后，改革派只好诉诸暴力，在1837年秋天举行起义。这一年英美银行倒闭，引发了财政商业危机，也加剧了动乱。

在下加拿大，英国政府无视省立法议会的意愿，允许总督可以不经立法议会同意而决定省财政。1837年，英国驳回爱国者提出由立法议会掌握省的开支的要求后，爱国者领袖便发起了公众集会。在蒙特利尔，帕皮诺把下加拿大形势比作1775年的美国独立战争。骚动持续了整个夏天，到秋季爱国者武装控制蒙特利尔附近部分乡村地区有好几周，11月发生街战。英国政府调来军队，很多爱国者领导人被捕，其他人逃到黎塞留河，到月底才在圣丹尼击退英军攻击。但是，总体上看，由于爱国者领导人缺乏组织和装备以及长期斗争的策略，先在圣夏尔、后在圣厄斯塔什（Saint-Eustache）被各个击败。几百名爱国者死伤，大量财产遭破坏，500多人被监禁，帕皮诺等人流亡美国。1838年，处死了十几名参加者，另有58人被装船送到澳洲监禁地。

在上加拿大，威廉·里昂·麦肯齐及其800名追随者猛烈抨击家族集团（Family Compact），看到军队从上加拿大被派到下加拿大，也于1837年12月初向多伦多进军，试图推翻政府，并以美国为蓝图，建立民主政府。他们以干草叉、棍棒和长枪武装，未经训练，又缺乏组织和纪律，很快被当地民兵驱散。而且，上加拿大同下加拿大的情况有所不同，很多人虽然反对强大的家族集团，但想发动叛乱的并不多。靠近布兰特福德的地区有一次起义，同样以失败告终。威廉·里昂·麦肯齐逃亡美国，他的两个副手被绞死，几个支持者也遭流放。

威廉·里昂·麦肯齐

当威廉·里昂·麦肯齐从多伦多逃到布法罗时，受到了美国人的热烈欢迎。在美国北部各州流亡的加拿大起义者经常发动边界袭击，受到了支持。1838年，一些叛乱者组成一个名为“狩猎者协会”（Hunter' Lodges）的秘密团体，估计人数超过4万人，叫喊要从“英国奴役”下解放加拿大，但很快被美国人控制，并组织了几次小规模的入侵。在这个组织支持下，一些人试图破坏英美关系，最有挑动性的事件是火烧千岛湖“罗伯特·皮尔爵士号”轮船，以及1840年炸毁昆斯顿高地的布鲁克纪念碑。尽管下加拿大的路易斯-约瑟夫·帕皮诺拒绝支持对下加拿大袭击，但其领导者还是在这个殖民地组织了大规模的地下运动——“兄弟追击兵”(Ies Reres Chasseurs)，并组织起义。1838年2月进行了第一次尝试，但是失败了。1838年年末，几千名起义者又发动第二次起义，也很快被镇压。

## 七、建立责任政府制

1837年上下加拿大两省起义以及持续的改革运动虽然没有成功，但是确实震动了英国政府，意识到政治管理制度有问题。于是，英国政府派遣德拉姆伯爵作为高级专员、英属北美殖民地新总督去调查，给他的任务是确定加拿大省的“政府形式与未来”，似乎将要进行政治改革。

德拉姆伯爵

**《德拉姆报告》** 德拉姆伯爵名叫约翰·乔治·兰伯顿(John George Lambton，1st Earl of Durham，1792—1840年)，是当时英国政坛改革派的代表人物，素有“激进杰克”(Radical Jack)之称。他1839年到加拿大，回到英国后给殖民部提交一份在英国和加拿大两国历史上都很著名的文件，即《关于英属北美事务的报告》(*Report on the Affairs of British North America*)，习称《德拉姆报告》(*Durham Report*)。在这份报告中，他肯定殖民地将成为英国的商品销售市场及剩余人口安置地，为了使殖民地对英国有用，应当组织向那里移民；为了吸引移民，帝国应当实行新自由主义的政策。像在英国本土一样，也实行责任政府制，允许殖民地人民自治。他指出，给予殖民地一定的自治权，并不意味着殖民地会与母国脱离；相反，由于实行宽容政策，加拿大人民更会对帝国忠诚。如果听任特权集团专政，只会使他们离心倾向增强，最终加拿大会脱离英国而独立。联系的纽带不是恐怖法律和军队暴力，而是依靠英国制度所特有的合作精神。

在出发去北美殖民地之前，德拉姆伯爵对解决英属北美殖民地政治危机成竹在胸：建议合并上下加拿大，有计划地拓殖无人居住区；将英国内阁制应用于加拿大，政府（内阁）从立法议会选举的多数派中遴选，对全体选民负责，并要得到他们的支持；实行地方自治，设立最高法院；废除教会“牧师专用地”。他说：“英国的政治家很难想象，代议制与非责任政府能够共熔一炉。”因此，他主张制止上加拿大“腐败而傲慢的托利派朋党”“家族团伙”的专权，改革土地和移民政策，等等。

实际上，上加拿大温和改革派鲍德温父子两代，早已提出建立责任政府的要求，德拉姆伯爵的做法符合殖民地人民的愿望，他们欢迎德拉姆的到来。然而，除改革派之外，殖民地几乎所有政治力量都反对德拉姆伯爵。新斯科舍和新不伦瑞克两省不愿与加拿大联合；英裔效忠派称德拉姆伯爵“可耻和有害”。他们担心改革会损害他们的私利。法裔加拿大人之所以极力反对德拉姆伯爵，是因为他主张同化法裔加拿大人。到达殖民地后，德拉姆伯爵发现英裔与法裔加拿大人的斗争异常激烈，“不是原则的而是种族的”，简直是“一个国家的两个民族的战争”。他认定，这是殖民地动乱的根源之一，“一个崭新而进步的世界中，法裔加拿大人是个古老而停滞的社会”。要解决矛盾，只能用英语文化同化法语文化，上下加拿大合并，可以加速同化进程，实现“英国化”。这样做，说英语的居民就会占明显多数（大约占两省总人口55%），通过代表而合法地控制联合议会；法裔加拿大人一旦成为少数，就会放弃民族主义的目标。所以，德拉姆刚到任时，就准备用压制手段迫使法裔就范。法裔加拿大人被激怒而强烈反对并抵制德拉姆。蒙特利尔主教拉帝格说：德拉姆伯爵“要同化我们，换句话说，就是不让我们成为天主教徒”。而且，英国政府对德拉姆伯爵的做法冷淡，它早已从1837年起义中看到压制的后果，同时也以为如果实行责任制，帝国将难以维持。这样，德拉姆伯爵作为总督，在北美殖民地仅待了5个月，便愤然辞职。1839年回到英国后，他把自己的上述建议写成《关于英属北美事务的报告》。

《德拉姆报告》的内容包括三个方面，即责任政府、帝国事务与殖民地分离以及上下加拿大省联合。实际上，报告包含了以联邦制统一英属北美殖民地的思想，不仅为未来加拿大自治领国家的建立，也为日后英联邦的建立提供了法理根据。这正是它的重要之处，因此，有的加拿大历史学家将这个报告视为将英帝国制改为英联邦制奠定基础的第一份文件。虽然当时报告未被英国议会采纳而搁置起来（只接受统一加拿大省的提议而未接受责任政府的思想），但是10年之后英国政府最终承认这个文件意义，并逐步加以采纳。

**《1840年宪法法案》** 1839年，查尔斯·波利特·汤普森（Charles Poulett

Thomson, 1st Baron Sydenham, 1799—1841年）被任命为英属北美殖民地总督，10月到达魁北克接替德拉姆伯爵。他的到来，就是为了采取《德拉姆报告》的原则而实现上下加拿大的合并。查尔斯·波利特·汤普森不顾特权集团的反对，采取一系列措施缓和殖民地与英国当局的矛盾，促成上下加拿大合并的决议。1840年，英国议会通过联合法案。1841年，将上下加拿大正式合并为加拿大省，两个省的行政委员会和司法委员会以及立法议会合二为一，但是仍为一个总督。查尔斯·波利特·汤普森也因此在同年被封为西德纳姆伯爵。可是，合并仅停留在形式上。英裔与法裔加拿大人仍貌合神离，因为英国政府在接受德拉姆伯爵合并建议的同时，也接受他的同化法裔的图谋。为了控制法裔加拿大居民，违背英国议会制最根本的原则即按人口比例选派代表，而是实行按民族在立法议会享有同等的投票权。1840年，上加拿大人口为45万人，下加拿大是65万人。同等的投票权，显然使英裔居民在议会拥有优势。下加拿大法裔民族分离主义顿时增强，结果在政治上仍保留了东西两个加拿大的分离形式，甚至还沿用上下加拿大的称呼。

西德纳姆伯爵

联合对加拿大的政治发展也具有有益之处。首先，促成了上下加拿大的改革派进行联合斗争，以实现责任政府制；其次，推动了下加拿大法裔政治家的进步，他们在同英裔改革派政治家的联合斗争中学会了英国议会斗争的方法。后来，他们也拥护在下加拿大实行责任政府制，分享掌握自己命运的权力。法裔政治家认识到，如果实现了英国式议会内阁制，原来盘踞在两个委员会内少数英裔加拿大人托利派的专制集团，就不能继续独揽大权而肆意危害法裔居民的利益了。

然而，无论是上加拿大，还是下加拿大，实现责任政府制还需时日。虽然这时由开明的约翰·拉塞尔掌管英国殖民部，授权殖民地总督必要时可改组行政委员会，旨在取消委员终身制，使得特权集团失去部分权力而瓦解它的力量。为了改善总督与殖民地议会的关系，甚至接纳罗伯特·鲍德温进入联合后的行政委员会。在下一任总督查尔斯·巴戈特（Sir Charles Bagot, 1781—1843

年)时，为了同样目的，也让法裔改革派政治家路易·拉丰丹(Louis-Hippolyte Lafontaine, 1807—1864年)进入行政委员会。改革派进入政府，甚至罗伯特·鲍德温也以为责任政府制实现了一半。这只是盲目乐观。实际上，总督仍全权在握，高踞殖民地政府之上。1843年查尔斯·巴戈特离任后，新任加拿大总督是统治印度37年的老牌殖民者查尔斯·梅特卡夫(Charles Metcalfe, 1st Baron Metcalfe, 1785—1846年)，他支持托利派腐败集团攻击改革派，使加拿大在政治上倒退。他的一个论调是，"改革者要求建立责任政府是追求滥用权力，掌控钱袋及官员的任命，议会控制行政的言论是为掩盖贪婪而放出的烟雾"。在他当政的3年中，改革派一直为实现加拿大的议会制责任政府而继续奋战。

19世纪40年代，英国国内改革之风兴起，对殖民地改革是有利的。在这一时期，英国大体完成了工业革命，建立了工业霸权，产品在国际市场上的竞争力处于绝对优势，因此工业资产阶级从保护关税转向提倡自由贸易。在他们的压力下，甚至一向反对自由贸易理论的皮尔领导下的保守党，从1841年也转向自由贸易政策。1846年，辉格党罗素政府再度上台，连续执政20多年，自由贸易更是大行其道。1846年，废除古老的《谷物法》，3年后又取消自16世纪已经实行3个世纪之久的《航海条例》。与经济贸易政策转向相适应的是，英国政府也彻底改变建立在重商主义理论基础上的、从政治和商业上控制殖民地的殖民垄断政策(诸如强行征税、限制殖民地自主发展经济和贸易，或把殖民地作为英国的独占市场或原料产地)。1846年辉格党罗素政府上台后，由格雷执掌殖民部，接受德拉姆伯爵关于将自由作为维系殖民地与宗主国纽带的思想，迎合加拿大和新斯科舍的改革派，在英属北美殖民地实行责任政府制。

罗伯特·鲍德温

**建立责任政府** 1847年，德拉姆伯爵的侄子埃尔金伯爵(James Bruce, 8th Earl of Elgin, 1811—1863年)奉命派出任加拿大总督，推行格雷的殖民政策。埃尔金伯爵实行有利于改革派的选举制，在英属北美殖民地长期统治的托利派专政政权最终在1847年大选中失败，在1848年年初不信任动议后辞职。埃尔金伯爵邀请改革派领袖罗伯特·鲍德温与路易·拉丰丹组成第一届责任政府，改革派掌握了行政

闹事者焚烧议会大厦

委员会，任命官员，管理政府。新不伦瑞克省在1846年、纽芬兰省在1848年提出同样的要求，也先后在1854年、1855年建立责任政府。

新斯科舍省和加拿大省能够最早实行责任政府制绝非偶然，这是改革派长期斗争的结果，他们始终是英属北美殖民地争取责任政府制的主要推动者。自19世纪30年代政党责任内阁制度在英国演变以来，在多伦多的罗伯特·鲍德温、在哈利法克斯的约瑟夫·豪，一直密切注视着英国事态进展，为把责任政府制引进北美殖民地而坚持奋斗。到19世纪四五十年代，殖民地新的政治和社会环境有利于他们实现目标，但是阻力也相当强大，为了保住特权，托利派集团仍顽固抵抗。埃尔金总督根据立法议会的选举，任免政府部长，就遭到了托利派专制官员的谴责。1849年，加拿大省改革派政府通过《起义损失法案》(*Rebellion Losses Bill*)，赔偿1837年起义中财产受损失者，因为细分普通平民和积极参加起义者，托利派借题发挥，加以破坏。一群富贵的英裔子弟4月25日在省府蒙特利尔聚众闹事，用石头或鸡蛋袭击埃尔金总督出行马车，冲击议会，并用新发明的煤气灯焚烧议会大厦。就是在这次事件后，加拿大省政府迁离蒙特利尔，1850年移驻多伦多，后又迁到魁北克城，没有再回蒙特利尔。

路易・拉丰丹

约翰・麦克唐纳

从1841年联合省建立到1848年实现责任政府制，加拿大走上了一条独特的政治联合道路。这是上下加拿大英裔与法裔改革派政治家的政治创造，意义重大，对英属北美几个殖民省的政治发展乃至未来加拿大自治领国家的诞生和成长都有很大影响，起到了示范作用。

从加斯配角到萨尼亚绵延1 600公里，上下加拿大共同拥有圣劳伦斯湾、圣劳伦斯河及其支流与大湖构成的圣劳伦斯谷地平原，加上大湖新修的运河系统，以及正在铺设的铁路系统，形成统一的经济区域。虽然上下加拿大在地理和经济上实现了统一，但是在社会和文化上仍是分裂的。下加拿大省（魁北克省）继续保持自己的语言、民法以及与天主教会联系密切的教育制度。同时，按旧的领地制占有土地（曾运用技巧立法废除过领地制，1854年、1855年又立法恢复），这些都与上加拿大省（安大略省）截然不同。尽管如此，上下加拿大却具有潜在的共同利益，包括商业、交通和政治制度。1848年建立责任政府，就是"并非不重要的政治制度"的进展，在同一地理区域居住的两个民族，在共有的立法机构中拥有平等代表权，尽管1841年下加拿大人口比上加拿大多出将近50%。实际上，这就创立了潜在的联邦制度。按英国殖民当局的平等代表权本意是为了抵消法裔加拿大人的优势，然而，最终被改革党挫败。罗伯特・鲍德温劝说路易・拉丰丹，联手建立两省改革派的统一政党，组成罗伯特・鲍德温—路易・拉丰丹（Louis — Hippolyte La Fontaine，1807—1864年）政府，从1848年到1851年实行"双重制"，即由英裔加拿大人和法裔加拿大人两个总理轮流掌权，首府驻地也由魁北克和多伦多轮换。

乔治·卡蒂埃

责任政府制的建立，还促使政治党派在19世纪50年代纷纷建立，起先至少有左中右7个政党。1854年，上加拿大优秀的年轻政治家约翰·麦克唐纳（John Alexander Macdonald, 1815—1891年）联合下加拿大法裔政治家乔治·卡蒂埃（George-Étienne Cartier, 1814—1873年）成立自由保守党（Liberal-Conservative Party）；乔治·布朗（George Brown, 1818—1880年）领导的左派“砂砾派”联合下加拿大激进派“红党”组成改革党（后改称自由党）。这样，英国式议会民主制的基本结构——议会、责任政府和政党在加拿大就一应俱全了，形成了完整的政党内阁制度的基础。1857—1862年，组成约翰·麦克唐纳—乔治·卡蒂埃自由保守党政府，轮流在东西加拿大行使权力，议案必须经东西两部分议员多数即双重多数通过才能成立。

1855年，英国政府最终批准纽芬兰殖民地成立责任政府，英属北美殖民地5省全部完成了政治改革，各省行政委员会变为政府内阁，成员不再由英王通过总督任命，也不对其负责，而是由议会多数党组阁，只对议会负责。司法委员会变为上院。总督成为殖民地名誉首脑，也不再过问政务。这些变化意味着立法议会的权力在增大，殖民地政务已由责任政府管理，帝国政府已经从殖民地部分撤出权力，只留下与帝国利益直接相关的部分，即外交和军事。

更重要的是，在19世纪50—60年代之交，一种共同利益逐渐成为几个殖民地的共识。此前，沿海殖民地也同19世纪40年代以前的上下加拿大一样，除优惠关税之外，没有统一利益，而与圣劳伦斯河地区更是相隔千山万水，互不了解，以至于一位加拿大部长1864年10月从夏洛特敦归来后，人们问他东部“是什么人”。在19世纪五六十年代，这种状况在政治改革中有所改变，这就为下一步自治领联邦运动奠定了基础。

乔治·布朗

**联邦运动兴起** 1858年英属北美殖民地兴起的联邦运动，是加拿大省东西两地经济、政治和社会矛盾发展的结果。随着责任政府的建立，法裔加拿大人逐渐右转不可避免，因为英国减弱了控制，他们对自己的语言、宗教和民族命运的安全意识不断增强，更强调"法裔加拿大人的主导地位"。这引起上加拿大左派政党即乔治·布朗与"砂砾派"的不满，感到与法裔加拿大人在政治上相处很困难，确信加拿大省不能再这样走下去。乔治·布朗是苏格兰移民，克尔克派新教徒，崇尚自由，生性反对天主教。在19世纪30年代的改革运动中，他便利用非常活跃的宣传喉舌《环球报》，将西加拿大代表农场主利益的"砂砾派"改建成强大的左派改革党。在19世纪50年代后期，改革党提出三大诉求：首先要求取消《1840年宪法法案》规定的平等代表权，在议会下院给西加拿大省与其人口相应的代表权。乔治·布朗呼吁，东西部分享相同代表权的不公平制度该结束了，因为西部人口现在比东部(魁北克省)多50万人，"50万新教徒在立法议会中应与加斯佩外的鳕鱼有一样的代表权"。在19世纪五六十年代，英国移民大量涌入，西部加拿大人口很快超过东部。1851年东部89万人，西部95.2万人，而1841年实行平等代表权时，东部69.7万人，西部45.5万人，东部比西部人口多50%，明显不利于法裔加拿大人，而当时法裔加拿大人并没有提出实行按人口选派议会代表，因为是被压迫民族，只有忍耐。

其次，乔治·布朗与改革党对教派分校制度不满。1840年宪法允许父母送子女到政府资助的教派学校就读，并没有多少人担心，教派分离学校不仅数量少，而且正在消失。而1850年通过的新法案，改变了这一灵活的制度；依赖法裔加拿大人选票的政府，1855年又通过了扩大天主教少数派学校的法案，加上英国建立教皇主教管区，重新点燃了新教徒对天主教会的仇视。卫理公会、长老派等新教教派感到受到了威胁。

再次，是对西部土地问题的不满。西部移民增长很快，到19世纪50年代中期，已明显看出，可用合理价格购买的土地大大减少了。居民挤进哈斯丁斯、维多利亚、西姆科、格雷或布鲁斯县等地盾边沿的地区，而这些地区虽然像今天的马斯库加、贝斯湖和百瑞湾一样，有前寒武时代的岩石、白桦、白松、蓝莓和湖泊，可以作为令人满意的夏季别墅区，却建不成农场。因此，乔治·布朗与改革党呼吁兼并苏必利尔湖以西的红河草原，以及哈德孙湾公司直至落基山的空旷土地。1854年，《环球报》就此大造舆论，说从这些地方"已经看到一个帝国"，1857年又将这一要求定为主要目标。

当然，改革党不是要与东加拿大完全分离，也认为铁路、运河或蒙特利尔港对他们也极为重要，设想将加拿大省的两个部分建立一种类似共同市场的体制，维持经济上的联系，而同时保持社会和文化的制度差异。在1859年11月多伦多大会上，改革党已明显表示出两个加拿大分治的倾向，但是改革党这些要求遭到了自由保守党的反对。约翰·亚历山大·麦克唐纳问道：天主教的法裔加拿大人为什么要接受"按人口拥有代表权"，给西部82名新教议员而不是与东部平等的65名议员呢？他与乔治·卡蒂埃领导的保守党非常倚重法裔加拿大人的选票，所以不能接受"按照人口拥有代表权"。在1855年扩大天主教权利的新法案通过后，19世纪50年代后期的政治僵局迫使乔治·布朗提出分治主张，东西加拿大各自独立建省。乔治·布朗一次在立法议会上说："我们有两片土地、两种语言、两种思维以及行动习惯，问题是能否用一种法律与行政来治理这两个政府。"1859年改革党提出的方案是，将加拿大省变为联邦，中央政府履行部分功能，而东西两个地方政府负责其他职能。由于经济相互依存，不管多么分权，联合方式还需要保存。这样，布朗就提出了在加拿大实行联邦制的设想。

保守党政府反对立即实行联邦制，认为未来的联邦必须包括鲁珀特地区，而现在尚不具备这样的条件。少数改革派甚至认为西北地区还是只"大白象"（意为还没有用处），还不宜开发定居，进行治理徒费钱财。这主要是省政府拿不出钱来。1857年，加拿大曾向伦敦提出西部土地的要求，英国政府也就哈德孙湾公司地位进行过一次调查，同意加拿大向公司购买。公司索要30万英镑。实际上，英国政府在这一时期对加拿大实行联邦制来实现统一的态度还相当冷淡。然而，人们已经公开谈论建立联邦的可能性。这相当重要，可以说为19世纪60年代英属北美殖民地通过联邦运动建立加拿大自治领国家作了舆论准备。

## 八、社会生活

捕鱼、毛皮贸易、伐木、农耕、造船乃至政府官员的公务，构成了英属北美殖民地时期加拿大白人社会生活的主要内容。这些活动在各块殖民地的特定地区又各不相同，英裔与法裔加拿大人以及他们与其他欧洲移民、英国新教与旧教、天主教与新教、英格兰人、苏格兰人、爱尔兰人或威尔士人乃至白人与土著人之间都有特殊关系。他们的信仰、习俗、娱乐、文化、语言背景乃至工作方式彼此存在很大差异。从殖民地初创时期起，社会生活就丰富多彩，而英语和法语文化则给北美荒原或土著人文化打上了深刻的烙印。

**渔民生活** 虽然英国大西洋沿海的渔民最早涉足加拿大，即早在1497年卡波特探险之后就来到纽芬兰捕鱼，但是直到英国完全控制北美这大片土地后，才有渔民陆续到这里过定居生活。那时，这里既无农业，也无林业，只有渔业。新斯科舍省和新不伦瑞克省的移民，除部分从事渔业外，主要从事伐木业，而纽芬兰省则是典型的渔民移民的生活区。

定居渔民与以前季节渔民的生活已完全不同。由于契约或季节性劳动力市场的收缩，渔具和食物价格上涨（鱼价上涨一半而这些东西价格要涨1倍），船主的收入缩减巨大，他们越来越多地挑选亲属当船员，妻子儿女上岸照料。这样，船主逐渐变成普通渔民。在这一转变过程中，渔民要养活自己，还得种植马铃薯或其他农作物，养一两头猪，打猎或采摘野果、浆果，同时兼捕海豹得到少量补贴。渔民将鱼直接提供给商人，往往取代现金交易而实行易货贸易。他们的社会职业差异逐渐消失后，以家庭为中心的行业也单一化了，且具有相当浓厚的地方性和传统性。

在这些年代里，家庭都转向多样性工作，每个成员要掌握各类技能，从修补渔网到剪羊毛，从加工鱼到桶装猪肉。最繁忙的季节要全家总动员。一般也有明确的男女劳动分工，男人打鱼、伐木、干田间粗活、捕猎、修补渔网或船只，女人照料菜园、母牛和家禽，收获马铃薯和浆果，并帮助处理鱼及干草，还要照顾家务。就这样，普通渔民也仅能维持生计。1819年，一个到特里尼蒂湾旅游的人写道："这里住房简单，只有一层，最好的装了木护板，但是大部分由原木建成，里外墙都粗糙不平。"物质生活十分简陋，价格下降或捕鱼减少，就可能造成可怕的贫穷和不幸。

在魁北克省圣劳伦斯湾沿海，渔民也大体如此。他们自己不能供给装备或生活用品，甚至缺乏资金，渔业也因此波动很大，极易受到损失。鱼群游向不定，气候恶劣，鱼很难晒干腌好，价格自然会波动，是这里海岸渔业经常伴随不断的困难。商人通过提前预付定款（不是秋天才付鱼钱）而建立起控制机制，这也要承担一定风险，如收获不好，渔民赖账。而在大多数情况下，渔民普遍债务负担很重。在纽芬兰省、圣劳伦斯湾或新斯科舍省南部海岸，这种制度使渔民家庭剩余很少，只够维持最低的消费，购买生活必需品，如糖蜜或铁器等。生活日用品一般来自国外，很少有人购买奢侈品。

英属北美殖民地时期同以前一样，渔业利润往往集中在控制渔业的贸易中心，即远在海峡群岛的泽西岛、圣约翰斯或哈利法克斯，而大西洋岸边的渔民家庭只能是辛苦劳作。

**乡村生活**　英国接管加拿大后，农业开发仍是经济和社会生活的基础，但是各块殖民地的农业发展状况差异较大，既有开发一个多世纪的魁北克省和新斯科舍省阿卡迪亚的法裔加拿大人的移民区，也有刚刚开始开发的上加拿大省、爱德华王子岛省等处。

在魁北克省，渥太华河以下的圣劳伦斯河两岸的林地，早已变为庄园制的租佃农场。农民租种的庄园制农场基本相似，面积不大，布满河南岸的谷底平原。从黎塞留河两岸的索尔、圣-乌尔、圣丹尼这3个教区，可以看出法裔加拿大农民在英国统治下的生活变化。这3个教区依次分布在从黎塞留河与圣劳伦斯河交汇处以上的黎塞留河两岸，1765年共1 750人分住的小村庄人口密集，6—12户人家紧紧围绕教堂而居。以阿莱尔一家为例子，不列颠哥伦比亚大学历史学教授格雷埃米·韦恩介绍了英法转换统治前后魁北克省乡村生活的变化：

18世纪60年代早期即英国接管新法兰西以前，阿莱尔一家就生活在圣-乌尔教区庄园一所简朴的农舍里。他家的农场沿河岸展开，宽100米，长约730米。农场后面是森林和灌木丛，可以提供柴火、篱笆、建筑材料以及大半年的饲料。9公顷土地用粗篱笆分为0.2公顷菜园、约2.46公顷草地、6公顷耕地（一半休耕）。他家的农场属于面积较小的一种，每年种植小麦（占2/3）、燕麦（约占1/4）和豌豆。据1765年户口调查，他家有2匹马、2头母牛、2只羊、2头猪，是额外的财产。1767年前后，他们有5个孩子，共7口人。与大多数邻居相比，这对夫妇境况比较困难。这里绝大多数住户都像阿莱尔家一样，只是房子大一些。阿莱尔家的房屋一边仅5米多，用平整方原木建成的简陋单间小屋，做饭、吃饭和睡觉全在里面。阁楼存放食物，孩子也睡在那里。家具非常少，尽管大多数家庭都有1张松木桌，阿莱尔家却没有。除1张大笨床和比房屋还要值钱的1个箱式铸铁炉外，就是3把旧椅子、1个松木柜、1个木餐柜、2个高脚杯、2个茶杯、5副叉子，没有盘子，只能直接从铁锅或煎锅盛取饭菜。咖啡壶、蜡烛架、碗、瓶本可从锡匠和制陶工那里购买，但是阿莱尔家都是自制的。还有一些锤子、凿子、斧子、镐、小镰刀和长柄镰等简单农具。被子和亚麻床单要靠阿莱尔夫人自己缝制。

这里多数农民像阿莱尔夫妇一样，年复一年地重复相似的生活轨迹。4月或5月初开始一年的农活，赶着牛或马驾摆杆步犁出现前的北欧有轮笨犁，为播种作准备。女人在菜园里种植，照管南瓜、卷心菜、洋葱、烟草或香草，或许还要女儿相帮。然后，在田地周围竖起篱笆，修理房舍和谷仓等，还要挖排水沟。女人每天除家务外，还要挤奶、做黄油、养家禽，仲夏之时割干草储存。9月收割谷物最辛苦，每个能干活的人都要投入，大面积农场这时要额外雇人，但是阿莱尔家雇不起。庄稼收完，拆除篱笆，放家畜觅食，气候允许，立即秋耕。冬季屠宰家畜备肉，也能节省一些草料。妇女要织布、纺毛做衣服或织地毯和亚麻布。1—2月在谷仓脱粒，砍柴，做篱笆，有时再清理一小块土地。拥有大农场的人家在交纳什一税后，谷物、肉和黄油或有剩余，就拿到市场上出售。阿莱尔家显然不会有这样的剩余。早春时节还要做些枫糖。

这里法裔加拿大人的婚嫁习俗是绝大多数男孩20多岁结婚，几乎所有女孩也是在这个年龄嫁人，很少有不结婚的。婚事多放在农闲的晚秋或冬月举办，私生子不常见。按照现代标准，出生率相对较高（47‰—52‰），死亡率较低。死亡多因天花、霍乱、伤寒或流行性感冒以及收成不好而食品短缺所致。由于女人结婚年轻，绝大部分有很多孩子，但是在18世纪晚期约1/4婴儿活不到1岁，而活过1岁后存活率一般较高，到19世纪，婴儿死亡率下降。因此，下加拿大省的家庭规模往往较大，一家人家8—10个孩子不稀奇。

尽管魁北克省在1760年后由英国统治，但是居民承担领主和教堂的义务并未改变。农民及其后代可以出售、转让或抵押土地，领主仍保留回收土地的权力。除年贡外，还要交纳其他苛捐杂税，买地、公共牧场、捕鱼或做枫糖都要交税。天主教什一税法定是占收成的1/26，每个安息日也要捐款，还要支付教堂每年座位租金并承担教堂修缮费用。所有这些加起来是一笔很大的负担，可能占每年剩余的一半，因此居民的财富积累很受限制。下加拿大省的农业落后于上加拿大省，这就是基本原因。

在英国接管后，神职人员同领主一样仍处于社会中心地位。领主还享有教堂前面的专座以及在地方庆典时的荣耀。不过，领主对土地所有权及居民对领主的义务相对固定，领主既不能干涉农民农活，也不能决定他们日常行为，居民基本独立。他们有时也拖延交纳领地税或反抗领主权力。1840年，索尔年贡缴纳人至少欠领主9.2万里弗尔，圣-乌尔教区欠约7.1万里弗尔。农民还一再抵制教会增加的经济负担，与教堂的关系也灵活了。虽然参加弥撒、给婴儿洗礼要遵循程式，但是也可以坚持宗教当局视为迷信或巫术的传统信仰。

在19世纪早期，黎塞留河下游地区法裔加拿大人的社会生活发生了很大变化，最大变化是人口增加很多，林地已清理完毕。大多数年轻人要在父母家附近开垦新农田已不可能了。到1831年，居民往往将土地再分成几块，贫瘠小农场很少超过14公顷，要从事毛皮贸易等季节工以补贴收入。18世纪90年代，索尔教区居民的工资收入曾带来相对的繁荣，但是好景不长。1790—1831年教区人口增长超过4倍，而毛皮贸易需要的人手却减少了。3个教区全由小村庄变成小镇，人口增至1.1万人，到18世纪90年代索尔成为繁忙的造船中心，19世纪20年代又成为圣劳伦斯河岸停靠蒸汽船的港口。1815年的圣-乌尔原来清一色的农民分别变为贸易商人和手艺人，但是穷人依然占据大多数。到1835年，这个小镇已有一家酿酒厂，几家磨粉厂或锯木厂，123户人家，人口超过600人，包括商人、公证人、磨坊主、铁匠和木匠等。圣丹尼教区似乎仍然保持庄园制农业特色，1831年农民每人平均有67英亩耕地，农场生产的小麦有相当多的剩余，供应蒙特利尔的市场，能保证当地家庭比较富足的生活。不过，与市场的联系也冲击了传统的庄园制度，除维持基本生活的耕地外，还生产朗姆酒、茶叶和胡椒。相对平等的继承惯例，这时也改变了，只有拥有大片土地的父母，才把土地平分给子女，他们大都倾向把整个农场传给一子，保证充分耕种，畜养更多家畜。正是这部分人的富足生活，显现了魁北克省乡村的繁荣，房子比原来阿莱尔家大得多，家具也好得多，有人开始“放弃传统服饰，追求欧洲产品风韵”。但是大多数农民仍较为贫困，每7个农民就有1个佃农，散工几乎占1/4，他们债务累累，到19世纪30年代歉收时，多数人家一贫如洗。由于土地继承权的改变，更多的年轻人进入城镇成为工匠或工人。1765年时，黎塞留河流域9/10的家庭拥有土地，而到1831年，拥有土地者在圣丹尼已成为少数了。

在上加拿大省，移民的社会生活不同于下加拿大省。下加拿大省农业开发了一个半世纪，而上加拿大省在英国人刚接手过来时，只是新法兰西行省的毛皮猎取地，刚开始清理林地开发农业。第一任副督西姆科上校的计划是以汉密尔顿为中心把金斯顿—汉密尔顿—伦敦一线建成通往北美内陆的商业通道和交通主干道。加拿大移民公司也将汉密尔顿作为移民开发的重点区域。这里很快就住满了人。汉密尔顿的地理位置优越，不少抱着当乡绅梦想的富裕移民纷纷移居这里。1819年从东北英格兰德拉姆县移来的罗伯特·韦德就是这样一位移民，他已经42岁，有8个孩子，原是英格兰的成功租佃农。来加拿大时，他带着充足的资本，在安大略湖边购买了80公顷的一个农场，很快安居下来。他在新购的地产上建造了两座原木房，购进6头母牛、18只绵羊、10只猪、2匹马、1匹小马驹，很快清理出12公顷土地，一半是草地。两年后，罗伯特·韦德已在汉密尔顿拥有一个质量较好的混合农场；不到一年，又得到赖斯湖以北欧托纳毕镇的赠予地，产业有了快速增长。

与罗伯特·韦德先后同来的约700个移民则不像韦德那么幸运。19世纪前20年，他们渡过安大略湖来到汉密尔顿，到1821年，已有近200个家庭（1 250人）定居汉密尔顿，其中有后效忠派以及投奔亲戚来的第一批美国人，但是主要是来自英国的移民。在他们之中，有8位是原先帝国的海军军官，属于镇上有稳定生活来源的一族。英属北美殖民地的著名作家苏珊娜·穆迪的丈夫邓巴·穆迪就是其中一员。他来自奥克尼群岛，也是帝国士兵，发现半薪养老金在英格兰不能过上理想生活，1831年便携家来到汉密尔顿。这里已经没有可得的王室领地（保留地），绝大部分土地已经捐给教堂或出租，而一多半覆盖大片森林的土地也多在投机者手里。土地的投机性控制导致了地价的上涨，湖岸附近的地价最高，汉密尔顿外面原来5便士可买1英亩土地，到19世纪20年代早期，清理过的土地售价平均15先令一英亩，未清理过的土地每亩减半。购买农具、家畜和种子，修建房屋和谷仓，并继续清理几英亩土地，大体需要80—100英镑。这也就是说，新移居者至少要有150英镑才能在100英亩土地上安居下来。没有这笔钱，就只好租地或当雇工。有1/3的农场主租种保留地，其中将近一半是佃农，而镇上1/10的富人占有约1/3以上的财产。

1842年后的汉密尔顿，道路已有改善，驿站马车一直通达下游的商业中心科堡（Cobourg），并与后面的乡村相连接。这时，清理过的土地平均价格几乎增长了3倍，未清理过的土地价格增长了2倍多，租金是1819年的5倍。这也就是说，拥有土地者的财富翻了几番，罗伯特·韦德家的财产1834年总值达1 600英镑。随着新家庭建立房舍，森林日益远退，湖边开出很多农场，更多的房舍和谷仓出现在篱笆圈起的土地中间。移民持续涌入，冲击了劳动力市场，工资也降低了。随之，汉密尔顿的社会分裂明显加快，由于地价的上升，大部分普通移民只得将这里作为获得新世界生活经验的停脚地，然后再移往别处继续奋斗。对于拥有足够财产、良好关系或有利条件的人来说，汉密尔顿是一个适合定居而过英国乡村生活的地方。在19世纪中期以前，这里有一个农业协会、一个租赁书店、一个业余戏剧协会、一个板球俱乐部和狩猎俱乐部。在此期间，来到上加拿大其他地区的移民，与汉密尔顿的情况大体相同。从英格兰塞克斯郡移民过来的查尔斯·巴特勒，19世纪30年代携家迁移到这里时，带来约1 000英镑，与罗伯特·韦德相似，他选择在科堡邻近安家。他看中的是那里舒适的乡居环境，因为这里距离彼得伯勒40公里，能将“自己一家同社会完全隔开”而过着宁静的乡村生活。

然而，对于除了良好愿望外一无所有的绝大多数移民来说，在新世界通往成功的道路要比罗伯特·韦德、查尔斯·巴特勒困难得多，他们必须在谷物收获的第一个季节前有钱供养家人。只要有土地和能力，意志坚强，加上适当的好运，就能够获得成功。来自格拉斯哥的詹姆斯·克罗伊尔（James Croil）1845年春携家在魁北克城登陆时，只有7金币，来到上加拿大省格林格利县，借了姻兄家的种子、耕畜和农具，购买一些夏天用粮，开始耕作时就剩5先令了。1845年收成很好，他用收成的一半归还姻兄，一半用于来年生活。第二年他以每年20英镑租金租种一块小农场，到1848年租约到期时已拥有自家的农具和牲畜。1849年，他再以每年33英镑租金租种相邻的两块农场，1851年有两块地产出售时，他尚无钱购买，但是不久他借300英镑买下，年息4%—5%，每年偿还50英镑，加上自家已清理出的40英亩土地，每年再清理6英亩土地，到1861年即詹姆斯·克罗伊尔一家来到加拿大16年后，不仅偿清了债务，而且农场价值达到1 000英镑，由他与两个小儿子经营，两个长子已分出自置农场。詹姆斯·克罗伊尔一家生活自足自给，夏天制作熏猪肉、牛肉和火腿，自制干酪和奶油。10月杀一头母牛或小公牛，给铁匠1/4、制鞋匠1/4、裁缝1/3，剩下1/4自家食用。12月再杀一头菜牛，冷冻储藏到来年3月末。第二张牛皮送给皮革匠，鞋匠留一半，还给克罗伊尔家一半，然后每年来农场一次为其全家做鞋。牛脂送去制成蜡烛，碎末与木灰一起煮制肥皂。女人纺毛织布，缝制被子和床罩，制作羽绒床垫。

用原木和帐篷搭成的简易小屋，常是刚踏上加拿大土地的英国移民的第一个居所。小屋只有5×7米，既做饭又取暖，里面烟雾弥漫，四面透风，无法遮拦蚊蝇。修建较好的构架房屋费用要5—10倍，在新开垦区很少。家具简陋，斧子和公牛是拓荒者情况改善后的主要工具，人工播种，收获用大镰刀，打谷使用连枷，1832年才有脱粒机。定居家庭面对无数挑战，大都像克罗伊尔一家一样，自己修造农具。1832年，一位来自爱尔兰的移民在一封寄往都柏林的信中写道："我在家时要给马钉掌，做门，修造栅栏、壁炉架及家具……在同一天之内，我给一个非常漂亮的女孩补了一颗牙，又给耙装了一个耙齿。"著名加拿大女作家凯瑟琳·帕尔·特雷尔(Cathaline Parr Trail, 1802—1899年)在《加拿大的丛林区》(1836年)中写道，上加拿大成百上千英亩的农田都是以"《鲁滨逊漂流记》里描述的生存方式"开垦出来的。然而，从上加拿大森林中开垦出来的农场大多是混合型的，既有栽种农作物的田地，也有菜圃。早期的家具、织物款式甚至闲暇消磨方式，往往模仿英国的故乡。房舍外观，也体现了大西洋对岸的风貌和观念。然而，新世界的环境日渐改变了移民昔日的传统，他们的多样性方言、信仰和习俗也逐渐与北美的环境相融合，有了不同于以往的新的变化。

英属北美殖民地的乡村业余生活丰富多彩：移民跳苏格兰舞、爱尔兰舞或美国舞。乡村流行各种农忙聚会，搭建谷仓或房屋，皆可成为欢乐嬉戏的由头。穆迪·S.苏珊娜(Sussanna Moodie, 1803—1885年)在《丛林的艰苦岁月》中谈到，厌恶逗闹音乐聚会的"喧闹、放纵和酗酒"，一次她需为32人的3天聚会准备食物。许多事情没有饮料聚会就办不成。酗酒这种18世纪的陋习，到19世纪还在盛行。威士忌是安大略省和魁北克省的普通饮料，大西洋各省有运自西印度群岛的便宜朗姆酒。主要是教会基本上不反对饮酒，其中，罗马天主教会反对禁酒。英国圣公会教会对此持两可态度，而新教各派则反对饮酒，认为杜松子酒邪恶，美以美派、浸礼派和长老派也都支持禁酒运动。大约从19世纪30年代起，英属北美殖民地开始禁酒运动，但是均不成功。

英属北美殖民地另一恶习就是决斗。按法律规定，决斗非法，但是直到19世纪40年代还时有发生。在哈利法克斯，约瑟夫·豪曾遇到必须与大法官布伦顿·哈里伯顿之子决斗的麻烦。约瑟夫·豪当时30多岁，报纸编辑。1840年3月14日一大早，每人一把手枪，只为一人准备棺材，小哈里伯顿先射，但是失手了。约瑟夫·豪只向空中发了一枪，他后来说，不想夺走一个老人的独生子。一个半月后，他再次遇到省秘书鲁珀特·乔治爵士的挑战，如果没有放弃同小哈里伯顿的决斗，这次也不能拒绝了，而现在仅说"不"就可以了。总体上来说，当时英属北美殖民地民众较为粗犷，乡村也像城镇一样，当一群人发怒而当地教会或社区控制失灵时，就会发生教派冲突。

大西洋沿岸几块殖民地的社会生活，既有魁北克省的特点，又兼备上加拿大省的元素，也有苏珊娜在《丛林的艰苦岁月》中描述的酗酒恶习。1787

年，一位22岁的海军上尉在哈利法克斯同20位绅士在总督家的晚餐上喝了60瓶红葡萄酒、一两打啤酒，然后还爬上基特戴尔山，去巴拉克厅碰碰约会女孩的运气。在米拉米奇许多人家屋里，朗姆酒瓶“一般从早到晚都放在桌子上”。1852年，“禁酒之子社”成功说服了新不伦瑞克政府，宣布从1853年1月1日起实施禁酒，但是下一年就被废除。1855年，又通过一项禁酒令，自1856年1月1日起执行，结果却导致政府垮台，最终又被废除，此后这个问题被束之高阁。

东部地区酗酒恶习比安大略省和魁北克省还严重，主要原因是这一地区相对更为落后而粗犷。1810年，野战民兵监察官约瑟夫·格宾斯中校到达新不伦瑞克不久，对东部殖民地社会生活的感受是，他仿佛进入了一个反差较大社会。这块殖民地人口已有3万人，包括返回的阿卡迪亚人、土著人、1783—1784年从美国革命后流入的效忠派以及英伦三岛的移民。居民大部分居住在圣约翰谷地，少数人稀疏地居住在这个殖民省的边缘地带。精英团体居住在政府建筑四周，因为这里既有正式的招待会，也有各类舞会或雪橇狂欢会。圣约翰是建筑紧凑的商业中心有3 000居民。省会弗雷德里克顿只比村庄大一点，房舍不到200座，分散在公共牧羊场上。居住条件两极分化厉害，富人的农场房舍整齐，漂亮别墅带斜坡草坪，为森林环绕，而数量更多的则是类似圣劳伦斯河岸的原木简易房。

新不伦瑞克殖民地边缘地带的社会则较为闭塞。格宾斯中校来到塞迪阿克时，受到阿卡迪亚妇女的真诚欢迎，非同寻常的是，人们穿带的仍是一个世纪前的诺曼式服装。再往北，阿卡迪亚渔民甚至没有听说过拿破仑或英法战争。当地法官随意地、自相矛盾地执行省的法律，竟不经弗雷德里克顿司法官的审查，杀人凶手甚至不受惩罚。这里的医疗服务也让格宾斯十分惊讶，骗子医生承认将辣椒加胡椒粉的“大丸药”当作治疗肺病的特效药。偏远乡村地区尚未建教堂，人们大都信仰福音派教义，“宣传邪恶教义”也不乏其人。这里的人们无疑养成了美洲的习性，已无多少英国那种爱好整洁和节俭的美德，甚至英国人的直系后代也是如此。穷人也像在欧洲那样被教导要尊重富人，佣人却同“他们称为先生或太太”的主人同桌用餐。法裔阿卡迪亚人已经忠诚于英国统治，甚至比滑头的英裔更加恭敬而遵守秩序，尽管知道仍受到殖民地政府的怀疑。这些都表明新不伦瑞克这块后开发的殖民地还十分落后闭塞，民风淳朴。

新到新不伦瑞克殖民地的移居者很快迁至偏远地区，因为到19世纪早期这里仍有没有清理的土地，价格非常便宜。也像下加拿大省的阿莱尔一样，这里的法裔农民生活孤独艰难，事无巨细都得自己动手，“自己当编织工、染工、裁缝、鞋匠和木匠”，甚至也像新法兰西时期的移民，很快忘记了在故乡的各种技能，放弃了原先祖国的生活习惯，学会了适应这里艰难的生活环境。由于雇工稀缺，即使绅士和官员也得从事耕作。效忠派靠财富和幸运建立的庄园，在19世纪很少继续兴旺。“孩子就是父母的财富，如果得到一个有大家庭的寡妇那就是交了好运”。乡村杂活占据了年轻人受教育的时间，年轻人文化水平和修养比父母一代差。

正是因为民风淳朴，值得称道的事很多，几乎没有听说过发生抢劫，人们慷慨大方，喜好帮助不幸者。移居者的“狂欢聚会”像上加拿大省的“邻里聚会”，帮助新移民盖房和清地，只不过吃顿饭、喝杯酒的酬谢。薪资相对较高，即使老弱者也能挣够钱过日子。英国制造品价格是在英国的2倍，弗雷德里克顿医生有时不太好意思地把干草、咸鱼或一块包好的猪肉当作诊金。木材贸易激活了当地市场，家畜、家禽价格较高，因此农民生活较好，住所舒适，必需品来自农场，奢侈品则依赖木材贸易。

在新斯科舍、爱德华王子岛和纽芬兰三块殖民地从事农业的新移民的生活，也大体如此。

**城镇生活** 1760年英属北美殖民地城镇居民不过1/6，到1840年有所上升。这些城镇不论规模大小，都是殖民地生活的中心。殖民地官员聚集在中心城镇，城镇是新世界连接旧世界的轴心，移民、商品乃至新观念都通过这里进入殖民地，这里的报纸把英国的消息传到偏僻的乡村。1760—1840年是英属北美殖民地城镇发展的早期阶段，只有魁北克城、蒙特利尔和哈利法克斯人口超过3 000人，到1840年至少已有10个这样的城镇。1821年魁北克城有1.5万人，在人口数量、商业优势方面已让位于蒙特利尔，后者到1840年已有4万居民，是英属北美殖民地最发达的城市。1832年，约克（不久合并为多伦多）有1.3万人，超过金斯顿成为上加拿大最大的城镇。东部的圣约翰在19世纪30年代也对哈利法克斯的地位提出了挑战。这些都意味着英属北美殖民地城镇发展很快。

中心城镇发挥了主导作用。到1840年，法官、郡治安官、治安维持员、征税员、王室领地代理人、学校负责人以及职员已居中心城镇人口的多数。市民对本地城镇的发展普遍抱有雄心，寻求行政和运输职能的改进，以促进城镇中心地位的提高，甚至为成为县城或区镇中心而竞争。金斯顿在19世纪30年代曾期待建成丽都—特伦特运河体系，到19世纪40年代早期，则按纽约百老汇大街修筑马路，建成100英尺宽的林荫大道。许多大路交汇处的定居点发展成为村庄，再发展成为城镇，地图上出现了很多新地名。总之，在英属北美殖民地时期，加拿大城镇的发展比新法兰西时期更快。

贸易最终决定城市的地位。重要城市都是商业中心，且靠近水上航道，为背后广阔的乡村地区提供商业服务。每块殖民地都有自己的主要商业港口。蒙特利尔因地处渥太华河与圣劳伦斯河交汇处的传统航道上，地位超过魁北克城，内陆服务覆盖了整个上加拿大省，在伊利运河、圣劳伦斯河的运河体系改善、交通特别是铁路促进多伦多发展以前，一直居中心地位。蒙特利尔的法文报纸虽然继续关注法国新闻，但是已将英国的消息置于首位。每个地区的中心城镇，也是如此。过去，在各殖民省的城市之间很少有联系，那时在魁北克城和蒙特利尔的报纸上很少看到哈利法克斯的消息，即使有这样的消息，一般也在10天或两周之后。晚至19世纪40年代，以上这种现象得到了彻底改变。

主要的城镇之外，还有低一级的镇区，人口和贸易量较少，这里的货物从地区中心运来，服务于地区市场，有时也直接从英国或西印度群岛运来商品。每个镇区有店铺集中的商业区。在更远的内地，也有店主将生意网络扩展到更远的地方，直至森林边沿。这样的店铺周围还有铁匠铺、马车店、小酒馆和磨坊。此外，这里还有收集乡村农产品的商贩、赊账服务者，这也是服务乡村社会的重要一环。通过这样的店铺和商贩，农民偶尔也能够得到国外的舶来品和奢侈品。这些环节都是英国的工厂、银行或商行的遥远分销处。

然而，城镇虽然比新法兰西时期发展快，规模大，但是直到19世纪40年代仍属初期阶段，即使最大的城市，也难以与今天加拿大的城镇相比。每个城市

鸟瞰多伦多（1854年）

都有码头、仓库区、零售区、时尚大街，但是数量很少。各个城镇富人与穷人、商人与劳工的居住区尚无明显区分。城市管理简陋，缺乏公用设施，即使富丽高雅的多伦多国王大街，在19世纪30年代老牛拉着大车也可以行走，而不到一个街区就是湖边鱼市。东边老城厢有发迹商人的豪宅，但是周边都是移民或劳工的破旧小屋。城西湖滨有乔治王时代（Georgian era，1714—1830年）早期复兴的哥特式公共建筑或私人建筑，而不远处则布满简陋住宅。蒙特利尔商业区纵深5个街区，码头、仓库、旅社和酒馆相对集中；经纪人、律师事务所、零售商店、银行、保险公司及加工厂都在街区内。大商人、发货人或商务代理人一般有事务所在河边仓库或旅店内，也有住在他处三四层建筑物的顶层；建筑师等专业人员，分散居住在街区的主要街道上；黄铜铸造厂、马车修造厂、制蜡烛师等工匠店铺构成街区内界，大铸造厂或其他工厂则分布在城的东西边陲。罗耶尔山南坡仍是詹姆斯·麦吉尔、西蒙·麦克塔维什或威廉·麦吉利夫雷等毛皮贸易商家族的阔宅或地产集中的街区。

在英属北美殖民地早期，蒙特利尔和魁北克城明显显示出英国统治的状况：居住区被划分为两个部分，英裔少数族不成比例地集中在商业中心，而工匠、劳工和小店主则居住在法裔居民居住区，明显反映了财富或权力分配的状况，尽管法裔投资者集中了蒙特利尔和魁北克城的大部分财富，但是银行业、保险业或批发业几乎为英裔商人所垄断。银行、宅邸和海关等办公楼模仿乔治王时代的古典格调，体现了英国建筑风格。蒙特利尔和魁北克城的英国圣公会大教堂与伦敦圣马丁教堂非常相似。

在小城镇，没有大城市中心街区的密集建筑群，同周围乡村也未明显分开，但是收入、地位或宗教信仰却使家庭和个人彼此区分。人们重视细微差别，既反映在报纸上，也反映在镇区会堂或街道的改进之中，结果，强烈的地方主义渗透了日常生活。安大略湖畔的科堡就是这类“众多地方中心”的典型。19世纪20年代，科堡只比村庄略大一点，此后发展很快。由于地处安大略湖北岸正中，到19世纪30年代已成为商业和交通中心，服务覆盖面向南延伸到安大略湖西南端汉密尔顿镇区的北界。1833年，蒸汽船将赖斯湖北岸与科堡码头连接起来，有驿站马车通到约克和金斯顿，不久皇家邮政有定期邮船联系其他湖区港口。科堡因此得以快速扩张，到1837年已有磨坊、锯木厂、14个杂货店、10家旅店、4家马车修造厂、2家银行；1家保险公司还在镇上设立了代理处，还有裁缝、制革工人、家具工匠、面包师、律师、医生、理发师和药剂师，等等。科堡是诺森伯兰县的行政中心，因此，另有省邮局督察、海关征收税员各1

名。科堡的建筑大多为一层半的结构板房，湖区后卫理公会的维多利亚学院的石头建筑巍然高耸，相形之下显得十分醒目。1842年，英国教会主教教区将神学院设在这里，与圣彼得教堂相连，还有一座机械学院及忠诚奥林治教派分会的建筑。发财商人的宽阔宅邸和砖石建筑常冠以“新屋”、“榉树园”和“山庄”的夸张名号。这时，科堡人口才刚刚超过千人。19世纪上半期，科堡镇发展成为城市，商品和服务需求增加，手艺人、贸易商、家具及马车制造商、马车夫、行李搬运工、屠户及皮鞋匠在这里如鱼得水。贫富分化日益显著，阶层划分明显，人口聚居也明显形成种族或宗教区别。随着英国、爱尔兰裔与法裔加拿大人独特感的增强，新教徒跟天主教徒之间的关系也日趋紧张，甚至演变为暴力。其他城镇也是如此。

教派冲突成为城镇的主要治安问题。爱尔兰裔新教徒大多居住在乡村，天主教徒一般居住在城镇。奥兰治派与格林派的政治传统也传入加拿大，促进了派别纷争。爱尔兰移民与法裔加拿大人冲突不断，为控制渥太华谷地木材贸易中心而争斗，春季械斗常使当时称为毕镇的渥太华陷入恐怖。19世纪40年代，渥太华曾发生过爱尔兰裔与法裔伐木工的“塞纳斯之战”。1849年《起义损失法案》引起的暴乱，或1853年魁北克城和蒙特利尔的加瓦奇暴乱，都是叛教神父恶意诋毁教会而引起的天主教徒的报复。

骚动和冲突也很快引起英属北美殖民地当局的重视，加速了调解。随着福音派教众的增加，中产阶级的兴起，成立改革机构，寻找解决新兴城市的问题，改善教育是重要的一环。也注意解决垃圾、水污染等日益严重的环境问题，因为随着移民的增加，居民要求治安管理更好以及改进下水道、自来水供应、街道照明等公用设施。反对剧院和酒馆的运动也随之兴起，蒙特利尔在19世纪20年代末的禁酒运动，很快得到整个英属北美殖民地民众的支持，发誓戒掉威士忌或朗姆酒。

## 九、土著民族的灾难

在英属北美殖民地时期，受欧洲商业入侵之害最大的是西部内陆的草原五部落以及大西洋海岸的米克马克人等族群。他们也像新法兰西时期中部易洛魁人和休伦人一样，或被强制同化（不仅在文化上，也在血统上），或被赶杀，或得传染病成批死亡。而欧洲的枪支传入更是加快了土著人的灭亡。比较而言，最后被欧洲文明淹没之前，西海岸土著人似乎相对安全一些。

**西海岸的土著民族**　在英国全部接过英属北美殖民地之后，哈德孙湾公司和西北公司的毛皮商人和探险者追逐海狸足迹，一路向西快速到达草原和太平洋海岸。在英国兼并新法兰西之前，这里已经成为英国的殖民地，被英国人称为鲁珀特地（西部）和新喀里多尼亚（远西部）。截至英国接管新法兰西，欧洲人尚不知道太平洋海岸斜坡上的土著人，那里尚未受到欧洲文化的影响。不仔细观察，那里的土著人似乎与半个世纪之前一样，还维持着传统生活方式，捕鱼打猎仍为小部落维持生计的方式，还以小部落形式在领地上随意迁徙，人数仍占绝对优势。在1818—1821年天花流行土著人大量死亡之前，在人数上与欧洲人为10∶1，只是毛皮贸易站的增多，象征这片领土已经属于英帝国所有，也表明加拿大所有土著文明最终全部被卷入资本主义文明侵入的漩涡。

太平洋海岸斜坡的土著共约10万人，大体分为30种语言、7个语族，即海达人（Haida People）、钦锡安人、努特卡人、贝拉库拉人、特林吉特人、魁科乌特尔人以及撒利什人。与马更些河三角洲到拉布拉多的北极高地的因纽特人或哈德孙湾以东的纳斯卡皮人（Naskapi）、蒙塔格奈人一样，在1760年以前，这些族群很少受到欧洲人的影响。1793年马更些到来，宣告土著人从东海岸到西海岸全部情愿或不情愿地都被卷入毛皮贸易。与捕鱼业一样，毛皮贸易的获利者不是这种大宗产品产地的土著人，而是组织贸易公司的欧洲人或加拿大东部商人。相反，土著人因为受到欧洲文化的影响，日益依赖欧洲商品，毛皮贸易非但没有促进土著人祖居地的经济发展，反而毁灭了他们的传统生活方式。由于西海岸各土著族群的社会和文化可能在加拿大乃至在整个北美最为先进，他们受欧洲人的侵害相对来说不那么严重。

**草原五部落的毁灭**　在西部即鲁珀特地，有五大部落的土著族群即奥吉布瓦人、阿西尼本人、西克里人、阿萨巴斯卡人以及黑脚印第安人生活在这里。他们分布大体是这样的：奥吉布瓦人原居在地盾边缘的林地里；阿西尼本人、西克里人分布在南马尼托巴湖和南萨斯喀彻温省；克里族居住在森林与草原之间的疏林地带；阿西尼本人居在草原疏林带及草原；阿西尼本人—克里人以南和以西的地区，为黑脚印第安人联盟所居住；远北部从西部山区到哈德孙湾的北极低地有1万阿萨巴斯卡人。这些族群多少已受到欧洲文化的熏染。到1800年，土著居民居住地很少距离贸易站25公里以外，他们用不着远行或驾驶独木舟就能够把毛皮送到欧洲商人手中。由于克里人—阿西尼本人不再占据土著人的“中间人”地位，便从内陆湖伍兹湖向西或西南地区迁移。阿西尼本人向南移居疏树草原—草原边缘，与追逐草原野牛的黑脚印第安人或曼丹人为邻。后面这两个族群，由于能够从南方得到马匹、从美国、哈德孙湾公司或圣劳伦斯毛皮商人那里弄到枪支，他们与克里人—阿西尼本人的冲突不断升级。19世纪30年代，黑脚印第安人重新控制草原，为美国的毛皮公司、哈德孙湾公司提供野牛皮，每年至少可制成8万套衣服，安享10—20年繁荣。然而1860年之后，野牛群急剧减少，并且最终在19世纪70—80年代不再存在。

克里人撤出的伍兹湖以东地区被北方森林带的奥吉布瓦人和奇佩瓦扬人填补。可是，到19世纪二三十年代，他们也遭遇了相似的苦难，甚至更为严重，海狸、驼鹿和驯鹿数量急剧减少。奥吉布瓦人放弃了原来以20—35人为一组集体大范围的狩猎方式，转而依赖私人家庭小狩猎地，仅能捕猎野兔之类小动物。在19世纪20年代，红河一带原来依赖北美野牛生存的族群，甚至要从哈德孙湾公司购买野牛皮来做服装。到19世纪40年代，土著人传统生活依托的生态功能受到了更加严重的破坏，食用动物所剩无几，很多土著人部落都先后不得不依赖欧洲人的援助而生存。随之，土著人几千年以来的自给生活方式也就被断送了。

除此之外，酒（1803年有2.1万多加仑运到内陆）和传染病也是导致土著人口急剧减少的重要杀手。到18世纪80年代，奇佩瓦扬人在天花流行中丧身约90%；奥吉布瓦人、苏族和阿西尼本人也受到传染病袭击。1818—1820年的麻疹和百日咳传播，可能使布兰登一半的阿西尼本人和1/3的西部克里人丧命，尽管哈德孙湾公司提供新疫苗。1838年，天花又夺去了2/3或更多阿西尼本人、黑脚印第安人和北萨斯喀彻温克里人的生命。

红河梅蒂斯人也遭受了同样苦难。在19世纪20年代，哈德孙湾公司退休职员携带土著人妻子来到红河这块殖民地，到1840年已有2 500名梅蒂斯人，人口增长5倍。这个完全诞生于毛皮贸易中的新族群，以血统、野牛捕猎者以及粮食供应者的角色同蒙特利尔毛皮贸易紧密联系在一起。1840年夏天，1 200辆红河大车运到草原，梅蒂斯人成为哈德孙湾公司供货的主角。这是毛皮贸易加给草原土著民族的人类地理学剧烈变动的后果。

**东海岸米克马克人遭同化**　与西部土著人遭受暴力灭绝的手段不同，大西洋海岸土著人是在缓慢岁月中逐步通过血统同化而导致种族灭绝的。格宾斯中校的报告谈到了这一渐进变化的效果。在访问过弗雷德里克顿上方的奥克帕克的一个传教会村庄时，发现那里每年夏天聚集40个或50个家庭，轮流建造用桦树皮覆盖的棚屋。靠近里奇布克托的一个条件远比其他部落要好的部落，尽管也种植玉米和马铃薯，砍伐一些树木卖钱，但是“主要以捕鱼”为生。可是，由于驼鹿和驯鹿群减少，很多米克马克人“不自觉地改变了生活习惯，冬天砍柴，夏天耕种土地，维持基本生计。”

米克马克人遭受同化的过程还与新英格兰教友会的活动密切相关。这是一个本部在伦敦的历史最悠久的英国传教会，新不伦瑞克省教友分会由几位居于主导的英国圣公会教徒管理，他们致力于教化土著人皈依基督教的活动。为了这个目的，传教会拨款给任何一个愿意收养土著人儿童的教徒。在格宾斯看来，拨款已经“被可耻地滥用了”，分派年轻的女孩给“行为最放荡的人”，钱落到了不止一个“以混血儿当佣人”的定居者手中。这样做的后果便是米克马克人在缓慢的血统或文化同化中覆灭。

总之，随着农业居住区的扩展和猎物的减少，加拿大土著人逐渐丢失“追击猎物的强大动力”，变得“无活力、懒惰或依赖”，加上酗酒，很快沦落到“人性蒙受耻辱的境地”，并“随着接触欧洲人的程度而退化”。就这样，当今加拿大土著人在英属北美殖民地时期成为欧洲商业入侵的牺牲品，遭受伤害、强暴、驱逐以及血统、文化的同化，日益走向灭亡之路，到19世纪七八十年代，他们要么进入保留地，要么在绝望的反抗中缓慢地走向灭亡。

## 十、宗教与文化

1760年之后，北美殖民地的经济和政治进入动荡、改组和转折时期，作为上层建筑的文化也随之在迅速变革中发展。新法兰西时期形成的加拿大法语文化在异族统治下顽强生存，在奋争中繁荣兴旺，而英语文学则在北美的荒野丛林中诞生和成长。两种文化在磨合中相互影响和渗透，开始形成独具特色的加拿大文化，即在新法兰西文化多样性的基础上，开始形成更为丰富多彩的马赛克文化。

**欧洲宗教扎根**　起初，天主教随着毛皮商人从法国传入北美，到英属北美殖民地时期，天主教在北美已历一个半世纪，经过《1774年魁北克法案》便扎下了根。魁北克省（下加拿大省）成为天主教在北美的堡垒。自19世纪初期英国往北美大量移民起，爱尔兰人中的天主教徒大量移入下加拿大省或新不伦瑞克省。1815—1838年接受的6万移民的2/3为爱尔兰人。加上七年战争前夕被英国从阿卡迪亚流放的法裔天主教徒陆续返回，天主教势力便在大西洋沿岸与各块殖民地获得了有力支持。在哈德孙湾以西，下加拿大的毛皮商人继续向西部新土地扩张毛皮贸易的同时，也不断扩大天主教的势力。草原梅蒂斯人不仅继承了法裔加拿大人的血统，也继承了他们的文化和宗教，成为天主教在加拿大中西部地区的新基地。

1815年之后，英国政府允许向北美移民，随着英格兰人、苏格兰人和威尔士人的涌入，英国圣公会、卫理公会、长老会和浸理会等英国宗教教派也陆续到来，从而打破了天主教在加拿大的原有优势。英格兰圣公会（英国国教会）和卫理公会的教徒主要迁入上加拿大省；苏格兰长老会派基本上进入大西洋沿岸特别是新斯科舍省。在1815—1838年英国移民高潮中，约有4万人进入新斯科舍省，其中半数以上为苏格兰人，天主教势力得到了进一步的壮大。苏格兰人继新英格兰、效忠派之后成为第三大社会集团。除新斯科舍省之外，苏格兰天主教徒也在新不伦瑞克省、爱德华王子岛省或纽芬兰省居住。英属北美殖民地时期大西洋沿海一带随处可以听到盖尔语、苏格兰琴或风笛的乐声。

当19世纪三四十年代新教奥兰治派庆祝1690年7月12日奥兰治的威廉在博伊奈战役中战胜爱尔兰天主教军队时，他们经常与爱尔兰人居住区的格林派天主教徒发生流血冲突。英属北美殖民地民众星期天被禁止工作或闲暇消遣而参加研读《圣经》或做礼拜时逐渐养成了严守星期天安息日的习惯。可以确定的是，绝大多数英国圣公会教徒和罗马天主教徒更喜欢“安息日神圣狂欢”，而不愿严守简朴。“讨厌的饮用冷水协会”被视为具有潜在危险的组织，是有意“欺骗那些头脑简单或轻率的人”，而酗酒则是严守安息日习惯改变的后果。但是，《加拿大禁酒运动拥护者》、《基督卫士》等宣传小册子或报纸传播了改革信息，最终产生了影响。在19世纪40年代，安大略省最主要的城市多伦多因人们酗酒而臭名昭著，后来在1890年庆祝获得“神圣多伦多”的美誉。这是长期禁酒产生的效果。

**科学**　1831年，查尔斯·达尔文乘“贝格尔号”开始环球科学考察，1859年出版《物种起源》，吹响了科学研究向宗教迷信宣战的号角。受宗主国探讨科学的新风影响，英属北美殖民地各省也兴起了科学探索之风，主要表现为对英属北美殖民地进行地理考察，以增加地理科学知识。这也是随着毛皮贸易扩张和西部探险而开展起来的。来往于大陆的探险家或贸易商都是商人而非科学家，但是他们确实以惊人的速度扩大了地理知识。历史学家苏珊娜·泽勒说，这一阶段英属北美殖民地的探险受到《格列佛游记》（1726年）和《鲁滨逊漂流记》（1719年）所塑造的两个英国人物形象的刺激：格列佛试图发现与观察以增加地理知识的积累，并作出有用的贡献；鲁滨逊则是移居者，试图发现新土地的特点，并拥有这些土地。在早期毛皮贸易时期，积累旅行知识往往出于实际需要，很难做到科学无误，或绘出精确的地图，但是确实为以后科学的地理考察奠定了基础。英国绘图家约翰·米歇尔（John Mitchell，1711—1768年）在1755年出版了北美洲的地图，比较精确地画出了哈德孙湾、拉布拉多、大西洋海岸以及圣劳伦斯河下游地区、五大湖地区的位置，大致近于近代科学的地图，哈德孙湾以南和以西地区没有绘制，因为那里在1763年以前仍不为欧洲人所知。

与新法兰西时期一样，在英属北美殖民地时期，探险家塞缪尔·赫恩、考金·马休、亚历山大·马更些、西蒙·弗雷泽、戴·汤普森以及西班牙人波德加·夸德拉、胡安·约瑟夫·佩雷斯等大都是毛皮商人，将新法兰西时期开拓到哈德孙湾以西的毛皮贸易边疆推向更北、更西的远处，同时也扩大了欧洲人对今天加拿大中西部和远西部地区地理的了解。到1790年，许多未知地区的障碍为地图绘制者所解决，只剩下细节留待50年以后再陆续填补了。

1778年前后西班牙人波德加·夸德拉、胡安·约瑟夫·佩雷斯等人发现夏洛特皇后群岛（Queen Charlotte Islands），英国航海家詹姆斯·库克从温哥华岛努特卡出发进入白令海峡（Bering Strait），1789年马更些到达北极，之后以英国人为主力，开始了对英属北美殖民地西部地理的大规模科学考察。1792年，乔治·温哥华和加利安诺船长共同绘制了太平洋岸海图。1795年，塞缪尔·赫恩整理出版了《由哈德孙湾威尔士王子要塞至北冰洋旅途记述》。3年后，温哥华的考察报告《航行与发现记》问世。这些表明18世纪最后30年的地理科学考察成果丰硕。

19世纪前半期，对西部的科学考察更是硕果累累。1801年，马更些发表了他从蒙特利尔横越北美大陆至北冰洋的航行记事。1808年和1811年，西蒙·弗雷泽和戴·汤普森先后穿过西部山脉，考察了弗雷泽河及哥伦比亚河河口潮汐地区。19世纪20年代，威廉·帕里爵士（Sir William Edward Parry，1790—1855年）、约翰·弗兰克林爵士和约翰·理查森爵士率英国探险队开始在北极探险，以填补北极西部的地图空白地区。1823年，约翰·弗兰克林发表《北冰洋记行》，1825—1827年继续考察马更些河口东西约1 600公里的北极海岸。1845年，他启航寻找西北水道，但是非常痛惜，再也没有回来，在1847年被困死在威廉王岛以西冰窟中的“伊勒布斯号”上。1857—1861年，约翰·帕利泽（John Palliser，1817—1887年）探险队考察萨斯喀彻温省南部和阿尔伯塔省，发现了踢马山口（Kicking Horse Pass）通道，为不列颠哥伦比亚不久后决定加入加拿大自治领联邦提供了充分理由。

为探知英属北美殖民地东部作出贡献者，多为受过良好教育的军人或商人。新斯科舍省的小提特斯·斯密斯、新不伦瑞克省的亚伯拉罕·格斯纳尔、下加拿大省的菲利普·戈斯（Philip Henry Gosse，1810—1888年）以及上加拿大的帕尔·特雷尔等人，是1840年前拓展当地生物、地理或自然历史知识的几十人中的优秀代表。

**教育**　各个教派的教士、牧师或传教士对移民教育发挥了重要作用。英格兰英国圣公会牧师主张对英裔殖民地居民实行宗教控制（1/7牧师专用地的目的之一），但是在拓荒者边疆不受欢迎，因而他们只愿意留在城镇官商居民之中。长老会派和浸理会派的牧师更愿意在拓荒边疆的原木小礼拜堂或大树下布道。来自美国的卫理公会的巡回牧师则在英属北美拓荒者中培养了众多的信徒。在上加拿大，约翰·斯特罗恩副主教为英国国教参与创办高等教育发挥了积极作用，在1827年为上加拿大国王学院（多伦多大学的前身）取得了特许。1789年，英国国教会在新斯科舍哈利法克斯成立圣公会国王学院（King's College），1827年长老会在金斯顿创办女王学院（以后的女王大学）。在1850年以前，各教会建立的学校还有上加拿大的维多利亚学院（卫理公会）以及浸理会在新斯科舍成立的阿卡迪亚大学。在纽芬兰，教育分别由圣公会、卫理公会和天主教控制。教会院校都竭力维护传统，不愿改革。

詹姆斯·麦吉尔

在下加拿大，天主教会对法裔加拿大人的教育发挥了重要作用，继承了新法兰西时期的教育传统，因此这里更多的是古典学院制，其历史可追溯到17世纪耶稣会的男子学院，以及圣于尔絮勒会创办的女子学院。

在英属北美殖民地时期，创办的世俗学校也很多。1818年，哈利法克斯仿照爱丁堡大学体制建立达尔豪西大学，这是英属北美第一所特许状大学。1821年，下加拿大蒙特利尔毛皮富商詹姆斯·麦吉尔（James McGill，1744—1813年）后人遵循詹姆斯·麦吉尔遗嘱创立了麦吉尔大学（McGill

University),新不伦瑞克大学建立于1829年。此外,初、中等教育事业也很快发展起来。

**文化事业** 英属北美殖民地时期文化事业的主要成就是创办报刊,这一时期的许多变革都是由新创办的报刊推动的。此前,新法兰西时期没有报纸,总督担心政府的权威受到威胁,反对殖民地创办任何印刷发行企业,限制印刷发行事业。因此,那时所谓的文化事业仅为戏剧演出。

英属北美殖民地的第一张报纸是《哈利法克斯报》,1752年由约翰·布谢尔创办。1764年,《魁北克公报》用英法两种文字同时出版。到19世纪,报刊日渐增多,在魁北克城,有《魁北克信使报》(1805年)、《法裔加拿大人》(*Le Canadien*,1806年)、《信手拈来报》(1821—1827年)。在哈利法克斯,有约瑟夫·豪的《新斯科舍人》(*Novascotian*,1824年)。在多伦多,有威廉·莱昂·麦肯齐的《殖民地创导报》(1824年)、乔治·布朗创办的《环球报》(1844年,即现在多伦多的大报《环球邮报》)。在新斯科舍省的皮克图,有作家托马克·麦克洛克的《殖民地爱国报》(1827年)。在维多利亚,有《英国殖民者报》(1858年),等等。这些报刊有的保守,有的激进。在1837年上下加拿大起义前后,《法裔加拿大人》曾支持帕皮诺。这些报纸对繁荣殖民地的文学创作起到了推动作用,例如,公认的加拿大第一位享誉欧美的知名作家哈利伯顿的山姆·斯利克的幽默故事系列,最早就是在约瑟夫·豪的《新斯科舍人》上连载的。

文学刊物也不断出现,重要的先后有大卫·奇泽姆在蒙特利尔创办的《加拿大杂志》(1823年)、专门登载魁北克传说故事的《人民之友》(1835年)、约翰·洛弗尔的《文学花环》(1838—1851年)、穆迪夫妇创办的《维多利亚杂志》(1847—1848年)等。穆迪夫妇在创办文学杂志的同一年,还创办了第一份儿童刊物《雪莲花》(1847—1853年)。圣约翰创办了《不凋花》(1841—1843年),以及专门发表盖尔语诗歌的《珠宝合》(1852年)。蒙特利尔的《文学花环》发表了苏珊娜·穆迪和其他重要英裔殖民地作家的作品,推动和繁荣了英属北美殖民地的文学。穆迪夫人说,他们创办刊物的宗旨是,"希望在劳工大众中培养对优雅文学的鉴赏力",却担心"对许多读者也许太开明了"。所以,她在这份杂志上经常介绍英国的礼仪风尚,希望提高民众的素质。更多的报刊则希望燃起人们的改革之火,对于树立殖民地文明之风、改造社会风气起到了积极作用。

在加拿大的英属北美殖民地时期,书信体文学、讽刺、演说、诗歌和小说等作品,无不反映了殖民地原野风貌或艰苦创业的现实,现实主义成为主流。但是，在殖民地的荒野环境中，主要来自高度文明的英国或欧洲资本主义社会的移民，其要求和思想反映在文学及各类艺术的创作上又蕴含了浪漫主义。在英国接过新法兰西后的三四十年里，各类作品不少描述移民初来时创业劳动的场景。如诗歌《伐工们》：

伐工已吃饱猪肉炖豆，
肚子需要修正修正。
航道上轰一声！隆一响！
让我们的木筏通过险滩吧。

诗歌描写了伐木工或船夫运输毛皮或木材的险境，生动朴素而形象地表现了荒野创业的艰险。到19世纪早期，这类写实作品仍然不断涌现，最为典型的要数诗人奥利弗·戈德史密斯的诗作《崛起的村庄》（1825年），可以说罗列了货架上的货物：

钉子和毛毯，马轭和带盖的大汤盘，
纽扣和玻璃酒杯，鱼钩、勺子及刀子，
少女的披肩，老太婆的法兰绒；
男人及男孩的剃须刀、长袜和帽子，
磨坊锯、围栏，丝织品及儿童玩具。

诗作看上去俗不可耐，其实是采用浪漫手法显示这块土地的广阔丰饶，潜力无穷。

写实作品更多地描绘了加拿大的自然风光、壮美河山。麦凯诗集《魁北克山》歌颂的是圣劳伦斯河沿岸庄园的恬静风光：

河水缓慢向前流淌，
鱼群的鳞片在阳光下闪光；
两岸田野里已长满成熟的庄稼，
四处点缀着三三两两的农庄；
眺望高处，在那片繁茂的树林边沿，
羊群正伴着初生的幼羔欢跃！

郁郁葱葱的远方山峦，
为野兽栖息撒下了绿荫之网。

弗朗西丝·布鲁克

作家弗朗西丝·布鲁克(Frances Brooke, 1724—1789年)出身于英国林肯郡一个牧师家庭，在七年战争刚结束那年，随接管魁北克教会的丈夫移居英属北美殖民地，在魁北克城居住6年，发表了《艾米尔·蒙塔古往事》(1869年)。这是英属北美殖民地第一部英语小说，表面上描绘加拿大的田园生活，实际上却是抒发对英国逝去的贵族庄园的怀念。她借女主人公贝尔之口，欲将欧洲自然景观加于加拿大荒野，结果不免失望和伤感。“可是别人未发现，她却发现了朔方、酷寒与荒漠，尽管荒凉，倒是充满了魅力”，教导人们要学会适应新的环境。然而，尽管贝尔聪明，比书中任何人物更能道出事物真相，给人以“更为严肃的启示”，可是，这个虚构人物放浪形骸，地位接近妓女。可以看出，除表现伤感主题外，这第一部英语小说又具有讽刺性，讽刺的是普遍阻碍妇女进步和独立的社会陋习，暗示法裔加拿大政治和社会十分落后，需要改革。这是何等鲜明的现实主义文学作品。

从《艾米尔·蒙塔古往事》可以看出19世纪加拿大文学所具有的两个基本特征，即讽刺和伤感，而这两大特征的杰出代表分别为托马斯·钱德勒·哈利伯顿(Thomas Chandler Haliburton, 1796—1865年)和苏珊娜·穆迪(Susanna Moodie, 1803—1885年)。前者代表了讽刺文学的传统，表达效忠派移民的思想感情；后者是伤感文学的典型，表达了上加拿大丛林区英国垦荒移民的情怀。

苏珊娜·穆迪是凯瑟琳·帕尔·特雷尔(Catharine Parr Traill, 1802—1899年)的妹妹，离开英格兰前已是两本主张废奴小册子的作者，1831年与邓巴·穆迪结婚来到上加拿大。邓巴·穆迪出身于一个富庶、爱好文学的家庭，从小接受诗歌、绘画和自然科学的良好教育。来到加拿大20年后，苏珊娜·穆迪创作了代表作《丛林的艰苦岁月》，以虚构而接近幻想的生动手法，描述了加拿大丛林“对于勤劳而曾贫困的正直体面家庭的儿子、有教养的成功绅士”意味着什么的感受。这部作品充分展现了加拿大早期英语文学的浪漫现实主义本质，说到“由于财政原因”，违心来到加拿大当拓荒者，满怀理想抵达罗各斯岛，憧憬着未来重新创业的美好前景。“从甲板上望去，那真是个完美的天堂”。然而，身临其境才发现上加拿大荒野的严峻，霍乱滋生，顿生凄怆之感，由热情变为失落。正如加拿大当代著名文学评论家威廉姆·纽所指出的，凄怆和热情是伤感文学主题的母体，而苏珊娜·穆迪的《丛林的艰苦岁月》的这段描写成为这部“浪漫纪实文学”“全书的一个典型”。尽管一开始“对莽林生活缺乏能力”，“对遇到如此多的艰苦考验缺乏思想准备”，但是作者还是很快适应了丛林创业的艰辛，“学会做饭、耕地、划船、建房，终于生活了下来”。

《丛林的艰苦岁月》是英属北美殖民地诞生时期加拿大英语文学的不朽之作，浪漫纪实文学的典范，表达了来到北美大陆冒险的英国千百万移民的理想，生动描述了他们遇到的冷酷现实：欺骗、敲诈、负债特别是政治腐败和土地投机给他们造成的创伤。在1852年《丛林的艰苦岁月》第一版的序言中，苏珊娜·穆迪严厉地抨击了地产投机商，说正是他们教唆轻信的中产者贸然来加拿大定居，“呸，你们这伙荒滩野地的投机分子，你们交易的是自己同胞的愚昧及盲从，数不尽的苦难折磨……你们罪责难逃！”不过，她更多描述的是，她在丛林中终日相处的移民大众，邻居的幽默、阴阳怪气、性格执拗 、势利……乃至普通农民或伐木工的劳动场景，或闹新房等社会生活的生动情景。

反映大西洋海岸殖民地现实生活的代表性文学创作，当属托马斯·钱德勒·哈利伯顿的幽默系列。他在1840年出版的《寄自泰西号海轮的信件》，以及新斯科舍长老会牧师托马斯·麦卡洛克同年出版的《米菲波舍·斯特普修尔的书信》，还有托马斯·钱德勒·哈利伯顿1853年出版的《山姆·斯利克的精辟格言与现代实例》，针砭时事，现实性极强，是这一时期3部杰出的讽刺文学作品。托马斯·麦卡洛克提到，自己这部书“是一名旁观者考察时下社会上人们行为的记录”。托马斯·钱德勒·哈利伯顿则称他这两部书，“都是由一个世故的美国商人讲述的逸闻轶事”。这3部妙趣横生的伟大作品反映了19世纪30年代英属北美殖民地变革运动的现实，表达了英属北美殖民地移民的共同心声：期盼改变家族豪门专权的世道。因此，这两位作者是大西洋殖民地改革家的代表，他们通过在当地报章杂志上连载作品，宣传和调动民众的政治改革诉求。托马斯·钱德勒·哈利伯顿将山姆·斯利克的故事集成小

托马斯·钱德勒·哈利伯顿

说出版后，为其赢得了国际声誉，仅在19世纪就重版上百次，读者遍布欧美各地，甚至影响了后来的美国幽默作家阿蒂默斯·沃德（1844—1867年）和马克·吐温（1835—1910年）。

托马斯·钱德勒·哈利伯顿出身于新斯科舍一个亲英的效忠派家庭，先后担任过律师、法官和殖民地编史家，最后回到英国成为托利党的一名政客。他拥护保持英帝国，又主张改革帝国的殖民地机构，反对《德拉姆报告》在殖民地建立责任政府的主张；敦促当局对天主教宽容，扩大普通教育体系，主张铺设铁路。从19世纪二三十年代改革运动兴起之时，他就在大西洋沿岸改革派领袖约瑟夫·豪主编的刊物《新斯科舍人》上刊登讽刺小品，讽刺社会，教育民众。1835年，他在《新斯科舍人》上陆续发表《新斯科舍回忆》，其中包括山姆·斯利克的幽默故事。1836年，他出版以《钟匠》为题的山姆·斯利克故事集第一集，1838年出版第二集，1840年出版第三集。他的作品对沿海殖民地早期人民的道德教诲、文明之风的树立产生了难以估量的影响。讽刺故事往往针对社会道德，加以格言警句形式，寓意深刻。例如，山姆·斯利克小品中以下句子：

美国公民从不盗窃，不过占占便宜而已。
说理若不令人信服，剩下的就仅是招人嘲笑了。
土地不耕种，何苦还围上篱笆。

再如：

蓝鼻子（他给新斯科舍人送的外号）指望于别人的太多，而自己感到太少。
会吹牛是有能耐，干到底才是好样的。

以上这类讽刺性警句多是针对美国人以及作者自己的东海岸同胞。托马斯·钱德勒·哈利伯顿认为，只要“蓝鼻子们”改掉懒散习性，殖民地发展经济的问题就可解决。他钦佩美国人的机灵、勤奋和干劲，但是厌恶他们爱吹嘘、自我中心的恶习。由于早期山姆·斯利克明显讽刺美国人，嘲笑“美国佬”狂妄，有人甚至认定山姆·斯利克就是美国“山姆大叔”的原型，而沃德曾称托马斯·钱德勒·哈利伯顿为“美国幽默之父”。

山姆·斯利克

托马斯·钱德勒·哈利伯顿后期的几部作品，如《随员》(1843—1844年)、《老法官》(1848年)等，反映的是英国在19世纪40年代迫于形势而进行政治改革的现实，除了要求英国改变殖民地政策外，还继续攻击实行德拉姆伯爵各项建议的“自由化政府的弱点”，实际上是指责责任政府制度。他的结论是，英国人对北美的现实无知。《自然与人》(1855年)一书“抨击那些只瞧一眼就把北美贬得一钱不值的英国佬”，他们“站在甲板上往一英里外扫上一眼，就好像已见到整个北美，其实对它一无所知”。在这里，托马斯·钱德勒·哈里伯顿的言外之意是，只有英属北美殖民地人民了解自己，只有他们才能够决定自己的事情。

而《老法官》的故事五花八门，内容各异，都是北美各地的奇闻轶事。虽然都是一桩逸闻、一篇人物素描、一个传说、一篇传奇小说乃至简短故事，但是整部书的结构和主题思想明确。全书内容看似驳杂，既有各地各族移民的神话传说，也有文学传统的种种模式，但是布局精心，旨在写成英属北美殖民地各族人民的一部共同的历史，表明作者刻意追求的目标，即建立统一的北美社会。托马斯·钱德勒·哈利伯顿的作品恰在这一点上充分体现了现实性和思想性。《老法官》、《自然与人》出版时，加拿大省和新斯科舍省正处于改革运动的收获时期，无论是加拿大省，还是大西洋殖民地，内部都已兴起联邦运动，不久便转化为整个英属北美殖民地的大联合。托马斯·钱德勒·哈利伯顿不愧为英属北美殖民地的优秀思想家、国家与民族的代言人。

作为民族代言人，托马斯·钱德勒·哈利伯顿的文学创作对丰富加拿大的语言也有巨大贡献。威廉姆·纽指出：与“把英国话奉为优雅处事或文明社会的圭臬”的穆迪夫人不同，托马斯·钱德勒·哈利伯顿的创作风格是，“用方言去突出人物，调动乡土话的活力”。这就促进了加拿大英语尤其是东海岸民族方言的形成，对加拿大统一、国家诞生和成长具有重要的政治意义。

在英属北美殖民地时期，下加拿大法语文学也以伤感文学为主调，因袭法国或新法兰西时期的旧套，明显缺乏英语文学的创新气氛和格调。英语文学伤感主义的背景是，来自欧洲高度文明社会的知识精英身处北美荒野和丛林所形成的落差，影响或制约了他们的文学创作。至于法裔文学精英的伤感基调，则是感慨异族统治的痛苦。他们以圣劳伦斯河两岸庄园的田园生活为主题，创作各种形式的作品，如拉·封丹（S'ir Louis — Hippolyte Lafontaine, 1804—1858年）式的寓言，甚至重要的历史学家弗朗索瓦-格扎维埃·加尔诺（François-Xavier Garneau, 1809—1866年）的《最后一个休伦人》，也是如此：

弗朗索瓦-格扎维埃·加尔诺

狂欢吧，命运！你凯旋之日终于来临，
可是土著人呵，你们将不复存在……
每晚，我从山顶徒然呼唤人们的名字，
但是周围已是死一般的沉寂。

诗句充满了对受异族统治的不满。因此，与英语文学充满美好憧憬的伤感不同，19世纪法语文学的伤感主要为了满足魁北克人日趋强烈的民族主义情绪。在《加拿大史》一书中，弗朗索瓦-格扎维埃·加尔诺呼吁自己的同胞，要在英国人的统治下永远保持法裔的“意识”。

法国作家亨利-埃米尔·谢瓦利埃也在1853—1860年移居蒙特利尔时创作了《北美悲剧》系列小说，主张向英国复仇。后来，他又在《铁的手腕》（1863年）中呼吁魁北克人“要继续活下去，使加拿大最终摆脱可恶英国的专横统治。”也有不少作家为加拿大在19世纪40年代即已开始的政治联合欢呼和呐喊，如乔治-艾蒂安·卡蒂埃1835年写了诗歌：“啊，加拿大！我的祖国！”激情满怀地颂扬加拿大的联合和统一。不过，法语文学主流却是为保持魁北克文化独立而斗争，以至1860年兴起魁北克文学运动。这个运动的代表人物是诗人克雷马齐，他创作了许多诗歌，颂扬蒙卡姆将军这位在七年战争中指挥魁北克军民抵抗英军的英雄。《加拿大老战士》（1855年）、《卡里永的旗帜》（1858年）两篇诗作发表之后，下加拿大法裔民众称他为民族歌手，而这时已是加拿大两个主体民族的政治精英携手发动英属北美联邦运动的前夕。

# 第四章 自治领国家的诞生、成长与壮大

19世纪50年代，英属北美殖民地兴起所谓小联邦运动并提出大联合（Great Coalition）的要求，奠定了英属北美殖民地通过联邦制实现大联合的基础。1858年，英属北美殖民地商界领袖高尔特接受麦克唐纳邀请入阁的条件，就是英属北美所有殖民地联合，组成联邦制国家。布朗首倡联邦运动时，也明确宣布第一步是上下加拿大的小联邦，随后是英属北美所有殖民地的联邦。另外，自1760年以来，经过将近百年的开拓，英属北美殖民地联合的经济基础业已奠定。起源于英国及欧洲的科学和技术革新，英属北美的地理、生物学和医药等方面的进步，也推动了经济的发展和扩张。曾经是西欧人捕鱼和捕猎场所的这片已停滞几千年的蛮荒之地，到1900年前后，经济、政治和社会发生了天翻地覆的变化，逐渐跟上了欧美现代文明的步伐。这样，一个生机勃勃的新国家诞生和迅速成长起来。

## 一、经 济 起 飞

**经济发展的多样化转变** 19世纪四五十年代英国成为工业社会后，对殖民地的粮食需求增加，促使殖民地谷物和面粉加工工业发展，结果，从19世纪中叶起，英属北美殖民地出现了经济发展多样化的趋势。在原来新法兰西时期初具规模的造船业和鞋靴加工业的基础上，又增加了木材加工业、谷物加工业以及面粉加工业，形成四大加工制造业部门。后面两个加工制造业部门居四大主导加工业之首，占英属北美殖民地出口总值的31%，原因是英国的需求巨大。更重要的是，在谷物加工业和面粉加工业的推动下，其他食品业也随之发展，罐装肉、黄油、奶酪、面包和精制糖等新的食品产业迅速发展，并且刺激了近代农业机器制造业的创立和发展。在19世纪40年代上下加拿大的农业

开发时期，农场主从美国购买收割机，起初农机损毁后要送到美国修理，很不方便，后来便请美国机械师来当地修理，并逐渐培养出加拿大当地的技师，结果，大体从19世纪50年代起，在铁匠作坊的基础上建立了英属北美殖民地的农机修造业。1864年美国爆发内战，为加拿大农机业提供了迅速发展的机会。1861年原有46家农机企业，销售额41.3万加元；1871年新建252家农机企业，销售额猛增到268.5万加元，还出口美国。此后，这个新兴制造业部门稳定地成长起来。

奶酪加工业成为另一新兴产业，迅速发展的背景同农机业一样，也得益于美国内战的“幸运保护”。1864年春天，建立第一座近代奶酪加工厂，转年增至5家，1866年互惠制取消，奶酪价格飞涨3倍，奶酪厂猛增到235家。这时，产品已出口英国，1871年出口额达到8.3万加元。这些发展表明，英属北美殖民地大体从19世纪60年代开始了工业革命。当然作为为英国工业长期提供原料和谷物的殖民地，英属北美工业化的道路和特点多半不同于其宗主国。首先，加拿大的工业革命晚于欧洲，实际上是英国和欧洲工业革命传导的结果。由于历史上基本是为法英提供自然产品，加拿大产业革命的部门往往与原来出口的自然产品相关。在20世纪20年代，多伦多大学经济史教授哈洛德·英尼斯提出“大宗产品论”，认为加拿大“生产活动集中于天然产品的开发……供给宗主国原材料，促进那里成品和殖民地所需要产品的制造。这种大规模的原材料生产还受到生产、市场、运输技术进步以及成品制造业改进的支持，结果，殖民地的生产活动或直接或间接，都被吸引到大宗原材料产品的生产中去了”。这虽然有一定的道理，不过，这个学派后来否定加拿大的工业革命就不对了，理所当然受到新经济史学派的批驳。

英属北美殖民地虽然经济起飞时间晚于欧洲国家，但仍遵循了工业革命的普遍规律，即“从一开始着重于衣物、鞋袜、食品和烟草等消费品商品的生产，然后，转到增加制造业产品”。农机制造、奶酪、造船乃至面粉加工长期保持重要地位，正是加拿大早期工业化的一大特点。出口大宗产品的传统经济模式，即历史上长期作为英法两国的殖民地，先后向这两个宗主国提供鳕鱼、海狸皮、木材和谷物等自然产品，这种经历对加拿大的工业化过程影响甚大，以致工业革命开始时期的制造业产值在国民产值中所占份额较小，而传统的天然产品仍占较大份额。这一情况甚至反复出现。下面这张经济统计表反映了这一事实：

| 年　　份 | 1851 | 1860 | 1870 |
|---|---|---|---|
| GNP($:百万) | 169 | 319 | 459 |
| 制造业增加值 | 31 | 48 | 87 |
| 制造业占GNP% | 18% | 15% | 19% |

同时，这张经济统计表也反映出，到19世纪60—70年代，近代制造业产值所占国民经济总值的份额也在增长，足以证明加拿大经济已经起飞。

英属北美殖民地经济发展的这一模式，不仅形成经济起飞的独特性，也明显影响了工业化后的社会结构和阶级关系，即“商业与财政体制的形成与大宗产品的国际流动相关，而不是促进国内市场的加工业”。因此，很长时期以来，“社会结构、因而企业家阶级的倾向反映和加强了天然殖民地的思想，大多数政治和经济界的精英，同大宗产品贸易、商品或资本的国际流动有联系。他们就是蒙特利尔、多伦多与哈利法克斯的批发商与银行家”。这样，加拿大经济从以商业—农业为基础转变为以工业为基础的过程比较缓慢，商业资本迅速转化为工业资本的速度因此受到了限制，“只有铁路、钢铁与农机等所谓关联工业除外”。

英属北美殖民地工业化道路同美国有相似之处，早期的启动依赖于英国的资金和技术，这在铁路修建方面表现得特别突出。加拿大工业化道路的这一特点，不仅对经济发展，而且对英属北美殖民地的独立尤其是建国后国家的成长，产生了长期的影响。

**铁路、交通与通信革命**　由于森林茂密、隔绝以及距离遥远，英属北美殖民地交通成为发展的关键。独木舟曾使新法兰西在恶劣环境中向西推进毛皮贸易取得成功，也使西北公司能够大力扩张。到19世纪40年代，约克船仍是哈德孙湾公司的主要运输工具。运输本身就是商业，并创造新的商机。从欧美先进工业化国家已经看到，工业革命要求交通运输革命，与工业革命相适应的交通工具是铁路和火车的使用。这一过程同样发生在加拿大，而且交通运输革命早于工业革命。这是英属北美殖民地工业革命的又一特点。

1836年，从蒙特利尔的拉普赖里到黎塞留河圣让铁路的修建，使用的是镶铁皮的木制轨道，很难说是严格意义上的铁路。加拿大第一条真正的铁轨铁路，是1851年运营的尚普兰—圣劳伦斯铁路，它完全由铁轨铺成，整年营运，直通美国边界，与佛蒙特中央铁路接轨。几乎在此同时，还修建从蒙特利尔到美国大西洋不冻港波特兰的圣劳伦斯—大西洋铁路，它穿过舍布

鸟瞰舍布鲁克(1881年)

鲁克(Sherbrooke),并吸引了此地的商业天才亚历山大·蒂洛赫·高尔特(Alexander Tilloch Galt, 1817—1893年)。因此,它为美加合资修建,是世界上第一条国际铁路。这条铁路1853年一竣工,就被并于英资的大干线铁路(Grand Trunk Railway),成为大干线的东线,而大干线铁路的西线则从蒙特利尔到休伦湖。19世纪50年代还修建了大西铁路,它连接尼亚加拉河与美国的底特律,有从安大略湖引出的支线连接大湖以北的农场和林场。到1850年,加拿大铁路只有106公里;到建国之年即1867年,则达到3 219公里。这可以称为英属北美殖民地铁路建设的狂潮时期,投资几乎吸干了英属北美殖民地的所有存款,还远远不够,最终还发行了铁路股票。

19世纪40年代,英国大体完成了国内主要铁路的修建,充足的私人资本便开始寻求海外投资包括在英属北美殖民地投资建设铁路。英国有世界上独一无二的筑路技术,所以英国的铁路承包商很容易揽到海外的投资项目。加拿大大干线铁路为英国人所拥有,股东和承包商都是英国人。时至今日,仍然可以见到蒙特利尔—多伦多、多伦多—圭尔夫之间的铁路,一色漂亮的英式建

大干线铁路蒙特利尔火车站

筑火车站。

加拿大早期的铁路以蒙特利尔和多伦多两市为中心向外辐射，强化了两市作为殖民地经济中心的地位。汉密尔顿、伦敦、布兰特福德、斯特拉特福德等城镇则是地方经济中心，也得益于早期铁路交通的便利。汉密尔顿是铁路枢纽，也是大西铁路总部所在地，同时是机车、车轮和铁路桥构件的制造中心。汉密尔顿以西不远的圣托马斯是另一铁路枢纽，有两个车厢及机车厂，因此也成为冶金中心。伦敦成为食品和饮料生产中心，大干线和美资的加拿大西南铁路经过这里。西南铁路穿越南安大略的尼亚加拉半岛，主要是为了承揽底特律到布法罗之间的美国货运，并且还从大西铁路截取生意。实际上，铁路也是英属北美殖民地最早的新兴工业部门，可以说直接推动了殖民地的工业革命。这是自治领工业革命区别于英国工业革命主要特点之一。“在英国，由蒸汽推动的交通革命之前，工业化已在进行，但在英属北美，蒸汽船和铁路则伴随工业化的进程，并加速了工业化”。

在这一时期，英属北美各个殖民地都要求修建铁路，铁路也成为各个殖民地拉动经济的强大动力，但投资巨大，风险也大。在这一时期，各个殖民地使用的铁路资本多由殖民地政府担保。为此，加拿大省制定了《1849年铁路担保法案》(*Railway Guarantee Act of 1849*)。后来，大干线也寻求加拿大省政府的财政支持，还引起政府与反对派发生争执，1862年7月才由《大干线处理法》(*the Grant Trunk Arrangement Act*)解决，到1880年才修到芝加哥。由于地理位置偏远和人口太少，当时新斯科舍和新不伦瑞克省政府说服不了私人资本来投资铁路建设。但是，新不伦瑞克南部人口相对集中，效忠派的政治势力强大，对政府施加压力，只好由政府出资，修建了约100英里从圣约翰到希迪亚克的殖民地铁路。新斯科舍也由政府出资修建并运营了哈利法克斯—特鲁罗铁路以及哈利法克斯—温莎铁路。

塞缪尔·丘纳德

在加拿大，交通和通信技术革新似乎比铁路交通革命还要早，因为这一技术变革是英国技术变革的直接延伸。"皇家威廉号"是第一艘横越大西洋的蒸汽船，1833年搭载7名乘客及一船有利可图的煤炭，从魁北克和新斯科舍的皮克图返回英国的格雷夫森德。在此前后，出现了汽船等各类海上交通和通信技术的革新。1787年生于哈利法克斯的塞缪尔·丘纳德(Samuel Cunard，1787—1865年)对海运作出了重大贡献。他认识到，装配蒸汽动力的船只可以部分摆脱风向或天气的限制而保证定期、准时和快速，便将他从捕鲸、木材和煤炭等行业中赚的钱投到航运和仓储。1825年成立哈利法克斯金融公司。1839年丘纳德申请英国政府的同意，签订了10年期合同，每年得到5.5万英镑资助，承担起利物浦—哈利法克斯—波士顿的定期邮政业务。这条海上航线与英国新实行的一便士邮资制同时开业。由于皇家海军认可丘纳德公司船只的设计和速度，合同期满后又予续签。1840年7月17日下午2点，第一艘定期邮政汽船"不列颠尼亚号"离开利物浦，12天后，到达哈利法克斯港，卸下乘客和邮件，接着驶向波士顿。1855年丘纳德将船队换成铁船，19世纪60年代早期又使用暗轮螺旋桨推进器代替蹼轮。1865年丘纳德去世时，不仅留下可观的60万英镑资产，还留下加拿大人对他的怀念。一位新斯科舍人不无感激地说："汽船20年来带来的太多了。"

为交通革新作出贡献的还有与丘纳德齐名的胡夫·艾伦(Hugh Allan，1810—1882年)，他是一位苏格兰裔加拿大人。在早年(1819年)船运公

不列颠尼亚号

胡夫·艾伦

司的基础上，他在1854年组建蒙特利尔远洋汽船公司（Montreal Ocean Steamship Company），第二年也得到帝国的邮政合同。从此，艾伦船队成为加拿大人的主要交通工具，直到1909年卖给太平洋铁路公司为止。“加拿大人号”、“印第安人号”、“闪米特人号”、“巴黎人号”、“布宜诺斯艾利人号”（第一艘航行大西洋的铁制轮船）等诸多客轮夏天从蒙特利尔起航，冬天从缅因州波特兰起锚，在60多年里一直为加拿大人所熟记。1853年，艾伦船运公司（Allan Line Royal Mail Steamers）与政府合作，将圣皮特湖处的圣劳伦斯主航道加深至16英尺宽。政府还资助建立和维护圣劳伦斯湾入口的一些灯塔。最著名的灯塔是纽芬兰南端雷斯角的那座，一直引导着进入北美的世界各国的船只。

1844年塞缪尔·莫尔斯成功架设从华盛顿—巴尔的摩的电报线两年之后，也连通了蒙特利尔与多伦多、波特兰与底特律的电报线。1847年，胡夫·艾伦创建蒙特利尔电报公司，不久就着手铺设大西洋电缆。世界上第一条海底电缆铺设于1858年，从爱尔兰到纽芬兰特里尼蒂湾，仅由维多利亚女王给詹姆斯·布坎南总统发去一条电报，因海水穿破绝缘层而停用。第二条电缆1866年7月铺到纽芬兰赫茨斯康特恩特。

胡夫·艾伦后来成立了艾伦财团，还插足铁路、银行、保险和制造业。1864年，他创立蒙特利尔商业银行，至今它仍为加拿大主要大银行之一。蒙特利尔在1860年之后能够成为加拿大的财政金融中心，首先应当感念胡夫·艾伦。

**商业革命** 在19世纪上半叶，加拿大工业、农业、铁路运输以及交通十分兴旺，移民迅速增加，越来越多的居民从事木材采伐业和农业，小麦、面粉、木材或木材制品在对外贸易中日益重要。1828年，英国允许加拿大谷物自由进入，不受英国粮价波动的影响，并对输入英国的谷物给予低关税，木材和木材制品也有类似的关税呵护，结果，谷物和木材制品出口激增。这就刺激了原来服务于毛皮贸易的古老的圣劳伦斯河航运，航运焕发了新的活力，甚至将美国中西部产品的运输也吸引了过来。有宗主国的保护，殖民地的经济前景似乎无限美好。东海岸传统的对英国和西印度群岛的贸易和海运业也空前兴旺。英属北美殖民地最终形成了新的产业和贸易体系。

然而，好景不长。从19世纪50年代开始，已经完成工业革命的英国，凭借强大的经济实力转向自由贸易。这就意味着殖民地的木材和农产品在英国市场享受的优惠被取消。失去保护的英属北美殖民地产品在英国市场缺乏任何竞争力。1845—1846年美国国会通过《退回关税法》，对经伊利湖运到纽约的加拿大谷物免征关税。最初英属北美殖民地企图寻找经过美国的廉价航线，以求降低成本，提高竞争力，结果，1850年经纽约港运送的小麦比经魁北克港的多15倍。这样一来，蒙特利尔的航运业、面粉业及商人集团利润损失严重。圣劳伦斯商人和东海岸托利派商人遂迁怒于英国，认为英国要抛弃他们。1849年，一些蒙特利尔商人发表《合并宣言》，声称失去的英国贸易所损失的可以从美国市场补回来，威胁推动加拿大并入美国。然而，这并非加拿大商界的主流思潮，大多数加拿大人主张打开美国关税壁垒，实现互惠贸易，以弥补英国的自由贸易给英属北美殖民地带来的利益损失。因此，埃尔金总督在1854年一手促成与美国签订加美互惠条约，规定密执安湖和圣劳伦斯河向对方开放，自由通航；双方互相开放捕鱼渔场，自由进入对方渔场；对一些天然产品互免关税，或降低关税。《1854年互惠条约》(*the Reciprocity Treaty of 1854*)对美国的好处是自由使用加拿大的渔场；对加拿大的好处是谷物和木材可以自由对美方出口。这就弥补了英国的自由贸易政策给英属北美殖民地带来的部分损失。

实际上，1854年互惠条约对加美双方的意义远比这些更重要。当时，美国工业革命正突飞猛进，处于加速西部扩张的顶峰时期，大规模开发西部，兴建新城市，大量需求木材和粮食。这就为英属北美殖民地就近开辟了一个广阔的市场。此后，加拿大省和东海岸几块殖民地分别有50%和33%的贸易从英国转向美国市场，并逐年增长。1850年为1 460万美元，1854年为3 280万美元，1864年猛增至5 610万美元。英属北美殖民地贸易方向的改变，即由依赖横越大西洋的英国市场转向对美国市场和英国市场的双重依赖，这在加拿大历史上称为“商业革命”。商业革命可以说意义重大：首先，不必顾忌宗主国而实行独立关税政策。1859年，加拿大首次颁布历史上第一个关税法，对包括英国本土在内的外国工业制品强征关税。这曾引起英国制造商的强烈不满，但加拿大商人反击说，英国转变贸易政策时，强调殖民地可以制定自己的贸易政策。其次，促进英属北美殖民地各省之间统一市场的建立。英国抛弃北美殖民地，北美殖民地联合自救是其自然的选择。1849年英国宣布取消航海条例时，英属北美各个殖民地之间就订立了互惠协定，实行省际之间天然产品自由贸易。这标志着圣劳伦斯和与大西洋之间加拿大内部市场的初步形成。

## 二、走向联合与独立

**经济变革孕育独立意识** 英属北美殖民地的工业、交通和通信技术革命，同在宗主国一样，首先在于改善了人民的生活，方便了人们的出行和交往，改变了人们的生活和社交习惯，而更为重要的是，同时促进了殖民地人民独立和建立自主国家的意识。在19世纪五六十年代，北美大陆北部的几块殖民地就滋长了摆脱殖民地命运的意识，而工业革命所奠定的雄厚物资基础也准备好了各方面的条件。其中尤其重要的是，为创立国家培育和壮大了领导力量，他们就是蒙特利尔、多伦多和哈利法克斯的批发商和银行家。19世纪五六十年代的经济成就正是他们积极运作的结果，扩大这些成就就是扩大他们自己的商业利益，同时自然就会促进他们寻求有利的政治条件。早在19世纪50年代末，上下加拿大省与沿海业已积极推进小联邦运动；进入60年代，便加速走上大联合的伟大历程，推进各个殖民地以联邦形式建立自治领国家。那些工商和交通运输业的巨头大都成为联邦之父，如谢尔布鲁克的铁路巨子、后任英属北美联邦首任财政部部长的亚历山大·高尔特。此外，就是头面律师和报人、多伦多《环球报》总编乔治·布朗等人。

铁路改变了人们的思维方式，从经济和政治上起了促进分割的殖民地走向统一的重要作用。铁路对于建立联邦国家的思考可以说至关重要，甚至在联邦国家成立后还发挥了巩固联邦的作用。1876年竣工的连接东部濒海的哈利法克斯与老加拿大的魁北克城的省际铁路，是新不伦瑞克和新斯科舍加入联邦的要价；爱德华王子岛为修建219公里的铁路耗尽了殖民政府的财政，为债务所迫，"自己坐着火车加入了联邦！"

与铁路相同，越洋电缆和汽船航运拉近了世界与加拿大海岸的距离，方便了各个殖民地之间的沟通交流，缩短了它们之间的来往时间，也成为加拿大走向联邦的重要因素。首先，克服了加拿大因地域辽阔、地貌复杂而造成的孤立和远隔的障碍，解决了交往的困难。英属北美殖民地的政治家和商人乘坐胡夫·艾伦和塞缪尔·丘纳德的轮船，从蒙特利尔银行借贷，利用艾伦电报传递信息或进行政治联络，他们不仅利用这些新技术积极推动殖民地的统一，也利用它们对即将诞生的国家进行有效的管理。商业革命中实现的关税自主和统一市场，使他们认识到殖民地既然能够掌握自己的贸易和关税政策，必要时就能够掌握自己的命运，自己管理自己。

英格兰社会历史学家阿萨·布里格斯把19世纪后半期称为大不列颠的"改进时代"，是指技术革命的政治和社会意义。这对加拿大也一样，可以说万事俱备，只欠东风，一切都显示英属北美殖民地的历史机遇正在到来。机遇就是美国南北战争，以及英国准备从北美撤退以应对欧洲正在酝酿的战争形势。

**美国南北战争** 就内部要求而言，19世纪50年代英国实行自由贸易政策，放弃对北美殖民地产品的优惠。这就迫使北美殖民地在1854年与美国签订互惠贸易协定。然而，还是在美国内战以前，一些美国商人担心加拿大的商品竞争，就已经开始反对互惠贸易协定，美国内战的爆发表明这股反对力量的强大。这就迫使北美殖民地人民寻求自己解决经济问题的办法。他们不禁要问：为什么不仿效美国模式寻求统一，创建一个跨北美大陆北部的经济体系来取代乞求英国或美国市场的陈旧发展模式呢？创建这样一个新国家，就会将大陆北部的渔业资源、矿山、工厂特别是西部广阔的草原也囊括进来，形成巨大的内部市场，实现独立发展。

美国内战成为英属北美殖民地经济发展的机会，同时内战所显露的美国扩张主义情绪则威胁殖民地的安全稳定甚至生存基础。美国参议院外交委员会主席查尔斯·萨摩纳公开主张兼并英属北美殖民地，并获得不少美国人的支持。1861年4月美国内战爆发后，兼并之声甚嚣尘上。纽约和芝加哥的报纸纷纷恶狠狠地警告英属北美殖民地："等着瞧，这次战争一结束，我们就来修理你们！"还有人"在某些报刊叫嚣的鼓动下，居然叫喊以兼并英属北美来补偿丢失南部邦联的损失"。美国的兼并似乎已经迫在眉睫。英属北美殖民地尤其是加拿大日益感到在不友好的北美世界中越来越孤立无援。他们思量："胜利以后的美国北方，会不会仰仗他们日益扩张而强大的兵力以及其天命注定的感觉挥师北上来攻打我们呢？"为了应对生存危险，北美殖民地从政治上也应迈出联合而实现独立的关键一步。

**英国改变政策** 美国内战所显露的扩张情绪也使英国政府倍感忧虑，转而支持英属北美殖民地的联合。在19世纪五六十年代，加拿大与大西洋沿岸殖民地即已谋求独立于宗主国的联邦运动，英国政府那时既不支持加拿大，也不支持大西洋沿岸各殖民省的独立，更不赞成加拿大与大西洋四省通过"大联合"组成统一的北美国家，只勉强支持大西洋沿海的"小联合"。然而，早在内战之前，美国兼并加拿大以及西部领土的野心昭然若揭。虽然1846年《俄勒岗条约》(*Oregon Treaty*)完成了北美大陆的领土划分，实现了和平，英国政府仍然感到西部土地的安全受到威胁。1856年弗雷泽河谷发现金矿，美国淘金者纷纷涌入，这种威胁立即显现出来。英国政府1858年宣布，建立不列颠哥伦比亚皇家殖民地，加速从加拿大向太平洋海岸移民，就是为了应对这种威胁。1862年首批移民到达，才稳定了局面控制。不久，淘金热过去，美国人返回，危险消除。同样的麻烦，也出现在苏格兰贵族塞尔扣克19世纪初在温尼伯建立红河殖民地。这里土地肥沃，但在地理上与美国明尼苏达联系方便，而与加拿大东西联系并不方便，土著人早已与南方建立传统的密切贸易联系。在19世纪50年代，美国西部的居民也来到红河殖民地，有人鼓吹将红河地区并入明尼苏达，明尼苏达议会在1858年甚至就此通过了提案。这促使当地加拿大移民要求加拿大政府赶在美国人前面合并红河。在加拿大，布朗的改革党更是大肆宣传合并西部土地，只是麦克唐纳政府这时还没有在财政上做好准备。

美国南部邦联的船只"亚拉巴马号"事件可以说是火上浇油。这艘在利物浦建造的船舶表面上是一艘商船，美国驻伦敦公使馆却怀疑它是一艘战舰。在法国完成装备的两年之后,“亚拉巴马号”不断袭击北方,到1864年被北方战舰击沉在比斯开湾时,已造成北方1 500万美元的损失。美国国务院和报纸都称“亚拉巴马号”使美国内战延长了两年,而内战每年开支20亿美元,所以要向英国提出40亿美元的索赔。同时,美方还暗示替代赔偿的办法,可以割让英属北美殖民地。这时,领导英国自由党政府是狂热的帝国分子帕麦斯顿,他的态度是纵然英属北美殖民地有缺陷,管理昂贵而又棘手,且才刚刚开始,但不能转让美国;加拿大是继承下来的遗产,即使管理不便,英国对它们及自己是负有义务的。殖民地像孩子一样已经长大了,英国不能让美国占有,但如果殖民地自己选择把命运掌握在自己手中,并没有什么不对,还会为英国节省管理和防御的费用。

帕麦斯顿自由党政府这时之所以转变对英属北美殖民地的立场,是因为打算从北美撤退,以应付欧洲日益紧张的局面。世界格局在19世纪60年代发生了重大变化,与美国兴盛的同时,德国实现统一后也在崛起,对英国的大陆政策构成了威胁。为了应对德国在欧洲大陆日益增长的挑战,英国政府决定从北美撤退。

在这一过程中,英国的自由派资产阶级起了促进作用,他们接受边沁关于殖民地是负担应当放弃的主张,相信英属北美殖民地迟早要脱离英国,为什么不加快这个过程呢?让北美殖民地自己担起今后的防御任务,也可以减轻英国的防御负担。

## 三、建立自治领国家

19世纪50年代,英国改变殖民地政策,在英属北美殖民地造成内部政治动荡。在加拿大省,政治分化加剧了,各党派之间的权力争夺陷于僵局。1861—1864年连续两次举行选举,换了4届政府。1862年5月,为了加强加拿大民团而强制拨款,促成保守党政府倒台。其后的几届政府也稳定不了,小小的政策变动或失误都会使政府倒台。1864年6月,塔歇—麦克唐纳的联合政府未经立法议会授权而令财政部长亚历山大·高尔特担保大干线铁路借款10万加元,被迫辞职。6月14日政府垮台后,省内政治家拿不定下一步将如何走。

**“大妥协”** 持续高涨的联邦运动打破了保守党与改革党之间政策分歧的僵局。1864年,乔治·布朗提出一个比加拿大省单独联邦更好的妥协建议,实现包括加拿大省在内所有英属北美殖民地以联邦制方式的联合,而加拿大省内部问题则由东西两部分各自独立建省来解决：给西加拿大"按人口拥有代表"的权利，东部法裔加拿大省则享有独特性；两省都隶属新的英属北美国家的司法管辖之下。这就是所谓大联邦方案，也被称为"大妥协"，既有加拿大省内各个党派之间的妥协，也是东西加拿大省之间的妥协，还包括东西加拿大两省与大西洋海岸四省之间的妥协。这就是与他1859年倡议的不同之处。

加拿大省内各个党派妥协包括4个主要党派中的3个，即卡蒂埃的法裔加拿大保守派、约翰·亚历山大·麦克唐纳的英裔加拿大保守党、布朗的改革党以及法裔反天主教的红党。乔治·布朗、约翰·亚历山大·麦克唐纳与乔治·埃蒂安纳·卡蒂埃在1864年6月底组成的联合内阁，比一年来任何一届政府都要团结，也更强大。这证明这样的大联合可行。不久，成立大联邦的提案在立法议会通过，获130议席中92席的支持。这样，乔治·布朗找到的联邦方案，不仅解决了加拿大省内存在两种语言、两种宗教和两种法律体系分歧的政治难题，也解决了英属北美6块殖民地相互分割的局面，通过联邦制实现统一和建国。

托马斯·达希·麦吉

除政治家之外，更有理论家或舆论宣传的强烈支持，国家主义者托马斯·达希·麦吉（Thomas D'Arcy McGee，1825—1868年）积极支持这样的联合，并为大联邦运动呐喊道："在这个大震荡的时代，环视四周，看看弗吉尼亚的河谷、佐治亚的大山，会找到像黑莓一样多的理由。""边界以南是一个战争、炮火及死亡的世界，以前觉得可以与时俱进，走向解放，而今却发现，他们的形势突然变得危险起来"，那只是因为美国"几乎悲剧般"的权力分散所导致的可怕后果。

整体联邦运动也获得了包括大西洋海岸4个省在内公众的支持。一个新斯科舍人1864年9月到西加拿大旅行时写道，所有报纸都在讨论每一项酝酿中的变革，现在正在奠定一个帝国的基石，它的边界将从纽芬兰一直延伸到温哥华岛的那些壮观高山和静谧海湾。加拿大省内部进行辩论时，大西洋海岸4个省也在讨论。而且，出于安抚法裔加拿大人的目的，英国政府不支持加拿大联邦的想法，但支持东部的联合。实际上，一直以来，东部也有像乔治·布朗一样的大联合的考虑，认为英属北美殖民地可能像100年前的美国人那样结合成一个国家，接管美国边界以北的广阔领土来做一番事业。大西洋海岸各省的政治家和舆论感到这里没有加拿大英裔与法裔之间的各种争吵，联合在某种程度上相对更容易一些。但实际上，也存在分歧，最初爱德华王子岛对大联合就较为冷淡。爱德华王子岛民众一向较为保守，过分欣赏自己的农场、土豆、龙虾或海滩而心满意足。在1864年以前，爱德华王子岛许多岛民甚至从未跨越诺森伯兰海峡，宁愿隔着一片海洋，静观大陆。新斯科舍也犹豫不决，主要是因为新斯科舍人在东部4省中最为开放，他们的船只航行于七大洋，他们熟悉横滨、广州、巴巴多斯、法尔茅斯，甚至超过对渥太华熟悉的程度。而《1854年互惠协定》美国给予新斯科舍某些进口减让，以换取沿海捕鱼权，经济一时相对繁荣，没有什么困难。新不伦瑞克民众则希望以圣约翰取代美国缅因州的波特兰而成为起自蒙特利尔的省际铁路的终点，因此对联合相对较为积极。纽芬兰不仅在地理上而且在心态上，都比大西洋海岸其他3个省距离大陆殖民地更为遥远，只是在19世纪60年代渔业走下坡路、经济困难时，才开始考虑联合的可能性。所以，尽管东部4个省讨论联合比较早，动作却十分迟缓，差不多一代人以来一直游移不定，19世纪60年代初受到加拿大省联邦运动的推动，才开始行动。

**一个新国家诞生**　1864年9月，大西洋海岸4个省在夏洛特敦（Charlottetown）紧急召开联合会议，新斯科舍、新不伦瑞克和爱德华王子岛的代表沉浸在大联合计划的欢乐之中。加拿大省听到信息，立即抓住时机推行酝酿已久的大联合计划，询问："可否接受更彻底的建议而变为所有殖民地的联合？"询问得到了肯定的答复。1864年9月1日，"维多利亚女王号"轮船载着加拿大省的代表，停靠在夏洛特敦港口。当时，乔治·布朗激动地说，有点像克里斯托弗·哥伦布发现新大陆的感觉。

夏洛特敦会议是英属北美全体殖民地代表商讨加拿大建国大计的第一次会议。会上起草了联合的初步计划，商定1864年10月在魁北克继续开会。第二次协商会议1864年10月10日如期在魁北克举行，加拿大联合省、新斯科舍、新不伦瑞克、爱德华王子岛和纽芬兰省派出代表共33人出席。他们后来被称为"联邦之父"，其中约翰·亚历山大·麦克唐纳发挥作用最大，被称为"伟大的联邦之父"。然而，起初加拿大讨论联邦问题时，他并不太积极，但在两次联合会议之后，看到有望成功，积极性倍增，并使用灵活的外交手腕和策略协

夏洛特敦会议代表合影

调各省代表的矛盾。约翰·亚历山大·麦克唐纳既是组织者，又是文件起草人。经过16天的紧张讨论，10月底拿出了英属北美殖民地联合建国的正式方案——《72条决议》(*Seventy-Two Resolutions*)，也称《魁北克决议》(*Quebec Resolutions*)。实际上，这是后来起宪法作用的《英属北美法案》(*British North America Act, 1867*)的草案。

此时，英国也转而支持加拿大省与沿海省的大联合方案。从一开始，代表英国政府的爱德华·卡德韦尔(Edward Cardwell, 1st Viscount Cardwell, 1813—1886年)抓住一切机会竭力促成，在夏洛特敦和魁北克的聚会或秘密会议上，他趁热打铁，推动会议进程。当新斯科舍总督请求英国殖民部允许派代表出席魁北克制宪会议时，作为殖民部秘书的爱德华·卡德韦尔不久前还持反对立场。这次，他不仅"毫不犹豫地批准"，还迫不及待地说，时机(意指美国威胁近在眼前)很重要，殖民地应当尽快行动起来。稍后，新不伦瑞克总督向他提出同样的请求，他更明确地转向"加拿大方案"，赞成大联合，支持加拿大省与沿海省联合建成一个国家。到1864年11月底，爱德华·卡德韦尔看到方案获得各殖民地代表支持时，便将联邦制度作为英国政府的政策于12月初予以宣布，写信催促夏洛特敦、圣约翰斯、弗雷德里克顿和哈利法克斯各殖民省省督，命他们积极配合。他还威胁新斯科舍、爱德华王子岛和纽芬兰省督说，如果不积极配合，就被撤换，新不伦瑞克政府因此受到撤换。如果不是纽芬兰、爱德华王子岛和新不伦瑞克须就此问题举行地方选举，英属北美殖民地联邦就可能在1865年宣布建立。3个省选举的结果是，纽芬兰决定推迟加入（这一推迟直到1949年），爱德华王子岛和新不伦瑞克则拒绝加入。因此，建立英属北美殖民地联邦的进程似乎暂时受挫。原因是，这3个殖民地与加拿大省这时尚无铁路联系，沿海各省依然存在强烈的地方忠诚感，也缺乏加拿大省选民所具有的那种面对美国威胁的危急意识。实际上，新斯科舍省也存在这样的感情障碍，省立法议会内反联邦制的力量仍然很强大，而且是原来支持联邦的约瑟夫·豪转而带头反对。好在支持联邦的查尔斯·塔珀（Charles Tupper，1821—1915年）政府1863年刚刚选举上台，1867年以前无需选举。1866年4月，当卡德韦尔施压时，反联邦的新不伦瑞克政府倒台的消息传来，查尔斯·塔珀便趁机使新斯科舍上下两院通过联邦议案，两个月后选民也投了支持票。只有爱德华王子岛和纽芬兰顽强顶着。不过，爱德华·卡德韦尔对此似乎并不过分担心，他意识到，大陆殖民地才是保证联邦制前进的关键和动力。事实上，也确实如此。这样，约翰·亚历山大·麦克唐纳联合乔治-埃蒂安纳·卡蒂埃和查尔斯·塔珀等人借助英国议会权威，并在英国政府坚定支持下，首先将加拿大、新斯科舍和新不伦瑞克3个省联合起来，新的国家

爱德华·卡德韦尔

查尔斯·塔珀

实体架构搭成后，以后再加以充实。

1866年12月4日，加拿大、新斯科舍和新不伦瑞克3个省的代表在伦敦举行第三次会议，与英国殖民部官员一起敲定了《魁北克决议》的最后条款。约翰·亚历山大·麦克唐纳曾建议将这个新国家命名为加拿大王国。英国政府没有同意，害怕实行君主政体会激怒美国。最后，新不伦瑞克省总理利奥纳德·蒂利（Samuel Leonard Tilley，1818—1896年）根据《圣经·诗篇》，提议用“自治领”命名这个新国家，最后被会议接受，这个新国家就被正式确定为“加拿大自治领”。伦敦会议还商讨了与建国有关的其他重要事项，例如，作为继续推进英属北美殖民地实现整体联邦的建国步骤，增加给沿海各省的财政补贴，承诺尽快修建省际铁路，以及英国政府同意加拿大联邦最终接管哈德孙湾公司的鲁珀特地，等等。这样，加拿大自治领最初由4个省组成：因为按联合前的约定，加拿大省要重新一分为二，称为安大略省和魁北克省，加上沿海的新斯科舍和新不伦瑞克。

在伦敦会议举行期间，一个反联邦的代表团到了伦敦，企图阻挠英国议会通过法案，主要是约瑟夫·豪率领的新斯科舍省的反对派，也有部分新不伦瑞

20世纪初魁北克议会大厦

克人。但是,英国政府没有退让,他们无法也不愿逆转北美殖民地这个永久的政治变动。可是,加拿大自治领国家刚一诞生,就面临新斯科舍退出而导致联邦分裂的威胁。在1867年联邦和省的选举中,查尔斯·塔珀领导的新斯科舍省联邦派失败,联邦下院19席中18席落入反联邦派手中,省立法议会38席中36席也为反联邦派所有,领导这次反联邦的仍是约瑟夫·豪。作为自19世纪30年代改革运动以来东海岸最有影响的政治家,他本来是联邦派,但是1863年新斯科舍省立法议会选举时落选,没有能够参加魁北克会议。这对加拿大自治领首任总理、正在伦敦接受爵位的约翰·亚历山大·麦克唐纳是个严峻的挑战,需要他继续施展政治技巧平息反对势力,巩固联邦体制,特别是安抚约瑟夫·豪这位重要的东海岸政治家。

1867年2月,修改后的《魁北克决议》提交英国议会批准,成为《英属北美法案》,3月29日经维多利亚女王签署,成为加拿大的宪法,7月1日中午起生效。自治领联邦国家定都渥太华,这个新国家诞生了。

**实行强大的联邦制** 1867年建国时,约翰·亚历山大·麦克唐纳在表面上有现成可循的模式,即1852年的新西兰宪法或美国1787年的宪法,但是前者在自治市之上不设省级政府,加拿大无法借鉴。在制宪时,以约翰·亚历山大·麦克唐纳为首的联邦之父是追随美国的先例。可是,美国内战已明显暴露出各州拥有全权的巨大缺陷,因此在吸取美国制宪教训的基础上,他们实际上创造了一部崭新的宪法。它主要是借鉴美国联邦制的政体,但竭力避免美国实行州主权的缺陷,即实行强大的联邦中央议会立法主权的制度。然而,正如联邦建立后政治演化所显示的,加拿大实行联邦制联合本身就存在分裂的危险,几乎在自治领国家建立之初,即19世纪70年代早期,就兴起了挑战联邦议会立法主权的省权运动,几乎威胁国家的统一和巩固。

参与创建国家及起草宪法的有33位"联邦之父",其中发挥较大作用的,除约翰·亚历山大·麦克唐纳外,还有查尔斯·塔珀、利奥纳德·蒂利(两人都不是律师而是地方政治家)、亚历山大·高尔特(商人、铁路巨头)、乔治-埃蒂安纳·卡蒂埃、乔治·布朗(报人)等。在这些联邦之父中,真正具有管理和法律经验者极少,对于起草宪法这样严格而缜密的工作不能提供太大帮助。因此,"伟大的联邦之父"约翰·亚历山大·麦克唐纳付出最多,包括自治领临时宪法《英属北美法案》的蓝本"魁北克草案"在内,所有的宪法文件皆由他一人起草。实际上,他是自治领强大联邦制度的设计师。他曾告诉安大略省一位1837年起义时的老友高恩法官说:没有人帮助我,一切必须由自己做

联邦之父

主，“由于我没有任何帮手，（魁北克）会议上无人具备任何制宪经验（亚历山大·高尔特在财政方面例外），宪法或好或坏都由我负责”。

无论是1864年9月的夏洛特敦会议、10月的魁北克会议，还是1867年3月的伦敦会议，约翰·亚历山大·麦克唐纳一直都在强调“英属北美应是个能够自卫的伟大国家”。在魁北克会议上，他说：“从金钱观点看，英属北美不如澳大利亚，但是如果组成个联盟，我们的重要性很快就会显示出来。我们现在分散无力的防御地位，无疑是英国困窘的原因；如果不是加拿大虚弱，英国就有可能与法国一起承认（美国）南方邦联了。那样，我们必然不仅对英国变得重要，而且在外国尤其是美国眼里，也变得重要了。美国发现不能征服南方400万人，我们联合后的人口，也将达到那个数目。为了保证我们自己与后代的和平，必须使我们强大无比。”约翰·亚历山大·麦克唐纳的观点得到联邦之父们的支持，对于他们来说，使这个新国家强大，不仅为了避免被兼并，也有防止美国民主制度威胁的动机。因此，33位联邦之父刻意创建一个强大而集权的联邦中央政府，不仅反对完全引进美国的制度，约翰·亚历山大·麦克唐纳、乔治·布朗等坚定的联邦主义者甚至主张按照英国的制度实现立法联合，即按照英国早期兼并爱尔兰和苏格兰的方式，将整个英属北美殖民地立即统一在一个单一中央议会之下，而取消各省的立法议会，还主张永久保持与英国的关系。

在《环球报》上，乔治·布朗大力宣扬英国议会制度的优越性，抨击美国民主，特别是男子普选制。而约翰·亚历山大·麦克唐纳则“反复强调强大的中央政府以及保持英国制度与议会政府的两大主题”。在魁北克制宪会议的主旨演说中，他说：“英属北美的政体应当是英国政体的翻版和抄本，它的联邦制必须避免毁掉了美国经验的致命错误。英属北美各省在英王治下现存的责任政府的实践，已经规避了美国制度中绝大部分的失败之举，立法委员会的选举（只有两个殖民地采取美国国会制的唯一特征），只是一种善良的愿望，是对英国议会原则的误解，现在应当摈弃。至于基本的政治制度，只须做些许改动。”“作为英帝国的组成部分，各省当然不能自己认为具有独立与特别的主权，各省联合后的新宪法，不能有任何鼓励这类不合理的主张。联邦上院或下院只应实行地区平等，不能够实行各省平等；立法权的划分，除少数只为地方目的的权力应归地方外，所有权力都应当保留来加强中央政府。”按约翰·亚历山大·麦克唐纳的本意，新国家是“加拿大王国”，因英国害怕刺激美国，才打消他这个念头。且不说一些联邦之父，在魁北克制宪会议上主张强大的中央立法议会，反对美国的议会制度，甚至在各省立法议会辩论“魁北克草案”期间，不少人也支持他主张的立法合并。“如果我们准备实行英国的制度，我们为什么不也采用他们的模式？当苏格兰合并于英格兰时，地方议会就被取消了。爱尔兰也是如此。如果我们准备联合，就应当是立法合并。一个政府、一个立法议会是伟大的思想”。保留地方立法机构，除使开支增大外无任何好处，甚至会变成那些没有能够在渥太华捞到席位的人搞腐败的场所。

自治领制宪会议尊崇英国议会制度而仇视美国民主，是因为联邦之父全都来自信仰天主教的爱尔兰和法国或信仰长老派新教的苏格兰。“如果实行美国法律，他们任何人都不可能成为政府头脑，因此，他们在1864—1867年一致反对被视为动乱根源的美国民主及其（代表的）典型的联邦制度”。乔治·布朗这位19世纪50年代激进沙砾派的改革家，就来自苏格兰，是坚定的苏格兰教会信徒，还娶了苏格兰一个出版商的千金为妻，而且经常回英国。约翰·亚历山大·麦克唐纳一家1822年才从苏格兰迁到金斯敦，仅40来年。其父曾经是帝国的下级军官，参加过镇压美国独立战争，后在1812年战争中升为中级军官。其他人也大都具有这样的英国背景。他们从传统大不列颠子民的立场出发，抨击美国分权的联邦制度，刻意打造与其对立的英国式君主立宪议会制度。在魁北克制宪会议上，约翰·亚历山大·麦克唐纳猛烈批评美国的联邦制："与我们毗邻的共和各州，总是采取独立主权行动，新英格兰各州、纽约州以及南部各州，都不赞成共同利益。他们是彼此完全不同的13个主权州。(他们）制宪时所犯的主要错误就是各州保留了所有主权，只把一小部分权力让与国会。我们要把这个程序翻过来，加强中央政府，只把为了地方目的可能需要的权力给予省立法议会……我们应该有一个强大而稳固的政府，依靠这样的政府，我们就能够制定出抵制民主的自由宪法，就能够以强有力的中央政府保护少数派（指富人）……没有过度伸张的中央权威，这种保障就可能遭到践踏。我们的宪法必须以英帝国议会的法案为基础。"

不过，约翰·亚历山大·麦克唐纳取消省立法权的目的并没有达到。虽然建立单一中央立法议会对于巩固统一很重要，但大多数代表很快认识到，这在政治上很难办到。构成这个新国家的各个省，原来是各不相属的单个殖民地，各自都有特殊的需要。所以他们反对立法合并，而主张联邦制的联合。主要是大西洋沿海各省和魁北克，特别是后者，在1841年合并后的加拿大联合省里，已感到权利受到严重侵害，害怕立法合并后会受到更大的侵害。他们同意联合的条件是，法裔加拿大人的特殊权利在新国家中要受到保护，要求享有地方立法的独立性，要能够管理自己的法语文化和教育，保留天主教信仰和法国民法。大西洋沿海4个省也有类似的要求，他们都没有建立市政机构，取消立法议会，就没有地方政府了，利益将完全得不到保证。新斯科舍省讨论批准《魁北克决议》时，就有人道出了这种与魁北克一样的担心："如果下加拿大不同意立法联合，就应作出安排，以使他们掌管那些他们认为特殊的利益免受其他省干涉。我高兴的是，参加（制宪会议）的一些绅士，已经作出尊重魁北克权利的许多安排，在过去的年代里，这些权利曾被西加拿大人践踏。众所周知，长期以来，上加拿大都企图剥夺下加拿大所珍重的许多制度与权利——这一联合赖以实现的原则受到了破坏威胁。在联邦制的情况下，上加拿大人只要这样做，也会践踏大西洋各省的权益。" 后来，乔治·布朗在制宪会议上说："我们要么采取联邦制联合起来，要么就停止谈判……对我们只有一个选择，即联邦或什么也没有。" 但魁北克会议最后还是否定了完整的立法合并，决定实行美国的政治联邦制。1867年《英属北美法案》的条款确定实行联邦体的君主立宪议会制，"以联邦方式联合成为自治领"。

同时，出席制宪会议的代表也讨论了美国联邦议会制的缺陷，特别是各州保留主要立法权。早在加拿大省的联邦运动期间，约翰·亚历山大·麦克唐纳就已注意到美国实行州主权所存在的严重问题。在1857年加拿大议会的一次会议上，他说："美国一开始抱定的目标就是错误的，在宪法里宣布除宪法交给中央政府及国会的那些权力外，每一州本身是有主权的，与主权相关的所有权力也都属于各州。"他特别批评了1787年费城制宪会议对小州的过分让步。加拿大的联邦之父们在魁北克会议上普遍认为，费城制宪会议把立法主权留给各州是美国制度失败的根源，是造成分裂和内战的祸根。1864年魁北克制宪会议时，虽然美国内战已近尾声，但提醒他们纠正美国的错误。《魁北克决议》强化联邦议会的立法主权而抑制省的立法权，以制止联邦制的天然分离倾向。约翰·亚历山大·麦克唐纳说："英属北美的联合，虽然必须是联邦制的，同时也必须是联邦形式下尽可能高度集中的联合。""将所有重大立法主题全部交给中央立法议会……以加强中央议会使联邦成为一个民族或一个政府，而不是在有限的、不足范围的内在权力上把我们联系在一起的5个民族或5个政府"。"我们起草宪法，要注意规避美国制度的错误与弱点，而他们主要的错误是，将没有委托给全国政府的所有权力都留给了各州。我们必须反其道而行之，建立强大的中央政府，所有没有特别授予各省的权力，都要归属中央政府。"新斯科舍省的代表查尔斯·塔珀说得更明确，只要我们能够一致同意结成强大的联邦，除那些特别保留给地方政府的权力外，所有主权都归联邦中央所有，这样北美各省就能够规避美国的错误。"只要我们能够达到这个目标，即强大的中央政府，我们就将不仅仅是新斯科舍人、新不伦瑞克人或加拿大人，而是英国主权支配下的不列颠北美人"。

在魁北克制宪会议上，联邦之父们断然阻止了可能造成加强省权的任何企图。爱德华王子岛曾企图像美国费城制宪会议上的特拉华州，代表大西洋沿海4个省争权，建议大小省在参议院平等。对此，约翰·亚历山大·麦克唐纳认为美国各州在参议院平等是造成州主权的主要祸根，反对参议院实行省权平等，只主张实行地区平等。约翰·亚历山大·麦克唐纳提议将新的联邦国家划分为西加拿大、东加拿大和大西洋沿海3个地区，每个地区在参议院拥有人数相等的议员。他认为实行地区平等比各省平等更能够防止省权膨胀，尽管大西洋沿海各省认为不公平，最终仍为制宪会议所接受。对于"剩余权力"，爱德华王子岛代表也建议说："地方立法议会应该拥有这次会议没有专门授予中央议会的所有立法权力。"这是美国的宪法理论。约翰·亚历山大·麦克唐纳断然拒绝，最终也"将特别列出归省政府之外的所有剩余权力，交给中央"。

就这样，加拿大自治领议会在成立之初，虽然采取了美国联邦制的政体，却吸收了英国议会制度的精髓，以中央议会至高无上的立法主权，克服联邦制

渥太华议会大厦

可能带来的分权缺陷,即实行权力集中的联邦制。这是加拿大联邦议会制的特色,有别于实行州主权的美国的典型联邦制度,或二元联邦制。在美国,联邦与各州在立法上互不隶属,在自己的立法权内,各自都享有至高权威。在加拿大,联邦议会立法权至高无上,省立法权从属于联邦,是相对的。联邦政府任命的地方行政长官——副总督,有权将省立法法案提交联邦政府审议驳回。所以,加拿大尽管采用联邦的名称,本质上却是英国立宪君主制度下的英国式议会制。创立这种特色议会制的联邦之父被称为集权联邦主义者,又被称为初期联邦主义者。

每当英国议会要无条件授予任何一个殖民地政府权力时,殖民部文件常见对它的称谓的表达方式为"和平、福利与良好政府";给加拿大联邦政府的称谓是"和平、秩序与良好政府"。这是殖民部历史上所知的最大授权:渥太华任命包括直至县法院法官在内的自治领国家各级法官,留给省级任命的是执法官(治安法官)的权力;任命所有各省行政首脑——省督;联邦内阁被授予以任何理由而不论违宪与否自由地否决各省法律的否决权。在1868年6月一份著名备忘录中,约翰·亚历山大·麦克唐纳告诉各省,它们未来可望看到英国政府频繁使用对付殖民地的立法武器——否决权,渥太华也会更经常使用。因此，加拿大有历史学家说约翰·亚历山大·麦克唐纳将自治领政府视为主人，而把省政府当作仆从，或许期望以后将省降到新西兰的半自治市政府的地位。

由于加拿大联邦之父刻意追求将英属北美政体作为英国政体的翻版，加拿大联邦制不同于美国，而且议会体制更近于英国而不同于美国。在加拿大，行政与立法机构之间的关系同美国体制正好相反，以权力融合取代权力制衡。内阁阁员都是立法议会（众议院）议员，并主宰下院，这同英国议会制一样。内阁确定政府政策的总路线，内阁讨论允许分歧，但集体责任制的原则非常坚定，一旦作出决定，每位成员必须支持，否则就辞去内阁职务；如果众议院否定了重大问题的法规，或投不信任票，政府总理和内阁必须集体辞职。此外，加拿大总理在立法、征税以及同外国签约方面比美国总统的权力大得多。总理和内阁作出决定时知道自己控制下院大多数，有把握获得通过，而美国总统就没有这样的幸运。正因为如此，加拿大的议会辩论没有美国国会辩论有意义。

加美两国议会制虽然源头同出英国议会制，却差别巨大，原因是独立道路不同。美国通过两次革命彻底割断与英国的关系，抛弃君主立宪制，创立了

1879年2月22日加拿大议会开幕大典

总统共和制，虽然吸收了英国代议制、两党制和责任内阁制，却加以彻底翻新，废弃了国王、贵族和下院这些最体现英国宪政传统的遗产。加拿大没有经过革命，是经过英国允许，由各个殖民地与英国政府和平协商而获得独立的（仅发生过失败的1837年起义）。加拿大联邦之父们对革命和民主充满敌意。在比较加美两国历史时，有学者常说美国独立战争既创造了美国，也创造了加拿大。恐怕不完全是这样。美国独立战争时，英国为了防止革命波及加拿大，颁布《魁北克法案》安抚法裔加拿大人，他们没有跟随美国闹革命。可见，独立战争对加拿大只起到稳定其作为英国殖民地地位的作用。第二次美国革命在巩固美国共和民主制的同时，倒是促使加拿大走上独立道路，并且从反面总结了美国联邦制的教训，创建了强调中央立法主权的集权联邦制的议会制国家。在19世纪七八十年代，正是这一制度保证了加拿大能够迅速扩张和统一；在合并西部领土过程中，中央立法主权得到了特别体现。

**省权运动的挑战** 尽管魁北克会议上加拿大联邦的缔造者刻意防止美国分权的影响，但这是非常困难的，或是不可能的。首先，两国地理和历史背景相同，都是由原来英国的各块殖民地联合而成。然而，最早参加创建加拿大自治领的4个殖民地均已独立存在2个世纪，到19世纪50年代，由于经济和交通的发展（连接加拿大省与大西洋沿海殖民地的铁路业已修建），早已形成统一的市场。尤其是上下加拿大，经济和政治联系更加密切，经过一个世纪的共同生活，已经形成国家意识。可是，作为殖民地，它们又天然存在分散性，且难以消除，特别是加拿大省（魁北克），由法国统治过一个半多世纪，依然保留了法国民法、天主教会以及法语文化，居民对英国制度很不适应。因此，同美国联邦一样，加拿大自治领联邦也有自然分离的倾向。这是不能防止美国消极影响的根本原因。

其次，由于加美两块领土紧紧相邻，在文化、语言或生活习惯方面存在相同之处，彼此之间也具有天然的吸引力。1837年起义领袖威廉·莱昂·麦肯齐和路易—约瑟夫·帕皮诺两人都主张立法议会由选举产生，19世纪50年代建立责任政府时期改革派主张以美式参议院取代立法委员会，乃至魁北克制宪会议期间爱德华王子岛提出参议院实行大小省平均的要求，都明显看出美国对加拿大政治的强大影响。

正是在这样的背景下，加拿大自治领建立不久，自19世纪70年代起，即兴起了省权运动，要求澄清省与联邦两级政府在财政上权限的划分。领头的不是建立联邦时就有分离倾向的东部小省，而是中央地区安大略省和魁北克省这样大而富裕的省份，人口最多的安大略省则成为省权运动的中心。作为联邦缔造

奥利弗·默瓦特

者之一、在魁北克制宪会议上介绍省立法条款的奥利弗·默瓦特(Oliver Mowat, 1820—1903年),转而成为"省权运动之父"。他当安大略省总理24年,从1872年起长期挑战联邦立法权至高无上的宪法理论。按麦克唐纳对《英属北美法案》第91款即"剩余立法权条款"的解释,即使是各省的经济立法联邦议会也享有至高无上的权威。可是,奥利弗·默瓦特却要求安大略省立法议会与自治领联邦议会在经济立法上具有同等的权力。

问题的严重性还在于19世纪60年代美国的威胁过去后,英国政府转而纵容或支持各省的立法权要求。1883年英国枢密院司法委员会的一例判决书,对《英属北美法案》第92款(即省立法结构权限)列举事项,倾向于支持省的要求。该判例写道:"安大略省立法议会为该省的利益被授予的权力,从任何意义上都不是授权行使……而是具有无限的与充分的权力,像皇家议会拥有的和被赋予的权力一样充分。在这些条款范围内,地方立法机构的权力至高无上,拥有自治领议会同等的权力。"这条判决否定了早期联邦主义的宪法理论,为省权提供了法律依据,助长了分离的省权运动,造成了长期的争端。其后果是,安大略和魁北克两省在1887年12月联手发起省际修宪活动,审议联邦与省的"财政及其他关系",开创了以省际会议参与修宪的先例。这就从实际上动摇了单一联邦立法中心的宪法理论,"承认省政府具有必须受到尊重的排他性的权力。这样一来,从1885年到1914年,加拿大就发展了各省的联合,并非开国总理约翰·亚历山大·麦克唐纳所期望的单一国家制度"。正如毕生研究加拿大政治制度的学者霍金斯所指出的,在1891年麦克唐纳去世以前,联邦议会立法主权至高无上的原则已经被改变了。"我们虽然仍实行立宪君主制度,但是已经开始变成美国的典型联邦议会制,权力逐渐向各省倾斜"。

加拿大自治领众议院议席的分配,原则上与原来加拿大省立法议会一样,按人口特殊比率分配(如魁北克65席)。在1885年以前,各省的投票制度继续沿用殖民地时期的规则,各级选举都有财产限制,虽然不算太高,但是都强调拥有财产的必要条件。在殖民地时期，妇女并非从来就没有选举权，新斯科舍和下加拿的妇女在特殊条件下可以投票，在联邦建立前却被取消了。1867年《英属北美法案》无论多么符合法理，缺陷委实不少：基本上没有注意西部的政治权力，在1900年以前的众议院213席中，来自苏必利尔湖以西的只有17席。这是由于自治领实行英国按人口划选区、按比例选派议会代表的制度，那时西部人口稀少。同殖民地时期的立法议会一样，仍有选举腐败，例如在1872年选举中，约翰·亚历山大·麦克唐纳、乔治-埃蒂安纳·卡蒂埃和内政部部长埃克托尔-路易斯·朗之万拿了蒙特利尔运输巨头、太平洋铁路公司总裁胡夫·艾伦100万加元（约合今天1 200万加元）。太平洋铁路公司取得了修筑太平洋铁路一条支线的合同，艾伦得到了回报，而使用的钱则是美国人的。这导致了敲诈。1873年11月5日，约翰·亚历山大·麦克唐纳因此辞职，首任保守党政府垮台。

## 四、扩张为三大洋国家

各派政治家认识到统一国家的优越性，必须将英属北美殖民地的剩余殖民领土统一并入自治领联邦，实现"从海洋到海洋"的扩张。当时，形势对完成这一历史任务十分有利：英国政府为了与美国争霸保证帝国安全，也全力支持加拿大自治领这一扩张战略。不过，首先要巩固原有的联合。

**巩固大西洋地区统一**　1867全国联邦选举时，因联邦派在新斯科舍省的失败，新斯科舍退出，联邦面临重新分裂的危险。新不伦瑞克也存在不满，更严重的是，新斯科舍甚至有被美国兼并的风险。可见，首先要巩固东部大西洋沿海各省之间以及它们与西部各省的团结。当时，东海岸渔业普遍不景气，而联邦规定的税率高于加入联邦之前，进口生活必需品价格被抬高，居民支出增加，生活困难。而此时，美国正处于内战后的繁荣发展时期，自然对新斯科舍人具有不小的吸引力。约瑟夫·豪领导的反联邦派威胁要退出自治领加入美国。1868年2月，约瑟夫·豪还亲自赴伦敦向宗主国提出退出的申请。此举可能是为了个人的政治利益，并非认真对自治领联邦政府施加压力，但是对新国家的统一确实构成了现实的威胁。因此，扩张之前必须稳住东部的动摇省份。

加拿大自治领政府认识到，克服东部沿海各省的离心倾向，关键是迅速落实《英属北美法案》的财政补贴条款，增加对有财政困难的东部各省的财政帮助。按《英属北美法案》财政条款法案规定，各省已将征税权力让渡给联邦政府，只保留征收直接税即工商业税赋等的权力。可是，除安大略和魁北克两省外，其他各省包括尚未加入联邦的地区收不到多少直接税款。大西洋沿海4个省向来经济波动较大，早在伦敦会议期间，新斯科舍省及新不伦瑞克省就对《英属北美法案》中这项财政条款不满，后来采取补救办法，添加了财政补贴金条款即由联邦政府每年拨给各省一定数目的补助金。所以，要想平息东部沿海地区省份的不满，就必须在补助金上做文章。这样做不仅可以平息反联邦和脱离联邦的运动，也对尚未加入联邦的殖民地（例如纽芬兰）具有吸引力。

擒贼先擒王，约翰·亚历山大·麦克唐纳首先安抚领导分离活动的约瑟夫·豪，稳住新斯科舍。好在英国政府出于防御美国趁机侵略的考虑，没有批准新斯科舍退出联邦的申请，而是坚定地支持麦克唐纳政府。在双方的强大压力下，约瑟夫·豪最终妥协，约翰·亚历山大·麦克唐纳也顺势让步，邀他入阁，又给予新斯科舍加入联邦的一些优惠条件，渥太华保证每年增加给新斯科舍的财政补助金。1869年1月，新斯科舍省与自治领联邦政府达成重返联邦的协议。这样，约翰·亚历山大·麦克唐纳就以其政治天才和技巧，不仅从千里之外迅速接手处理并控制住局势，也稳定了沿海殖民地与联邦的关系。新不伦瑞克省加入联邦的条件并不高，就是把圣约翰作为英属北美省际铁路在大西洋的起点。这不成问题，实际上已写入《英属北美法案》中。该省经历了1865年和1866年的两次选举，接受加入联邦的条件有公众授权的基础。自治领政府增加财政补助金的决定对贫困的爱德华王子岛殖民省的公众更具有吸引力。他们所要求的铁路及到大陆的轮渡服务也得到了保证。1873年7月1日，爱德华王子岛省被接纳加入联邦，自治领总督赴夏洛特敦参加庆典。“爱德华王子岛省人的印象是，加拿大自治领被合并进了爱德华王子岛省”。连接大西洋沿海4省与安大略和魁北克两省的省际铁路不久开工，到1876年建成。这条铁路对于巩固自治领联邦的统一意义巨大。

**兼并西部领土**　按《英属北美法案》，自治领国家建立后面临的扩张任务，主要是由加拿大同哈德孙湾公司立即谈判购买安大略和魁北克以西和以北直至太平洋和北冰洋的广阔土地，将它们收归自治领联邦政府所有。当时，鲁珀特地面临美国兼并的威胁，购买鲁珀特地成为自治领联邦扩张的关键一步。

鲁珀特地（Rupert’s Land）边界虽相当准确，但是从来没有划定。哈德孙湾公司想要得到最高价，也愿意卖给加拿大，但是加拿大出价与公司想要的价格距离确实很远。1867年，美国从俄国购买阿拉斯加为720万美元。哈德孙湾公司说如果阿拉斯加值700万美元，与美国有700英里长边界的鲁珀特地价值一定更高。有人说它值4 000万美元，还放消息说愿意把它卖给美国。但是，不管哈德孙湾公司怎么试探，英国政府没有让步。自治领联邦建立不到15个月，就派乔治-埃蒂安纳·卡蒂埃和公共工程部部长威廉·麦克道格尔（William McDougall，1822—1905年）赴伦敦商谈哈德孙湾公司转让鲁珀特地的问题。1868年英国议会通过《鲁珀特地法案》，令哈德孙湾公司把鲁珀特地转让给加拿大自治领。经6周谈判，英国政府施压，哈德孙湾公司极不情愿地以150万美元卖出。哈德孙湾公司索要1/10肥沃的返还地的要求也被拒绝，只返还1/20，是公司西部120个贸易站周围的土地。由帝国作担保，1869年3月自治领政府同哈德孙湾公司达成了买卖协议。1869年5月，约翰·亚历山大·麦克唐纳将《关于鲁珀特地区临时政府》的提案提交加拿大议会通过。自治领政府决定将鲁珀特地改称西北地区，暂不设省，任命一名副督，由渥太华直接控制。通过这次土地交易，自治领联邦扩张到了落基山脉及北冰洋岸。1872年自治领颁布《自治领土地法案》，着手吸引移民进行开发；1875年颁布《西北地区法案》，规定了西北地区建省的原则，人口达到一定的数量，由居民选举产生立法议会和责任政府。但这个过程极为缓慢，至今西北地区仍有广阔的土地控制在加拿大联邦政府手中。

鲁珀特地购买谈判后，自治领开始了向西扩张的进程，并且极为迅速。接下来的一步便是解决落基山以西太平洋沿岸的原英国殖民地加入加拿大自治领的问题。在这片殖民地南端的弗雷泽河，自1858年兴起淘金潮（gold rush），大量美国的淘金者到来，也显示出美国兼并的威胁，曾引起英国政府的担心。出于安全考虑，英国政府觉得无需再分设两个殖民地，1866年11月便将温哥华和不列颠哥伦比亚两块殖民地合并，仍使用不列颠哥伦比亚殖民地的名称，首府仍设在维多利亚。当时，这一大片殖民地的人口总共白人不过1.1万人，印第安人2.6万人。这里与东部的联系十分不方便，从维多利亚寄一封信到渥太华，还需在不列颠哥伦比亚邮票旁贴一枚美国邮票。这块殖民地感觉就像是处于世界末端。1869年，自治领接管鲁珀特地后，就与不列颠哥伦比亚自治领为邻了。为了防御美国的兼并，英国支持这块最西端的殖民地加入自治领联邦。

1870年夏，不列颠哥伦比亚总督道格拉斯派遣自己的女婿赫尔姆肯为首席代表，赴渥太华商讨加入加拿大自治领的条件。5月初，麦克唐纳刚刚从几乎致命的胆结石病中恢复，而由乔治-埃蒂安纳·卡蒂埃暂撑全局。谈判开始时，不列颠哥伦比亚代表只要求修建一条从温尼伯到波拉特湾的马车道。卡蒂埃则对不列颠哥伦比亚代表说："你们要一条马车道到底能干什么用？冬天它一点用处也没有，即使在夏天也惊人地缓慢。为什么不要一条铁路呢？"不列颠哥伦比亚人不敢相信自己的耳朵，卡蒂埃竟自己抬高了加入条件，因此谈判很容易。自治领保证自不列颠哥伦比亚加入联邦之日起，两年内进行铁路勘探，10年内铁路建设完工，同时也许诺给予财政补贴金。1871年7月20日，不列颠哥伦比亚立法议会通过加入联邦议案，不久联邦议会也通过接受法案。不列颠哥伦比亚加入联邦比爱德华王子岛还早两年，成为加拿大第五个省。自治领的疆域扩展到太平洋岸，成为濒临三大洋的国家。此前，只有俄国和美国是濒临大西洋、北冰洋和太平洋的三大洋国家。1873年，爱德华王子岛加入联邦，加拿大实现了东西两洋领土扩张的目标。至此，原英属北美殖民地只有纽芬兰还留在联邦之外。在1864—1867年联邦运动期间，纽芬兰本来也积极参与，1868年曾启动加入谈判的进程，但是被1869年的政府换届打断，阴差阳错地走上继续独立的道路。这一推迟就是80年，1949年它才成为加拿大自治领的第十个省。

美国经过半个世纪完成的大陆领土扩张，加拿大仅用了四五年的时间。北美大陆这两个命运大体相近的欧洲白人的国家，之所以扩张速度如此悬殊，主要是因为扩张背景和方法不同。加拿大是在英国允许下接受现成的领土，而美国则是经过独立战争的道路；加拿大先宣布建省，划定省界，然后再修铁路和填充移民，而美国则是移民在前，发展商业和城镇在后，人口达到一定数量后建州加入联邦。这是麦克唐纳设定的建国方略“国家政策”（National Policy）事先设定的路线。1867年建国是一个大胆而仓促的事业，要经过移民及修筑铁路进一步巩固。1876年7月，哈利法克斯—蒙特利尔之间的省际铁路开始运营，这条铁路曾作为爱德华王子岛加入联邦的条件写入《英属北美法案》。1885年，加拿大第一条太平洋铁路通车。这样就实现了从东到西用铁路把联邦连成一体，对于这个年轻的国家来说是一个十分辉煌的成就，那时才有430万人（据1881年的统计）。美国1869年有了第一条横贯大陆铁路时，人口为3 900万人。

路易·瑞尔

**路易·瑞尔起义**　鲁珀特地购买后，自治领联邦打开了向西扩张的空间，但扩张遭到了土著人的反抗。自治领扩张本身就是赤裸裸地掠夺加拿大土著人的领土，土著人在自己领袖路易·瑞尔（Louis Riel，1844—1885年）的领导下进行了顽强抵抗。路易·瑞尔具有1/8印第安人血统、7/8法裔血统，第一次领导梅蒂斯人起义时只有25岁。他在红河长大，幼年由圣波尼菲斯大主教亚历山大·安东尼·塔歇（Alexandre-Antonin Tache，1823—1894年）推荐到蒙特利尔接受教育。这位大主教期望他将来成为对天主教会有用的人才，但路易·瑞尔更爱他的梅蒂斯同胞。

红河地区的梅蒂斯人不仅血统而且生活方式也与法裔加拿大人相同。他们冬春两季在红河及其支流的河边农场里劳作，将份地整理成狭窄深长与河岸垂直的地块。这同魁北克法裔加拿大人的做法一样。在夏秋，梅蒂斯人使用自己独特发展的一套技术捕猎野牛，而这种技术实际上将他们锻炼成为一支纪律严明的轻骑兵。草原历史学家莫顿是这样描述梅蒂斯猎手的："在队长指挥下，骑乘自己最好马匹的猎人冲出来，奔驰在起伏不平的平原上，借助任何方便的隐身物，靠近牛群的上风处，各就各位，随队长信号，列队前进。马匹训练有素，每人搂住马的脖子，手持猎枪，满兜弹药，嘴衔子弹。当野牛群转向并奔跑时，他们选中目标，通常是一头小母牛，随之奔跑，由马脖子一边斜着瞄准发射。50码甚至100码以外，这些红河猎手绝对弹无虚发。通常会在更近距离内射击。"自18世纪70年代哈德孙湾公司到西部之后，梅蒂斯人就生活在这里，购买鲁珀特土地前后已有7 000多人。他们大部分居住在加里堡（今天的温尼伯）附近的红河谷（Red River Valley）地区。可是，从19世纪50年代起，他们这种平静的传统生活开始受到打扰。那时，加拿大省布朗的改革党鼓动兼并红河土地，以扩大西加拿大人的生存空间。此后，英裔移民大量涌入，引起梅蒂斯人以及其他土著人的不安。梅蒂斯人与比邻而居的黑脚印第安人、克里人、阿西尼本人等平原土著族群在鲁珀特地购买以前，他们与加拿大省以及刚成立的自治领从未有过关系，因此将迁入的英国移民视为侵入者。他们认为对红河这片土地拥有原始占有权，自治领与哈德孙湾公司的谈判没有同他们商量，他们对此异常愤怒。渥太华派来的丈量员又随意破坏他们农场沿河岸排列的传统耕作方式。虽然自治领表示尊重梅蒂斯人的土地占有权，但没有做过正式保证。1869年5月自治领议会通过关于鲁珀特临时政府议案后，路易·瑞尔开始准备起义。梅蒂斯骑士11月2日占领了哈德孙湾公司在红河与阿西尼博因河（Assiniboine River）交汇处的主要据点加里堡，阻止自治领任命的副督威廉姆·麦克道格尔进入红河地区。

起义开始时，路易·瑞尔还建立了临时政府，逼迫联邦政府与梅蒂斯人就权利保障、红河区以独立省加入联邦进行谈判。约翰·亚历山大·麦克唐纳是坚定的联邦主义者，绝不会让红河问题阻挡自己前进的步伐。虽然他坚持与路易·瑞尔谈判，但那是不得已而为之的策略，他主要目的是派遣英国正规军和加拿大民兵来应付危机。据说，这倒不是要镇压起义，主要是担心美国人将起义导向这块土地与美国合并。在这期间，他曾说："绝不能让美国从我们背后捅一刀，截断我们通向太平洋的道路。"显然，他担心红河地区一旦并入美国，自治领从海洋到海洋的扩张就会化为泡影。所以他作了这样的准备后，就与路易·瑞尔临时政府谈判，1870年2月红河骚乱就平息了。路易·瑞尔临时政府提出20条"权利要求"，主要是为了使红河建省加入联邦，向联邦众议院派两名议员，向参议院派4名议员；不负担自治领成立以前的债务，自治领每年给红河地区8万加元财政补助金；红河地区人民的财产、习惯和特权应受到尊重；法语和英语同为官方语言；后又补充设立教派分离学校，建立天主教和英国新教两种学校体制，等等。这些条款渥太华基本接受。1870年5月2日，联邦议会通过《马尼托巴法案》，7月15日，"袖珍省"马尼托巴宣布建立，使自治领向西扩张迈出了稳健的一步。

路易·瑞尔起义基本上以和平方式结束，创造了和平建省的方式：两种语言、两种教育体制在西部平等开放，意义重大，在政治上影响深远。所以，有历史学家将路易·瑞尔起义称为成功的民主革命。路易·瑞尔也被看作是

路易·瑞尔临时政府成员，中间坐者为路易·瑞尔

“马尼托巴之父”。

后来，事情的发展却出乎预料。自安大略迁入的加拿大人，也将红河地区当作“自然的未来财产”。当1870年2月红河梅蒂斯人赴渥太华的代表团安排就绪时，部分英裔加拿大人也发出威胁言论。路易·瑞尔感到不安，下令逮捕全副武装经过加里堡的一支英裔武装队伍，并将最好战、刚从北爱尔兰迁来的新教徒托马斯·斯科特送军事法庭审判处决。因此，安大略英裔加拿大人情绪激昂。马尼托巴赴渥太华的谈判代表隐姓埋名经过多伦多，而一到渥太华就遭到逮捕。安大略省还派民兵去逮捕路易·瑞尔，但他已逃往美国。1871年安大略省悬赏5 000加元捉拿他。这为路易·瑞尔领导1885年西部起义埋下了伏笔。

整个事件经约翰·亚历山大·麦克唐纳派律师调停而和平解决，但加剧了英裔与法裔民众在文化和宗教上的分裂，其长久影响不能低估。以后每次英裔与法裔矛盾尖锐时，路易·瑞尔就是一块伤疤，魁北克人不时提起，而英裔加拿大人则很不痛快。

## 五、加速推进国家工业化

1867年在英国支持下匆忙建立的自治领联邦国家，犹如需要健身强体的巨人。约翰·亚历山大·麦克唐纳明白，面对虎视眈眈的强邻，这个贫弱幼小的国家当务之急是建立牢固的经济基础，否则仍有得而复失之虞。他在完成从东到西两洋扩张的第二年（1872年），在蒙特利尔制造业者推动下，接受新斯科舍省总理查尔斯·塔珀的建议，从保护关税入手制定了建国方略（他给一位保守党编辑的信中正式使用“国家政策”一词）。可惜，尚未开始执行，他就因1872年“太平洋铁路丑闻”（Pacific Scandal）而下台。刚上台的自由党麦肯齐政府不支持保护关税，也不认可“国家政策”，不过只干一届就下台了。在1878年9月的大选中，约翰·亚历山大·麦克唐纳高举“国家政策”的大旗，赢得选举重新上台，并在1882年、1887年和1891年3次获得连任（1891年约翰·亚历山大·麦克唐纳去世），使保守党执政到1896年。这表明“国家政策”深得人心。因此，“国家政策”也成为自1896年开始的劳雷尔自由党政府连续15年执政的政策。两党一致以“国家政策”作为强大引擎，进一步推动建国前就已起飞的工业化。

**工业化引擎——“国家政策”** “国家政策”包括3个相互关联的部分，即对外国制成品征收高关税、修筑两洋铁路和移民。约翰·亚历山大·麦克唐纳对国家政策的基本构想是，以保护关税促进国内市场形成，加快东部中央加拿大地区的工业化进程；作为国家扩张政治工具的太平洋铁路，同时兼有构建东西两海岸一体化经济的使命，把移民运到西部开发草原，运回农产品和原料，将东部工业品运到西部以满足不断增加的人口需要。这是一个基于国内外困难形势、经过深思熟虑的美好发展蓝图。

1878年建立关税壁垒是加拿大历史上颁布的第一个重要财政政策，将工业品关税从自由党执政时的17.5%提高至25%。联邦建立以前，加拿大作为英国的殖民地，实行自由贸易，为英国提供原料和市场。在废除殖民地制度后的一段时期内，实行低关税，因为自由党领袖相信加拿大需要关税，但不是保护性的，实行20%税率的所谓附带性保护关税（即财政关税），足以保护国内制造业免受外国主要是美国的竞争，又能维持政府财政需要。加拿大刚独立，经济落后，政府收入77%来自关税（至1900年联邦73%的岁入仍靠关税）。自由党政府坚持不修改经济立法，尽管美国在内战之后实行高关税，甚至在19世纪70年代实行“屠杀性销售”（即低于成本的倾销）时，也没有采取相应的保护措施。这成为1874—1878年萧条时期加拿大经济状况恶化的重要原因之一。因此，提高关税是加拿大舆论和制造业者的一致呼声。1876年，汉密尔顿一位制炉商向下院诉苦说，美国布法罗竞争者仅以加拿大一半的价格销售炉子，企图把他挤出市场。1876年2月，《格里普》杂志的一幅漫画说明了问题的紧迫性：山姆大叔正在用一根大棍子（美国保护关税）敲打扑倒在地的加拿大工业，代表加拿大关税的棍子小得毫无用处，而联邦总理威廉·里昂·麦肯齐则呆站一旁沉思：“我为什么犹豫不决？”约翰·亚历山大·麦克唐纳接受蒙特利尔工厂主的建议，在1876年和1877年夏天举行的政治野餐会上鼓吹高关税，并把它作为保守党在1877年大选中的口号而重新上台执政。

1878年的新关税主要是保护加拿大羊毛、棉纺、钢铁、制鞋和制炉等新旧工业。它的基本思想是，通过关税结构，允许棉花、羊毛、未经提炼的糖及糖蜜等原料产品便宜进口；对国内工厂能制造的棉毛制品、精糖、钉子、螺栓及引擎等商品重课进口税（25%—30%）。这还可以促使外国公司在加拿大设厂，为制造业发展提供资本和机会。“国家政策”还应具有长久性，如果不相信长久保护关税，制造业者就不会投入一定规模的资本建厂。“工厂在加拿大已存在有些年头了，但国家政策推行后，（工厂）才成为加拿大生活的一个重要特征”。

铁路建设是“国家政策”的第二项内容。提出铁路建设早于“国家政策”。根据《英属北美法案》，19世纪70年代初即已开始进行规模化的铁路建设。铁路作为领土扩张的工具，对加入联邦的殖民地作出的承诺，政治意义十分明显，但在早期其经济意义还不受重视。19世纪60年代，美国开始修筑太平洋铁路，那时有4 000万人口，铁路线穿越的中西部地区正不断为人口填满。加拿大19世纪80年代建设太平洋铁路时，全国只有400万人口，西部仍是毛皮猎获地。所以，同1876年建成作为太平洋铁路东段的省际铁路一样，麦克唐纳政府仍将建设铁路作为扩张工具。因此，政府慷慨承诺给公司一系列优惠条件：如接收已完成或正在建设的线路；提供2 500万加元援助资金；提供2 500万英亩西部土地，允许公司卖给移民用作支付铁路建设的费用；铁路建成后，拥有20年运输垄断权。太平洋铁路公司在取得这些条件后，才承诺10年内完成铁路建设。1881年太平洋铁路在安大略、草原和不列颠哥伦比亚三地同时开工，1883年开始穿越草原。可是，1883年秋纽约铁路股票跌价，太平洋铁路股票卖不出去，纽约、伦敦和蒙特利尔也不愿为太平洋铁路贷款。出于国家扩张的政治目的，麦克唐纳政府第二次为铁路公司提供财政帮助，1884年3月联邦议会批准拨款2 220万加元。1885年年底筑路工人罢工，太平洋铁路几乎面临下马，而对如此大规模的政府投资，此时麦克唐纳心中甚至也没底。只是1885年3月路易·瑞尔第二次起义，铁路在镇压起义中显示出政治作用，才挽救了建设工程。此后，铁路建设一帆风顺，1885年11月7日宣告全线竣工。但是，此时还看不出此项“国家政策”的经济意义。

西部移民是“国家政策”的第三项内容。1872年，自治领政府颁布《自治领土地法案》，规定只要交10加元手续费，即可得到160英亩（64.75公顷）草原土地，进行最低限度的开发，3年缴清费用后，便成为这块土地的主人，并对邻近的土地有优先购买的权利。

与其他两项“国家政策”相比，移民政策遭受挫折更大，在实行的早期对刺激草原地区人口增长的作用并不大。白人比19世纪60年代以前的1 500人稍多一点，到1885年才增至2万人，比当地印第安人尚少5 000人。1867年自治领联邦成立时，全国有330万人口，到1891年，总共才增加48万移民。同期在马尼托巴，从2.5万人（1871年）增至15.2万人，加上其他地方，西北地区总共25万人。在此期间，整个加拿大移民虽有125.6万人，离开的却达154.6万人（主要去了美国），反而减少30万人，主要原因是19世纪70年代世界经济萧条，美国相对繁荣，对新移民吸引力大。

1891年约翰·亚历山大·麦克唐纳“老国旗、老政策、老领袖”的竞选广告

在生命最后的近20年里，约翰·亚历山大·麦克唐纳全身心投入实现“国家政策”，但直到1891年去世前，看到的仍是移民减少、太平洋铁路事业萎缩、保护关税也未显著见效。1886年6月28日晚离开蒙特利尔的第一列穿越大陆的客车在7月4日中午到达温哥华穆迪港（Port Moody，又译满地宝），乘客并不多。1889年10月，从英国订购了3艘客轮，开通到日本和中国每月一班的客轮航班。4月28日，第一艘6 000吨“印度皇后号”客轮停靠温哥华，是横渡太平洋最大的一艘轮船。但从整体上看，尽管太平洋铁路是一流水准，冬季也能运行，效益却不大。尽管如此，约翰·亚历山大·麦克唐纳从未对“国家政策”动摇过。在1891年大选中，他老态龙钟，病魔缠身，仍信心坚定地奋力拼搏，号召选民为“老国旗、老政策、老领袖”投票，但大选后不久便去世了。约翰·亚历山大·麦克唐纳去世后，在19世纪90年代前期的坎坷岁月中，保守党仍继续执政，保证“国家政策”继续执行。

到19世纪90年代后期，世界经济终于复苏，欧洲对北美粮食需求增加，而美国西部已无土地可垦。加拿大西部的农业潜力终于显现，移民潮兴起，不仅欧洲移民被吸引过来，美国人也北移到加拿大大草原。到1914年，短短的十几年中，100万人从加拿大东部、美国、英国、北欧、南欧乃至东欧迁移到加拿大西部。

随着新移民潮的到来，铁路的潜力终于显现，而移民则成为西部两条大铁路及其密密麻麻支线的筑路大军，推进铁路迅速扩张。1890年自治领修建北方铁路（苏必利尔湖以西的第二条两洋铁路），揭开了第二次铁路建设高潮。乔治·斯蒂芬、唐纳德·斯密斯、威廉·范霍恩等投资人一直在为将钱和名誉押在太平洋铁路上的冒险而担心，但到1900年，铁路终于能为他们赚钱了。1903年，第二条太平洋铁路——大干线铁路开工，每隔一段距离就有一条支线伸往北面。西部铁路很快连接成网，1900年加拿大全国的铁路里程为2.9万公里，1920年增加到6.3万公里。铁路的经济意义也充分显现出来，铁路建设获

多伦多西部大铁路火车站

得了公共财政的支持。由于太平洋铁路公司实行垄断，高运费侵害了农场主的利益，联邦政府支持这次铁路扩张。1915年下半年，北方铁路和大干线太平洋铁路（Grand Trunk Pacific Railway）面临破产，博登政府担心会危及商业银行，1916年给予临时财政资助，并设立一个调查委员会解决铁路危机问题。最后的解决办法是政府托管大干线太平洋铁路、加拿大北方铁路（Canadian North Railway）和国家跨大陆铁路，从而奠定了国家铁路系统的基础。

这样，经过20多年坎坷奋斗，"国家政策"终于全面实现了。这个年轻国家工业化步伐迈入发展的关键阶段。

**工业基础确立** 19世纪60年代开始的工业革命，在国家政策特别是保护关税支持下，到19世纪80年代有了实质性的进展。"工厂工业似乎在80年代早期的扩张年代才突然冒出来似的"，一系列全新工业如棉毛织品、刀剪制造、钟表、毛毡、餐具等纷纷出现。1884年7月，自治领第一块印花布由日产2.7万米的一家工厂生产出来。制造业在国民经济中的重要地位在19世纪七八十年代逐步得到确立，即使在19世纪90年代世界经济萧条期间，加拿大自治领的制造业似乎未受到严重影响。通常按农业与工业所占国民产值比例衡量工业化程度。加拿大经济学家费莱斯顿教授用以下10年一度的统计表格，说明1870—1900年制造业的进步：

| 年　份 | 1870 | 1880 | 1890 | 1900 |
|---|---|---|---|---|
| GNP（$:百万） | 459 | 581 | 803 | 1 057 |
| 制造业增加值 | 87 | 110 | 189 | 223 |
| 制造业的GNP百分比 | 19% | 19% | 24% | 21% |

从这张统计表可以看出，19世纪八九十年代的增长较为突出，只是由于很快遇到90年代世界经济萧条，当时人们对自治领国家新的工业进步感觉不明显。实际上，统计数字表明，加拿大自治领国家的工业进步经受住了世界经济萧条的考验。

首先，同其他工业化国家一样，加拿大出现了企业垄断加剧的现象。这最能够体现国家工业化的程度。1883年，在自治领出现的第一个棉纺业卡特尔的基础上，随着19世纪90年代初欧美国家一起兴起兼并潮，到1900年组合了100多家销售领域的卡特尔，口头协议限价、限制贷款、确定产量以遏制竞争。19世纪90年代初企业的高级兼并过程也在加拿大出现了：蒙特利尔两大棉纺厂兼并了14家小棉纺厂，组建了两大棉纺公司，控制了70%的棉纺生产。在20世纪的头10年里，又掀起兼并狂潮，成立自治领棉纺公司，实行独家垄断。棉纺织业的集中和垄断风也刮到机器制造、面粉、罐头包装、烟草、制钉、造纸乃至石油和煤炭业这些新老工业部门。工业革命早期创建的马塞和哈里斯两大农业机器公司，到1891年也完成合并，垄断拖拉机和蒸汽打谷机的生产，与美国公司展开了强有力的竞争，到1913年就将美国农机产品挤出了加拿大农机市场。再经过第一次世界大战后的兼并高潮，公司规模达到了欧美的一般水平。垄断实际上是管理现代化，证明加拿大在第一次世界大战前后已跟上欧美工业化的步伐。下面这张统计表，按今天七大工业国集团经济指标统计法测算出加拿大制造业和服务业在劳雷尔时代所占国民生产总值（GNP）的百分比：

| 年　份 | 1870 | 1880 | 1890 | 1900 | 1910 |
|---|---|---|---|---|---|
| 农　业 | 36 | 36 | 28 | 25 | 22 |
| 其他行业 | 5 | 4 | 5 | 8 | 5 |
| 制造业 | 22 | 22 | 26 | 22 | 23 |
| 服务业 | 37 | 38 | 41 | 45 | 50 |

从表面上看，1870—1880年制造业的产值比农业份额有时还低，而实际上，是新旧统计方法不同所致。七国集团经济指标统计法把零售、财务和运输等部门从制造业产值中分离出来单独计算，统一归入服务业产值，这样严格意义的制造业产值似乎就低了。如果按旧法将此两项合并，即使在1870—1880年这10年，制造业产值也大大超过了农业产值，比上一张表格费莱斯顿计算出来的数值还高很多。

服务业产值的提高也证明加拿大经济随着时代而进步。在工业革命初期，制造业生产分工不细，生产部门要管每道程序，直到产品提供给消费者。现代生产分工细，把零售、财务、运输和配送等程序分离加以细化，由专门的服务业部门来承担，到19世纪90年代，服务业的产值明显提高。这表明加拿大工业不仅产值增高，管理上也越来越进步了。

**工业化快速推进**　1896—1911年是年轻的自治领国家工业化深入发展的关键时期，在19世纪七八十年代工业化的基础上，工业革命加快推进。在新旧世纪之交，加拿大工业化最大的机遇就是电力、石油和汽车引导的世界第二次工业革命。特别重要的是，发电和输电技术的进步推动了加拿大储量丰富的新型水电资源的开发。圣劳伦斯河诸多激流险滩所蕴藏的丰富水力成为加拿大工业化深化的强大驱动力。1906年，尼亚加拉瀑布建成世界上第一座水

加拿大太平洋铁路萨德伯里枢纽站

力发电站，使安大略南部的工业如虎添翼，迅速成为北美的重要大工业中心之一。煤炭等传统能源的开采也不断增加。

工业化加快推进的重要表现是技术变革向更加广泛的部门扩展。这一时期加拿大兴起的第二次铁路建设高潮成为工业高涨的促进因素，也刺激了煤矿、铁矿、铜矿和车辆制造等基础产业的发展，同时也带动了港口、运河和公路工程等行业的兴旺。在这期间发生了加拿大经济史上成为美谈的一件事，即在铁路线外爆破时发现了萨德伯里（Sudbury）的镍矿，可以作为说明这一兴旺的典型例证。新发明的技术尤其是对电力的使用，使制造、采矿和修路这些工业部门获得支持而迅速扩张。在这一阶段中，农业虽然仍是第一大产业部门，而工业化的加快使制造业紧随农业之后成为第二大产业部门，且有加速上升后来居上之势。1900—1914年，中央加拿大的制造业增加了6倍。与此同时，银行和商业等服务性第三大产业部门的分工也更加明确。

在工业进步一向滞后的东部沿海地区仍以造船业为主，但也改变了19世纪七八十年代产业单一的格局，19世纪90年代后期出现了产业部门多样化的趋势，只是没有中部地区那么突出。在19世纪80年代，新斯科舍的铁路两旁出现了阿姆赫斯特、特鲁罗、新格拉斯哥、皮克陶和悉尼等以纺织和采煤等新建工业为主的新兴城镇。传统造船业也在进行技术革新。虽然迟至20世纪20年代，新不伦瑞克和新斯科舍建造于19世纪七八十年代的横帆大船在90年代贸易滑坡时仍航行在大西洋各个港口同铁壳帆船竞争，但逐步被高大的铁制船所取代。

1900—1912年，加拿大经济以前所未有的速度增长，尽管曾受到1907年世界经济短暂衰退的影响。1913年海外投资曾一度枯竭，似乎要出现经济衰退。但在1914年，工业发展又遇到了少有的机遇，即第一次世界大战爆发给加拿大经济脉冲似的一击，经济发展再度加速。为了适应战争的需要，对制造业设备加以改造更新，大量扩建新工厂，生产以前需要从英国进口的产品，尤其是支持协约国战争机器的弹药和武器生产大幅扩大，也促使其他制造业部门在战时迅猛扩张。

劳雷尔政府时期之所以成为加拿大工业化快速推进的时代，是因为几个有利的条件。1896年，威尔弗里德·劳雷尔（Wilfrid Laurier，1841—1919年）领导的自由党政府上台，在渡过1896—1901年世界经济的短暂萧条周期后，便迎来了一个较长的繁荣发展阶段。威尔弗里德·劳雷尔这位在自治领幸运掌权的第一位法裔加拿大人政治家，适逢其会。他提出“20世纪属于加拿

威尔弗里德·劳雷尔

大的世纪”。这时，欧洲的工业革命已经完成，英国与欧洲其他先进的工业化国家纷纷转向海外进行资本投资。南非和加拿大的育空地区相继发现金矿，引发了世界性的投资热。当然，英国投资人的首选地会是加拿大。因此，加拿大有充足的资本，保证工业革命持续推进。英国投资人不仅对金矿而且对其他自然资源、食品和制造业进行投资。1900—1914年投入加拿大的外国资本约有5亿英镑，70%来自英国。充足的资本也保证了向更广泛的领域扩张，各个经济部门都在进行技术革新，提高生产效率。

欧洲和美国刚好进入工业化后的城市化发展阶段，对加拿大的小麦和木材等自然产品需求增加，引起国际农产品市场价格的上升。19世纪80年代农业机械的改进，如升降机谷仓的投入使用、硬质高产谷物品种的出现，促使西部农业革命，确保小麦和面粉对世界市场的供应，出口迅速增长。技术革新促进了交通运输的变革，海运不仅费用降低，也

英资和美资投资加拿大

更加安全，加上迅速扩张的铁路系统，加快了贸易发展，也促使来自欧美等国家的移民增加，确保加拿大有一支流动性很强而又有技术的廉价劳动力队伍。相应地，人口的增加也扩大了国内市场。这些都是保证工业化高速扩张的基本条件。在劳雷尔时代，加拿大工业确实遇上了黄金发展机遇期。

约瑟夫·弗拉维尔

在第一次世界大战期间，加拿大工业扩张速度最快。首先是因为战时政府对经济加强干预，成立了采购委员会和弹药委员会，均置于由肉商约瑟夫·弗拉维尔（Joseph Flavelle，1858—1939年）领导的帝国军火局的有效管理下，指导武器生产，采取的一些措施也有力地推动了军事工业发展，例如，为了支持战争，对燃油和食物实行控制，稳定供应。政府还采取高关税等一系列财政措施，1915年后几次发行胜利债券，1916年征收适度商业利润税，对不服兵役者征收"兵役税"。在第一次世界大战期间，制造业规模几乎增长了2倍。妇女取代走上战场的男子，成为生产的主力军，保证了战时劳动力的充分供给。1918年战争结束，同其他工业国家一样，加拿大也受到失业、高物价和低工资的困扰，工人罢工，生产秩序不稳定，但是这个时期十分短暂。在20世纪20年代初，经济发展再度走上了快车道。

随着工业革命的持续推进，加拿大经济多样化的进步日益明显。从19世纪末期，加拿大出口产品结构就开始发生明显变化：安大略、魁北克和新不伦瑞克的锯木产品成为主导产品，安大略的干酪、大西洋沿岸和不列颠哥伦比亚的鱼类加工食品和煤炭也上了出口清单。更重要的是，在1911年之后，不列颠哥伦比亚和安大略开始出口纸浆、纸张、金属镍和贱金属（主要出口到美国），随后才是牲畜、大麦、水果和毛皮这些殖民地时期的传统大宗出口产品。1900年，草原小麦成为主导出口产品，这年出口值为1 400万加元，英国人消费最多。

加拿大工业这次扩张的突出特点是，增长主要来自制造业，以及矿产资源的开发。采矿机械、机器制造（包括农业机械）、造船、钢铁、皮革制品和造纸这些早期工业革命时期的基本工业部门得到了进一步的巩固，加上新兴的石油、汽车、橡胶制品乃至飞机。经过这一时期的大规模扩张，工业体系已经较为完

20世纪初魁北克的纸浆厂

备，生产能力空前增强，在两次大战之间制造业产值已经超过农业产值很多。1919年，加拿大制造业产值占国民生产总值的44%，而农业占32%，到1929年一直如此。随之，服务产业部门也大为扩张，吸引大量妇女的加入。加拿大可以说迈入了工业化和城市化的时代。

**实现工业化** 加拿大工业化的进程一直以中央加拿大（安大略省和魁北克省）为先导，在第一次世界大战前后这次加快扩张中，依然如此。安大略和魁北克两省制造业增长特别突出，以纸张、纸浆、农用机械、碾压机和熔铁炉等为主导，橡胶制造业和肉类加工依然重要。到1929年，非铁金属、冶炼和机电工业的重要性也日益显现出来。廉价电力成为中央加拿大工业的强大动力，有廉价电力才有可能开发萨格奈（Saguenay）的铝和萨德伯里的镍。安大略和魁北克两省的北部地区开辟为采矿和冶金新区。魁北克省更是依赖自然资源的开发，另外还有纺织和皮革等劳动密集型产业。从外贸出口的构成，也能够看出加拿大这次经济扩张的这一特点。除传统的小麦和小麦加工产品（面粉）仍为主要出口项目以外，纸浆、新闻纸、贱金属或金属加工和自然产品也加入主导出口产品之列。金属产品大部分产自安大略和魁北克两省的新开发区，以及盛产煤、银、锌、铅和金等矿产的不列颠哥伦比亚省，还有纽芬兰省的北部山区(以贵金属为主)。在这些省区中,安大略显得更重要一些,而且越来越专业化和多样化。

在20世纪二三十年代工业化即将完成阶段,汽车和电器成为新兴工业部门。人们对电炉、收音机和电冰箱的需求大幅增加。第一次世界大战前,汽车还是奢侈品和财富的象征,1911年注册约2万辆,20世纪20年代汽车已为普通家庭所接受。战后初期,汽车在安大略奥沙瓦(Oshawa)麦科劳林公司制造,几乎与美国福特、通用汽车和克莱斯勒等公司联为一体。后来,尤其是在实现城市化之后,安大略便转向汽车工业及汽车零配件、机电产品和工具等。南安大略的汽车制造城温莎,人口因此增长达56%。1920年,汽车工业雇佣1.3万人,汽车产量急增至40多万辆,出口产值达到1 800万加元。1930年,汽车产量超过100万辆,价格下降,普通民众已能承受,既做交通工具,又是休闲用品。汽车工业还促进了交通的革命,加拿大颁布了《1919年加拿大高速公路法案》,修建了良好的道路系统,到1930年,已建13万公里公路以及许多碎石路和土路。

经济的繁荣似乎长期持续下去。可是,1929年下半年爆发了世界经济危机,人们先是以为危机很快会过去,但到1935年仍未见多少好转,信心受到了很大打击。加拿大工农业两大部门都受到严重打击,工业投资及需求下降,农业市场萎缩,又遭遇自然灾害。外部环境更是加重了加拿大的危机程度,各国都以贸易保护对抗经济危机。1930年,美国通过《斯姆特—霍利关税法》(*The Smoot-Hawley Tariff Act*),导致加拿大出口随之大幅下降,出口市场萎缩,主要对美出口的纸浆、纸张和贱金属产值下降了一半以上。制造业虽较少依赖外部市场,但国内购买力降低也使生产下降。农业对就业变得无关紧要。农机制造、汽车和钢铁都压低新投资和裁减工人。1930年夏,加拿大失业率为13%(39万

大萧条时期的失业者

人)，1933年翻番(26%)。1928—1933年，加拿大人均年收入从471元降到247元，下降48%(萨斯喀彻温省的人均收入降得最多，从人均478元大降至135元，下降72%；阿尔伯塔省下降61%，马尼托巴省下降49%，不列颠哥伦比亚省下降47%；人均收入最高的安大略省也下降44%；在标准最低端的爱德华王子岛省、魁北克省、新不伦瑞克省和新斯科舍省，分别下降49%—36%)。

同第一次世界大战前一样，1939年第二次世界大战的爆发给了加拿大另一次工业高涨的机会。对于世界其他地区来说，第二次世界大战比第一次世界大战双倍地可怕，而对加拿大人则标志着经济大萧条的结束。战时的第一批命令就是转入军工生产。联邦政府为了保证同盟国阵线军事物资的供应，统一管理军工生产，于1940年4月新设军火与供应部。在该部的监督下，萧条闲置的工厂被装备成新的制造业部门，转向生产勃伦式轻机枪、新型军用飞机、坦克、装甲车以及舰艇。在此期间，一共新建了18类新型军工企业和98个军火工厂，其中包括新的合成橡胶和飞机制造工厂。在第一次世界大战期间，加拿大只能够生产枪械和炮弹，不能制造重武器。而在第二次世界大战期间，能够制造各种武器装备，其中最突出的是飞机和汽车的大规模生产。战争初期，还谈不上有什么规模的飞机制造业，随后便能够生产各种类型的飞机，每年生产400架飞机。至于汽车生产，第一次世界大战后就奠定了生产基础，在第二次世界大战期间，制造了815 700多辆各种作战车辆，同时也为战后加拿大民用汽车工业的大发展打下了基础。

在第二次世界大战时期，加拿大人口为1 100万人，有100百万人在军中服役，还有约占全国1/10的人口投入战时生产，因为战时农场、森林和矿山的生产自然也随之大规模扩张。战时共生产了95亿加元的军事产品，有一半运往英国，本国使用30%，其余的产品供应包括苏联、中国在内的所有第二次世界大战的盟国。

因此，同第一次世界大战一样，加拿大再次充当了战时盟国的后方军工厂和农场，即使美国1941年参战后，这一地位也丝毫未变。受战争需求的刺激，国内失业现象迅速消失，劳动力甚至出现短缺，战争在很短的时间内(到1940年)便使加拿大经济重整旗鼓。

通常衡量一个国家工业化的一个重要标准是工业产值在国民经济中的比重。按这一标准，正是在第二次世界大战期间前所未有的经济扩张中，加拿大完成了工业革命。这时，工业产值比重上升到46%，农业下降到21%，为战后向领先工业国的转变作了准备，实现了劳雷尔设想的“加拿大世纪”，也最终完成了麦克唐纳的“国家政策”。这时，就是一向否认加拿大工业革命的老派加拿大经济史学家，也承认加拿大在两次世界大战之间“得不到欧洲工业产品供应”的情况下，出现了“新工业主义”；新古典主义经济学派（后期大宗产品论者）则说，在大宗材料生产的基础上加拿大可以实现工业化。

## 六、小麦经济

自治领国家的创建和扩张遵循了开国总理约翰·亚历山大·麦克唐纳“国家政策”的总体思想以及关于工业化的中央加拿大地区与西部关系的规划：将西部设定为东部市场的经济边缘区，加快中部工业化进程，抵制美国的南北“拉力”，建立独立的民族经济体系，巩固新生的自治领国家。这代表了东部成长中的资产阶级的利益，他们要求西部不仅是东部的市场，而且是“新投资边疆”以及“吸引英国、欧洲移民的农业边疆”。1903年，劳雷尔的财政部长说：“帮助加拿大制造业者最好的方法，就是用富裕惬意的人口填满马尼托巴及西北地区，使其成为东部制造品的消费者。”

**草原的早期开发** 作为“国家政策”的一项重要措施，即分配西部的所谓“剩余”土地，实际上从1872年颁布《自治领土地法》就开始了。1870年，哈德孙湾公司转让西部土地后，联邦政府预征1/18土地作为学校用地，1/3赠予铁路用地，其余的全部作为移居耕地。任何超过18岁的移居者，交10加元手续费，均可成为居住耕地者；作最低限度的开发，居住3年，获得160英亩土地所有权，并对邻近40英亩土地拥有优先购买权。这同美国的居住耕地法基本相似，不同的是，比美国更加优惠，例如，最低年龄不是美国规定的21岁、居住满5年，等等。实际上，这是将英属北美殖民地时期安大略实行的“方格棋盘”开发方法运用于西部开发。

约翰·亚历山大·麦克唐纳本以为这样的优惠条件可以促进西部草原的迅速开发。可是，自治领早期草原农业开发非常缓慢，主要是因为自然条件恶劣，不利于吸引移民。在19世纪，绝大部分移民停留于半湿地平原（每年降雨量20—30英寸）边界，即西经100度以东的美国地面与加拿大红河谷、阿尔伯塔省南部宜耕地区。19世纪70年代初居住耕作土地开放后，只有马尼托巴省红河河谷地带因为有美国铁路从南方通达的地方才有少量移民。加拿大西部在吸引移民过程中竞争不过美国西部边疆。即便在萨斯喀彻温省和阿尔伯塔省南部交界的派勒泽三角地带，也经常发生自然灾害，如1883—1884年萨斯喀彻温和阿尔伯塔先后遭遇霜冻和雨灾。这里，只有在雨量充沛的年份才能收获。草原其余降雨低于20英寸的地区，基本上不适宜农耕。在19世纪80年代中期以前，加拿大边疆移民几乎一半分流到了美国的爱荷华、内布拉斯加、堪萨斯和明尼苏达南部等4个州。

西部草原开发最早是在19世纪80年代早期将阿尔伯塔卡尔加里（Calgary）以西的高原开放为畜牧场开始的。这里阳光充足，牧草养分高，因为毛皮贸易，草原野牛群已经消失近10年。于是，联邦政府允许草场出租，引进家畜，起伏的高地草场随后迅速变为牧场。在这里，一头优良品种的牛犊值5加元，放养3—4年，价钱翻10倍。这里在1884年向英国出口活畜5.4万头，1900年增加1倍，也出口美国。1880年冷藏船出现后可以出口冻肉，更有利于牧业增产。最初，西部牧场聘用美国工头，19世纪80年代牛仔全部换为加拿大或英国人，他们大多为东部受过专业教育的行家经营者。这非常有利于牧业的科学开发，加快了开发的速度。南部牧场开发持续到1907年，那年严冬冻死了大多数牲畜，牧场主破产，开发势头受挫。

在阿尔伯塔牧业起步10多年之后，大约1886年前后，美国和加拿大所有宜耕的半湿地绝大部分拓为耕地，逐渐发展起种植业。加拿大自治领政府为促进农业移民加大了激励机制，1878—1896年资助每年增加20万加元，建成了铁路，引进了美国耕作技术，有力地促进了草原的农业开发。1896年前后，美国摩门教移民首先到来，带来了灌溉技术，解决了干旱问题，再经过印第安赫德农学家实验站的改进，利用开沟、浅耕和轮作等保墒手段发展了干旱农业生产的新技术。这样，本来不宜农业的草原半酸性土地变为麦田，19世纪90年代西部草原农业形成了规模。加拿大西部终于具有吸引力，许多美国人高价卖掉农场转移到北方。特别重要的是，这些来自边界以南的移民，许多人几十年或十几年前原来就是移往南方的加拿大人。他们现在返回时带着资金、机械以及旱作农业知识，加上相同的文化背景，必然成为成功者。在第一次世界大战前，1/3的农业经营者来自边界以南。

不过，仅靠美国移民满足不了西部大规模开发的需求，还必须从欧洲吸引移民。在19世纪90年代中期以后，有两个国际因素有利于从欧洲引进移民，即谷物价格的提高和海洋运费的下降。与殖民地木材贸易兴盛时期模式相类似，小麦繁荣时期的移民也成为运输船返程的压舱物。欧洲移民除了为矿山、制造业和建筑业增加大量的便宜劳动力外，绝大部分去了西部。

大规模引进欧洲移民开发西部农业是与克里弗德·西夫顿（Clifford Sifton，

1861—1929年)的名字联系在一起的。克里弗德·西夫顿出生于安大略,年轻时随父亲迁移西部。他们父子两人都相信,只有大量移民,才能够将草原开辟成为良田,发挥西部的无限潜力。1896年,代表西部利益的西夫顿加入劳雷尔内阁,任内政部长。入阁后,他立即向欧美各地派人宣传《自治领土地法》和移民政策。在欧洲,传统上英国是加拿大移民的主要来源地,1914年以前1/3移民来自英国,既有1902年在萨斯喀彻温建立的巴尔定居区,即出身于小贵族的巴纳多博士试图赞助孤儿移民而在这里建立的一个小不列颠定居区,也有逃离阶级压迫包括工人在内的下层民众的移居区。在1896年以前,欧洲移民只有少量孟诺派教徒或冰岛人,后来又大批吸引非英语的德国、奥地利以及北欧的移民,还有少量的比利时人和法国人。不过,西夫顿移民开发西部农业取得成功,主要是因为引进"穿羊皮外套者",即卢瑟尼亚人(Ruthenians)。他们是奥匈帝国的斯拉夫语农民,通称乌克兰人。斯拉夫语农民集中在马尼托巴省的多芬、萨斯喀彻温省约克顿(Yorkton)和阿尔伯塔省埃德蒙顿(Edmonton)附近,一般在独立的移民区定居。

克里弗德·西夫顿

西夫顿特别看重的是东欧移民丰富的农业经验、身体强壮以及妻子多产。这一政策措施很成功,移民人口迅速增加,完全改写了19世纪70年代以来移民政策失败的纪录。1901年统计加拿大人口为5 371 315人,下一个10年增长34%,达到720万人。草原省人口增加最多最快,增长率为49%,比中央加拿大的40%几乎高10%,不列颠哥伦比亚增长9%,大西洋省只增长3%。到1900年,移民已布满西部草原地区,开垦速度明显加快。1890—1900年,所有地方的耕作面积都增加2倍以上。1911年,草原地区统计人口是1901年的3倍,耕地面积增加5倍。1870—1930年,登记居住耕地60.75万块,其中40.4万块是在1900—1914年分配出去的。

在1926年机械大批投入以前,草原开发主要依赖移民。而其他有利于西部开发的因素还有:铁路网形成、巴拿马运河航路开通、温哥华成为太平洋海岸运送谷物的海港以及越洋运费降低、1897—1911年联邦资助增至每年75万加元，加上世界小麦需求量增长较快，价格达到空前的每蒲式耳2美元，以及英国公司以农场抵押担保的有价证券投资带来的投资繁荣，等等。加拿大大草原的农业边疆迅速北移。据档案记载，真正的居住耕地在1900年仅占西部可耕地1/15，而到1914年几乎占到90%，这意味着西部开垦即将完毕。至此，草原地区确立了农业经济，为下一步西部的农业革命和小麦经济的繁荣奠定了基础。

**西部农业革命**　20世纪初期，加拿大对西部草原现代农业的开发速度加快了。这首先得益于小麦品种的加快改良，成熟期缩短。这时，引进的“红笛”以及1911年培育出的120天成熟的“马奎斯”品种，使小麦栽种边界北移几千英里，到达皮斯河。现代农业的开发要求使用大型高效的机械，实行机械化的农场规模经营。这样就形成了与安大略省和魁北克省的小农场迥异的大农场农业。梅西—哈里斯农机公司（Massey-Harris Company Limited）以及美国农机公司提供的先进农业机械，先是冷钢犁，继而机械收割机，以及蒸汽脱粒机，到第一次世界大战前夕已开始使用内燃拖拉机。梅西—莫里斯农机不断改进，有“国家政策”所定25%关税的价格保护，很快排挤了美国的廉价农机。1926—1931年，拖拉机由5万台增至8.2万台，收割机从零增加到9 000台，卡车由6 000辆增到2.2万辆。这样，经过90年代中期以来30多年的发展，机械化装备和育种技术革命造就了当时世界上最先进的加拿大大草原农业。

加拿大西部农业革命既不同于安大略和魁北克两省代表的东部的农业革命，也不同于英国18世纪的农业革命。后两者特别是以英国为代表的欧洲农业革命，开始于工业革命之前，从市场和劳动力的供给乃至技术上为工业革命准备了先期条件。加拿大大草原机械化大农场的农业革命发生在工业化之后，是依靠先期完成工业化的中央加拿大地区制造业提供的大批先进农业机械进行的。而劳动力则是依赖于欧美移民，不像英国是圈地运动中破产的自耕农。而且，移民在西部农业经济发展的过程中始终发挥了重要作用，即使在草原农业实现机械化之后，也是如此。到1921年，西部农场雇佣110.7万人，占全国劳动力市场的37%，超过任何其他部门，如制造业雇佣52.6万人，占19%。另外，先进的农业耕作技术（如干旱农业技术）也来自国外。这是加拿大西部农业革命的特点，也是农业革命能够很快完成的基础。

1900—1914年是西部草原开垦最快的10年，小麦产量的增长与草原开垦的速度齐头并进。在1901—1913年小麦产量增长最快的12年中，产量从不足5 600万蒲式耳增至2.24亿蒲式耳，出口增长600%。虽然在第一次世界大战后因欧洲需求减少，积存增加，但1920年又因欧洲市场份额恢复而增长到2.79亿加元。20世纪20年代后期，欧洲国家提高关税保护本国农场主，加上1928—1929年苏联重新出口小麦，加拿大小麦的海外市场暂时收缩。1929年又反弹，小麦出口增长到5亿加元，是1920年的将近1倍，约占世界小麦出口量的50%。至此，加拿大确实成为世界的面包篮子。

**小麦经济的重要性与局限性** 经济繁荣是人口增加的原因，也是人口增长的结果。1921年加拿大全国880万人，净移入人口超常地超过100多万人。这100多万劳动力不仅是小麦经济繁荣和工业化的动力，也是东部工业品可观的消费市场，或使市场扩容到庞大规模。3项“国家政策”中的2项（市场和移民扩大）一并得到实现。加上机械化大农场对农业机器的庞大需求，同英国18世纪农业革命一样，加拿大西部农业革命反过来推动国家工业化和城市化步伐的加快。

国家政策的第三项即铁路建设，更能体现加拿大西部农业革命促进工业化的特殊作用。这是加拿大不同于英国的特点。几乎与草原土地大规模开发同步开始的（1890年）第二次铁路扩张潮，因为西部农业革命而加快。一位早期加拿大历史学家说：“在加拿大历史上，铁路与人口的关系，往往如同鸡与蛋的关系，互为因果。只有假定在人流增长而产生交通运输量的情况下，才会在移民定居之前修建一条铁路。”与19世纪70年代第一条太平洋铁路不同，19世纪90年代扩建的几条铁路直接服务于移民和小麦运输。无论是苏必利尔湖以西的北方铁路、第二条大干线太平洋铁路或北延的诸多支线，还是马尼托巴省联合萨斯喀彻温省在20世纪20年代初修建的到哈德孙湾西岸穆索尼和丘吉尔港的铁路，都是为了增加小麦运输量。这样，西部的铁路很快形成网络。实际上，加拿大现有铁路绝大部分都是在这一时期完成的。1901—1914年，铁路里程由4 100英里增至1.16万英里，1920年达到63万公里。

铁路建设直接带动了煤铁开采，发生的连带效应随之扩大，吸引大量资金投入有利可图的交通运输事业。按《1900年铁路补助法》规定，第二条横贯大陆铁路的铁轨必须在国内购买。这使生铁从1895年的4.2万吨增至1910年的80.1万吨。1914年加拿大的钢铁工业基础确立，东西沿海省份的煤炭业也因此受益。此外，带动港口装卸量和运河运量的增长以及港口和运河设施的改善。苏必利尔湖的亚瑟港、威廉姆港、大湖与圣劳伦斯河航线以及到美国纽约港的航道，都在这一时期得到整治。城市铁路、电力设施、道路、公共建筑和住房建筑等公共事业也间接受到刺激。所有这些方面，无疑都是工业化和城市化横向扩张的主导因素。

更重要的是，1900—1913年一直支持经济增长的国外资本在第一次世界大战中撤离后，小麦贸易资金显然成为重要的补充资本，继续为高速扩张的工业化输血。建国时期草原是“野蛮的西部”，自治领的政治家在为那里的荒凉、人口稀少而苦恼。可是，经过两代人之后，西部就被改造成为一片热土，先进的资本主义农场麦浪翻滚，人丁兴旺，一派欣欣向荣。西部小麦经济繁荣几乎持续了40多年。有的历史学家甚至认为，小麦经济繁荣拉动加拿大经济繁荣了40多年，声称“小麦是这个年代的龙头”。确实，小麦经济对国家工业化和城市化从各个方面都起到了拉动作用。

可是，加拿大西部小麦经济繁荣的作用也不可夸大。以多伦多大学教授哈洛德·亚当斯·英尼斯（Harold Adams Innis，1894—1952年）为代表的大宗产品论学派，在20世纪20年代曾计算出小麦对国民总产值的贡献占23.6%以上，但到20世纪六七十年代，新经济史学派按计量经济学方法计算，认为贡献率不到8.4%。这一估算基本得到学术界的认同。

实际上，1929年世界经济危机的爆发也暴露了小麦经济的脆弱性。约翰·亚历山大·麦克唐纳制定的“国家政策”，将草原三省设定为中央加拿大的商品市场，使其处于附庸地位。这本身就造成西部在国家经济结构中处于脆弱地位，使西部经济包括小麦经济最经受不住打击。在20世纪30年代持续的经济大危机中，西部95%以上的市镇濒临破产。在各个行业中，农业是最早破产的行业，农场主损失惨重，陷于十分困苦的境地。在20世纪20年代农业机械化时期，农场主固定支出很高，除缴纳重税供给修筑道路、建立学校、宅地结束而地价上升等原因外，主要是大农机的投入造成农业的高成本。最初，农场主靠借贷进行机械设备投资，债务沉重。一般认为，小麦价格跌至0.3加元便不能抵偿生产成本。1928年北方1号小麦每蒲式耳售价1.03加元，1932年跌到0.29加元。在20世纪20年代前期，农场主的购买力就开始下降，降幅约为50%，西部2/3的农业人口要靠政府救济。1930—1935年保守党联邦政府的总理（Richard Bedford Bennett，1870—1947年）贝内特经常收到求救信，大都来自各地农场主。1933年，一位阿尔伯塔省的农场主写道：“过去3年农场主与牧场主难以忍受，农产品价格一直低于成本……上周去申请救济，被羞辱不说，还像罪犯一样被带来带去。我一直住在农场，已有30多年了，准确地说，到3月就整整31年了……我一直纳税，帮助了数以百计的人们，但当我的确面临绝望时，又怎么样呢？……只是最最迫切，我才提出这个申请。”

西部农场主之所以十分困苦，不仅是因为小麦卖不出去而受债务折磨，而且是因为在20世纪30年代中期危机最严重的阶段又遭遇前所未有的自然灾害（干旱、热风和蝗灾）的连续袭击。干旱从1929年一直持续到1937年，而这一年又遇到毁灭性的蝗灾及冰雹、沙尘暴，萨斯喀彻温省农田颗粒未收。当时，一位记者是这样描述这场蝗灾的："乌云般的蝗虫怪异地从北方飞来，密密麻麻……7月下旬蝗群巨阵出现在萨斯卡通、里贾纳，一路飞过，一扫而光。路线不宽，然而就要收获的作物，只剩折断的茎秆。随后，又突发第二次袭击，后果更惨。"农场主只能靠每月10加元的食物补贴、98磅一袋面粉养活5口之家。

由于自治领政府的农业边疆政策，西部草原各省长期实行出口小麦和矿产等大宗产品导向经济。"1930年以前，草原省的政治家的主要目标是，在国家政策所确立的生产大宗农产品的经济环境内，改善草原的贸易条件"。这就严重阻碍了西部的工业化进程，发展不稳定。在20世纪30年代的大萧条和旱灾中，这一政策的缺陷暴露无遗。因为世界市场萎缩，小麦经济破产，草原发展几乎陷于停顿。经过这次大危机的打击，草原各省才认识到单一发展小麦经济的严重局限性，在20世纪40年代初便着手改变小麦出口导向经济的发展模式。萨斯喀彻温省经过辩论，选择了出口替代加工政策，创办羊毛加工厂、鞋厂和制革厂等许多省属加工企业，希望借助东部高运费的自然障碍乘机发展本省工业。可是，由于长期实行小麦出口导向经济模式，缺乏工业基础，不论如何努力，也克服不了小企业成本消耗高的劣势。计划局1946年承认，对本省制造业的潜力"估计过高了"，本省经济"脱离不了开发我们的自然资源"。

所有西部各省何尝不是如此。在国家整体工业化时期，西部虽然开始了早期工业革命，如马尼托巴省和不列颠哥伦比亚省的水力发电、阿尔伯塔省的石油开发，但西部真正意义上的工业化要等到20世纪五六十年代进步保守党的迪芬贝克政府实行"新国家政策"（New National Policy）开发边疆自然资源时期才展开。所以，在中央加拿大地区大规模工业化时期，西部各省一直对联邦政府的经济政策不满。因此，草原地区政治动荡严重，不断有左派激进政党成立，为西部利益而斗争。

## 七、工业社会的阶级关系

加拿大工业化也导致社会结构和阶级关系的急剧变动。同美国一样，加拿大没有固有的封建主和资产阶级，但同欧美一样，工业革命却产生了工业资产阶级和无产阶级这对孪生兄弟，在他们的推动下，政治和社会发生了变革。

**资产阶级与市政改革** 在新法兰西以及英属北美殖民地时期，加拿大已经产生了资产阶级。最初的商业资产阶级来自宗主国，是鳕鱼贸易、毛皮贸易和木材贸易商人。到18世纪，产生了本土资产者，即“中间人”（直译为“深入林中者”、“包运船户”）。他们是那些居住在蒙特利尔富人区以麦吉尔等人为代表的本土商人资产者。到19世纪五六十年代，在工业革命中或之后，这些商人资产者逐渐转变为工业资产阶级。属于这样的阶级转换的实例，确实不在少数。1895年后致力于草原铁路建设的威廉姆·麦肯齐（William Mackenzie，1849—1923年）原先就是木材贸易商。他将木材贸易中赚来的钱先后投资于经营磨坊和木材加工厂，后来又转向铁路投资。1891年他在多伦多参与创立斯尔特铁路公司，1899年又投资成立布拉斯康工业公司，到1915年修成跨越东部沿海3省的哈利法克斯—维多利亚铁路。

除商业资产者转而投资制造业和铁路建设等外，在工业革命以前的工匠和师傅中，也产生了加拿大第一批企业主（如奶酪和农机等企业主）。在工业革命初期，农机制造业者或奶酪业者大都从旧时工匠、作坊主甚至牧场主转变而来。例如，坐落在汽车制造中心奥沙瓦的麦克劳克林通用汽车分公司，就起源于早期麦克劳克林家族（Mclaughlin family）的马车制造业。1907年，这个家族的老二创立了最早的加拿大汽车公司，后又在1918年与美国通用公司融合，成立通用汽车分公司。加拿大最大的饮料公司也是这样成长起来的。约翰·莫尔森（John Molson，1763—1836年）是1782年从英国移民到加拿大，4年后在蒙特利尔购买了一个酿酒小作坊，不久开始创办自己的家族企业。最初，他们用酒厂赚来的资金经营蒙特利尔到魁北克城的汽船航运，然后与新法兰西时期创立的殖民地第一家铸铁工厂莫里斯铸造厂合作，生产英属北美殖民地的第一批轮船，在三河城铸模，在蒙特利尔组装。这个家族也向其他行业包括金融业扩展，并参股英属北美殖民地第一条23英里的圣劳伦铁路建设。

此外，还有像发明电话的贝尔这样的发明家或工程师转变而来的企业家，贝尔既是美国也是加拿大的企业家，在两国拥有工厂和家产。

加拿大企业产生和成长的历史反映了加拿大工业化的艰难历程。他们完全是新兴的工业资产阶级，有多少新兴工业就有多少这样的产业资产者。“工业化在社会关系方面引起的变革，就是从制造业、建筑业与交通运输业中的技术、管理职业中涌现出经理、董事之类的人物，同银行家、厂主、律师和工程师等一起，构成住在城里的工业化社会的贵族新财阀”。当然，还有与他们相辅相成乃至对立的工人阶级。

到20世纪初，加拿大的资产者新贵（haute bourgeoisie）往往追求贵族气派，但是为了自身利益，也希望经济在正常的社会环境中发展。在加拿大自治领工业化社会逐步形成的过程中，资产阶级中产生了相当多的改革家。他们意识到工业和城市的无序带来的恶果，关心工业社会初期的城市建设和管理，希望治理解决所产生的一系列问题，强烈呼吁改革市政和改善生产与生活环境。于是，他们领导了最早的市政改革。企业主和经理们知道，没有足够的下水道、卫生系统、合适的住房、公园和学校，城市永远也不会有经济发展所需要的健康劳工队伍。因此，他们常常领头为工人的劳动安全或卫生健康呐喊，要求城市政客制定措施改进公共设施，整治卖淫嫖娼以及非法销售酒精饮料等社会恶习。为了根除市政腐败，他们甚至还提出将城市铁路和发电厂等少数私有企业置于公共控制的激进主张。

"市政平民主义"的最大成就是推进安大略水电系统的公有制运动。这个运动的领袖是由香烟盒制造商转而从政的亚当·拜克。他联合商人、企业家、劳工领袖、教会人士甚至鼓吹公共所有制的宣传者，提出将电力这样由私人垄断的行业转归政府经营管理。1905年，亚当·拜克加入安大略省保守党政府，公有制运动取得了胜利，5年后公共所有制变成了现实。被排挤出电力产业的既得利益集团曾指责"安大略水电"实行社会主义，但是大多数选民拥护这种变革，因为这种变革能够更好地保证廉价电力成为推动工业发展的动力，方便居民的生活。这一时期工人阶级还不具备这样的力量，甚至取得选举权还有一段路要走。

**无产阶级与工人运动** 大体上，加拿大无产阶级也是在工业革命过程中与工业资产阶级同时成长和壮大起来的。在19世纪50年代，工业革命首先从衣料和食品等行业特别是纺织等涉及人们生活的产业中开始，而这些企业大多集中于圣劳伦斯河或渥太华河河谷的众多小城镇里。加拿大最早的工人阶级就产生在这些小城镇企业里。1881年，安大略47%的棉纺工人为小城镇棉纺厂所雇佣，例如，1876年在安大略与魁北克交界的康沃尔建立的加拿大棉纺公司，是自治领最大的纺纱厂，雇佣350名工人，1887年分为两个公司，工人增加到1 200人。工人大都是来自周边教区的农民。到19世纪50年代林地开垦完毕后，黎塞留河岸3个教区的农民，一般将农场交给长子继承，其他子弟多数进入城镇谋生，其中绝大多数当了工人。

19世纪70—90年代，衣料和食品产业主要集中在多伦多和蒙特利尔，钢铁

1860年多伦多古德翰暨沃茨酿酒公司

和冶金工人集中在多伦多或汉密尔顿。那时，汉密尔顿是铸铁、机器制造和缝纫机生产中心。与早期纺织行业的工人相类似，这些行业的工人起源也大体一样，一般要经历19世纪50年代以前在多伦多和汉密尔顿等地各类工匠组织中当学徒和帮工的过程，受到商业资本主义的剥削。此后，这些帮工和学徒甚至也有不少工匠师傅流入工人阶级的队伍。他们都是工业化后工人阶级的先辈。

在19世纪90年代大规模工业化开始后，无产阶级队伍又不断得到来自英美或欧洲等一批批移民的补充。他们有的在移居加拿大以前在祖居国就是工人，但是大部分是祖居国农业革命中破产的自耕农民中除去进城镇当工人的剩余部分，破产后来到殖民地当了工人。作为殖民地，加拿大单凭自身的破产劳动者是满足不了工业劳动力需求的，只能依赖海外移民补充。由移民补充产业大军，是加拿大工业化道路与英国或西欧工业化又一不同之处。

同英国的工人阶级一样，加拿大工人阶级的斗争也开始于工业革命初期，即英属北美殖民地时期。当时，已经有了工会，只是早期的工会仍残留着旧时行会的特征。在19世纪50年代以前，现代生产关系及剥削制度的工厂尚未产生，1859年建立的安大略翻砂行业工会是加拿大现代无产者组织的开端。参加工会者多为手艺能经受住机械化或半机械化考验的印刷工和司机等工匠师傅，还不是严格意义上的产业无产阶级。斗争手段也仅局限于争取改善工作条件，如增加工资和缩短工时，或提供集体庇护，等等。处于工业革命初期的社会关系转折时期的工人，也像其他许多阶级一样分为阶层，有技术工人和非熟练劳工之分，因而还不能够团结起来进行有组织的斗争。直至19世纪70年代，工人逐步开始组织加入以安大略省为基地的行业工会，1872年还举行了争取9小时工作日的罢工。在19世纪七八十年代工业革命深入发展过程中，工人队伍不断壮大，尤其是19世纪80年代美国国际行业工会劳动骑士团（Knights of Labor）进入安大略之后，出现了容纳包括小商贩在内所有行业劳动者参加的工会。工人斗争不仅为了增加工资和缩短工时，还争取工会得到官方承认。1886年抗议多伦多电车公司的罢工斗争，是第一次真正意义上的无产阶级斗争，而且取得了胜利。公司总裁、参议员弗兰克·斯密斯威胁工会会员将不被雇佣，引起了这次罢工斗争。在这次罢工斗争之后，工人加入工会的权利最终得到承认。

到了19世纪90年代，美国劳工联合会（American Federation of Labor）进入加拿大后，工人运动形成了全国规模。在世纪之交，加拿大工人加入工会已超过2万人，但60%是参加美国劳工联合会的下属组织。1902年，美国劳联的附属组织控制加拿大行业劳工联合代表大会以后，只有极少数工人加入独立的加拿大工会组织和魁北克天主教工会，更多的工人仍然游离于工会之外。造成美国人控制加拿大工会的原因很多，主要是参加美国工会的工人返回加拿大，美国资本和企业进入加拿大办厂，工人要争取得到与边界以南工人相同的地位，等等。在这一时期，工人罢工比较频繁，几乎遍及各行各业。几次著名的大罢工斗争，分别是魁北克河谷棉纺工人、布雷顿角和温哥华岛的煤矿工人、大干线铁路工人、贝尔电话公司的接线员举行的罢工斗争。为了对付这样的罢工斗争，当局往往要动用军队才能够迫使工人恢复工作。

为了解决工人运动问题，联邦政府1900年设立了劳动部，1907年制定了第一部劳工立法，是对1906年阿尔伯塔省一次煤矿工人大罢工造成冬煤短缺作出的反应。在20世纪头10年中，虽然劳工队伍飞速壮大，但工会力量依然相对较弱，因而工人工资多由雇主单方面确定，也无法对改善工作条件施加影响。劳雷尔政府劳工部副部长威廉·莱昂·麦肯齐·金制定了《工业争端调查法案》(*Industrial Disputes Investigation Act*)，规定了一套协调程序，以实现工业和平为目的帮助工会获得承认，但是也限制了为增加工资、改善工作条件而举行的罢工。1910年出台《兼并调查法》(*Combines Investigation Act*)，但是对阻止日益增多的商业合并效果并不大。这些措施表明，罢工也使联邦政府认识到进行社会和经济改革来缓和阶级矛盾的重要性。在第一次世界大战后，复员军人增加了就业压力，加剧了劳动人民的不满和骚动。尽管战时工资增加，但是通货膨胀使工人的生活水平几乎没有变化。战前的失业和战时的罢工限制，使工人决心在1919年春天让政府知道自己的要求和力量。从温哥华到哈

1919年6月21日温尼伯大罢工

利法克斯都有罢工，中心城市还举行总罢工，以5月15日—6月25日的温尼伯(Winnipeg)大罢工规模最大。为了响应温尼伯工会劳工理事会的号召，温尼伯全市举行总罢工，还成立了罢工委员会，威胁要效法俄国革命。这次总罢工的起因是声援金属制品工会。联邦、省和市三级政府都认定罢工威胁到了现存秩序，便执行“骚乱法”，动用警察和军队镇压了罢工，工会领导人被抓进监狱。

温尼伯大罢工意义重大，提高了劳动人民的政治觉悟，使他们决心改变政治现状。尽管受到了限制，但是不久就将工人议员送入了联邦和省的两级议会。加拿大大部分城市都有社会组织，从革命马克思主义到主张渐进改革的基督教主义，不一而足，但是加拿大工人阶级很少对激进社会变革作出积极反应，只对不列颠哥伦比亚矿工斗争、比较激进的世界产联(Industrial Workers of the World)以及西部矿工联盟(Western Federation of Miners)产生了影响。行业劳工联合会也辩论政治问题，然而没有付诸行动，一般只向联邦政府提交申诉书。这是因为工资稍高的熟练工人主导了工会运动，他们脱离了非熟练工人，缺少斗争性。

1929年开始的大萧条使加拿大工人运动发生了转折，非熟练劳工运动开始采取行动，各地都有有组织的工人尤其是非熟练工人举行罢工。1931年，当局囚禁了共产党主要领导人，随后又企图将共产党领袖蒂姆·布克（Tim Buck，1891—1973年）终身监禁在金斯敦感化院。但是，这遏止不住工人运动，从东到西，工人罢工不断。其中，布雷顿角煤田的冲突最为激烈而持久。萨斯喀彻温省伊斯泰万煤矿罢工斗争导致1931年的流血事件，皇家骑警开了枪。不列颠哥伦比亚省的矿坑、魁北克省的纺织厂以及新不伦瑞克省伐木营和锯木厂内的斗争同样十分激烈。规模最大的斗争发生在新兴的汽车行业，以美国为基地的产业工人协会（Congress of Industrial Organizations）领袖约翰·刘易斯（John Llewellyn Lewis，1880—1969年）1937年在安大略奥沙瓦通用汽车分厂试图组织非熟练工人"静坐"，而安大略省总理米歇尔·赫伯恩（Mitchell Frederick Hepburn，1896—1953年）在商界领袖的支持下，决心将产业工人协会驱逐出安大略省。当产业工人协会分会、汽车工人联合会为了使工会获得承认、征集通用汽车工人签名而号召罢工时，赫伯恩请求渥太华动用皇家骑警镇压，但是遭到拒绝。于是，他自己组织了一支警察队伍"米歇尔之子"，准备进行镇压。后来，由于通用汽车公司主张妥协，双方签订协议，罢工以工会取得胜利而结束。

约翰·刘易斯

在第一次世界大战后，加拿大虽然罢工斗争频繁，但是成就不大，工会依然没有得到承认，也没有取得谈判权。到19世纪30年代，工会组织一度停止活动，在第二次世界大战中进行战时生产后，才重新活跃起来。1945年后，工人加入工会人数翻番，主要是因为女工人数增加，并很快争取到了新的劳动立法和集体谈判权。

**农场主运动** 在19世纪90年代草原大规模开发初期，来自乌克兰的移民开始进行反抗斗争。1902—1905年，东正教教徒杜豪伯人（Doukhobors，即乌克兰人和东欧移民）两次采取行动，反抗英裔加拿大人对东欧移民的歧视，不过，还不是真正的农民运动，更像种族斗争。杜豪伯人是这一时期到加拿大建立新家园的无数新种族之一。他们的到来是西夫顿移民政策的后果，他重视东欧农民对加快草原开发的作用而大规模吸引东欧移民。由于民族偏见，英裔和法裔加拿大人反对西夫顿“创建一个多种语言的国家”的行动，而杜豪伯人就是最早引起他们反对的少数种族。1898年，在托尔斯陶伊伯爵和多伦多大学教授詹姆斯·迈尔支持下，7 400名杜豪伯人与加拿大自治领政府达成一个协议，政府在萨斯喀彻温省约克顿附近划出4万英亩（1.6万公顷）土地给杜豪伯人，建立单独移民区，条件是自愿拒绝服兵役。可是，1902年发生一场冲突，导致激进派组织“自由之子”举行牛车进军温尼伯、寻求“命定领地”的反抗运动。“自由之子”领袖皮特·维尔然（“尊贵皮特”）是从西伯利亚流放地来到加拿大不久的杜豪伯人。反抗运动起因是西部英裔加拿大人对他们的敌视。随着草原居住耕地的日益减少，英裔加拿大人的敌对情绪也与日俱增，他们垂涎杜豪伯人居住区的大片所有地。1905年因宗教冲突，最终使杜豪伯人将近一半的土地被没收。此后，杜豪伯人在皮特·维尔然的带领下，迁到不列颠哥伦比亚省的库特内地区，寻找到另一大片土地，再建东欧移民定居区。

不过，真正的农民运动起步于西部。草原开发完成以后，农场主成长起来，约在20世纪头10年，农场主的斗争不断发生。高关税和太平洋铁路的高运费是中央加拿大靠牺牲西部利益发财致富的手段，尤其是铁路公司、工业公司和

拉犁的杜豪伯妇女

大银行操纵西部商业命脉，引起了农场主的不满和反抗。为了安抚西部地区，1917年自治领联邦政府设立谷物监管局，监督管理谷物配售和定价，以稳定战时的谷物市场，但是战后谷物价格更不稳定。自1917年之后，先知先觉的农场主开始进行零星的反抗。在这一时期，代表西部农场主利益的是加入保守党博登领导的联邦联合政府的托马斯·克里勒（Thomas Alexander Crerar，1876—1975年）。他来自小麦省份马尼托巴，很早便成立了谷物种植公司，以维护西部农场主的利益。此后，西部农场主的斗争逐渐增强，并且得到中央加拿大地区小农场主的呼应和支持。不过，从整体上看，早期的农场主斗争极为分散，而且大多是为了地方利益，形成不了统一的强大运动。斗争团体成立得快，消失得也快。

第一次世界大战后，欧洲谷物需求突然减少，价格急跌，进一步激起农场主的不满。1918年，东西部农场主联合成立了加拿大农业协会（Canadian Council of Agriculture），要求实行"新国家政策"，以取消保护关税，改征商业利润税、实行公用事业公有制，以及加快进行政治改革。全国加拿大农业协会的成立意义重大，表明在小麦经济繁荣中壮大起来的农场主政党意识增强，提出了本阶层政治权利的要求。1919年，在独立工人党一些党员的帮助下，安大略省组建了加拿大历史上第一个农场主省政权。阿尔伯塔省紧随其后，萨斯喀彻温省和马尼托巴省的农场主也有效地控制了本省政权，准备进一步挑战渥太华全国政权。在当年大选中，各省农场主政权联合起来进行了首次尝试，虽然没有成功，但是标志着农场主斗争的历史性跨越。

有了这样的激进左派组织，自然会产生农场主的大规模运动。在20世纪30年代大萧条期间，贝内特内阁对大萧条给西部小麦经济带来的破坏，除设立不列颠哥伦比亚省劳动营的解救办法外，几乎没有采取任何措施，而将农场主和工人丢给私人或公共救济机构解救，致使西部持续几年发生政治动荡。破产的农业移民"偷乘火车"，即搭乘载货火车车厢，在国内四处游荡，寻求工作、食物或救济，结果引起了农场主组织领导的大规模反抗斗争。1935年年初，还发生了受共产党支持的救济营工人同盟（Relief Camp Worker's Unions）1 800多人参加的进军示威，抗议渥太华政府救援不力。当进军示威民众7月1日到达里贾纳时，皇家骑警进行镇压，以致酿成骚乱，一名警察被打死，数人受伤。

## 八、工业社会的政治变动

工业社会形成过程中出现的新的社会阶级对联邦或省的政治产生了巨大

影响。他们为本阶级的利益进行斗争，并成立新的政党。此时，新生政党主要有代表工人阶级利益的独立工人党，后来转变为平民合作联盟，还有代表农场主利益的进步党。新政党为捍卫本阶级的利益而争取参与或取得政权，或通过争取议会席位而影响政府。无论联邦政府还是省级政府都遇到了新的挑战。

**从独立工人党到平民合作联盟** 1919年6月温尼伯大罢工后，工人阶级提出了建立政党的任务，很快詹姆斯·S.伍德沃斯(James Shaver Woodsworth，1874—1942年)领导成立了扎根于战后工人运动的独立工人党。与进步党相比，此时独立工人党还缺少政权意识，更没有取得联邦政权的意识，其最大的斗争成就就是将工人议员送入联邦和省的两级议会。J.S.伍德沃斯自己便是温尼伯北区议员。

詹姆斯·S.伍德沃斯

到19世纪30年代，随着工人运动的进步，阿尔伯塔省一部分工人领袖和知识分子联合农场主1932年在卡尔加里(Calgary)成立一个比较激进的左派政党——平民合作联盟(Co-operative Commonwealth Federation，以CCF出名)，由J.S.伍德沃斯这位所谓的“老激进派、议会主义者”出任首任领袖。作为一个新政党，平民合作联盟发布了《里贾纳宣言》(*Regina Manifesto*)，呼吁政府对社会和经济计划负起责任，承诺实行失业和健康保险、公共住房、农业价格支持、以法律手段保护农场主不受债主侵害，等等，还鼓吹

1932年平民合作联盟成立大会代表合影

对主要的工业和金融机构实行公有制。这表明它是一个社会主义性质的政党。J.S.伍德沃斯希望与农场主和劳工团体加强联系，赢得人民的广泛支持。

汤米·道格拉斯（左一）

第一次世界大战后，平民合作联盟的政治威望提高很快，甚至吸引部分自由党人加入。1943年，平民合作联盟在安大略赢得了足够席位，组成反对党。1944年，平民合作联盟在汤米·道格拉斯（Tommy Douglas，1904—1986年）领导下在萨斯喀彻温省建立了北美第一个社会主义政府。民意测验显示，在联邦政府内平民合作联盟的力量也在上升，以致第二次世界大战后，自由党威廉·莱昂·麦肯齐·金内阁为了消除左派威胁，只能迎合选民的政治倾向而采纳平民合作联盟不少政策主张，才赢得1945年的大选，继续执政。

**从进步党到社会信誉党** 1918—1919年西部农场主的政治运动，导致1920年温尼伯全国农场主组织代表大会召开，发起成立自治领成立以来第一个农场主政党——进步党（Progressive Party of Canada）。该党以农业协会1918年的“新国家政策”作为政治声明，推举托马斯·克里勒（Thomas Alexander Crerar，1876—1975年）为领袖，第二年就领导进步党参加大选。这个政党不是激进派，只认为保护关税对农场主不公平。

托马斯·克里勒

第一次世界大战后的农场主运动，还导致另一个农场主政党、起源于西部社会信用运动的社会信誉党（Social Credit Party）成

C.H.道格拉斯

威廉·埃伯哈特

立。党的理论家是英国工程师C.H.道格拉斯（C. H. Douglas，1879—1952年），早期运动仅局限于阿尔伯塔省。社会信用理论认为，引起经济危机的原因不是生产过剩，而是货币信用短缺造成的消费不足，主张发行“社会红利券”，增加购买力，增加货币供应，刺激经济复兴。这个理论对长期受债务负担困扰的农场主极具吸引力，20世纪30年代初期在阿尔伯塔省农场主中间迅速传播开来。可是，自1921年就在阿尔伯塔省执政的农场主联盟的领导人却不相信这个理论，继续采纳正统货币论的执政理念。正在西部传教的卡尔加里社会福音派牧师、人称“圣经比尔”（Bible Bill）的威廉·埃伯哈特（William Aberhart，1878—1943年），接过这一理论，把它当作社会福音加以传播，从而进一步扩大了社会信用理论的传播和影响。1935年，威廉·埃伯哈特更是亮出社会信用理论的纲领，参加阿拉伯塔省的选举。农场主选民放弃对农场主联盟的支持，纷纷投票给“圣经比尔”。这样，威廉·埃伯哈特参选成功，组成新一届阿尔伯塔省政府，开始将社会信誉理论转化为执政理念。新政府把控制财政和货币发行权作为实现社会信用理念的基础，承诺为每人发放25加元的“社会红利券”。然而，威廉·埃伯哈特当权后首先遇到的障碍是联邦政府控制这些权力。起初，他采取权宜策略，接着对社会红利、限制银行、整理债务以及整顿新闻报刊作了规定。尽管1938年最高法院判他违宪，威廉·埃伯哈特仍然坚持社会信誉的执政理念不动摇，建立了一个诚实、保守而有效的政府。幸运的是，20世纪40年代在埃德蒙顿附近的勒杜克发现了丰富的石油储藏，帮助威廉·埃伯哈特实现了社会信用理论，发放的社会红利券比道格拉斯承诺的还要多，保证威廉·埃伯哈特及其继任者较长时期在该省掌权。

在国家工业化加速推进的年代，不仅西部政治动荡，魁北克省内的斗争甚至更为激烈，也出现了一个新政党——民族联盟(Union Nationale)，由保守派与自称为“民族自由行动”(即民族联盟)的自由党年轻党员联合组成。老保守党人莫里斯·杜普莱西斯(Maurice Duplessis, 1890—1959年)成为领袖。这个全省性的新党在省内冲突中利用保守党在征兵问题上失策后的一蹶不振，实际上取代了保守党在魁北克省的地位。特别重要的是，民族联盟还趁法裔加拿大人在工业化中经济实力增强之机，提出民族主义的发展计划，要求将本省的工业、商业、金融和财政的控制权从英裔加拿大人手中夺过来，并提出首先由省政府控制魁北克电力托拉斯等。莫里斯·杜普莱西斯利用统治魁北克省40年的自由党政府出现的腐败，1936年将它赶下台而组织联合政府。但是在执政后，莫里斯·杜普莱西斯很快就抛弃了改革派盟友，将民族联盟改造成为一个极端保守的法裔民族主义组织，采取了一系列措施巩固和扩大政治根基，例如，鼓吹魁北克省自治，帮助农场主，颁布《关闭法》(*Padlock Law*)迎合天主教教会的政治需要(即关闭它判定的“颠覆”机构)，等等。

工人和农场主的激进运动以及左派政党的出现给加拿大的社会生活增添了新内容。这些党派和运动一般都要求自治领实行政治改革，并且西部草原三省乃至安大略的左派农场主组织都取得了执政地位，下一步就是向联邦议会进军了。这必将改变自自治领国家建立以来一直由保守党和自由党轮流执政的政治局面。

**自由党与保守党轮流执政** 在长达半个多世纪的工业化加速推进的过程中，大部分时间由自由党执政。保守党间或上台两三次，都比较短暂，而且往往要组成联合政府。因此，加拿大工业化主要应归功于自由党的领导。自由党长期执政时期可分为两个阶段，即开创工业化繁荣的劳雷尔时代，以及推进工业化完成和工业社会变革的威廉·莱昂·麦肯齐·金执政时代。整个工业化时代被称为劳雷尔繁荣时代，也是劳雷尔所定义的“加拿大世纪”的实质内容。自由党政府之所以能够实现国家经济长期繁荣，是因为该党更能够适应工业社会阶级和社会关系的剧烈变动，很好地处理加拿大政治和社会生活中所特有的文化和地区冲突，采取适当的政策或策略调和阶级和社会的矛盾，弥合社会和政治变革出现的各类分歧。这就有效地稳定了经济发展和社会变革，维护了民族和国家的团结。

威尔弗里德·劳雷尔是非常敏锐的加拿大政治家，最早意识到工业化和城市化所造就的政治和社会变革的伟大成果，所产生的新阶级、新政党或新运

罗伯特·莱尔德·博登

动的要求，并适时地把握时机推进变革。作为一位睿智的政治家，他认识到加拿大自18世纪60年代以来存在的英裔与法裔加拿大人的文化冲突和地区矛盾，意识到这个民族伤痛很长时期都未能治愈（确实直到今日仍格外敏感）。因此，执政伊始，他就将国家统一和民族和谐作为贯彻始终的执政理念。他将推动工业化作为目标，同时将妥协和折衷主义作为保障手段，较好地处理了政治和社会的矛盾和争端，从而保证了较长时期的经济和社会繁荣。

威尔弗里德·劳雷尔1896年开始执政，1911年最终离开政坛，是因为征兵以及与美国的自由贸易问题，尤其是征兵所造成的英裔与法裔加拿大人的严重分歧。在19世纪末20世纪初，由英德矛盾主导的国际关系非常紧张，德国海军扩张不仅威胁到英裔加拿大人的祖国，也威胁到法裔加拿大人的祖国，他们有共同的危机意识。对于法裔来说，他们早已远离祖国，爱祖国的感情没有英裔那样强烈。这时形势已经允许劳雷尔变通征兵问题，但是他还是抱定自己的理念，坚持维持国家统一的折衷主义立场，结果被罗伯特·莱尔德·博登（Robert Laird Borden，1854—1937年）领导的保守党击败。加拿大现代对外政策史专家罗伯特·博斯韦尔认为，“在英语加拿大，威尔弗里德·劳雷尔由于支持美国和反对英国；在魁北克，他由于过于支持英国而失败”。可见，直至第一次世界大战时，英裔与法裔加拿大人之间的政治分歧依然是加拿大政治生活中的决定因素。在这次选举中，自由党获87个席位，保守党获134个席位。博登成为第八任联邦政府总理。69岁再度成为反对党领袖的威尔弗里德·劳雷尔，晚年看到国家被征兵问题引起的民族冲突弄得政治动荡，异常痛苦，于1919年2月17日去世，尚未看到自由党从征兵和自由贸易问题造成的分裂中恢复元气，也未看到确定继承人。1919年8月，自由党破天荒地召开领袖大会，确定年轻的威廉·莱昂·麦肯齐·金为继承人，因为在征兵问题上他忠于劳雷尔。

博登组成保守党与英裔自由党的联合政府，1917年上台执政，不顾法裔加拿大人反对，开始执行前所未有的强行征兵政策，激怒了魁北克人民。保守党由于将"政治置于爱国主义之上"这一极端行动，结果招致失败，1921年权柄重归由威廉·莱昂·麦肯齐·金（William Lyon Mackenzie King，1874—1950年）领导的自由党。1921年联邦大选已不是自由党和保守党两党对决，代表西部农场主包括第一位妇女及2名工人候选议员在内的进步党开始挑战联邦政治。自由党获得116席的最大多数议席，保守党组织的联合派获得50席，进步党首次参选就获得64席，取代保守党成为最大的反对党。威廉·莱昂·麦肯齐·金政府执政后，也主要依靠进步党支持，这反映了劳动人民对政治生活的影响增大，也表明威廉·莱昂·麦肯齐·金认清和适应了国家政治生活的新变化。

威廉·莱昂·麦肯齐·金

威廉·莱昂·麦肯齐·金属于年轻的新一代政治家，并且由于有过较长时间处理劳资关系的经历，政治嗅觉敏锐，作为1837年起义领导人威廉·莱昂·麦肯齐的孙子，他具有较强的使命感；作为劳雷尔的接班人，他还继承了后者的政治思想真谛，善于妥协与和解，而且比这位导师还灵活。他非常清楚20世纪20年代混乱的政治生活现实，阶级、政党、种族与地区冲突交汇，关系复杂，矛盾尖锐。于是，他运用当劳工专家时的全部妥协本领，调和国内各类矛盾。威廉·莱昂·麦肯齐·金更清楚地认识到左派新生力量的重要性，适时地采取他们希望的政策，因此能够在20年代以及1935—1948年长期执政（1930—1935年曾短暂下台）达23年。这实属罕见，不仅超过加拿大任何一位总理，而且比18世纪首创一系列内阁制度的英国首任首相、任期最长（1721—1742年）的罗伯特·沃尔波尔甚至还长2年。他与麦克唐纳、劳雷尔并列为加拿大最成功的3位总理。按加拿大当代历史学家尼特比的说法，威廉·莱昂·麦肯齐·金成功的秘诀在于"无为而治"，从来无重大的政策倡议，"是一个伟大的妥协者，一个回避冲突的人，一个可以用温和方式平息危机的人。他可以用妥协来安抚争执不一、众说纷纭的地区，也可以通过微小而前后左右的摇摆来保持一个不稳定的平衡局面，且绝不会偏离中心太远"。

1921年首次上台之后，威廉·莱昂·麦肯齐·金立即报答进步党的支持，最先解决了西部农场主的长期诉求，实行低关税，恢复第一次世界大战时暂停的1897年《西部谷物运输协议》，又译为《鸦雀关协议》(*Crows Nest Pass Agreement*)。1922年加拿大经济收缩，西部谷物价格1920—1922年下跌60%。除西部草原外，大西洋沿海省份也受到了影响，木材、鱼、铁和钢价格下滑更为严重。可是，威廉·莱昂·麦肯齐·金却不太重视大西洋省的需要，结果商人、工人领袖和政客组成的两党联盟，开展“沿海权利运动”，反对自由党，支持保守党。

同历任自由党首领一样，威廉·莱昂·麦肯齐·金也将魁北克作为政治堡垒。然而，在威廉·莱昂·麦肯齐·金第一任不久，魁北克省自由党政府接受走私朗姆酒到美国去的私人商贩的贿赂，被阿瑟·米恩(Arthur Meighen，1874—1960年)领导的保守党抓住，并以海关署丑闻和管理不善大做文章，致使鼓吹政治纯洁的进步党不敢再支持威廉·莱昂·麦肯齐·金，1925年他差点下台。只是保守党不慎犯错，威廉·莱昂·麦肯齐·金1926年才挽回政权，并首次取得议会多数，不再依靠进步党帮助。他接受失利的教训，弥补对大西洋省的过错，1927年成立一个皇家委员会，调查沿海问题。他根据皇家委员会的建议，增加给沿海省的补助金，削减铁路运费，但是回避了关税问题。沿海省的主要要求是使钢铁业受到保护，恢复中央加拿大所反对的特惠运费率，等等。威廉·莱昂·麦肯齐·金政府只对运费作了少许变动，增加对港口发展的补助金，不提关税，未解决沿海经济结构的根本问题，以很小的代价平息了3省的不满。当1929年下半年大危机到来时，自由党仍然牢固地控制着政权，财政部长查理斯·A.邓宁(Charles Avery Dunning，1885—1958年)编制了节余预算，将经济崩溃造成的社会问题留给各省去解决。威廉·莱昂·麦肯齐·金选择关税作为1930年大选话题，但不慎说什么“联邦政府就是5分钱也不会让给保守党的省政府”，意外丢失政权。不过，倒是幸运，将应付危机的难题丢给了保守党。

理查德·贝德福德·贝内特

理查德·贝德福德·贝内特(Richard Bedford Bennett, 1st Viscount Bennett, 1870—1947年)领导保守党反对派胜出组阁后，企图恢复传统高关税政策，1932年倡议召开英帝国渥太华经济会议。他的如意算盘是，恢复帝国特惠制，实行帝国内自由贸易，从而使加拿大经济恢复活力。但是，英国借口会促使保护主义而有碍国际贸易复苏，没有接受，只同意对关税作些微变动，所以渥太华经济会议失败。随着危机加深，失业增加，贝内特给各省拨款增加救济、制定加拿大银行法、设立不列颠哥伦比亚劳动营等，但是措施零散，不见效果，到1935年，仍看不出危机会过去的迹象。这时，理查德·贝德福德·贝内特便发表一系列广播讲话，照搬美国总统罗斯福的“新政”措施，表示要提供失业保险、限制最低工资和最高工时、实行公平交易、建立谷物局、规定小麦价格等。可是，选民、反对党甚至内阁阁员都大吃一惊，致使保守党1935年大选落败，只落了个“11小时改革”的讽刺。由于抛弃理查德·贝德福德·贝内特的选民大多数转投社会信用党、平民合作联盟或新的改建党，使选票分散，自由党得票并不比1930年失败时多，仍能够在台上执政。

保守党处理大危机失败再次给威廉·莱昂·麦肯齐·金敲响警钟。他上台后，先是追求平稳，不对经济进行过多的干预，甚至不愿承担社会保障，主要担心各省尤其是魁北克省反对。1937年经济再度下滑，威廉·莱昂·麦肯齐·金政府便谨慎地抛弃了传统的预算平衡，转向凯恩斯主义的干预经济方针(内阁中有不少凯恩斯主义者)，实行赤字财政以刺激经济。1938年，政府决定一大批刺激经济的财政资助项目，例如青年训练、住房建筑，等等。建立自治领—省关系皇家委员会(罗厄尔—西罗伊斯委员会)，调查和调整联邦和省两级权力的分配和财政安排，以便应对日益严重的危机。实际上，早在20年代，安大略和魁北克两省就提出过这个要求。按《英属北美法案》，英国枢密院的司法判决原是将社会

威廉·莱昂·麦肯齐·金与美国总统罗斯福和英国首相丘吉尔

责任留给省级政府的，相应地，要保证省政府的部分税收来源。但是，此后绝大部分的岁入来源仍留在联邦政府手中，各省一直对此不满。1940年，罗厄尔—西罗伊斯委员会建议向省级政府妥协，联邦政府负责失业保险，建立联邦给各省拨发资助金的制度，但是大省仍然反对。各省批准威廉·莱昂·麦肯齐·金修改宪法，重新安排联邦与省分享国家岁入的计划，由联邦负责制定失业保险立法。1940年为《1927年养老金计划》增补了失业保险条款，1944年实行家庭补贴制度，每月发放一张支票用于儿童保育，继续促进家庭住房建设，为复员军人提供工作，增加健康保险资助，等等。这些都标志着联邦政府干预社会和经济进入一个新阶段。这样，威廉·莱昂·麦肯齐·金不仅使国家安全度过战争年代，还防止了大危机重现。第二次世界大战中的战时繁荣，巩固和扩大了工业化的成果，也为战后福利国家制度的建设准备了物资条件。1948年威廉·莱昂·麦肯齐·金卸任，把这些计划留给他的接班人圣洛朗等人来完成了。

## 九、工业社会的生活变迁

同其他工业化国家一样，加拿大工业社会的变化首先表现在城市化方面，伴随城市化而来的社会阶级结构、性别以及民族关系剧烈变动，都对自治领国家的稳定构成了严重的挑战，主要是如何协调阶级关系，如何使地区融入国家整体，如何解决法语与英语文化的冲突，以及新现代主义与宗教意识的冲突，等等。

**城市生活**　随着工业化的深化，工业革命对劳动力大量需求，移民流入速度加快，自治领国家进入人口加速增长的时期，到1911年超过720万人，1921年再增22%，达到880万人；20世纪20年代后期伴随经济快速增长，人口再增18%，突破1 000万人大关。其中，西部新加入联邦不久的地区人口增长更是突出，如不列颠哥伦比亚1901年人口统计为18万人，至少是1871年的10倍。

与工业化时代人口增长密切相关的一个突出特征是，大城市爆炸性地扩张，此后就是城市而非乡村具有长远影响了。这就重塑了国家的地理面貌。在英属北美殖民地时期，人口75%居住在农业地区，1901年乡村居民大约占60%；到1914年，已经明显感到国家面貌比刚建国时大不一样了，55%的人口移居城市；20年代再增10%，加拿大自治领大体实现了居住的城市化。

城市化与工业化的速度是一致的。主要城市人口的增长速度最快，即使在西部草原，城市比农业地区人口的增长也快得多。埃德蒙顿、卡尔加里、里贾纳和萨斯卡通等西部城市本身就是工业化时代的产物。1901—1921年，埃德蒙顿的人口从4 000人增长到超过5.8万人；温尼伯从4.2万人增至18万人，远远超过马尼托巴省农业地区人口的增长速度；温哥华的人口增长到原来的5倍。最大的两座城市多伦多和蒙特利尔，规模各自也扩大1倍。20年代，城市人口仍稳定地增长。大体上，温哥华增长48%，温尼伯增长24%，蒙特利尔增长38%，多伦多增长32%。大西洋沿海的城市化速度虽然缓慢得多，但是东海岸两座历史最悠久的城市即哈利法克斯和圣约翰，也保持了稳定的增长。

这一时期城市人口增长主要源于两个方面：第一是新移民，特别是草原蘑菇般生长起来的城市，更是如此；第二是从自治领的乡村直接流入城市。这是中央加拿大城市人口增加的基本模式。因此，安大略和魁北克到1911年已是城市化占主导的省份，其后，新移民涌入使它们人口增长更快。

加拿大是在第二次世界大战中随着工业化而实现城市化的。军事工业在战争中极度扩张，促使工业化速度加快，大量劳动力加入军工生产，结果加拿大在第二次世界大战中一举实现了工业化和城市化。军事工业的扩张使更多的人口变为雇佣劳动者，进入城镇的工厂企业，仅在1941—1943年之间，雇佣劳动者就从460万人增至510万人。这一时期工人及其家属构成了加拿大人口的绝大部分。在二三十年代“半工业化社会”时期，加拿大仍有一半多的人口（60%以上）生活在乡村，而战后一下子变为“工业化社会的生活方式了”，与先于加拿大实现工业化的美国和西欧的城市居民已经没有多大区别，物质生活水平大为提高，甚至还超过一些西欧国家。

工业化和城市化还促使社会生活剧烈变迁。在19世纪七八十年代，工业革命早期即已带来了社会生活的新气息。随着人口的增长，重要的城市社会设施大规模增加，社会机构、防火设施和下水道等一般增长4倍。温哥华在19世纪90年代中期建造的房屋都配备了自来水和下水道；哈利法克斯街面多石，在70年代后期铺设了下水管道，只是运营成本较高。无论是在温哥华，还是在哈利法克斯，污水除倒进大海利用潮汐处理外，没有其他处理方法，所以早期城市都存在着严重的环境污染问题。

另一新气息是随着动力和信息革命而来的城市电力和电话的使用。在温哥华、哈利法克斯以及安大略和魁北克两省的各个城市中，都已架起电和电话的线路。在19世纪80年代早期，有技术和财力架设贝尔新发明的电话的只有

1910年蒙特利尔圣雅克街景色

美国，而美加边界两边都能够受益。安大略省布兰特福德市也计划架设电话，1882年渥太华有了200个用户的第一本电话簿。

在19世纪80年代初，使用电力仅限于铁路车站和公共建筑物。到1900年，至少在都市城镇用电已较为普遍，上层富人和中产阶级的住宅都安装了电灯，电话和电灯的增多使街道的线杆和线路纵横交错，形成新的城市景观。19世纪60年代，加拿大城市大街上空也像欧洲一样，除了树枝什么也没有，街景单调，春季一片泥泞，夏秋尘土飞扬，到处弥漫马粪味。19世纪50年代初哈利法克斯刚架设电线杆时，夜里就被人砍倒，而到19世纪90年代，哈利法克斯、蒙特利尔、多伦多和温哥华等中心城市，城市面貌可以说已焕然一新。廉价电力不仅提供工业动力，也为居民家庭所普遍使用。电话也日益普及，使商业效率不断提高，沟通更加方便。1906年，一位到温尼伯的游客写道："城市铁路、电灯等大量装备，全新的马尼托巴俱乐部，是城里富豪聚餐之所，舒适而典雅，无可挑剔。多伦多的伊顿商店占据了整整一个街区。"

自行车的使用是另一个变化标志。邓洛普充气轮胎自行车时髦而安全，自19世纪90年代开始流行，很快就成为人们普遍使用的代步工具，它比马车要快捷和便宜，街道不再到处是马粪，气味弥漫。这是普通民众最明显感受到的社会变化。

铁路引起的社会变革更大。远途旅行改乘火车，方便、快速、舒适，无可比拟。从哈利法克斯到特鲁罗原来肮脏的道路两边，每隔几英里就有小客栈，为马加料、为人提供啤酒、供人马休息的场景渐渐消失了踪影。哈利法克斯、多伦多、圣约翰、魁北克、蒙特利尔和汉密尔顿等铁路沿线的城镇生活步伐越来越快。1872年，乔治·布朗的《环球报》已有一半销到多伦多以外，在1876年早班特别火车就将当日报纸送到汉密尔顿。铁路创造了全新的市场，许多新产品广泛流通。

城市化对市政建设和交通也提出了要求。蒙特利尔和哈利法克斯等旧城市中心兼并邻近的农业地区或工人聚居区后，市区向郊外扩展。20世纪头10年，多伦多在西边和北边建立了新区；蒙特利尔出现了梅松纳夫（Maisonneuve）新区，沃德工人聚居区的人口1900年增至1.2万人。各个城市边缘开发地带与市中心工厂和办公场所之间的交通由电车解决。每座城镇都自夸其拥有最好的市政设施、最低的税收和最健康的劳工队伍等。温尼伯人吹嘘自己这座城市是“加拿大的芝加哥”，蒙特利尔梅松纳夫新区居民称这里是“加拿大的匹兹堡”。这里有3条国家铁路通过，电力营运系统先进并与贯通市区的电车连接，海运设施在整个自治领国家也无匹敌者。

蒙特利尔的创建者梅松纳夫纪念碑

工业化和城市化进步的同时也带来了新的社会问题。对于市政政客来说，进步意味着发展，他们常以减税、资助、廉价能源、有轨电车线路、健康的劳工队伍、住房、学校和公园为诱饵引进新兴工业，从而也滋生了腐败。他们直接从出售空地、工厂建设和地产开发中获利。随着城市的日益扩展，劳工阶层能买得起的住房一直短缺。1904年一份报告说：“几乎找不到适合一家人居住的空房子，在许多情况下，一所房子住好几家人家。”1901—1911年，总共建造了40万套住房，仍不能满足需求。工人对工业进步作出了巨大贡献，但是贫穷人口栖身之所几乎不受关注。

随着生产的技术革新，生产关系也发生了改变。工厂不再需要经过15—20年学徒才掌握技能和经验的工匠，而是简单的操作工。19世纪40年代殖民地时期的工匠变为80年代工厂的工人，日益程序化的工作，由非熟练工人甚至童工即可掌握。一个14岁名叫泰奥菲尔·卡隆的熟练卷烟工，11岁开始学徒，经过3年成为工匠，但是工厂制生产将他变为熟练卷烟工，原来的自豪感消失了。

对于无产阶级来说，主要的问题是生活状态的变化。工业化改善了国家福利事业，1900年人民生活水平提高不少，按这年一加元购买的布来计算，提高了25%以上。然而，工厂制却造成了这个新生阶级的贫困。在19世纪80年代，安大略和魁北克两省法律都禁止12岁以下男童工、14岁以下女童工；新斯科舍省规定男童工至少10岁，12岁以前一周工作不超过60小时。但是，这些法律规定全都没有强制执行。工厂由监工执行劳动纪律，工人些许违规即被关进工厂监狱。在新不伦瑞克省弗雷德雷克顿东北的玛丽维尔小镇，这里每天听哨声起床、上班、喝茶和午饭，10小时后听哨声回家。随着技术变革，大量使用机器，生产率大幅提高，劳动强度加强。以制鞋为例，19世纪40年代一个鞋匠每日缝制两双鞋子，19世纪80年代引进制鞋机，日产上百双鞋子，产量急增，价格下跌，雇主随意降低工资，造成更多的人失业。人们在流入城市前一般期望很高，然而相比在农场，基本上不能自给自足，而是要购买产品和服务，一旦找不到工作，困在城里，面临的是高房租；有病就更加糟糕，在农场还有人照顾，而在城里没有工作就没有任何保障。新开发地区的工人比中央加拿大还要贫困。当时温尼伯北区的工人，“住房只有单间、单坡顶，家具是脏兮兮的两张床、一块板、一个炉子、一条长凳、两把椅子、一张桌、一桶泡菜。两家人家住在一起，女人邋里邋遢，赤脚而裸露半身。孩子耷拉着鞋，婴儿裹在包里放在墙角一个悬吊的麻袋布摇篮里……摆上桌的晚饭是每人一碗热土豆、一块发黄的面包和一瓶啤酒”。尽管如此，人们仍从农场不断涌入城镇，宁愿以自由的农场劳动交换工厂紧张而艰苦的工作，因为至少能够得到一份现金报酬和周日假期。

在加拿大，无论是城市工厂，还是乡村农场，冬季都是劳动淡季。工人在结冰期一般要面临被解雇，在最需要钱为家庭购置衣物、取暖柴炭时，或是工资被降低，或是失去工作，生活更加困苦。在殖民地时期的农业社会，冬天是乡村的社交季节，而今在城市则是工人的严酷季节，甚或中产阶级也无法防备灾害、疾病或事故。大多数工作是季节性的，人们缺乏任何失业保险或医疗保障。1913年，一个5口之家一年需开支1 200多加元，一个非熟练劳工挣不到。女工和童工比男工工资低得多，但是男工工资也因他们的大量存在而被压低。当时蒙特利尔的一份调查材料写道：一个贫穷工人之家，食品杂物费用增加了11加元，在偿付7加元时，主妇病倒了，丈夫希望延期偿还剩余的4加元，法庭拒绝，还要外加15加元的诉讼费，结果财产被抵押，丈夫自杀。19世纪80年代乡村诗人阿奇博尔德·兰普曼（Archibald Lampman，1861—1899年）的诗句反映了工人的这一惨状：

辛苦怕邻居听到，
在那里歌喉嘶哑，

生活就是漫长的劳作，
直到死亡或自由到来。

工作艰辛、工资低、住房拥挤、生活水平低下，这些还不是困扰城市工人的所有问题。缺少卫生设施、干净水、公共健康、教育、公园和娱乐设施这些工业社会早期就已存在的问题，现在则更加严重，因此造成儿童的高死亡率，加上传染病，死亡人数惊人。1911年，多伦多每千名不到一岁的婴儿，就有11个死于传染病，44个死于消化疾病。

**西部农业移民的艰辛** 19世纪七八十年代西部开拓早期，来自东部的移民将家乡生产和生活习惯带到了那里，主要栽种谷物，雨水充足的地方栽种大麦和燕麦，但是不宜栽种蔬菜和水果，所以移居萨斯喀彻温省的东部人怀念尼亚加拉的梨、桃、苹果和浆果。一般人家这时还会保持在东部居住时的一些生活习惯，例如炉子上炖锅里总炖着肉。

同东部一样，西部开始工业化后，劳作和生活方式也迅速发生了变化。按约翰·亚历山大·麦克唐纳“国家政策”设定的目标，向西部移民以满足东部工业革命的需要，无论是来自东部还是欧洲的移民，劳动和生活都要与这一目标相适应。在160英亩(65公顷)居住耕地上，小麦必须赶在雨水、冰雹或霜冻前收割，人们往往黎明前起床，天黑才回家。妇女与男人一样5点钟起床做早饭，早饭后就立即收拾土豆，准备午饭，就这样一天天周而复始。

农场主也像商人一样考虑生产成本，关键是将160英亩谷物很快转变成现金，以换取生活必需品以及生产工具或机械，还要留一些作为积蓄。1881年，约翰·弗雷泽自苏格兰爱丁堡来到马尼托巴省的布兰登，用2 000加元购买了太平洋铁路的半块黑土地(80英亩)，用40英亩(16公顷)分别种小麦和燕麦，亩产约20—30蒲式耳。比别人幸运的是，他躲过了1883年9月袭击萨斯喀彻温和阿尔伯塔两省的霜冻，原来投资的2 000加元不到两年增值到4 500加元。但是，大部分草原移民一开始大都艰难困苦，尤其是来自东欧被称为乌克兰农民的移民，最为贫苦。他们来到加拿大初期，缺乏技术，还存在语言障碍，一般要干几年采矿、筑路、建房或伐木工作，工作时间长而报酬低，住在寒冷的圆木房里，虫叮蚊咬，成为西部最贫苦、最受剥削的所谓“简易屋人”。他们拼命挣钱，为了购买农具和家居物品，特别是能够购买一头耕牛、一头奶牛、些许种子，至少要250加元，住所比草房好一点的，再需600—1 000加元。一些移民来到新兴城镇，寻找的工作不稳定，好在能与家人住在一起。他们居住在像温尼伯北部的贫民窟里，多半几个家庭合租一所居屋。贫民窟比工棚好不了多少，那里拥挤、肮脏、酗酒和卖淫等现象司空见惯，经教会努力救助才部分好转，子女偶尔有机会进学校。

虽然同样艰辛，农业定居区新移民的境况或许好一些，危难时可以依靠移民乡亲相互帮助。由于语言相同，他们也可打发寂寞的异乡生活。东正教会也会帮助乌克兰农民适应新的环境，在西部草原至今还可看到许多乌克兰农民聚居区洋葱头状的教堂。当初，这是东欧移民的精神寄托之所，尤其是在初期，很多移民要寻求教会帮助。

**教会改革**　19世纪后期，教会遇到了两方面的挑战，即科学和历史的进步，达尔文主义对《圣经》的严厉批判使教会处于防守地位。工业社会初期的不公正，向教会提出了笼络教众尤其是工人教众的社会使命。新教领袖开始赋予基督教以“社会福音”的内容，企图把基督教改革成为人间的“上帝王国”。温和派强调通过社会改革重塑社会的基本需求，提出工业安全、公共健康立法、禁止酿制和销售酒精饮料、取缔童工和卖淫、移民“加拿大化”、妇女选举权等一系列改革措施。新不伦瑞克省的亨利·哈维·斯图尔特、多伦多的詹姆斯·辛普森、马尼托巴的“政治平等会”等新教改革者，都接受了社会基督主义理想。

从19世纪90年代起，罗马天主教会开始完善适合新兴工业社会秩序的传教信条，20世纪的“工人教皇”利奥十三的声明对魁北克省和英语天主教的影响不断扩大，工业城镇教区的神父鼓励改组天主教工会和信用工会。亨利·布拉萨领导的民族主义运动同基督教改革主义、社会福音派或社会天主教主义合作，致力于在保护现有制度和信仰前提下的工人解放事业。从第一次世界大战开始，阶级和地区等的反抗运动进入了10年活跃期。清教伦理开始关注酗酒问题、外国移民的盎格鲁—撒克逊化、守纪劳工队伍的培养，等等，多种期望一起促进了战时最大的改革要求——禁酒运动，但是没有成功，因为政府要推动旅游以增加美元收入。酒业非法批发，“走私酒在全省各地流通”，医生越来越多地为小病开酒精处方也起到了破坏作用。为了增加税收，有的省禁止市场销售，代之按政府规则销售，1930年仍在禁酒的省份只剩下爱德华王子岛省。具有讽刺意味的是，改革家主张禁酒是一项社会改革，但是政府销售酒精饮料资助其他改革项目，让一些鼓吹禁酒的新教改革家十分失望。但是反禁酒的势力也在增强，1925年新斯科舍省一份调查报告说：“私人酒贩以商用小汽车运酒，仅关闭酒吧、沙龙对限制总体消费不起多大作用。”

20世纪20年代大规模工业化后，工业社会所特有的宽容和调和精神也影响了最保守的社会机构和教会的改革。组织自由派新教最成功的一项改革事业是实现教会联合，1925年6月美以美派、公理会派和长老派联合，组建加拿大联合教会（United Church of Canada）。一些长老派教徒认为，这是只求形式而不顾教义正统，联合太过匆忙而没有参加，而是在乔治·皮金（George Campbell Pidgeon，1872—1971年）的领导下组成新教会，约有200万信徒参加。罗马天主教大约有400万教徒，英格兰教会与剩余长老派另外组成最大的一个教派。

莱昂内尔·格鲁尔

在魁北克，20世纪20年代新旧宗教和观念的冲突也很激烈。1917年，年轻的牧师、律师和记者组成的传统精英在莱昂内尔·格鲁尔（Lionel Groulx，1878—1967年）神甫兼历史学家的领导下创办《法裔人行动月刊》，倡导历史是教义之源的思想，认为可以引导法裔加拿大人进入人间天国，魁北克人在那里能够脱离英裔加拿大人的控制。他虽批评鼓吹魁北克从加拿大分裂出去，但是号召法裔重视教育，准备作为“上帝公开计划”而采取行动。欧内斯特·拉普安特（Ernest Lapointe，1876—1941年）在渥太华对自由党政府具有较大的影响后，莱昂内尔·格鲁尔的影响才部分被消除。1927年庆祝自治领联邦60周年时，莱昂内尔·格鲁尔也承认加拿大虽然受“多种解体细菌”感染而贫血，但是仍可通过改革而复活。他的极端民族主义就暂时停歇了。亨利·布拉萨（Bourassa Herry，1868—1952年）的温和民族主义运动对这位曾是布拉萨民族主义的信徒也有影响。亨利·布拉萨指责《法裔人行动月刊》混淆宗教与民族主义的界线，号召魁北克人拒绝极端民族主义，支持泛加拿大运动。这位1837年下加拿大起义领袖路易—约瑟夫·帕皮诺的外孙，具有这种认识实属难得。亨利·布拉萨设计了二元文化，希望借此最后实现魁北克省的自治。20世纪20年代的繁荣以及麦肯齐·金部分采纳了布拉萨的思想，可以说挖了极端民族主义的墙角。

**女权运动** 工业化和城市化最具革命性历史意义的莫过于对妇女社会地

位的影响。女权运动是特别重要的社会改革运动,改革基调往往依据基督教的道德标准。天主教对女性的约束是中世纪专制的最后残余。新教改革运动提出解放妇女,从而点燃了妇女运动的火花。在英属北美殖民地时期,去美国学习的第一位妇女医生斯托·埃米莉(Emily Stowe)是妇女解放的先知先觉者。她在19—20世纪之交与女儿奥古斯塔·斯托-格莱恩(Augusta Stowe-Gullen)一起最早开始为妇女选举权和平等接受教育的权利呼吁。稍后,女权主义者内莉·麦克朗也为妇女争取投票权和“上帝的母性要求”。到19世纪50年代,又先后出现了“妇女基督教禁酒联盟”、“青年妇女基督教联合会”和“加拿大妇女全国协会”等组织。多伦多记者、女权主义者弗洛拉·麦克唐纳·戴尼森(Flora MacDonald Denison,1867—1921年)、1916年英帝国首位妇女警察局长、阿尔伯塔省作家埃米莉·默菲(Emily Murphy,1868—1933年)、西部农业记者科拉·欣德、马尼托巴的姊妹记者利莲·B.托马斯和弗朗西斯·贝农等,无一不相信妇女对激发社会道德有着特殊的作用。他们提出了广泛的改革计划,第一个目标是妇女平等选举权,由于第一次世界大战期间大量妇女加入劳动大军,这一要求得到了实现,尽管只是部分的。1916年,马尼托巴省第一个给予妇女选举权,除魁北克外,其他各省纷纷效仿。在1917年联邦大选期间,一些妇女获得了选举权,1918年新选举法进而将这一权利扩大到所有成年女性。

玛丽·拉克斯特·热兰-拉若瓦

在落后的魁北克,法裔加拿大的妇女运动也受到社会天主教主义的支持,但道路不同。主导的天主教会顽固地反对给妇女选举权。玛丽·拉克斯特·热兰-拉若瓦(Marie Lacoste Gérin-Lajoie)等先进的法裔加拿大妇女只好首先致力于提高妇女的法律地位以及接受教育的权利的斗争,部分教会组织也为不愿意结婚而参加工作的女性提供选择,修女常同世俗姐妹一道为改善妇女的生活条件而奋斗。同英裔加拿大女性一样,法裔加拿大女性在1918年也得到了联邦的选举权,但是可笑的是,20世纪30年代还要为争取省内选举权而努力,直到第二次世界大战中法裔加拿大妇女才获得省内选举权。加入“利沃特的罗西”的女工行列的人数急增,不仅因为有工资而经济地位得以改善，也取得了部分政治权利。

**文化斗争** 在工业化时代早期，自治领政府还没有确定文化和宗教政策，一般假设将移民同化于英语主流社会。1908年，美以美教的《传教展望》表示："如果从北美这片大陆将要产生一个优等种族、一个被上帝用来完成他的工作的特别种族，我们对现在成为同胞的这些国民有什么责任呢？来到这里的许多人，名义是基督教徒，效忠于希腊、罗马天主教教会，可是他们的道德准则与信仰远远低于自治领的基督教国民……我们有责任翻开《圣经》欢迎他们，并将盎格鲁—撒克逊文明的准则和信念灌入他们的心灵。"一些志愿者组织帮助加快同化进程，新教传教团扮演了重要角色，美以美派、长老派、安立甘派或救世军教派都建立了特别"国内传教团"的分支机构，对"外来人"灌输新教教义和加拿大主义。温尼伯的全民教、阿尔伯塔省帕坎的麦克道格尔纪念医院和边疆学院的民族主义者都在努力促进新移民的加拿大化。学校实行强制英语教学，但是一个明确的事实是，加拿大现有的人口还没有多到吸收每年新到移民的数目。

虽然20世纪早期的民族语言纷繁复杂，但是至少颜色几乎划一了。土著人被圈居在保留地，除新斯科舍省、蒙特利尔以及南安大略的少数聚居区外，黑人在各处都被拒之门外。中国人、日本人甚至印度的帝国臣民进入自治领受到严格限制，1907年温哥华还爆发了敌视亚洲人的骚乱。为了建立"强大、自由及真正的北方"国家，甚至南欧人也不受欢迎。即使像温尼伯"全民教"创始人詹姆斯·S.伍德斯沃斯对种族马赛克化特别同情的人，也主张对"南欧患病、犯罪的意大利人"要加以区别对待。这一时期加拿大还不是民族马赛克，坚持几乎同美国一样的民族大熔炉的同化政策。实际上，有两个截然不同种族等级：一是本土出生的法裔和英裔加拿大人、北欧的"白人"移民，从事的是有技术、高工资的职业；二是"迟钝"的"外国人"，只能从事肮脏繁重的工种。英裔加拿大人较少程度也包括法裔加拿大人始终是主流族群。在城市化地区，种族与阶级的界线是重合的，而常将新移民与说英语的中产阶级和劳工特别分开，绝大多数城市都有温尼伯北区、多伦多"沃德区"或蒙特利尔"山下区"这样遭受歧视的"外国人"居住区。

20世纪20年代工业化速度加快之后，移民增加，随之而来的是不同族群的大量涌入，导致语言一体化的任务更为繁重。在魁北克以及其他各省的法裔聚居区之外，公共教育制度被设计成将新移民同化于英裔主流社会的主要工具，结果魁北克以外的法裔社会在文化和宗教政策上受到了较大的伤害。马尼托巴省在1897年允许使用多种语言教学，即便在安大略省，对低年级学

阿代拉尔·朗之万

生使用法语教学也很早被接受了。1905年萨斯喀彻温和阿尔伯塔建省时，只规定了天主教学校及法语使用的有限条款，即便这样的条款，也在1918年作为学校一系列“改革”内容被取消了。在第一次世界大战时期，由于种族关系紧张，法语教学被视为特权而取消。除魁北克省以外，加拿大似乎将成为一个英语国家。最终，这激化了英裔与法裔加拿大人的文化冲突。

其实，早在19世纪70年代“马尼托巴学校问题”产生时，英裔与法裔加拿大人的文化冲突即已开始。自治领第五任总理约翰·斯帕洛·戴维·汤普森（John Sparrow David Thompson，1845—1894年）去世不到两周，伦敦枢密院司法委员会将“马尼托巴学校问题”强加给新上台的麦肯齐·鲍威尔（Mackenzie Bowell, 1823—1917年）政府，但是新教的马尼托巴省政府、代表罗马天主教的圣波尼菲斯大主教亚历山大-安东尼恩·塔谢（昔日路易·瑞尔的导师）及其后任阿代拉尔·朗之万（更加极端）都拒不接受。阿代拉尔·朗之万（Adélard Langevin）在1870年作出规定，马尼托巴天主教徒享有建立教派分离学校的权利；马尼托巴新教徒1890年认为，多数人同意就可以废除过去的决定，双方都采取了极端立场，不愿妥协。最后，下院议决推给法院，而两级法院作出了相互矛盾的裁决。最高上诉法院（伦敦枢密院司法委员会）的裁定是：第一，马尼托巴省有权废除允许天主教学校的立法；第二，马尼托巴省天主教徒有权向自治领联邦政府上诉重新恢复被废除的法律。一次裁决，两条对立的文字，造成联邦与省两级政府之间无所适从。联邦议会难以定夺，而麦肯齐·鲍威尔又软弱而死板，这个问题最终导致保守党在1896年6月联邦大选中失败。威尔弗里德·劳雷尔执政后，声称要像伊索寓言的旅行者那样，通过灵活而光明的手段妥善解决这一问题，好不容易才平息了这场文化与宗教的纷争。

马尼托巴学校问题表明，即便在工业化社会里，法裔与英裔加拿大人之间的基本宗教与文化观念的分歧仍不能被忽视。从1760年征服以来，魁北克人虽然已历经四五代人，但是民众的记忆似乎还不那么遥远。19世纪80年代的法裔加拿大诗人、剧作家路易-奥诺雷·弗雷歇特(Louis-Honoré Fréchette, 1839—1908年)还记得他1855年15岁那年站在父亲身旁的情景:父子两人注视着第一艘上溯圣劳伦斯河的“卡普里修斯号”法国战舰,父亲饱含老泪,手指着船上飘扬的法国国旗,说道:“儿子,那是你的国旗!那是你的祖国!”随后,诗人写道:

路易-奥诺雷·弗雷歇特

> 那一天,
> 从我们的岸边涌起了如潮的欢呼,
> 但喜悦失去得太快,
> 那是迷失婴儿重新找到了母亲,
> 妈妈眼含热泪将孩儿拥在怀中。

多么强烈的民族情结。到19世纪90年代,法裔人口增长较快,作为法裔加拿大人割舍不去的这种法国情感意识也在增强。英裔加拿大人不完全相信在一个国家可以说两种语言。那时,加拿大人还没有想到双语制度。

到1913年,文化冲突再起。安大略省法裔人口的增长引起奥兰治派的恐惧,担心他们这个新教省份会受到威胁,说英语的天主教徒也开始出现法语不久可能成为教会主导语言的忧虑。于是,两股平日敌对的势力一起给省政府施加压力,要求在安大略省的学校中限制使用法语。为了改善安大略省法裔学校的标准,尤其是为了提高那里英语教学的水平,省教育部1913年颁布通告,即广为人知的《第十七号法规》(*Regulation 17*),限制法裔安大略人使用母语接受教育。20世纪20年代将担任该省总理的乔治·霍华德·弗格森(George Howard Ferguson, 1870—1946年)是一名奥兰治派,他宣称:“双语制鼓励种族孤立,会在年轻人心目中留下深刻的种族优越感,也与构成我国人口的各民族融合的现实相冲突……美国是只承认一种语言的国家,学校制度的实践证明,我们这种制度是明智的。”这番言论遭到了安大略和魁北克两省法裔加拿大人的愤怒抨击。

严重的是,这个学校语言问题与1915年征兵问题搅和在一起,变为英裔加拿大人指责法裔加拿大人不愿为国家尽力的理由。两个主流民族的关系顿时紧张起来。法裔加拿大人温和派领袖亨利·布拉萨声称,真正的战争不是在欧洲,而是在安大略省。更为严重的是,自由党1916年年初将问题提交议会,党也按语言分裂,安大略省自由党与联邦的自由党决裂。法裔加拿大人指责说:法语不仅在安大略省受到蔑视,在军队中也处于劣势,除在刚刚组建的陆军营外,英语仍是主导语言,军事指挥也使用英语,几乎没有说法语的军官。法院再次裁决争端,仍不利于法裔加拿大人的诉求。教皇甚至出来呼吁加拿大的天主教徒要冷静克制。

文化冲突已经造成国家难以弥合的分裂,1918年年初在魁北克省甚至发生了零星的骚乱,调来军队防范。一个模糊的分裂主义法案提交魁北克省立法议会,虽然在表决前被搁置,那只是在等待战争结束。其实,这预示了加拿大两种语言和宗教的文化分歧并没有因为工业社会到来而消失,相反,分歧更加严重了,以致后来在20世纪80年代魁北克省就独立问题进行公决。

## 十、土著人空前凄惨的命运

1870年的红河起义(Red River Rebellion)通过马尼托巴建省和平解决,暂时平息了梅蒂斯人的不满。在马尼托巴建省后,为了加快统一,自治领政府加速铁路建设和移民,以加快草原的农业开发。这样,土著人千百年来传统的狩猎生活彻底遭到破坏,真正灭绝性的灾难开始了。

西北骑警

**设立西北骑警** 1872年自治领颁布《西北土地法案》,19世纪80年代初太平洋铁路穿越平原地带,东部白人随之迅速移入,1885年已有2万多人,几乎与克里人、黑脚印第安人、奥吉布瓦人和阿西尼本人合起来的2.5万土著人口相当,而且还会很快增加。为了保证移民有土地可分,1871年联邦政府将《印第安人条约》强加给土著民族,设立保留地,同时大规模掠夺他们的土地。

在西北副督亚历山大·莫里斯(Alexander Morris, 1826—1889年)强烈要求下,1873年建立了西北骑警(North-West Mounted Police),

1874年麦克劳德(James Farquharson Macleod,1836—1894年)在阿拉伯塔南部建立了麦克劳德堡(Fort Macleod),并在1877年被任命为西北骑警的长官。1874年秋天,西北骑警从马尼托巴省到达阿尔伯塔省南部,表面上是为了驱赶毒害黑脚人的美国威士忌私酒商,实际上是为了防范土著人的反抗。19世纪60年代,草原已几乎看不到大群野牛,80年代早期野牛群消失了。不久,渥太华政府允许草场出租,饲养家畜,这对白人是建立基业,而对土著人,无论是梅蒂斯人还是其他族群,则表明苦难即将变为现实。

西北骑警与东部的类似机构截然不同。东部的制度引自英格兰,执法方式运转得很好,因为司法制度非常地方化,执行的实际上也是公法,遇到社会危机就征召民团,但不常见。苏必利尔湖以西未开发,不稳定,显然不可能将东部这样的法制搬过去。哈德孙湾公司曾有自己的法律制度,但是在1869年路易·瑞尔占领加里堡时,实际上已经瓦解。1846—1848年、1857—1861年英国有军队驻扎红河,没有发生过问题。马尼托巴建省后,自然要执行地区法律,但是约翰·亚历山大·麦克唐纳及西北地区对路易·瑞尔领导建立的梅蒂斯人马尼托巴省并不放心,因此决定设立西北骑警。

西北骑警在权力和纪律上与英国任何执法机构都不同,既不像英国警察,又不像法国警察,而是像爱尔兰警察或法国宪兵。根据加拿大民团团长罗伯逊-罗斯上校(Colonel Robertson-Ross)的建议,使用英军正规军军服的颜色,即猩红的诺福克上衣,一条下蓝上红的彩线;蓝色代表背弃诺言,红色代表庇护公正。虽然说西北骑警是为了管理移民,但明显也是为了防范西部土著人可能的反抗,以保证自治领的领土扩张。西北骑警集警察、士兵和执法官三种执法职能于一身。警察抓捕罪犯,交给警官审判,而这两种权力结合不至于滥施,只能依赖于警官和警员本人的诚实和公正。按约翰·亚历山大·麦克唐纳的主张,边疆遥远,司法不必拘泥于英国传统。他曾说,这一制度是临时性的,建立省级代理机构后,骑警就不再发挥这种作用。可是,到1905年阿尔伯塔和萨斯喀彻温建省时,两省请求劳雷尔政府继续保留这一司法制度,所以仍然保留。可见,西北骑警的建立主要是为了监视和管理土著民族。

**草原土著人的新灾难** 1870年马尼托巴建省法案满足了梅蒂斯人的要求,但是几乎在法案通过的同时,他们就面对被欧洲移民淹没的残酷现实,写在法案上的权利仍然得不到保障。1870年他们迁离红河家园,往西北到萨斯喀彻温河谷定居,希望继续过狩猎生活。然而,他们很快就发现同样面临15年前在红河的窘境。随着300名皇家骑警而来的,还有土地丈量员以及太平洋铁路建设的员工。发生的事情几乎同15年前一样：梅蒂斯人的土地权利以及地块沿河岸排列的耕作方式再度受到侵犯。他们诉诸备忘录、书信或请愿，以保证他们新农场的所有权，几乎不起任何作用。从里贾纳或阿尔伯特王子城到渥太华十分遥远，诉求到达渥太华要经过几年。国土部反应很慢，行动更慢。梅蒂斯人感到自己仍是处于层层包围的脆弱族群，而且情况甚至更糟的是，萨斯喀彻温河上现在有了汽船，这意味着梅蒂斯人历来为哈德孙湾公司充当搬运夫的日子即将成为过去。他们的生活主要不是靠农业，而是靠捕猎野牛，但是这时狩猎生活已不可能了。

如果说梅蒂斯人遇到的是困难，那么平原其他土著族群遇到的则是灾难。渥太华从1869—1870年路易·瑞尔起义中得出的教训是，西部所需要的不仅仅是军事存在，还必须作别的安排。1876年6月25日，美国发生了“古斯特的最后一战”（即苏族在蒙大拿小贝格霍恩山伏击古斯特将军事件），美国政府花费了2 000万美元。而加拿大联邦政府全年的财政预算也没有那么多，所以必须和平解决土著人的问题。美国国土部部长卡尔·舒尔茨1877年向到访华盛顿的大卫·米尔斯（David Mills，1831—1903年）询问：“你是怎么让你们的白人遵守秩序的？”他的回答是，自治领到达西部之前，先签订《印第安人条约》，丈量土地，成立西北骑警，都要赶在移民潮开始前安排好。

签订《印第安人条约》，逼迫土著部落交出土地，是约翰·亚历山大·麦克唐纳政府的创造。1871—1877年签订了几个重要条约，其中与美国“古斯特的最后一战”相对应的是《第六号条约》（*Treaty 6*），即1876年8—9月联邦与北萨斯喀彻温河（North Saskatchewan River）河谷草原和林地的克里人签订的《卡尔顿堡—皮特堡条约》（*Fort Carlton-Fort Pitt Treaty*）。条约按各族群部落人口比例给予保留地，每人128英亩（52公顷），并资助农耕；继续享有打猎和捕鱼权；给酋长一点象征性年薪的补助、奖章和制服。条约要花时间谈判，然后翻译成土著人的语言，土著人自然与白人有不同观点，而白人的语言和法律观念并不能很好地翻译出来。他们从未见过城市，一般认为与白人共享土地，就像分享空气和阳光一样公平。白人仅支付一点补偿费，就取得了土地占有权。他们不知奥妙，直至看到白人的住房、篱笆和农场，以及1882—1883年太平洋铁路推进到跟前时，才明白他们放弃了什么，但是为时已晚。

草原野牛群自19世纪60年代开始消失，到80年代早期，野牛基本上不见了。平原土著人现在很难适应保留地的生活，更不可能继续依靠野牛提供干肉饼或衣物，这是他们使用来复枪的后果，传统生活方式提早结束了。1883年草原灾害发生时，他们只有挨饿的份了。土著人领袖报告政府请求增加援助，西北骑警报告也说，如果不给土著人提供一些帮助，“那就只有一条与他们开战的出路了”。然而，自从签订条约后，约翰·亚历山大·麦克唐纳政府从来就不遵守对土著人的诺言。对西部永久改变的现状，土著人领袖感到要么像美国土著人一样拼死反抗，要么达成协议。最后，他们决定铤而走险。1883年的霜冻和1884年的涝灾便成为起义的导火线。

**第二次路易·瑞尔起义** 英裔混血人与萨斯喀彻温的梅蒂斯人联合，从蒙大拿请来路易·瑞尔领导起义。主要支持者是梅蒂斯人以及其他土著族群，也有白人参加。白人的不满是铁路问题，先前规划铁路线路从温尼伯通向埃德蒙顿，线路附近许多土地被购买下来，但是1882年太平洋铁路公司突然变卦，线路向南挪到里贾纳—卡尔加里一线。土地投机者砸了锅，农场主十分失望。更麻烦的是，这里只设有在里贾纳的代议制政府——西北地区行政委员会，没有下院议员。因此，渥太华听不到抱怨声，而土地管理权又归远在渥太华的国土部及其派驻温尼伯的代表。他们不是缺少责任心，就是缺乏经验。

1885年3月，起义达到高潮，表面上是针对西北骑警，实际上是针对遥远的渥太华。起初，同上次起义一样，路易·瑞尔主要给联邦政府呈递请愿书。然而，几个月杳无音信，路易·瑞尔遭到朋友的痛斥。1885年1月，路易·瑞尔便转向激进行动。3月19日，他率领追随者占领巴托克天主教堂，成立临时政府，要求联邦的卡尔顿堡(Fort Carlton)投降。路易·瑞尔相信行动还会像1869—1870年一样有效，但是这回麦克唐纳不吃这一套。1869年，路易·瑞尔是马尼托巴省的主宰，没有办法抓他，只能够跟他谈判。而今太平洋铁路将要竣工，在1885年3月26日，即鞑克湖(Duck Lake)第一声枪响的11天后，加拿大政府将军队运到卡佩勒车站。在异常能干的军事领袖加布里埃尔·迪蒙(Gabriel Dumont，1837—1906年)

加布里埃尔·迪蒙

的指挥下，萨斯喀彻温梅蒂斯人顽强地进行抵抗。

1885年4月初，起义消息传到卡尔加里时曾出现恐慌，法裔加拿大人组成的卡宾枪第65团从蒙特利尔开到，卡尔加里恢复了平静。卡尔加里居民担忧的是东南方向100—110公里外的黑脚人部落。但是，在“好心人”拉孔布（Albert Lacombe，1827—1916年）神甫相信自治领政府的承诺的劝阻下，黑脚人部落没有行动。雾湖地区克里人抓获12名白人和混血种人，1885年4月2日，又杀害包括两名罗马天主教神甫在内的9名白人，只有两名妇女和哈德孙湾公司的代理人幸存。11天后，起义最终被镇压，雾湖土著人遭到了一次大屠杀。

路易·瑞尔只是发动了一次重要起义，在暴乱期间并未开过一枪，也未谋杀过任何人，只是率领追随者手持十字架，口念：“以圣父名义，开火！以圣子名义，开火！以圣灵名义，开火！”他被抓住后，无法确定罪名对他起诉，而约翰·亚历山大·麦克唐纳根据1352年爱德华三世的一条古老晦涩的法律，判他叛国罪，尽管漏洞百出。1885年11月16日，路易·瑞尔在里贾纳被处以绞刑。

路易·瑞尔的绞刑判决在自治领居民中间产生了严重分歧。在渥太华内阁中，魁北克省籍的部长曾暗示路易·瑞尔将被豁免，新闻界也试图迫使约翰·亚历山大·麦克唐纳住手，但是约翰·亚历山大·麦克唐纳没有理睬。内阁新任司法部部长、新斯科舍省人约翰·汤普逊向议会作证时说：“煽动印第安人战争的任何人，不要指望得到的惩罚会比土著人更轻。”

在魁北克省，这次绞刑判决引起了愤怒，成为日后日益严重的英裔与法裔文化、种族与宗教冲突的历史起因之一。只是到第二次世界大战期间，加拿大（特别是西部）的历史学家才开始正面评价路易·瑞尔，部分政治家也开始善意地唤起人民对他的回忆。1999年，加拿大众议院通过一个法案，“肯定路易·瑞尔起义的正义性”，只是没有定为正式法律条文，而在2000年大选中却停止执行了。

**苦难加深**　工业化社会到来后，物质财富的增长引人注目，加拿大白人社会各种族和阶级基本上都享受到了繁荣带来的福利和实惠。然而，唯独土著人完全被排除在外，日益边缘化，反而深受工业化的危害，前途黑暗。20世纪到来时，南部各个土著人部落完全被征服，根据条约被安排到了形同监牢的保留地内，直接受联邦内地部印第安事务局监护。印第安事务局的主要目标是在准备好时将土著部落完全同化于白人社会，使用的手段有教育、农业或其他定居雇佣计划。1921年，印第安事务总监给代理人发布指令：“你们尽最大的努力说服印第安人，不要再过分沉溺于舞蹈，凡是导致浪费时间、干扰印第安人职业、扰乱他们正常工作、损害他们的健康,或鼓励懈怠及懒散的一切舞蹈,都应该予以禁止。”土著人男人被迫放弃捕猎而从事农业,后果不是道德堕落,就是被加速同化。不少人离开保留地,流入城市,命运也一样,很少逃脱酒精或卖淫的命运。

教育或宗教同化手段交给各地教会的传教士。从新法兰西时期起,传教士就是扮演同化土著人的急先锋,用基督教义改变土著人传统宗教信仰和习俗。于是,一些草原部落流行的太阳舞之类的传统仪典,太平洋西北海岸一带的有声有色的Potlatch,即欢快的冬季赠礼节,皆被列入禁止之列。从家庭带走儿童,送到教会学校,置于完全不熟悉的环境下,实际上是对土著儿童的精神摧残。

由于印第安事务局的预算总是不足,还常被砍掉,《印第安人条约》对土著人承诺的那些微薄服务项目缩减到最低限度,致使大部分保留地异常贫穷。疾病尤其是肺结核等传染病,更是土著人的致命杀手,吞噬了成千上万土著人的生命。禁止土著人购买酒精饮料,结果劣质酒流行,对他们造成了更大的

土著人的冬季赠礼节情景

身体或精神伤害。据20世纪初的一份传教士报告:“保留地的新式生活,就是居住污秽肮脏,房屋通风很差,疾病滋生。政府供养使他们生活懒散,无所事事,冬天也衣衫破烂,食物烧煮很差。土著人的种族意识正在消逝。”在这份报告的30年后,加拿大文明博物馆首席人类学家戴蒙德·詹内斯(Diamond Jenness, 1886—1969年)在其经典著作《加拿大的印第安人》一书中预言,土著人不久将会消失,一些民族只需再忍受几年苦难,其他的,如爱斯基摩人或许还会持续一些时日。

戴蒙德·詹内斯之所以对因纽特人的未来保持适度乐观,是因为基于他与维尔希奥米·斯特凡松1914年在北极的考察。他们是科罗内申湾居民最早见到的第一批白人,这说明因纽特人的传统生活到第一次世界大战前夕尚未被欧洲人打扰,与其他所有的土著人部落相比,他们确实万幸。戴蒙德·詹内斯1928年出版的《日暮黄昏的人民》(*The People of the Twilight*),对因纽特人的命运明显充满了疑虑:“我们是一个灿烂黎明的预言家,抑或只是个不幸的报信人?”也有迹象表明,20世纪20年代的社会进步也促进一些土著人中的先知先觉者或领袖清醒过来,意识到土著人所面临的威胁。在第一次世界大战中曾服役加拿大远征军(Canadian Expeditionary Force)的洛夫特上校,是安大略莫霍克族的酋长,战争结束时到过伦敦,向英国王室抱怨他们的苦难,要求英国政府注意土著人的命运,但是不为英国人所同情。返回家乡,他就开始组织“加拿大印第安人联盟”。萨斯喀彻温省克里族久经磨难的安利甘派的

加拿大远征军

教士爱德华·埃亨纳纽和萨斯喀彻温省的乔·泰勒酋长等人，也是这样的先知先觉者，为了解脱族人苦难，坚持奋斗。太平洋西北海岸各个部族，由于原来就比其他族群先进，最先组织起来开展自我保护。他们没有签订保留地条约，并一再抗议不列颠哥伦比亚省政府侵害他们的土地利益。在西海岸，往往由皈依基督教的土著人和具有同情心的个别传教士领导斗争，如海达族的美以美派皮特·凯利牧师、不列颠哥伦比亚省土著人兄弟会的领袖、修道院中长大的斯夸麦人安德鲁·保罗等都是这样的人，他们决心保护土著人的土地和捕猎权，反对白人定居者、采矿者或伐木者的侵害。这些斗争是土著人生活复兴的开端，或许是饱受折磨而充满仇恨的土著人在黑夜里的一抹亮光。1952年，在电台广播剧《温哥华永远的诅咒》(*The Damnation of Vancouver*)中，厄尔·伯尼(Earle Alfred Birney，1904—1995年)借克里族酋长之口，指出工业化只会加快土著人灭亡：

当陌生人来我们村建房时，
我有两个儿子。
一个浑身乌黑，染上天花死去，
商人给我另一个儿子一支燧发枪，
他付出与这支枪一样高的一叠海狸皮，
现在他能射到我用箭射不到的鹿。
一天他走进威士忌新酒屋，
是你们的父辈为我们建造的那种。
我儿子疯狂饮酒，拿起了那支枪，
射死自己的堂兄、我弟弟的长子……
陌生人用绳子勒死我儿子。
从那天起，
我的族人就再也没有增加过！

因纽特人毁灭性的灾难始于19世纪初期，尽管比别的族群要晚，是天花夺走了无数人的生命。欧洲人带来了斧子、小刀和枪支，取代了他们许多技术发明，如带索眼的鱼叉头、兽皮舟乃至圆顶冰屋，等等。虽然因纽特人文化的消失势头早就开始，但是从荒凉的巴芬岛的圆顶冰屋到加拿大南部的农场和森林，到20世纪距离仍然十分遥远，他们所受到的影响远不如西部土著人那么严重。

因纽特人冰屋

## 十一、对外关系

自治领初期，以约翰·亚历山大·麦克唐纳为首的联邦之父，不仅采取政策维护自治领国家的统一，推进领土扩张，也在对外关系上为配合这一目标而不懈努力。

**早期对外关系** 在自治领国家早期，对外关系十分简单，只有同英美两国有关系，被称为“大西洋三角”。在这一关系结构中，加拿大当然是最弱的。19世纪70年代的著名讽刺画刊《格里普》有一幅漫画，将加拿大画成一个小男孩，站在约翰牛与乔纳森大叔之间。每当英美两国发生矛盾，加拿大常常受到侵害。这与在英国殖民地时期没有多大不同。另外，加拿大自治领只在内政方面自立自理，而对外关系还是由英国掌管。这一时期，无论是英帝国还是自治领，主要应对的是美国对自治领安全的威胁，没有英国的军事和外交保护，加拿大或许早已被美国合并了。自治领政府明白这一形势，并由此形成平衡对英和对美关系所谓“大西洋三角”外交。

在处理与加拿大或英国外交问题上，美国总是咄咄逼人，不管加拿大人个人对维持与英国的联系抱何种观点，自治领仍然需要英国。因此，在建国后，约翰·亚历山大·麦克唐纳总理依然竭力维持对英友好关系，以便在北美大陆面对强邻能够自保安全，同时又设法将加拿大与英国关系改造为伙伴而非依附性关系。首先，在伦敦派驻一位部长代表加拿大，1789年改称驻英高级专员。前两任专员先后由亚历山大·高尔特和查尔斯·塔珀这两位联邦之父出任，足见十分重视对英关系。从建国时起，自治领就承担了一个独立国家的基本防卫责任，因为英国自1871年便撤走了北美大陆的地面部队，只留下一支舰队驻在哈利法克斯。这是皇家海军在西北大西洋的主要基地。自治领继承领土主权和防卫责任，也就是承担起处理对美关系的部分事务，但是要受英国监督和援助。

涉及同宗主国的关系，约翰·亚历山大·麦克唐纳对超出国家独立之外的问题从不愿过问。自19世纪70年代起，由于德国崛起，欧洲国际关系日趋紧张，英德矛盾加剧；因非洲殖民地问题，英法也关系恶劣。因此，英国政府倡导帝国联邦的主张，密切自治领与英国的关系，希望自治领在这方面能够承担一定的责任。对此，加拿大国内不乏响应之声。而约翰·亚历山大·麦克唐纳的政策是，作为自治领，加拿大留在帝国之内，但是要保持完整的自治而规避与帝国的密切关系。1884年，英国要求加拿大参与解救被围困在喀土穆的英帝国军队，约翰·亚历山大·麦克唐纳断然拒绝。1887年，英国在伦敦召开第一次殖民地会议，他又巧妙拒绝了密切帝国联系的任何建议。

建国之初，加美两国关系自然最坏，原因是美国的种种不友好举动。在自治领1867年宣布成立一个月之后，美众议院便在8月21日通过一个提案，对成立“英国君主制”的自治领国家表示遗憾。有的议员说，这是“对美国不友好”，并且诅咒自治领解体。还有议员去爱德华王子岛，策动它脱离自治领联邦。此后，美国就不断有人宣扬说：“要使美国国旗飘扬在从格兰德河到北极的整个北美。”1871年英国陆军从自治领撤退时，美国又在谈论英国割让加拿大以赔偿美国内战中损失的“亚拉巴马号”；英国要完全撤退以便加拿大自由加入美国。也就是说，即使在加拿大完成跨大陆领土扩张后，美国仍惦记着兼并加拿大。甚至晚至19世纪末20世纪初，此类声音仍不绝于耳。在1893—1898年美国人策划并最终兼并夏威夷的过程中，以及1910年前后美国国内仍有人不时提起诗人沃尔特·惠特曼的那个狂想曲，即“美国国旗要飘扬在从格兰德河到北极的整个北美”。

另外，魁北克省与英裔加拿大人的矛盾也对对外关系产生了负面影响，形势多少有点像美国独立战争时期的东部沿海几块殖民地，美国趁机挑拨，希图借机加以兼并，加拿大内部也有声音附和。更严重的是，19世纪七八十年代在

华盛顿会议英帝国代表团的成员，左三为麦克唐纳

魁北克和安大略两省的自由党中就有赞成这一主张的小集团。

所以，在建国之后的一段时期内，防御美国侵略一直是联邦之父的既定国策。尤其让加拿大领导人忧虑的是，英国虽然坚持反对和警惕美国觊觎加拿大，可是为了英帝国的利益，英国政府也常常拿加拿大的利益同美国做交易。在1871年英美举行华盛顿会议期间，英国除了为"亚拉巴马号"赔偿1 550万美元外，还要加拿大同意向美国开放圣劳伦斯河与大西洋渔业10年，这明显严重损害加拿大的利益。约翰·亚历山大·麦克唐纳这次作为英帝国代表团的成员出席了华盛顿会议，是英国政府第一次允许殖民地参加这样的会议，但是他没有实现维护加拿大利益的目的，其中包括赔偿美国内战中芬尼亚党袭击给自治领造成的损失，这个要求甚至未提交会议讨论，英国只应允给加拿大铁路建设提供财政补助作为对这一损失的补偿。对美国在加拿大水域捕鱼和航道使用权，同意付550万美元的使用费，同时对加拿大开放北纬39度以北的美国渔场以及密执安湖与阿拉斯加边境3条河流作为补偿等。约翰·亚历山大·麦克唐纳对1871年《华盛顿条约》(*Treaty of Washington*)非常不满，回到渥太华后曾进行尖锐地抨击。华盛顿会议对自治领的重要性在于，联邦之父从中取得教训，认识到自治领要真正独立还得争取外交独立。

**育空—阿拉斯加边界争端**　在加拿大同美国的早期关系中，也有对加拿大有利的一面，即美国逐渐认可加拿大自治领领有这块大陆北端领土的主权。1871年《华盛顿条约》及其后的勘界专约主要解决部分边界问题，确立建立和平边界。到19世纪90年代，加拿大与美国的双边关系逐步稳定下来，只剩下育空—阿拉斯加边界争端尚未解决。

育空—阿拉斯加边界北部2/3以上沿141度经线划线，不存在争端。问题出在5 500米的加拿大第二高峰圣埃里亚斯山之后的所谓勺柄地带（panhandle）向东和向南的那一段边界线。承接西北地区以后，自治领政府宣布对西北地区160公里长的利恩渠源拥有所有权，但是美国像1867年以前的俄国一样，继续占据着这一地带。在约翰·亚历山大·麦克唐纳1891年去世的转年，继任总理约翰·斯帕洛·戴维·汤普森向美国人提出联合勘察这条边界。美国国务卿布莱恩同意，并在1895年提出勘界报告，但是并未着手实地勘界。因此，"勺柄"问题随时可能爆发而使美加两国关系恶化。这里的问题也与东部沿海这类问题相似，加拿大国内也有人呼应美国兼并论者。1893年，魁北克立省法议会的自由党领袖奥诺雷·梅西埃居然相信，"魁北克成为美国的一个州比做加拿大的一个省更好"。当然，大多数人反对，魁北克省最高法院法官路易·热特坚信法裔加拿大人做加拿大人更安全，"要做法裔人，只能够依然当大英帝国的臣民"。针对自由党内在1892—1894年鼓吹分裂的言论，约翰·斯帕洛·戴维·汤普森总理明确指出，无人否认加拿大最终将成为一个独立国家，但是能够这样做以前，我们还须更强大一些。"由于美国即使在和平时期都具有侵略性，而追求每个利益的过程中更是具侵略性"，1893年谈论自治领从大不列颠独立，"即使不算叛逆，也十分荒谬"。

1896年夏天育空淘金热表明解决"勺柄"问题的迫切性。这年这里的克朗戴克河富源溪发现了黄金，美国淘金者1898年通过利恩渠美国事实控制的港口迪埃亚、斯卡圭和加拿大奇尔库特山口（Chilkoot Pass）或怀特山口，蜂拥而至，加拿大人十分恐慌，感到兼并就在眼前。自治领政府立即派遣西北骑警从山口顶部控制住进入育空地区的入口，维持秩序。实际上，这是警惕美国人的动静。

这种警惕不无原因。在1895—1896年委内瑞拉—英属圭亚那边界争端期间，英国为了缓和与美国的关系对美国作出让步。加拿大人很快就联想到育空—阿拉斯加边界，英国人会不会为了缓和与美国关系而故伎重演呢？1871年华盛顿会议期间英国就是这样做的。对于自治领来说，不幸的是，这最终却

1898年9月，淘金者翻越奇尔库特山口

成为事实。在1903年组成的育空—阿拉斯加边界争端仲裁委员会中，有3名美国人、2名加拿大人和1名英国人，而那名英国人却支持有利于美国的裁决。

**北极主权争端的肇始** 显然是为了应付育空淘金潮和加美关系，1895年英国政府再度就北极主权发布一个新法规，以确认1880年9月1日英国政府最早提出北极主权要求的那个法令，并且在7月将北极的部分岛屿包括"所有与这些岛屿相毗连的岛屿"（无论发现与否）的归属权转让给加拿大。这就引发了濒临北极国家以后的北极主权之争，至今不仅仍未有定论，甚至争端更趋激烈。

英国政府发布这个法令的当时，就有人认为它站不住脚，因为英国无权将尚未发现或他国科学家发现的岛屿转让给加拿大。尽管加拿大当时尚未获得外交独立，但是依然宣布"成为英国北极遗产的继承人，就像它继承英属北美自治领的其他领土一样。"并且从19世纪80年代起，便派船到达北极东端，以支持其主权要求。从1897年起，开始对北极地区进行巡逻。1904年，加拿大人A.P.洛驾船到达埃尔斯米尔岛的赫舍尔角，宣布这一块领土归加拿大。

1909年，J.E.贝尼耶航行到达梅尔维尔岛，竖立一块石碑，表明加拿大本土到北极群岛的领土主权归属加拿大。1913—1918年，加拿大完成了北极西部最后一些岛屿的归属工作。但是，加拿大政府并没有采取实际行动对这些领土实行有效的占领或行政管理。因此，在第一次世界大战中，美国和丹麦不但不承认而且挑战加拿大对包括埃尔斯米尔等岛屿在内高纬度北极地区的主权要求。此后，加拿大政府才开始采取实际管理的一些有效措施：在埃尔斯米尔岛南端的克雷克港及巴芬岛的庞德因莱特建立哨所；1923—1924年，加拿大皇家骑警分别在埃尔斯米尔岛的庞纳德及德文岛的邓达斯港设立支队，并且在无人居住的岛上设立邮局，更有效地展示主权象征；在巴芬岛上，警察每年都去居住营地慰问因纽特人，进行人口普查，解释法律条文或执行加拿大刑法。这实际上是强化对北极地区主权的要求。

美国和丹麦之所以不承认加拿大对北极主权的宣示，是因为早期在北极探险的主要是美国人、挪威人或英国人。美国在1867年加拿大建国的同一年因从俄国购买阿拉斯加而成为濒临北极的国家，尽管如此，但是晚至第一次世界大战时，美国没有对北极提出主权要求。最早挑战英国或加拿大的北极主权（Canadian Arctic Sovereignty）要求的是挪威。1898—1902年，挪威探险家奥托·斯维德拉普先后发现克赛尔·海伯格岛、埃勒夫·灵内斯岛和阿蒙德·灵内斯岛，因而宣称周围这片约27.5万平方公里的土地及其领水归挪威所有。另外，虽然加拿大1880年宣布继承从英国接手的北极主权，也采取上述行使主权的行动和措施，但是北极群岛大部分地区仍无人居住，没有进行真正的领土保护。国际上对陆地的主权归属达成了共识，但是对这一地区的海峡尤其是西北航道，一直存在异议，不是所有国家都认为它们属于加拿大。不过，这一时期这一争端尚未激化。然而，到20世纪60年代，美国在阿拉斯加找到了石油，要将石油通过这些海峡运到美国本土的东海岸，就坚持这些海峡属于公海，带头藐视和挑战加拿大的北极主权要求。

**“帝国统一外交”** 育空—阿拉斯加边界问题解决后，1911年互惠贸易成为美加之间又一问题。美方建议自然产品实行自由贸易，广泛降低制造品的关税。劳雷尔政府同意，认为美国不仅让步不小，谈判也可以暂时转移国内对政治问题的关注。此时，早已不满的西部农场主抨击关税政策，指责渥太华牺牲他们而保护东部厂主。在劳雷尔看来，互惠贸易不会大幅度减少制造业费用，又可以让西部较多的农产品进入美国市场，不仅可以安抚西部农场主，同时也能够转移日趋激烈的海军争论。然而，保守党将互惠贸易协定作为自由党政府对帝国不忠的证据，大肆攻击说，一旦这个协定生效，将改变东西向的贸易格局，下一步将是制造品的自由贸易。这意味着美国廉价商品将充斥加拿大市场，损伤加拿大工业，使失业上升，甚或会被美国兼并。美国政客也公开谈论说，自由贸易便于兼并。在1911年大选中，这对自由党十分不利。在自由党的堡垒魁北克省，正因为海军政策与威尔弗里德·劳雷尔分歧严重，就连威尔弗里德·劳雷尔内阁的同僚克里弗德·西夫顿也攻击加美自由贸易，并离开自由党，另外组建新保守党，结果执政15年的威尔弗里德·劳雷尔政府最终下台。

而在对英关系方面，在约翰·亚历山大·麦克唐纳去世后，约翰·斯帕洛·戴维·汤普森和查尔斯·塔珀两任保守党政府一直走的是他原来的路线，尽管巧妙地应付美国，也提防英国通过牺牲加拿大的利益以换取修复英美关系。育空—阿拉斯加边界失败的教训，促使年轻的自治领国家走上寻求国家主权完全独立的道路，因此，加拿大开始回避英国“帝国统一外交”之类的义务。自由党政府执政后没有维持这一立场，也不可能继续这条政策，因为国内英裔和法裔加拿大人的立场易受欧洲大国矛盾的影响。

1899年10月南非战争（又称第二次布尔战争，Second Boer War）爆发，英裔与法裔之间就是否参战的问题争论激烈。亨利·布拉萨不主张加拿大参加北美以外的帝国战争，领导魁北克省人民抵制参加南非战争。英裔加拿大人自然支持参加南非战争，甚至说积极参与帝国事务可以提高自治领国家的地位。具有代表性的是未来的联邦总理、年轻的威廉·莱昂·麦肯齐·金。那时，他撰文写道：“毫无疑问，帝国主义时代已经到来，我们将（或许在25年后）在威斯敏斯特看到一个什么样的帝国议会，那是一个亘古所知的最伟大的联邦。”在多伦多《环球报》、蒙特利尔《每日星报》鼓动下，许多英裔加拿大人已经动身去南非参加战斗。

南非战争也严重分裂了劳雷尔内阁。威尔弗里德·劳雷尔个人自然持法裔加拿大人的观点，但是坚持避免会导致法裔与英裔加拿大人之间观点的直接冲突。他的策略是，对任何牵扯到帝国共同防御或统一帝国决策的计划，皆以含糊言辞避免承担义务。亨利·布拉萨曾轻蔑地称他为“两面派威尔弗”，而英裔加拿大人则叫他“将不先生”。1909年英德关系紧张加剧以后，英国要求各个自治领承担帝国防务更重要的责任。英裔加拿大人支持共同的帝国军事体制，响应对帝国军事直接作出贡献，并争取对帝国决策的发言权。法裔加拿大人则说，增强国内防卫力量就是对帝国安全的贡献。威尔弗里德·劳雷尔采取折中立场，提出一个海军法案，建立小型海军，危机时期成为帝国海军的组成部分。亨利·布拉萨1910年创办《责任报》(*Le Devoir*),攻击威尔弗里德·劳雷尔的这个海军计划。英裔加拿大人主张为英国建造“无畏舰”直接提供财政援助,因而将他的海军法案讽刺为“锡壶”海军计划。保守党领袖罗伯特·莱尔德·博登的主张是将英裔加拿大人的这些紧急措施作为永久政策,以争取参与帝国政策的制定。政府内外两方争吵得热热闹闹。

海军问题尚未解决,又出现征兵问题,而且争论更加激烈。就这一问题,威尔弗里德·劳雷尔最终妥协,派出海外军团援助英国,不过不是正规军团,而是由志愿者组成,加拿大政府帮助运送,由英国装备,接受英军指挥。同对待海军法案一样,亨利·布拉萨领导的魁北克省自治论者,甚至更加严厉地攻击威尔弗里德·劳雷尔政府的决策。他们指责说,海军和征兵问题表明政府是亲帝国利益的,是对加拿大人民的背叛。“魁北克省人民要向威尔弗里德·劳雷尔先生表明:当他好好维护这个国家的利益时,他们爱戴他,今天他却支吾其词,愚弄我们”。总之,威尔弗里德·劳雷尔难以维持“骑墙政策”来维护国家团结,同自由贸易问题一样,这两个问题也是导致他1911年大选失败的原因。

博登—布拉萨联盟在1911年大选中赢得40%的议席上台。博登政府除进行文官制度改革,减弱政党分赃制,继续完善移民政策,还设立谷物调查委员会监督谷物交易,新建大湖顶端终端谷仓,增加谷物储藏能力;延长乡村邮政系统;“提供额外财政援助修筑铁路”,资助高速公路建设;帮助西部农场主平复自由贸易失败的伤痛。不过,这届保守党政府似乎是专门为了解决帝国关系和海军问题,上台的转年就通过了《1913年海军资助法》,向英国提供3 500万加元,援建3艘无畏舰。这个资助法案虽然在下院通过,由于魁北克人坚决反对,仍被参议院否决。但是,1914年第一次世界大战爆发,作为英帝国的组成部分,加拿大自动卷入战争,争论问题也就不了了之。

**从世界大战中走向外交独立** 德国发动第一次世界大战时,首先拿法国开刀。出于对祖居国的那份感情,法裔加拿大人也觉得应该参战。威尔弗里德·劳雷尔这时就可以说,加拿大应“准备,时刻准备好”。即便亨利·布拉萨也同意参战。准备大罢工反战的激进则陷入爱国主义狂热。1914年10月初,战争爆发仅两个月,负责征兵的军事部部长山姆·休斯(Sir Sam Hughes,1853—1921年)就动员了3万志愿兵,他们在英国受训后被派往战场,不久到前线组成两个师的加拿大军团。

加拿大军团在1916年先后参加了圣埃奥瓦和卡瑟莱特战役,这些战役导致1916年加拿大继续增兵达到50万人。由于国内失业严重,大批适龄的英国移民纷纷应征入伍。1917年4月9日，加拿大军团4个师猛攻法国的瓦尔密高地，伤7 004人，死亡3 598人。加拿大军队也参加了索姆河大血战，仅帕斯珊得尔一地，阵亡几乎达到1.55万人。加拿大军团由阿瑟·柯里准指挥，参加英军的作战。整个战争期间，加拿大军团阵亡60 661人。

在整个战争年代，罗伯特·莱尔德·博登坚持向英国施加压力，要求承认加拿大和其他自治领国家所发挥的作用，允许参与战时决策。起初英国不接受，到1916年劳合·乔治出任英国首相后，英国政府终于改变立场。1917年在伦敦首开有自治领总理参加的帝国战时内阁。同年，帝国会议（Imperial Conference）由罗伯特·莱尔德·博登和南非的简·克里斯蒂安·史末茨起草战后帝国议案，提出制定帝国政策要“持续协商”，虽然措辞含糊，却是迈出自治领参与帝国决策的第一步。1919年迈出的另一步是罗伯特·莱尔德·博登加入英国代表团，首次代表加拿大自治领在结束第一次世界大战的《凡尔赛和约》上签字，加拿大1920年成为新成立的国际联盟（League of Nations）会员国，被赋予全权成员国资格。这是加拿大作为国际社会一员地位的象征。

在第一次世界大战后尤其是在20世纪二三十年代，加拿大在国际舞台上并不积极，原因是大多数加拿大人主张随同美国，采取“孤立主义”立场。1919年和1922年先后代表罗伯特·莱尔德·博登政府和威廉·莱昂·麦肯齐·金政府出席国联会议的参议员拉乌·丹杜朗德（Raoul Dandurand，1861—1942年）就具有代表性。他的发言非常形象地刻画了加拿大的这一立场：加拿大犹如住在“一所远离可燃物的防火房内”，用不着对集体安全承担义务。1930年上台的理查德·贝德福德·贝内特保守党政府虽然言辞亲帝国，实际上仍然遵循20世纪20年代的外交路线。在1931年《威斯敏斯特法案》颁布后，加拿大就更不愿意承担国际义务了。不管哪个党上台，主管外交的奥斯卡·道格拉斯·斯凯尔顿（Oscar Douglas Skelton，1878—1941年）都稳控外交决策权，保持这一路线的一贯性。无论对1931年日本侵占中国东三省，还是对1933年希特勒攫取权力，他几乎不闻不问。驻日内瓦的代表支持石油禁运，以制裁墨索里尼侵略埃塞俄比亚，政府却拒绝。到20世纪30年代后期，威廉·莱昂·麦肯齐·金再度上台后，“孤立主义”已经恶性发展到支持“绥靖政策”而与张伯伦同流合污的地步。1938年，为了绥靖希特勒，牺牲捷克斯洛伐克，之前对1936年西班牙内战也视而不见。威廉·莱昂·麦肯齐·金同意绥靖政策所据的理由有两个：第一次世界大战后惩罚德国太重，需作一些调整；稳定的德国将成为对抗斯大林的苏联的一支必要力量，纳粹

诺曼·白求恩

总比共产主义好。他甚至还访问德国,同希特勒会谈,但是后者并不买他的账。虽然政府中立,但是有1 300名加拿大志愿者去西班牙为民主而战,包括诺曼·白求恩(Norman Bethune, 1890—1939年)。白求恩后来又到中国参加八路军,为支持中国人民抗日献出了生命,被毛泽东称赞为伟大的国际主义战士。

加拿大这一时期追求"孤立主义",可能与其争取摆脱英国而实现完整独立的长期目标相关。在整个20世纪20年代担任总理期间以及1935—1948年再度出任总理期间,威廉·莱昂·麦肯齐·金一直主张打破帝国统一,追求自治领的外交独立。在1922年华盛顿海军裁军会议上,威廉·莱昂·麦肯齐·金要求英国结束英日同盟(美国也要求不要这个同盟)。加拿大设立华盛顿使馆的计划也已准备就绪,1927年派出首任驻美公使。这是加拿大第一位驻外大使(1928年又派出驻法国和驻日本的公使)。1922年发生英国支持希腊人占领土耳其的"恰纳克事件"。威廉·莱昂·麦肯齐·金因为英国首相公开寻求自治领帮助而大怒,他答复英国人说,议会正在休会,没有议会同意,不能作出任何承诺。1923年,他进一步阐明立场,除非得到各自治领议会同意,帝国会议所作出的任何决定都不具有约束力。同年,他又打破惯例,单独与美国签订《比目鱼协定》,并在是年的帝国会议上带头坚决反对"帝国统一外交",提出各个自治领要按自己的意志决定外交政策。英国外交大臣骂威廉·莱昂·麦肯齐·金"顽固、可恶与愚蠢",但是其他自治领也支持威廉·莱昂·麦肯齐·金。至此,英国与自治领国家的关系实际上只剩下澄清法律细节了。结果,1926年帝国会议讨论后颁布《贝尔福宣言》(*Balfour Declaration of 1926*),确定英国与自治领是平等的伙伴关系,英帝国变为英联邦,到1931年得到《威斯敏斯特法案》最终给予宪法确定。至此,加拿大实际上完全脱离英国,实现了真正的独立,向完整主权国家迈出了关键的第二步,只剩下修改《英属北美法案》程序仍由英国拟订。在1949年之前,最高法院的判决仍要上诉英国内阁司法委员会,然而,这不过是英国议会主权的表面象征而已。

1926年帝国会议成员，坐者从左至右分别是英国首相斯坦利·鲍德温、英国国王乔治五世和加拿大总理威廉·莱昂·麦肯齐·金

接下来，威廉·莱昂·麦肯齐·金追求的是在英联邦内的独立路线。他采纳亨利·布拉萨在20多年前提出的纲领，虽一再表示依靠英联邦，但实际上是努力使加拿大独立承担国际义务。1939年第二次世界大战爆发，便给了加拿大这样的机会。

**外交实践** 1939年9月3日英国对德国宣战，一周后加拿大也宣战，比美国加入战争还早。与第一次世界大战时不同，这次加拿大是以独立国家宣战，完全丢掉了孤立主义。这时加拿大承认集体安全是制止侵略的唯一道路。

在第二次世界大战以前，加拿大国内也遇到类似1917年曾分裂国家的征兵问题。威廉·莱昂·麦肯齐·金从来不怀疑加拿大将参战，但是不愿过早地作出承诺，主要是为了能够使国家团结一致投入战争。为此，他始终迎合法裔加拿大人的愿望，遵守自愿入伍原则，不强行征兵。1940年年初，安大略省曾暗示号召征兵，威廉·莱昂·麦肯齐·金就解散议会，进行战时大选，重申不征兵，结果政府地位空前强固。直至法裔加拿大人认可征兵时，他才进行

征兵广告

征兵工作。1942年年初，在野党领袖阿瑟·米恩(Arthur Meighen，1874—1960年)再提征兵要求，并得到英裔加拿大人支持。威廉·莱昂·麦肯齐·金内阁的对策是举行全民投票，以使政府从不征兵的承诺中解脱出来。1944年秋天，军方提出征兵。威廉·莱昂·麦肯齐·金这时才说："如果必需，就实行征兵制。"但实际上，征的仍是志愿兵。直到相信法裔加拿大人也支持时，威廉·莱昂·麦肯齐·金政府才决定派遣应征在国内服役的约2 500名士兵到前线，但是此时已经用不上了。威廉·莱昂·麦肯齐·金政府此举主要是为了保证国内政治稳定。这不仅体现了他的折衷主义哲学，而且是为了排除少数英裔加拿大人极端的帝国主义，以抚平第一次世界大战期间征兵和海军问题给魁北克人造成的伤痛，维护联邦的稳定。经常批评他的历史学家弗兰克·昂得希尔却就此称赞威廉·莱昂·麦肯齐·金："麦肯齐·金是25年来没有让我们产生较大分歧的一位领导人。"

到1941年，加拿大已有25万人(包括2 500名妇女)在欧洲战场前线，初期用于英国的防卫。1941年12月7日，日本发动太平洋战争，翌日加美两国同时对日宣战，12月中旬加拿大派遣一营2 000人前往香港执行守卫任务，牺牲500多人，其余全被日军俘获。1942年8月盟军试探在欧洲反攻，加拿大派第二步兵师袭击德佩，参加西西里登陆。1944年夏罗马陷落，加拿大克勒拉将军最后率第一军参加在法国反攻时发挥了重要作用。整个战争期间，加拿大有109多万人服役(陆军近75万人，空军24.7万人，海军约10.65万人)，死亡4.042 2万人，相当于第一世界大战时牺牲的2/3。

加拿大在第二次世界大战中的外交努力，主要是在1941年"珍珠港事件"以前争取美国支持盟国，但是起初加拿大非但没有接受美国租借法案的援助，还制定了加拿大自己的《共同援助法》。在战争期间，加拿大的对外援助超过40亿加元，主要是通过发行"胜利公债"，援助英国(30.43亿加元)。罗斯福政府一直认为盟国的事业就是美国的事业，也要求加拿大合作，承担北美防务。结果，美加在1940年8月签订《奥格登斯堡协定》(*Ogdensburg*

*Agreement*)，建立永久联合防卫理事会(Permanent Joint Board on Defense)，制定北美共同防卫计划。在北美大陆北部，建立了一系列的军事基地和无线电通信站。此后，又修建阿拉斯加战略公路2 450多公里，从不列颠哥伦比亚省的道森克里克(City of Dawson Creek)直达阿拉斯加的费尔班克斯(Fairbanks)。1941年年初，发布《海德公园宣言》，宣布加美两国战时经济合作的范围，利用两国的资源和工业力量帮助盟国。这不仅确立了加美"特殊关系"，也开启了两国经济"一体化"的先例。随后，加拿大也享受《租借法案》资助供给英国的战争物资。

第二次世界大战结束后，威廉·莱昂·麦肯齐·金率领加拿大政府代表团出席1945年春天在旧金山举行的联合国成立大会，并发挥了重要作用。后来，加拿大一直是联合国的坚定支持者，不仅在集体安全方面，而且在联合国的专业机构中对人道主义、经济和社会活动都发挥了具体作用，有时甚至是主导作用。总之，在第二次世界大战期间及战后初期，加拿大经历了早期独立外交实践的历练，为20世纪50年代之后独立承担国际义务以及维和事业作了较为充分的准备。

## 十二、文学、艺术与科技进步

加拿大作家多萝西·利夫赛(Dorothy Livesay, 1909—1996年)说得好：文学艺术"并非与政治毫不相干，而恰恰是政治主张的手段。艺术家是社会生活的积极参与者，而不是单纯的旁观者，或事件中坐享其成的乐天派"。文学艺术是社会政治的晴雨表，反映社会的变迁，为国家政治张目。在加拿大工业化时代，这表现得尤其突出。加拿大的工业化几乎与自治领诞生同时起步，其文学艺术也随之更多地反映工业社会生活的变迁。

**文学**　19世纪七八十年代，加拿大工业化全面启动，成为从农业社会向工业社会转换的过渡阶段。文学风格便反映了这种前后的转换。小说、诗歌和散文还带有殖民地时期的风格，往往排斥都市化社会而赞美农业社会，或将往昔加以罗曼蒂克的描述，诗歌尤其是这样。无论是法语诗歌还是英语诗歌，在工业化前期，几乎尚未摆脱19世纪欧洲的浪漫主义。威廉·柯比1859年的史诗《联合帝国：上加拿大的故事》，就将上加拿大描写成伊甸园。1886年问世的查理·梅尔的长诗《特库姆舍》，则抨击美国工业社会的种种非人道，歌颂诗的主人公肖尼部落英雄特库姆舍。在1812年战争中，特库姆舍领导肖尼部落在大湖上反抗美国扩张的斗争。其后，先后又产生了邓肯·斯科特关注土著人苦难的诗歌、布利斯·卡曼（Bliss Carman，1861—1929年）、罗伯茨爵士带伤感情绪的浪漫乐观主义流行诗，以及半莫霍克血统的保琳·约翰逊的田园诗歌。

布利斯·卡曼

在法语文学方面，让·沙博诺、阿尔贝·洛佐继承了浪漫主义诗歌的传统。1880年，卡利格扎·拉瓦莱（Calixa Lavallée，1842—1891年）谱写《啊，加拿大》（*O Canada*），将加拿大看作是法裔加拿大人先人的土地，咏叹他们光辉的历史和奉献，激励法裔加拿大人保卫家园和权利。还有路易-奥诺雷·弗雷歇特的诗歌《不列颠之旗》，甚至眷恋久已远去的新法兰西时代，浪漫中更是透着伤感：

看看那面旗帜，高高地飘扬，
我的父亲对我说。
它使你的国家繁荣，
它尊重你的自由。
可是，爸爸，我们还有另一面旗帜，
我们自己的国旗，我们未曾有过自己的国旗吗？
儿子，那是不一样的，
那一面国旗久已屈辱地翻倒在地！

卡利格扎·拉瓦莱

从19世纪90年代到19世纪末工业社会形成过程中，都市化成为社会生活的主导趋势，开创了一种更具北美风情的都市特色文化。由于安大略工业化步伐较快，英语文学首先开始了以这一社会背景创作的转换，文学创作凸显了现实主义，主题主要涉及厂矿工人的生活、西部移民的困境以及各类激进的政治斗争，甚至城市暴力等社会问题。从前以写大自然为主，现

萨拉·珍妮特·邓肯

今则主要描述都市生活；过去描写法裔农民的田园生活，或西部移民或农场的艰辛，现在转而描述农民变为农场主及其经营农场或破产的过程。在20世纪头10年的工业化和都市化中，社会问题已经明显暴露，最早作出反应的是萨拉·珍妮特·邓肯(Sara Jeannette Duncan, 1861—1922年)的现实主义小说《帝国主义分子》(1904年)。这部小说描述自治领在英帝国扮演的角色及其与工业化实利主义的冲突，比其他任何作品更好地抓住了20世纪初的精神风貌。罗伯特·斯特德同样是现实主义感强烈、以草原农场主为题材的作家，虽然他的《落户垦荒者》对草原乡镇的描写平平，但他10年后创作的《粮食》却是相同主题的成功之作。该书的主人公醉心于机械化，荒废了其他工作，折射的是西部农业革命中农场主的艰辛。

斯蒂芬·里柯克

反映工业化迅速推进过程中初步表现出来的社会问题的代表作是著名幽默作家斯蒂芬·里柯克(Stephen Leacock, 1869—1944年)的两部名著《小镇艳阳录》(1912年)和《蠢翁阿卡迪亚历险记》(*Arcadian Adventures with the Idle Rich*, 1914年)。斯蒂芬·里柯克在麦吉尔大学教了30年的政治经济学，却创作了60多部文学作品，成为世界知名的幽默文学大师。在他的这两部代表作中，斯蒂芬·里柯克以敏锐的目光发现问题，而以喜剧冲突方式演绎矛盾冲突。他在前一部作品中回顾了逝去的乡村和小镇的生活，在后一部作品中剖析了新兴工业城市各种争权夺利的斗争。例如，《蠢翁阿卡迪亚历险记》的《廉洁政府大战》一章，讽刺典型而绝妙，反映的是乡村转向都市时代国家精神的变迁，赞扬商人在市政革命中的改革精神。

即便在这一时期，仍有作家反感工业社会的变革，尤其是法裔作家。这反映了魁北克省工业化步伐比安大略省缓慢而形成的差别。1914年出版的著名赞美诗《玛丽·夏德兰》是法国出生的路易·艾蒙的名作，作者咏叹农业社会和天主教的美德。诗的主人公是一个从未接触过新事物的淳朴乡村姑娘，当她发现自己所倾情的青年离开乡村不再回到她身边时并未为爱情出走，而是嫁给另一个乡村青年，终老魁北克省乡间。这显然与工业社会的生活不合节拍。同样是法裔乡村诗人的阿奇博尔德·兰普曼（Archibald Lampman，1861—1899年）却能跟上工业化时代的步伐，他创作了《万事终结之城》，反映工人生活，厌恶并抨击19世纪80年代新兴城市的许多问题和丑陋。

阿奇博尔德·兰普曼

在20世纪20年代工业化即将实现的年代里，有两位最重要的作家，即莫利·卡拉汉（Morley Callaghan，1903—1990年）和弗里德里克·菲利普·格罗夫（Frederick Philip Grove，1879—1948年）。如果说前者是后期反映城市生活的现实主义作家，那么后者则是前期反映草原农业社会生活的小说家。莫利·卡拉汉以圆润风格处理都市社会生活与精神紧张的题材，弗里德里克·菲利普·格罗夫写于20世纪前十几年的小说则成为反映西部乃至整个加拿大乡村生活的一面镜子。莫利·卡拉汉主要以揭露假面具、骗局或虚伪为主题，短篇小说《有抱负的姑娘》（1929年）就是反映这个主题的代表作。主人公玛丽将练了一周的舞蹈表演给一向对她不错的威尔弗雷德看，他说她是个好姑娘，应得到一次见习机会，每周支付给她30加元。她的继母也很高兴，因为这是一个体面的剧团，女孩脸上也有光彩。可能是为了报答威尔弗雷德，她相约参加一个晚会，并玩脱衣扑克，直到次日4点，她渐渐喜欢上了他。批评者认为玛丽很会为自己盘算，但是莫利·卡拉汉认为玛丽之所以能生存下去，是因为她善于适应现代都市的生活环境，而将道德绝对化解决不了现实的生活问题。作品从反面衬托出工业社会的道德缺失。他的另一部力作《奇异的逃亡者》则直击20世纪20—30年代之交严重的社会问题，即酒的走私和禁止这个曾长期困扰加拿大的社会问题。

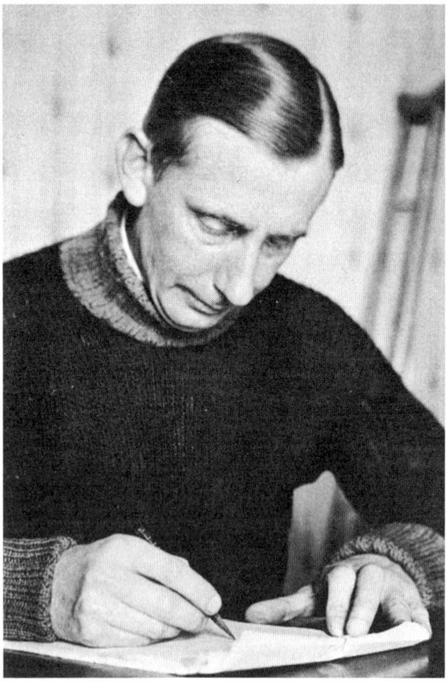
弗里德里克·菲利普·格罗夫

弗里德里克·菲利普·格罗夫原名费利克斯·保罗·格雷韦(Felix Paul Greve),是一名来自德国的债务逃亡犯。他1909年在德国佯装自杀,抛妻弃子,只身逃亡北美。他先是在美加西部的农场做零工,1912年自称格罗夫,以作家面目出现在马尼托巴,从事教书和文学创作,并再婚,娶了小学教师凯萨琳。他的第一部英文作品《草原旅行》(1922年)大概是自传体小说,记录每周往返于居住地格拉德斯通镇与35英里外凯萨琳所在的林地小学之间的路途见闻,反映的是北欧移民在加拿大西部的艰辛生活。而奠定格罗夫在加拿大文坛声誉的分别是《沼泽地的开拓者》、《美洲探索》和《厂主》等8部小说,1925—1947年陆续出版。《美洲探索》是20世纪20年代现实主义文学的代表作,作者显然以自身的美洲经历而用第一人称描述欧洲移民到新世界寻找美好生活的理想,以及他们在西部艰辛垦荒生活中理想的破灭。主人公菲尔·布兰登最先移居城市,但是很快认为城市代表美洲的虚假,而农村才代表真正的美洲,可是无论在哪里,都见不到理想中的“真正美洲”。作者要揭示的主题是加拿大西部农业社会在工业化时代的尴尬状态以及农场主的矛盾心态。

到20世纪三四十年代,阶级与阶级冲突彻底主导了都市化的物质生活和文化环境,现实主义的作品便直接揭示这样的社会环境。1944年,弗里德里克·菲利普·格罗夫在《厂主》中表现的就是这样冲突的故事,作者同情20世纪30年代为生活而挣扎的工人,小说很成功。不过,写这一题材最著名、影响最为持久的作家当属休·麦克兰南(Hugh MacLennan,1907—1990年)。他的第一部成功之作《气压计回升》(*Barometer Rising*,1941年),题材取自1917年哈利法克斯大爆炸。1917年12月6日早晨,比利时的救援船与法国军火船在哈利法克斯港口相撞爆炸,摧毁了2.25平方英里的工业区,1 600余人死于非命,9 000人受伤。爆炸具有象征意义,作者追忆这次大灾难,旨在批评工业社会暴露出的问题。小说的主人公是士兵尼尔与代表英帝国的曾当过英军上校的韦恩父亲经常发生冲突,直到这次大爆炸才最后解决。作者想要表达的思想是年轻一代最有办法处理新时期的事务，而其深刻的寓意是经历第一次世界大战及战后的历练，加拿大自治领国家已经走向成熟。

休·麦克兰南的第二部代表作《两种孤独》(*Two Solitudes*)，是他隐居魁北克以北的哈特利村时所著。小说围绕一个经久不衰的主题，重现了加拿大两大主流民族在工业化完成时期的冲突。书中一条线索叙述贵族庄园主兼政客的瑟纳斯·塔拉尔将土地卖给英国人，丧失了在村中的地位，于是同蒙特利尔的实业大亨合伙钻营，再婚娶爱尔兰裔天主教徒，结果被教会革除教籍。另一条线索则描述他的两个儿子的婚事，清教徒的长子马柳斯有政治野心，沦为教会和分裂运动的工具。次子保尔是作家，处事冷静，弘扬社会道德，娶一位同自己一样桀骜不驯的英裔富豪的女儿希瑟·麦修。小说只写到1939年，作者实际上是用传统的所谓圣劳伦斯命题映射工业社会中英裔与法裔加拿大人之间语言、宗教和习俗的冲突，并探讨解决的方法。

魁北克法语文学到20世纪30年代也从过去赞颂乡村美德转为现实主义创作，不过一开始从极端的法裔民族主义实现的这种转变，主要是受莱昂内尔·格鲁尔的《我们子孙的呼唤》(1922年)的影响。这部小说规划了法语文学改革的思路，实际上这是他按1917年刊登在《法裔人行动月刊》特刊上的《我们的政治》鼓吹分离主义的思想构思的一部政治小说。小说描写一位在下院捍卫法裔加拿大人利益的议员与其英裔加拿大妻子的矛盾，最后不欢而散。作者反对不同族裔之间通婚，明显将魁北克省独立的要求文学化，遭到了法裔作家卡米耶·罗瓦(Camille Roy, 1870—1983年)严厉的批判，格鲁尔又化名雅克·布拉西埃继续印行这部书。虽然起初他的影响未超出蒙特利尔一小部分教士和知识界，但是从20世纪20年代后期起影响了法语文学的方向。哈里·伯纳德的《活着的土地》(1925年)和《松林农场》皆受《我们子孙的呼唤》的影响，后一部小说的英裔主人公，眼看着魁北克省的法裔农民向东部"殖民"，对收回土地充满了恐惧。这是从英裔加拿大人立场出发所表达的同一主题。

随着时代的进步，在20世纪三四十年代，魁北克省思想界风向开始转变，也影响了文学创作。尽管仍有20世纪20年代那样的作品，但是提倡进步的倾向日渐明显。这些作品既有费利克斯-安托万·萨瓦尔的小说《流放木材的能手梅诺》，描述流放原木工人怀疑外地人抢占魁北克省土地而发疯，也有让-夏尔阿尔维的《半开化的人》，抨击魁北克省保守派领袖迪普莱西斯所代表的天主教、资本家和政客的"三权联盟"，为魁北克省的进步和改革呐喊，并且日渐成为主导。兰格(菲利普·庞尼顿的笔名，Ringuet [ Philippe-Panneton ]，1895—

1960年）的《三十亩地》（1938年）与加布里艾尔·罗瓦（Gabrielle Roy，1909—1983年）的巨著《廉价的幸福》（1945年）可以视为实现这种转变的代表作。《三十亩地》中的主人公欧卡里斯特·穆瓦桑，以魁北克省农村因循守旧的观点去衡量进步，眷恋着土地，但是一场官司差点让他家破人亡，只好放弃土地，听长子劝告，土地留给子女，投奔侨居美国的儿子。后来遇到经济危机，他无法返回，背井离乡，终了残生。这揭示了变革和进步使魁北克省农民自足自给的传统破灭的新主题。兰格一反前辈作家讴歌魁北克的传统，真诚地欢呼科技进步、工业化和城市化，同时也对农民在进步中的失落深表同情，然而无可奈何花落去。加布里艾尔·罗瓦的《廉价的幸福》（1945年）也是以法裔都市生活的人道规范为主题的作品。

此外，在20世纪30年代工业化实现之后，涌现出来的新诗人，也从原来爱国的浪漫主义转向现代主义。圣-德尼·加诺（Hector de Saint-Denys Garneau，1912—1943年）引导了诗歌的这一新方向。艾德温·约翰·普拉特（Edwin John Pratt，1882—1964年）、厄尔·伯尼以及多萝西·利夫赛代表了英裔加拿大人文艺思想的新趋势。斯科特的《劳伦琴地盾》（*Laurentian Shield*，1946年）的诗句成为现代主义的典型：

> 然而，一个较深刻的旋律奏响，
> 都听到了这生命的话语，
> 全身心创作出的文化，
> 将会到来，在今天或明天，
> 通过那千百万双把石头变成丰富成果的手。

**绘画艺术** 绘画似乎对现代艺术潮流尚未觉悟，霍蕾肖·沃克、霍默·沃森、莫里斯·卡伦（Maurice Galbraith Cullen，1866—1934年）和克拉伦斯·加洛农等乡村画派画家，倔强地孤立于新潮流之外，仍在静物生活画中寻找题材。奥扎厄斯·勒迪克（Ozias Leduc，1864 —1955年）的宗教装饰画所展示的天才未受到重视，而后印象主义者莫里斯自我流放到法国作画。1910年之后，才产生一些将主导画坛的新迹象。一些画家如汤姆·汤姆森、A.Y.杰克逊和劳伦·哈里斯等，从加拿大大自然中发现了新灵感，用色彩强烈对比的手法取代前辈画家的田园浪漫主义风格。他们声称以加拿大风光为基础的大胆粗放的艺术是新国家勇敢前进的反映，将视线远离都市工业化中心，转

莫里斯·卡伦:《磨坊溪流》

向乔治亚湾、阿尔贡金公园、阿尔格马海边、山区和林地,犹如富裕的都市人每个夏天都到北部住别墅、野营、登山和航海以摆脱都市紧张生活一样。新派艺术家将旷野视为新精神,反映对都市化社会的不适应,工业社会太多的物质主义让人烦心。

20世纪20年代工业社会的转变对加拿大文艺作品的思想转变和革新产生了决定性的影响。在这一历史背景下,加拿大产生了影响久远的七人画派(Group of Seven),他们主张加拿大是北美国家,艺术没有也无需受传承下来的欧洲传统的制约(不包括土著人艺术),而是应该反映加拿大丰富、广阔而美丽的自然风光和人文环境。实际上,这是追求表达不断成长的英裔和法裔加拿大人的主流民族情感。七人画派的一位画家指出,"加拿大要通过艺术寻求自身完整的种族情感的表达,就必须与欧洲传统彻底决裂","牢固树立对自己自然环境的热爱"。1924年,七人画派的作品在英国声望很高的威姆布雷画展上亮相,并主导了加拿大这次的展台。有评论指出"杰克逊、莫里斯他们展现

七人画派中的六人与其赞助人在多伦多艺术与文学俱乐部，从左至右是弗雷德里克·瓦利、亚历山大·扬·杰克逊、劳伦斯·斯图尔德·哈里斯、巴克尔·费尔利（批评家）、弗朗西斯·汉斯·约翰斯顿、阿瑟·利斯麦尔和詹姆斯·爱德华·赫维·麦克唐纳

七人画派画家阿瑟·利斯麦尔的画作：《满载归来士兵的奥林匹克号》

的加拿大风光，手法大胆，色彩明快，强烈触及神经，或许第一次使绘画处于国家文化的首位”。

埃米莉·卡尔

说到七人画派，特别要提到与他们关系密切而不属于其中一员的埃米莉·卡尔（Emily Carr，1871—1945年）。她是20世纪30年代出类拔萃的风景画家、博物学家和作家，是一位加拿大家喻户晓的杰出人物，就其知名度而言，堪称加拿大的齐白石。埃米莉·卡尔一生没有离开过不列颠哥伦比亚的维多利亚，大器晚成，到57岁时（1928年）才与七人画派联手，作品开始为人们所欣赏，并很快从这一新的美学中品尝到以前没有的成功和快乐。埃米莉·卡尔的画风是以土著人的艺术手法描绘北美的自然之美，被称为“真正创造了加拿大艺术风格的大师”。其他还有大卫·米尔恩（David Milne，1882—1953年）、奥扎厄斯·勒迪克等，同样也是天才艺术家。

在20世纪20年代末，七人画派所形成的主流画风慢慢让位于30年代的新技巧和主题。米勒·不列颠（Miller Gore Brittain，1912—1968年）、帕拉斯克瓦·克拉克（Paraskeva Clark，1898—1986年）等人，追忆大危机岁月的社会苦难，劳伦斯·斯图尔德·哈里斯转向抽象主义，约翰·莱曼、古德里奇·罗伯茨（Goodridge Roberts，1904—1974年）用比七人画派更平缓多变的格调唤起人们注意加拿大的风景线和静态生活。莱缪恩·菲茨杰拉德（LeMoine FitzGerald，1890—1956年）、卡尔·谢弗（Carl Fellman Schaefer，1903—1995年）转向当地主题，反映了随着国家经济和政治实力增强以及社会日渐富裕，加拿大人对国家前途的信心增强，憧憬稳定而美好的未来。

新成立的加拿大作者协会的爱国主义、《麦克莱恩》（*Maclean's*）杂志、《加拿大论坛》（*Canadian Forum*）杂志以及七人画派的自我意识反映了人们对新技术引领下国家经济的发展、麦肯齐·金时代乐观主义的陶醉。英裔画家A.Y.杰克逊虽不理解大变革，但对技术进步也惊叹不已，1910年写道：“夏天地平线上堆积起厚重的云层，那么壮观、平静，然而只要想想飞机以每小时90英里速度飞来飞去，难道我们没有看到往日可怜的云团竟像蛋糕般被搅碎，在天空四处飘荡！”

**大众文化的产生** 工业社会给科学和文化所带来的最突出的变化是大众文化的产生。在工业革命的技术革新中，新技术也用于人们的休闲和娱乐，产生了人们新的娱乐方式。在第一次世界大战后，最新出现的无线电和有声电影逐渐为人们所熟悉，到20世纪20年代，就同汽车一样开始对人民的生活产生深刻的影响。1913年有了第一部无线电管理的法规，1920年蒙特利尔播放第一套无线电广播节目，不久一批私人电台建立，大多与新闻、报纸和教会有关。可是，一开始大部分加拿大人收听的是美国节目。这个问题及电台的宗教导向，促使政府在1928年设立皇家委员会进行调查，1930年提出报告，建议建立公共广播系统，鼓励发展本国的广播节目，不允许转播美国商业性很强的广播节目。

20世纪20年代早期，电影作为最为普遍的大众娱乐方式在加拿大流行，为观众所喜闻乐见。然而，到20年代中期，电影业为资金缺乏、票房收入、受美国公司控制等问题所困扰，发展处于停顿。结果，好的演员、制片人纷纷涌向好莱坞，加拿大也为加利福尼亚的电影所淹没。为了改变这种不利的状况，联邦政府以及一些省政府采取了一些措施，但效果不大。1939年设立加拿大国家电影局（National Film Board of Canada），制定系统政策，鼓励创作加拿大的电影。可是，国家电影局仅限于制作纪录片，几乎没有故事片。在这个主导性的新的大众文化领域，加拿大人日益处于美国的影响之下。与电影不同，20世纪30年代后期加拿大无线电广播对人们的生活尤其是政治生活开始发生重要影响。

**科学、医学与技术成就** 随着英国外科医生约瑟夫·李斯特（Joseph Lister, 1st Baron Lister, 1827—1912年）发明的外科手术消毒技术的推广，到19世纪90年代，外科手术成为一种有效、安全的治疗手段 。回想起来，20多年以前，人类还面对各种事故导致伤口感染的高死亡率，这是多么迅速的进步。例如，联邦运动的先驱者、《环球报》主笔乔治·布朗1880年遭雇员枪击，皮肉擦破坏疽，7周后去世。自治领第五任总理约翰·斯帕洛·戴维·汤普森（1892—1894年在任）夫妇1871—1883年生过9个孩子，有4个死于婴儿时期，第五个孩子患小儿麻痹症，终身残疾。白喉、百日咳、麻疹、伤寒、天花都是那时儿童死亡的灾星。19世纪70年代医生做手术时不戴手套，用牙咬着手术刀。现在看来更为荒唐而不能理解的是，19世纪60年代，加拿大第一位女医生爱米丽·斯托威的入学申请被多伦多医学院拒绝，只能到纽约去学习，回国后1867—1880年在多伦多无证行医，直至1880年才得到资格认证。1883年安大略女子医学院设立。多伦多大学到1886年才停止抵制。

弗雷德里克·班廷夫妇

与过去相同，在第一次世界大战以前，加拿大的科学研究主要是在大学里进行的。自19世纪80年代起，农业研究进入实验站，1909年成立一个环境保护委员会，负责监管从牡蛎养殖、森林看护到城镇规划等领域的研究。第一次世界大战让政治家坚信科学和技术的威力，支持开展集中协调的科学研究。1916年，加拿大建立了重要的联邦机构——国家研究委员会，负责推动创造性的科学研究，同时为大学提供科研资助。1923—1935年亨利·马歇尔·托利掌管国家研究委员会期间，1928年在渥太华建立了国家实验室，供科学家从事全日制的应用性研究。1921—1922年发现控制糖尿病的胰岛素，这项加拿大最重要的科研成果诞生于多伦多大学医学院的基础实验室，由弗雷德里克·班廷（Frederick Banting，1891—1941年）、查尔斯·赫伯特·贝斯特（Charles Herbert Best，1899 —1978年）、詹姆斯·科里普（James Bertram Collip，1892—1965年）和约翰·麦克劳德（John James Rickard Macleod，1876—1935年）4位科学家的科研小组完成。弗雷德里克·班廷和约翰·麦克劳德因此分享了1923年的诺贝尔医学奖。

# 第五章 跻身当今世界强国

1945年5月7日德国无条件投降，4个月后庆祝胜利日，第二次世界大战结束。一开始就与欧洲战场步调不一的太平洋战争，稍后才结束。加拿大与世界各国一样，艰难的6年战争岁月终于过去，历史将翻开新的一页。

## 一、战后的经济、社会与政治

**经济空前繁荣**　经过战时繁荣的加拿大人，第二次世界大战后跨入了另一个经济繁荣时代。但是，商界领袖并未从20世纪30年代放任主义的灾难中吸取教训，仍恢复自由企业制度；另一部分人则主张实行福利国家制度，即仍实行战时扩张起来的公共所有制。自由党政府将两者观点兼收并蓄，以自由企业制度作为福利国家制度的基础，而以福利国家制度缓和自由资本主义的矛盾。因此，加拿大政府提出“有序地解除管制”的重建口号。战时的生产总管C. D. 豪领导的“只拿法定最低薪水”的管理委员会，经过战争的锤炼，和平时期恢复为强大的政治网络，成为空前完整的行政管理班子。更重要的是，它制定了防止大萧条卷土重来的新经济政策。

1945年6月11日举行选举，威廉·莱昂·麦肯齐·金别具匠心，以保证自由党稳操胜券。6月底，家庭补助金支票便送到了母亲手中。战时已有足够储蓄的家庭，《全国住房条例》保证他们首批付款后得到抵押借款住房。没有哪个国家包括美国能够给复员军人提供加拿大一样的教育、培训和重找职业的机会。1941年几乎零失业时，正式实行失业保险，保证了从战时向和平时期转变，几乎没有发生痛苦就实现了和平过渡。养老金加上省基金奠定了完全没有先例的福利国家制度的基础，为盲人和单身母亲发放补贴。C.D.豪虽然仇视福利制度，但吸收“合作福利”（Corporate welfare）中的许多老传统，以实现第二次世界大战后的分担重建计划。另外，对战时转向军工生产的私人企业给予的许多激励措施，现在则用来激励它们“转回”和平生产；将战时工厂“加倍折旧处理”，以低价格出售给接受重新开业条件的厂家；政府承担出口保险，鼓励企业外销产品。安大略霍普港埃尔多雷多核电厂、萨尼亚化学合成企业以及战前创建的泛加拿大航空公司均接受为政府企业；战时与美国合建的飞机制造工业照常生产，继续吸收美国的投资；以政府力量支持科技发展，等等。总之，加拿大政府通过大力干预，加快工业复苏，1945—1946年虽有短暂徘徊，但避免了战后萧条，并很快超过战时生产的高峰期，出现了直至20世纪70年代末的长期繁荣，一举成为世界领先的工业国之一。

第二次世界大战后的经济繁荣促使对外贸易快速增长，加上工业化的持续，加拿大更加依赖国外的资本、专业技术、专门产品和原材料，相应地，世界也对加拿大产品提出了更多的要求，结果贸易以空前规模增长。为了扩大市场，加拿大给外国买主平均每笔20亿加元的贷款，比美国1948年援助欧洲经济复苏的马歇尔计划还要慷慨。不过，贷款计划局限不小，因战后贸易盈余小，徘徊在2.5亿—5亿加元之间。贷款销售必须使用美元，战后15亿美元现汇储备很快下降，到1949年仅剩5亿美元，并以每月1亿美元递减。财政部后来强行控制兑换，取消任何进口，而C.D.豪及商业部则认为实无必要，议会则没有作出决议。但危机很快过去，兑换问题尚未引起注意时，1947年2月13日帝国石油公司（Imperial Oil）134号钻井队在埃德蒙顿郊外找到了石油。这样，一个新的工业部门为阿尔伯塔省提供了出口财富，为加拿大进口账单砍掉了千百万加元。同时，冷战的突然到来，美元投资也接踵而至。作为马歇尔援助计划，1948年美国国会根据加美1941年《海德公园宣言》恢复与加拿大绝大多数的合作项目。随后，重新武装使1949年的轻度衰退戛然而止，工作机会和合同很快增多。但这样的变化也使经济完全依赖美国。萨斯喀彻温农场主的儿子、天才经济家约翰·多奇（John James Deutsch，1911—1976年）主张将自由贸易从理论变为实践，取消关税，得到几位自由党政府部长的认可。可是，威廉·莱昂·麦肯齐·金对1911年自由贸易谈判曾使自由党在当年大选中下台记忆犹新，处理比较谨慎，因而在1948年放弃权力前夕警告内阁同僚说：如果实行这个计划，就不退休，站出来发动反对本党的运动。

自由贸易被搁置的一个重要原因也许是第二次世界大战后签订了关贸总协定。这是西方国家为克服贸易障碍、防止经济萧条而进行的尝试，结果从约翰·亚历山大·麦克唐纳到理查德·贝德福德·贝内特建立起来并引以为荣的关税体制迅速崩溃了。其实，即使没有关税壁垒，美国公司也能够很容易地进入加拿大市场，因为可以直接投资或设立分厂。两次世界大战耗尽了美国明尼苏达梅萨比山的红铁矿，而加拿大地理学家1894年勘探得知魁北克与拉布拉多内地山区红铁矿储藏丰富。但开发需要5亿美元，对于加拿大来说尚难负担。美国钢铁生产企业既有钱，也有开发心愿。于是，1951—1954年7 000人从圣劳伦斯河岸的七岛港向北修筑了576公里的铁路，直通魁北克—拉布拉多半岛中心新兴城镇谢弗维尔。这个铁矿的开采也实现了长期以来加美两国合修圣劳伦斯河深水航道的愿望。那时，拉布拉多铁矿的发现及战后繁荣增强了加拿大人的信心，1951年渥太华曾宣布要独立修建这条航道。美国的俄亥俄钢铁院外游说团急于得到拉布拉多的便宜矿石，排除铁路和大西洋海岸院外压力集团的阻挠，促使国会通过美加共同开发圣劳伦斯河航道和水力的议案。1954年美加签订合作协议，耗资10亿美元的圣劳伦斯河深水航道工程最终使远洋货轮上溯3 219公里，直达大湖终端。

第二次世界大战后加拿大经济繁荣最引人注目的是新能源的发现和开发。1947年2月发现阿尔伯塔油田不久，接着在萨斯喀彻温和不列颠哥伦比亚两省也发现了油田。不久又在安大略和萨斯喀彻温两省北部发现铀矿，储藏丰富，投资开发后核能及铀矿的出口世界领先，并成为美国战略铀矿最近、最安全的来源地。在劳雷尔政府推动工业化的初期，中心城市附近的水电资源已开发完毕。自20世纪20年代以来，美国出钱开发北方交通、进行无人区飞行，直升机和遥感技术开始了加拿大地盾资源开发的进程。另外，战后新输电技术以及其他发明也使偏远山区水电资源的开发变成现实，结果在不列颠哥伦比亚省的哥伦比亚河、皮斯河、马尼托巴省的纳尔逊河、安大略省的渥太华河上先后建设了多处水电工程。其中，特别重要的是魁北克马尼夸根—奥塔德河以及拉布拉多丘吉尔河（Churchill River）瀑布巨量水力资源的开发。到20世纪70年代中期，加拿大的水力发电量增加了4倍，80年代魁北克詹姆斯湾大型水电工程一期结束后，发电量更是大规模地增长。

第二次世界大战后的经济快速发展特别是资源开发，促使加拿大同美国关系日益密切，加上战后欧洲资本退出，结果加拿大对外贸易快速转向美国。美国的关税壁垒虽禁止绝大多数制造品入口，但新闻纸、纸浆、木材、镍以及萨斯喀彻温在20世纪50年代发现的钾碱（占世界储量40%）是美国迫切需要的。加拿大需要的工业品则主要从美国进口，到20世纪70年代，加拿大对美国贸易占70%，对英国贸易降为10%。这是资本高度依赖美国的后果，1945—

1955年美国资本从49亿美元增加到103亿美元，直接投资增加了两倍，到70年代外资更是78%来自美国。美国投资不像英国为借贷资本，而是直接购买所有权。因此，加拿大50%以上的制造业、煤矿、炼钢、石油以及天然气为美资所控制；铝业、橡胶和汽车制造则100%为美资拥有。这样高度融合的标志是1965年《加美两国汽车协议》(Canada-United States Automotive Products Agreement)。

第二次世界大战后的经济繁荣使各省对工业更加重视，也造成对繁荣中出现的问题的忽视。转向石油和天然气生产，致使阿尔伯塔和东西海岸的煤炭业逐渐衰落。欧洲农业复兴，减少从加拿大进口谷物和农副产品，致使东部农场主失去熏肉、苹果和奶酪市场，西部失去小麦市场，结果1952年大丰收的7亿蒲式耳小麦成为一场经济灾难。当时，世界绝大多数地区发生饥荒，加拿大大草原小麦却堆积如山，等待买主，室内滑冰场或社区会议厅也都用来储备小麦。农场主希望联邦政府像在战争期间那样给予储存小麦现金补贴，以等待下个收获季节出售，但渥太华拒绝提供帮助。草原经济祸不单行，养牛业也遭到1952年口蹄疫的沉重打击，农副产品出口减少。加上1948年关贸总协定签订，英联邦特惠制自动消失，传统的对英贸易急剧下降。因丧失受到保护的帝国市场，对汽车业打击最大。尽管因富裕国内市场扩大，减少了出口损失，但是自1952年后贸易盈余消失了。也应当看到，第二次世界大战后早期的局部问题难掩总体繁荣的辉煌。

**社会日趋富裕公平**　第二次世界大战后，复员军人以及战前军火厂的工人都找到了长期工作。由于战后工资有了保障，人们购买房屋、汽车、家具以及家居用品，甚至远远超出财力或提前15年透支。工会和集体谈判的合法性在战时已经获得枢密院的承认，工人大都加入工会，1949年几乎占工人总数的30%。1945年安大略温莎福特汽车发动机公司大罢工为义务登记费奠定了基础，从而保障了工会的财政安全，也保证了新会员分享战后繁荣的成果。这样，经济的繁荣和工会的积极作为确保了高工资、带薪休假以及许多以前几代人都不知道的利益。20世纪40年代以前，加拿大人受到季节性或周期性失业、家庭过大、作物歉收和老年贫困等困扰，绝大多数人十分贫苦，精打细算也得不到“最起码的体面生活”。战后充分就业，工人实际收入平均增加一倍，由1946—1948年1516加元增至1956年3 136加元。男工平均每小时1加元，女工1956年也达到这个数目。加拿大已迈入富裕而民主的社会。战后繁荣保证了政府有财力建设福利国家制度，强大的工会运动对此也起到了促进作用。

实际上，第一次世界大战后特别是二三十年代工业化的深入发展，敏锐的政治家已经意识到社会改革的必要性。威廉·莱昂·麦肯齐·金在1919年8月自由党全国代表大会上提出“以工业改革与社会福利”为纲领，继劳雷尔后当选为该党的新领袖。不过，由于20世纪20年代前半期是保守党执政，他没有机会实现自由党的新纲领。1926年自由党重新上台，可是，威廉·莱昂·麦肯齐·金仍没有机会实行自己的福利国家新纲领，因为上台后不久就遇到经济大萧条，所以社会改革拖延到三四十年代工业化基本实现时才开始。尽管如此，他在1927年仍制定了《养老金计划》，而在1940年促使各省同意修改《英属北美法案》相关条款，将对失业保障的权利给予联邦政府，在《养老金计划》中增添失业保险金的条款。在威廉·莱昂·麦肯齐·金奠定的基础上，战后两级政府继续摸索，以协调全国社会保障系统的实行办法。1945年有了家庭补贴和失业保险后，人民生活状况稍有改善，而真正的改变开始于战后经济繁荣时期，福利情况也日趋改善，最少5元的“婴儿补贴”等于每户每月多发一周薪水。1947年，道格拉斯领导的萨斯喀彻温省平民合作联盟首先进行社会立法改革试验，其他省虽比较传统，也不断增加财政开支修建高速公路、中学和医院以造福人民。渥太华是这些改革的支柱。到20世纪50年代经济繁荣的鼎盛时期，加拿大终于全面实行了福利国家制度。1957—1968年联邦和各省均同意引进医疗保险制度，联邦制定了全国统一的标准，并负担一半费用，由省政府具体实施。1965年各省都同意实行统一养老金计划，只有魁北克安排本省的计划，但与其他省也大体一致。1966年联邦政府又增加给各省的补助金，或支付福利项目的一半费用。所有这些成就的取得，多因美元投资使得加拿大具有偿付能力，加拿大人感受到历史上从未有过的富裕和舒适。

加拿大之所以能够在第二次世界大战后很快实现福利国家制度，除战后经济空前繁荣这个基本因素外，是因为加拿大政府还采取了一些推动措施。1963年成立了加拿大经济委员会（Economic Council of Canada），专门协调国家的经济发展战略，以使丰富的自然资源发挥造福于民的作用。这一时期，国民生产总值每年以5.5%的速度持续增长，使人民普遍感到生活幸福。当然，仍存在土著人和老年人贫困，内地传统产业的从业者仍挣扎在贫困边缘，但这些例外情况只经过10年就大都解决了。富裕似乎成为社会问题的副产品，缺少房屋、医院、学校或市政服务都是以前战争和萧条时期的欠账。人们希望有房舍、土地以及防备水灾的积蓄。这些需求在城市郊区找到了解决办法，每个城市外围广阔的泥泞地带都迅速建造了成排的楼宇，许多乡村市政当局答应增设自来水、排污设施、学校以及改善道路。乡村农民也发现他们的生活改善了，有了电气、抽水马桶以及容易到达大城市商店或卫生服务中心的硬面道路。

第二次世界大战后加拿大教育事业的发展也十分突出。全国公立小学统一使用黄色校车接送儿童上下学。年轻人大都受到更多的教育，学习各种技能，毕业后进入城市工作；留在乡村的，也逐渐实行科学经营农场，使用新的化肥和育种技术，开创生态革命，增加了产量。而且，绝大多数加拿大人相信接受中高等教育会得到更多的工作机会和更高的收入报酬。1945年后复员军人被接受进入大学，可在学校学习同服役一样长的年限。1949年复员军人进入大学注册增至战前的3倍。然而，教授收入低，地位不高，影响了教学质量。教育的发展也存在一定的障碍，主要是人口向郊区迁徙和高出生率，造成校舍和教师的不足，教师因人员缺少而过度工作。1917—1947年平均每年约25万年轻人达到进入中学年龄，此后迅速增加到50万人。1945—1961年初级中学、高中注册的学生和教师增加1倍以上，教师工资增加3倍，教学费用增加7倍，人均开支增加10倍。但是，20世纪50年代的教育仍比较保守和教条，学科设置简单，课程内容陈旧，缺少革新。

移居郊区是战后人们生活富裕最突出的表现之一，而没有汽车这是不可能的。购买二手车是许多家庭逃避拥挤嘈杂的城市的最初做法。1945—1952年，加拿大私人汽车登记增加了1倍，到1962年再增加1倍。铺面道路里程从3.96万公里（2.46万英里）增加到1960年的112 700公里（7万英里），走高速公路穿越加拿大不再是什么新鲜事。人们生活富裕的另一个表现是，绝大多数加拿大人可以享受带薪假日，战前人们对假期的奢望现在变成每年定期的期望。加拿大地盾边缘、东西海岸以及落基山变为别墅区，旅游成为加拿大人的新嗜好。

第二次世界大战后加拿大人的这种生活方式也是受到美国的影响。美国人首先迁往郊区居住，接受中高等教育，喜欢平和宁静的生活，追求物质享受。最晚到1950年，多伦多与费城郊区的主要区别是缺少电视天线林立的景象。加拿大人大家庭多于邻国，忠诚于宗教信仰的也多于邻国。1945年后加拿大人收入提高，几代以来第一次一个人的工资就能够支撑一个家庭。家庭规模也随之发生了前所未有的变化。1951年以前是出生率降低并抵制移民的年代，1941年5岁以下的儿童占人口9.1%，1951年占12%。战争结束后复员军人回家是出生率迅速提高的原因之一，生育高峰一直持续到20世纪60年代，加拿大成为以中年人为主的国家。

路易・斯蒂芬・圣洛朗

**从自由党到进步保守党短暂执政的转换** 在20世纪二三十年代大部分时间里以及第二次世界大战中，一直由威廉・莱昂・麦肯齐・金领导的自由党执政，加拿大人对自由党政府十分满意，自由党支持力很高。麦肯齐・金1948年退休后，由路易・斯蒂芬・圣洛朗（Louis Stephen St. Laurent，1882—1973年）领导自由党，并开创自治领联邦政府以来的最大多数政府的先例。自由党取得了193席一边倒的选举胜利，保守党为41席，平民合作联盟为13席，社会信誉党只剩10席。战后繁荣吸引了穷困的纽芬兰在1949年加入联邦，拖延80多年的这个问题终于得到解决。自由党继续执政4年后，由于冷战和重新武装，经济继续保持繁荣。繁荣使自由党政府似乎立于永远不败之地，1953年选举自由党仅丢失20席，路易・圣洛朗连续执政。

路易・圣洛朗出生于魁北克东部城镇一个法国—爱尔兰裔的店主家庭。作为魁北克律师界的领袖，他1941年开始参政，继威廉・莱昂・麦肯齐・金的知己、已故的欧内斯特・拉普安特（Ernest Lapointe，1876—1941年）后担任联邦政府司法部部长。1942年帮助威廉・莱昂・麦肯齐・金顶住再度分裂英裔和法裔加拿大人的征兵问题，维护了国家和政府的团结，胜利度过了战争年代。他战后接管最重要的外交事务，自然成为威廉・莱昂・麦肯齐・金的唯一继承人。1948年8月7日他在自由党代表大会上被推举为新党魁，出任联邦政府总理，尽管威廉・莱昂・麦肯齐・金拖延到11月才退休，让他坐等了3个月。

1950年爆发的朝鲜战争使加拿大通货膨胀每年达10%，平民合作联盟要求控制价格，而路易・斯蒂芬・圣洛朗政府虽接受凯恩斯经济学思想，利用财政手段和货币杠杆刺激经济，但一直实行谨慎的财政调控政策；加拿大银行新总裁詹姆斯・埃利奥特・科伊恩（James Elliott Coyne，1910—2012年）提高了利率，要加拿大人过节俭生活；两者都触怒了农场主、商人和依赖低息的借贷者。自由党政府为此付出了代价，先是在各省丢失阵地，到1956年只在

4省执政；1958年又在马尼托巴省丢失权力，汤米·道格拉斯领导的平民合作联盟政府继续在萨斯喀彻温省掌权，并且最后影响了联邦自由党政府的稳定。已是老人的C.D.豪在1956年石油管道辩论中，蛮横地使用终止辩论的手法强行通过"贯加拿大天然气管议案"，自由党威信再度受损。战后西部小麦积压，严重损害了农场主的利益，加上在苏伊士运河危机中伤害了与英国的关系，这些皆被保守党利用。在1957年6月10日大选中，自由党严重失利，仅得107席。路易·斯蒂芬·圣洛朗本来可以组成联合内阁继续执政，但他已75岁，疲惫不堪，豪无信心，便宣布退休，将自由党交由莱斯特·皮尔逊执掌。在这次大选中，赢得议会112席的保守党（平民合作联盟25席、社会信誉党19席）组成联合政府执政，自大萧条中丢掉政权的22年后重返联邦执政。

约翰·迪芬贝克

上台仅几周，约翰·乔治·迪芬贝克（John George Diefenbaker，1895—1979年）政府就把老年人保险从40加元提高到56加元；给小麦农场主发放补贴；对大西洋能源开发给予资助。他是为了进一步赢得选民支持，以建立一个稳定的多数派政府。约翰·乔治·迪芬贝克如愿以偿，1958年3月31日提前大选，保守党取得了空前的208席，是自约翰·亚历山大·麦克唐纳下台以来的第一次大胜。自由党只剩49席，平民合作联盟为8席，其他小党派被摧毁。魁北克杜普莱西斯将魁北克75席中的50席让给保守党，对约翰·迪芬贝克这次大胜起了决定性的作用。

表面上看，自由党这次失利的原因是财政政策失误以及西部小麦的积压，但实际上是战后繁荣中过分依赖美国的后果。战后美加经济高度融合，美资控制性参与加拿大企业。保守党或社会主义政党很快都警觉起来，不断警告"美元外交"的危害，到20世纪50年代，越来越多的人相信这一警告。平民合作联盟举出美国"后院"中的美洲为例，管理混乱，严重贫困，指出"合作"帝国主义的危害。保守党在战后依然主张保持帝国关系，极端派认为美国的投资会严重削弱这一关系。1956年C.D.豪提出由美国得克萨斯的承包商承包贯加拿大天然气管道工程，更是火上浇油，部分自由党人甚至也参与抵制。无人怀疑修筑这条管道的必要性，也赞成吸收国外资本是加快工程的办法，但自由党政府只考虑效益，对经济民族主义不感兴趣。C.D.豪这样的政客则将经济快速增长视为选票的孵化器，工人看到的是美国雇主比国内雇主开的工资高。就这样，从萨斯喀彻温博斯陶尔至蒙特利尔长3 700公里的天然气管道于1958年10月顺利完工，但留下了严重的政治后遗症。保守党这次大胜正是利用了自由党这类政策失误。当然，也有保守党选战的策略因素。约翰·乔治·迪芬贝克是来自萨斯喀彻温的保守党新领袖、一位浸礼派律师，以一种老式的政治热情，言辞激昂，显得更有生气，具有煽动性。反观自由党方面，路易·斯蒂芬·圣洛朗疲惫不堪，心神不定，两者的影响效果大为不同。

这次政治变动首先是因自由党政府威信下降，而保守党打出"新国家政策"的发展计划，确实诱人，吸引选民。1957年选举以前，保守党就已提出以政府为主体、"以资源开发为引擎，推动国家走向全民公正的社会"的选举纲领。保守党在1957年6月以微弱多数上台后，又在1958年提前大选中，将"新国家政策"具体落实为开发北方资源、成立国家能源局（National Energy Board）、修建通往能源地区的道路、修改税收体系以及农场主公平享有繁荣成果等五大目标。以开发北方打头的"新国家政策"又被称为"新边疆政策"或"新国家资源政策"。后来，约翰·乔治·迪芬贝克甚至说美国总统肯尼迪1960年提出的"新边疆政策"就是受他这个政策的影响。正是"新边疆政策"创造了保守党这次史无前例的选战大胜，毕竟在富裕时代加拿大人更欢迎创新。

20世纪五六十年代，加拿大全面实现国家现代化，也将落后地区尤其是西部草原地区纳入国家工业化的轨道。以20世纪40年代发现石油为开端，西部地区已步入追赶中央加拿大的工业化历程，只是所走的道路不同而已。东部地区以制造业为主，而西部则以石油和矿产开发为动力。约翰·乔治·迪芬贝克领导的进步保守党提出资源开发的"新国家政策"，正是为了适应西部工业化的现实需要。西部地区以及大西洋海岸各省向来落后，并未同中部地区一样自20世纪50年代享受战后繁荣，长期对自由党各届政府不满。正是针对这一状况，约翰·乔治·迪芬贝克又将"新国家政策"解释为"一个加拿大"的纲领，许诺执政后将"保证我国人民人人有份，享受我们建立的繁荣以及繁荣带来的利益，帮助这片土地上各个地区都参与国家发展，帮助国家所有企业尽可能有效率地生产"，为每个地区、每个加拿大人造福，而"建立一个统一的加拿大"。他退休写回忆录时又说，"一个加拿大"是"考虑到每个工人和农场主，注意小商人而不只是大公司，要对我们的老人、复员军人、盲残人的利益采取行动”，为他们寻求公民身份、机会和福利，以实现基本平等，以求个人的改善。“我的梦想是在加拿大没有任何基于种族、信仰、性别及经济状况的二等公民的任何歧视”。广大选民因“一个加拿大”的美好设想而看好约翰·乔治·迪芬贝克政府，给予了最大的信任投票，选出了加拿大选举史上少有的一次绝大多数人拥护的政府。

“一个加拿大”的发展目标不仅追求整个加拿大不分地区、部门、集团、阶级和个人的经济平等和社会公正，而且更强调对社会弱势群体实行国家帮助，特别是把西部草原省农业居民和农场主作为重点扶助对象之一。这是因为农业居民“一般总被认为是国家的支柱，但过去几年从未得到过（经济）安全的保障”。农业是没有分享到战后繁荣的唯一部门。在1957年当选后，约翰·迪芬贝克政府立即采取4项措施帮助农场主：颁布《草原谷物预支条例》，帮助农场主处理20世纪50年代的剩余谷物；颁布《农业稳定条例》，设立2.5亿加元政府周转资金，为谷物以外的农产品进行补贴；成立粮食价格限制皇家委员会，稳定谷物价格；为了降低谷物运输费用，成立谷物运输车辆分配委员会，补助太平洋铁路公司2 000万加元。这些救农措施使农场主成为推动保守党上台的主要力量。为了感激农场主，1958年提前大选时，约翰·迪芬贝克又许下更多的诺言，诸如提供作物保险、改善农场贷款等，特别重要的是，对种植小麦、燕麦和大麦的农场主实行差额补贴。这样的诺言使进步保守党在选举中席卷了全国所有农业区的议席。

阿尔文·汉密尔顿

约翰·乔治·迪芬贝克政府特别关注西部草原农场主的利益并不是偶然的，它的主要成员、核心政治家大都来自西部地区，进步保守党基本上代表了草原农场主的利益。约翰·乔治·迪芬贝克总理本人和农业部部长法兰西斯·阿尔文·乔治·汉密尔顿（Francis Alvin George Hamilton，1912—2004年）则是西部草原在政府内的代言人，前者少年时期生活在草原的一个农场里，青年时期在萨斯喀切温大学上学，1942年成为萨斯喀切温省的联邦议员，是典型的西部精英，有强烈的西部情结。法兰西斯·阿尔文·乔治·汉密尔顿出生于金斯顿附近一个“效忠派”传统农场主的家庭，年轻时很长一段时间在萨斯喀彻温姑父的农场里打工，此后成为那里技术学院的教员，与西部农场主长期接触，了解和同情西部农场主。

战后加拿大西部农业的主要困难是生产成本上升，谷物价格大幅下跌。1947年后的10年，农场主的耕作成本上升50%以上；小麦、大麦和燕麦平均价格分别下降21%、27%和37%。到1961年，约翰·乔治·迪芬贝克执政4年后，低收入家庭甚至仍有25%。有一位农场主写给法兰西斯·阿尔文·乔治·汉密尔顿的信就道出了他们的苦难和造成这种苦难的原因：“按今天的（谷物）价格，我不可能支出我的土地、税收、机器、食品和修理的费用。”另一封信又说：“自1925年耕种这同一块土地的25年之后特别是最近5年，我发现处境比倒霉的30年代还要糟糕。我已挣下价值2万加元的640英亩的一块土地、1万加元机器、1万加元房舍，另有1万蒲式耳小麦尚储存在农场里。提前估算出1959—1960作物年度的谷物收入，去掉成本后，发现只有88加元收入用来打发生计。”农场主要求像1935年那样由联邦小麦局实行稳定价格或包销政策，特别是要求实行“差额补贴”，即补贴当年谷物价格与前几年平均价格之差。约翰·乔治·迪芬贝克政府也承认，这是谷物价格支持体系的最好措施，但财政部部长唐纳德·麦攸恩·佛莱明（Donald Methuen Fleming，1905—1986年）代表东部城镇利益，不愿为差额补贴拿出3亿加元，只同意以4 100万加元按每英亩补助1加元，最多补到200加元。至此，进步保守党政府的五大农业救济措施只剩国外粮食市场的文章可做了。这样一来，追求经济平等和社会公正的“一个加拿大”就大打折扣，西部农场主特别是大农场主十分不满。1959年年初，十几个农场主联合组织发起30万人的请愿签名运动，进而发展成千人乘牛车进军渥太华的行动，要求与联邦总理直接谈判，走到里贾纳被挡。因此，农场主发誓3年后要将保守党赶下台。1960年春天，保守党在草原的支持率应声下降。只是由于新任农业部部长法兰西斯·阿尔文·乔治·汉密尔顿这一年打开了中国谷物市场推销剩余小麦，才暂时解救了约翰·乔治·迪芬贝克政府的危机。

1959—1962年，中国面临了3年困难时期。1960年10月，中国政府派员赴蒙特利尔试探购买小麦的可能性。在法兰西斯·阿尔文·乔治·汉密尔顿主持下，约翰·乔治·迪芬贝克政府不顾美国反对，开创了整整10年的中加小麦贸易，仅头3年（1961—1963年），2.5亿吨剩余小麦全部销售一空。加上苏联和东欧也购买，以致20世纪60年代加拿大谷物有点供不应求了。法兰西斯·阿尔文·乔治·汉密尔顿曾说，中加小麦贸易造就了20世纪20年代以来农场主仅有的好时光，收入增加了3倍，从平均每年2 000加元增至6 000加元。1962年西部农业就恢复正常了。

约翰·乔治·迪芬贝克当政期间，成就确实不少，除解决谷物剩余外，还完成了“新国家政策”的许多开发项目，例如建成南萨斯喀彻温河大坝与迪芬贝克湖两项伟大的水利工程；成立新国家能源局，将渥太华河以西的所有地区变为阿尔伯塔省的石油市场。这几个项目确实为西部崛起奠定了基础。此外，援助大西洋海岸各省；完成的属于全国性的计划有任命皇家委员会、推进税务改革、完善医疗保险制度以及重组武装部队，等等。

可是，约翰·乔治·迪芬贝克优柔寡断，辜负了选民的巨大信任，加上反对党以其人之道还治其人之身，即利用在野地位在议会辩论中使用妨碍议程的手法，致使约翰·乔治·迪芬贝克的“新国家政策”中的开发北部、各地和各个集团或族群平等这一主要目标基本失败。更不幸的是，保守党1958年实现多数派政府后就遭遇经济萧条，失业严重，结果经济政策漏洞百出。财政部部长唐纳德·佛莱明控制日益增长赤字的措施无力；面对经济衰退，加拿大银行行长詹姆斯·科伊恩却实行货币紧缩政策。约翰·乔治·迪芬贝克在企业家的压力下要求他辞职，这位行长拒不服从，宣布免职也被众议院拒绝。1961年詹姆斯·科伊恩自动退职后，约翰·乔治·迪芬贝克不是批评他的货币政策失误造成经济困难，而是攻击他的退休金制度主张，结果民众反倒指责约翰·乔治·迪芬贝克。

加拿大人担心经济，在这方面，约翰·乔治·迪芬贝克政府可谓时运不济。在20世纪50年代后期，战后加拿大经济繁荣暂时结束，日本和欧洲复兴，1957年德国超过加拿大成为世界第三贸易大国，加拿大经济却波动加大，1959—1961年失业率达到11.2%—11.3%。政府的应对措施是运用凯恩斯经济理论，加大财政赤字，引起银行和企业严重不满，商人怀念自由党时期C. D. 豪的有序管理，工人指责约翰·乔治·迪芬贝克造成了战后第一次长期失业，中产阶级嘲笑“酋长”为西部乡巴佬，新移民将他与失业、歧视复活或移民限制相提并论。

约翰·乔治·迪芬贝克处理与防御政策相关的对外政策也模棱两可，没有定见。约翰·乔治·迪芬贝克1957年上台的下一个月从英国觐见女王归来即宣布，将15%的贸易由美国转向英国，企图恢复传统的依赖英联邦特惠制的贸易模式，这显然激怒了美国，而正准备加入欧洲经济共同体的英国也不领情。更何况，约翰·迪芬贝克1957年以冷战勇士上台，几周之内就签署了北美空防协定，将空防交给美国控制，花了近10亿加元购买依赖核弹头的新式武器。再如阿维托箭式飞机争端，约翰·乔治·迪芬贝克对这项计划犹豫不决，当1959年2月决定取消阿维托工程时，公司很快解雇14 000名员工，又说箭式飞机是最好的超音速飞机，故意将职工的不满引向针对约翰·乔治·迪芬贝克政府。自由党有意利用约翰·乔治·迪芬贝克在防务和对美关系上的出尔反尔，指责制造这种轰炸机费用昂贵。约翰·乔治·迪芬贝克不去指出飞机的缺陷和公司无能，只称火箭使人手操纵的轰炸机过时。几个月来，加拿大在为购买美国的二手巫师型F101战机讨价还价，并准备装备攻击轰炸机的"宝马B"型导弹，所有这些都被看作是约翰·乔治·迪芬贝克政府的反复无常。

其实，约翰·乔治·迪芬贝克政府这些行动并非"一时心血来潮"，而是在调整自由党的亲美政策。保守党历来亲英反美，且与历届政府不同，这届政府的阁员主要来自西部，代表农场主的利益，因农产品贸易争端而强烈反美。总理约翰·迪芬贝克本人属于亲英反美派。他出身于西部一个有德国血统的农场主家庭，"把加拿大传统效忠派和强烈民族主义的许多特征结合了起来"，"反对战后美国在加拿大经济、文化和军事上日益增长的影响"。先任北方事务与国家资源部部长、后改任农业部部长的阿尔文·汉密尔顿，则被美国人视为国家主义的"嚣张"代表。一次访问西北地区美国控制的远程早期预警雷达站时，一个傲慢无知的美国上校拒绝他入内，法兰西斯·阿尔文·乔治·汉密尔顿气愤之极，后来对人说："看到美国国旗在基地上飘扬而没有加拿大国旗，我感到震惊。"他下令美国人"降下那面旗帜，要么我把它拉下来。这不是佐治亚"。约翰·乔治·迪芬贝克的重要的阁员，只有工商界的"代言人"财政部部长唐纳德·麦攸恩·佛莱明和外交部部长、原多伦多大学校长希德尼·E.斯密斯（Sidney Earle Smith，1897—1959年）来自东部。后者1959年去世后的接替者霍华德·查尔斯·格林（Howard Charles Green，1895—1989年），来自不列颠哥伦比亚省，更具有反美情绪。1962—1963年加美关系因核武装争端而极度恶化时，正是霍华德·查尔斯·格林坚持加拿大无核化。

1961年美国总统约翰·肯尼迪策划"猪湾入侵"后，美加双边关系更坏，因为加拿大人担心毁灭性的热核武器，自由党提出把加拿大变为无核国家，新民主党（New Democratic Party）也响应。约翰·乔治·迪芬贝克收到了大量来自和平团体和个人的信件或请愿书，便改口说他们没有在北约和北美空防协定中承担核义务，将继续为世界树立裁军榜样。1962年10月古巴导弹危机后，国内和国外的形势发生了改变。约翰·肯尼迪迫使苏联从古巴撤出导弹，世界濒临战争边缘。10月下旬，华盛顿北约盟国包括加拿大“完全履行盟国义务，实行核武装”。民意测验显示，加拿大人转而支持响应美国。约翰·乔治·迪芬贝克对霍华德·查尔斯·格林外长抱有反核信念言听计从，在核问题上仍犹豫不决，没有立即合作。约翰·乔治·迪芬贝克还在议会提议由联合国组织一个委员会调查古巴导弹危机事件。美国人被激怒了，加拿大人对政府未能“随时做好准备”也不满。明显是在美国人的压力下，1963年1月12日自由党改变立场，表示接受核弹头。约翰·乔治·迪芬贝克在议会中说，加拿大的盟国对他的做法完全满意。美国国务院当即声明：“加拿大政府还没有提出任何足够的实际安排对北美防卫作出有效贡献。”这是打约翰·乔治·迪芬贝克的嘴巴。在1963年4月8日的提前大选中，美国还派人帮助自由党竞选，结果保守党以95席的少数失败，自由党以128席获胜上台。

当然，约翰·乔治·迪芬贝克保守党政府这次下台主要是因为国内政策失误。1962年6月18日的中期选举，魁北克省偏远落后地区和工人选区不再支持保守党，因为1958年支持约翰·乔治·迪芬贝克的莫里斯·杜普莱西斯对他失去了信心。约翰·乔治·迪芬贝克本应利用那次机会与杜普莱西斯合作，在魁北克为保守党建立基地，但他歧视魁北克省的保守主义改革，因而遭到报复。不过，魁北克中期选举也没有支持自由党，而是把选票投给魁北克的社会信誉党，分散了票源。西部和大西洋沿岸一半选区以及安大略农业地区绝大多数小镇仍完全忠于保守党，约翰·乔治·迪芬贝克仍能与主要来自魁北克30名议员的社会信誉党组成联合内阁继续执政。1963年大选如果不是美国人的干涉，说不定约翰·乔治·迪芬贝克政府仍有机会完成“新国家政策”的剩余计划。来自美国的干涉对这一届政府最终失败的影响不能低估。

历史上遗留下来的政治难题——地区问题（魁北克及东西部地区的不满），是保守党政府最棘手的。实际上，这是省与联邦两级政府之间关系的争端，是省政府向联邦政府争夺财政权的斗争。按罗韦尔—西鲁瓦委员会1940年建议的战时税收协议，国家岁入在穷富省之间重分，是为了保持各省基本平等的社会计划。战争一结束，富省就不愿继续执行这个协议了。魁北克坚持单独征税，其他各省继续从渥太华充足的财政资源中索要，为郊区选民修建公路、医院和学校，加上重新武装，到1961年，联邦财政开支增加为1946年的3倍。各省财政开支增加6.38倍，市政开支也增加5.8倍。渥太华随时以其常规财政节余扩大大学，新建技术院校，完成贯通加拿大高速公路，富省从中获利不少。到1962年，安大略省建成196所职业学校，本省只出资25%，渥太华出资75%，穷省只有在一旁看的份，因而拼命争夺应归本省的资金。坚持独立收税的魁北克，甚至也想从联邦要财政补偿，渥太华则坚决拒绝，理由是莫里斯·杜普莱西斯1944年恢复执政后已退出统一发展规划。结果，省与联邦政府之间在地区政治难题上的矛盾日趋尖锐化，各省的政客和集团都在抱怨没有分享战后繁荣，并且是由最富裕的安大略保守党省政府领导这次对联邦政府的抗议。在不列颠哥伦比亚、萨斯喀彻温和马尼托巴3省，平民合作联盟打败控制新产业工会的共产党而获得多数选票，并在1961年与加拿大劳工大会合并成立新民主党，更是在各个方面跟保守党联邦政府作对。石油财富虽使社会信誉党仍稳控阿尔伯塔，但社会信誉党经过1958年大选的毁灭性打击，也逐步走向分裂，到1963年分裂为信誉党和魁北克信誉党。这样的政治变动只能进一步激化地区矛盾。

## 二、魁北克“平静革命”

战后前期的政治变动，反映了随着工业化的进步，地区争端日渐成为政治大难题，这是经济繁荣和社会富裕留下的“副产品”。主要代表西部利益的约翰·乔治·迪芬贝克领导的保守党登上联邦宝座说明，随着石油财富和西部工业化进步，西部政治力量大大增强，终于让全国能够在渥太华听到西部的声音，这是前所未有的进步。然而，西部问题还不是战后加拿大的主要政治问题。区域问题仍以魁北克问题最为突出，而且是历史上政治手段难以解决的文化分歧。约翰·乔治·迪芬贝克不仅没有去解决，反而提倡什么“加拿大主义”，这一矛盾反而被激化。

莱斯特·皮尔逊

**杜普莱西斯的专制统治** 1963年4月莱斯特·皮尔逊（Lester B. Pearson，1897—1972年）就职总理后，接受约翰·乔治·迪芬贝克议而不决的教训，兑现在选举时作出“60天作决定”的承诺。首先，他立即修补对美关系。然而，财政部部长沃尔特·戈登(Walter Lockhart Gordon，1906—1987年)是自由党内一位经济民族主义者，在圣洛朗政府时就曾提出限制外国投资。这次迅速编制出预算方案，对购买加拿大企业股票的外国人或公司，征收30%接让税及红利扣除税，旨在削弱美资控制加拿大企业。这不仅引起美国人的反对，也使加拿大金融和企业界恐慌，被下院叫停。此后，自由党政府也陷入争论不休，例如，选择国旗的问题。这是与保守党争论的旧议题，自由党选择的国旗为白底红枫叶，说具有民族特征。保守党要保留英国的旧商船旗。议会则议而不决，到1965年才确定采用自由党的设计方案。1967年建国100周年时，加拿大终于有了一面国旗。莱斯特·B.皮尔逊1963年和1965年都没有得到选举多数。他的主要政绩是国家税收迅速增长，借以充实福利国家制度，建立国家支持的退休金计划和穷人救助计划，仿效美国总统肯尼迪的“新边疆”政策和林登·约翰逊的“向贫苦开战”，消除贫困，减少失业(失业率仅3.3%)和土著人的苦难；结束政治舞弊，修订选区边界，建立公平体制；完成军队指挥的一体化，等等。不过，莱斯特·B.皮尔逊政府最重要的任务是处理魁北克问题。

魁北克问题由来已久，第二次世界大战后日益严重，同西部问题一样，是工业化的“副产品”。在第二次世界大战中开始的第三次世界科技革命浪潮中，魁北克也进入战后20多年的繁荣发展期，在20世纪50年代末的繁荣第一阶段，实现了早期现代化，追赶安大略，并在60年代开始“平静革命”(Quiet Revolution，又译寂静革命)，即加快向工业化、城市化和现代化社会迈进。魁北克省的工业化模式和道路同全国一样，主要依赖美国资本，绝大部分工业被“美国投资者和英裔加拿大人资本家联合掌控”。到1961年，外国公司控制了魁北克42%的企业，其中美国资本占74%。在工业化的进程中，农业人口由1941年占省总人口的41%降至1951年的21%，1961年再降至仅占13%；农业人口大量转变为产业工人，1961年城市人口已经达到71%。

伴随着以农业生产方式占主导转向以现代工业化生产方式占主导，产业工人取代农民成为魁北克第一大社会阶级。特别要指出的是，随着工业化，第三产业发展十分迅速，“新中间阶级”随之悄然崛起。这个新阶层即“白领”，主要包括熟练技术工人、管理人员、技术人员、科研人员、职员和推销员等专业人员。他们不同于教员、律师、医生、公证人、商人和农场主构成的“旧中间阶级”，受过很好的专业训练，受雇于人，“知识相当于商人的资本，但毕竟不拥有资本，因此，他们的目标和利益跟法裔加拿大商人差别很大”。在平静革命中

莫里斯·杜普莱西斯(中)

成长壮大起来的社会精英,崇尚科学理性,藐视教会神学,尤其是反对教会控制教育,主张教学和科学研究转归世俗领域,以适应现代工业社会的需要。他们具有独立性的价值取向,对传统秩序越来越不满。为了提高自己的经济和社会地位,谋求更大的政治权利,他们积极推动经济和社会变革。这必然会削弱魁北克传统社会中乡村保守势力和僧侣集团的统治根基。然而,魁北克传统社会力量战后仍很顽强,且借改革风气转变为新民族主义,主张保存法裔加拿大人传统的乡村社会,尤其是维护法语文化和天主教不为英语文化或新教所同化。因此,依然居社会统治地位的天主教会势力成为保守势力的堡垒,抵制工业化社会的进步。这一障碍的政治代表就是魁北克省总理莫里斯·杜普莱西斯及其领导的民族联盟,在1936年与1944年两次上台统治魁北克达20多年。民族联盟上台后就抛弃竞选时的改革承诺,竭力维护传统社会秩序,保护天主教会和乡村落后势力的利益。杜普莱西斯鼓吹说:“法裔加拿大人的前途在于农业,工业化和都市化是对家庭与宗教的威胁。”而且,教会与魁北克政府相结合,成为阻碍现代化的主要障碍。

**早期反对教会传统统治的斗争** 到魁北克开始平静革命时，加拿大工业化已历时百年，这个国家的大部分地区基本上实现了现代化。在魁北克，蒙特利尔是较为先进的地区，同其他地区一样，在20世纪50年代的前期分享了战后的繁荣富裕。但是，魁北克广大乡村地区仍是传统落后的农业社会，法裔农民固守传统的生活方式、民族习惯和语言文化。这种建立在天主教和乡村贫苦基础上的保守、闭塞和愚昧，突出表现在维护旧民族主义，与全国工业社会的整个发展极不协调，早在20世纪40年代就受到新生社会力量的嘲讽、批判和抵制。1945年，画家保罗–埃米尔·博尔迪亚(Paul-Émile Borduas，1905—1960年)发表《完全拒绝宣言》(Refus Global)，抨击莫里斯·杜普莱西斯，呼唤言论自由。这是改革宣言，激励了一代青年艺术家和作家，使他成为早期改革的代言人以及后来平静革命的启蒙思想家。在这一启蒙思想的影响下，魁北克旧制度的堡垒——天主教会首先产生分化，分化出天主教劳工工会，在让·马尔尚(Jean Marchand，1918—1988年)的领导下宣扬改革，接纳非天主教徒，举行宗教仪式，按会员要求实行民主化和实用主义的安排。1949年天主教劳工工会组织了阿斯贝斯托斯大罢工(Asbestos Strike)，但最后被平息。在这次大罢工中，大主教约瑟夫·沙博诺(Joseph Charbonneau，1892—1959年)同莫里斯·杜普莱西斯分离，支持罢工斗争，得到人民的拥护，这反映了改革派势力日益壮大。

保罗–埃米尔·博尔迪亚

约瑟夫·沙博诺

在战后工业化的背景下，莫里斯·杜普莱西斯也借助于现代资本维护腐朽统治，致使外国资本在魁北克攫取大量利益，政府也从中获益，造成腐败，广大劳动者遭受沉重剥削。因此，平静革命不仅反对莫里斯·杜普莱西斯政府和绝大多数天主教僧侣集团，而且在反对传统专制势力的同时，也不满外资主要是美国资本的剥削，将美国公司作为莫里斯·杜普莱西斯巩固统治的帮凶和工具加以反对。因此，这成为早期改革运动的民族主义增长的外部因素之一。这样，平静革命也造就了一些具有强烈民族意识的“自治论者”的知识分子。

前面提到，莫里斯·杜普莱西斯1958年支持约翰·乔治·迪芬贝克夺取联邦政权，有让其维护地方利益的意图，但在约翰·乔治·迪芬贝克主政联邦期间，西部声音在渥太华不断增强，魁北克的呼声却依然微弱，反而进一步促使魁北克对联邦政府不满。在20世纪50年代后期加拿大经济短暂衰退中，这时每一个魁北克失业者都在指责渥太华，商界和金融界公开指责约翰·乔治·迪芬贝克保守党政府财政开支超过前任自由党政府。本来在20世纪40—50年代改革派的反抗斗争中，莫里斯·杜普莱西斯政权被大大削弱，却维持到50年代末，继续阻碍改革进程。这被魁北克改革派归罪于约翰·乔治·迪芬贝克保守党联邦政府，因此展开了更坚决的斗争。当两个天主教神父起来谴责莫里斯·杜普莱西斯政权选举腐败时，魁北克的新社会力量乃至整个加拿大进步力量就被动员起来了。1960年，让·马尔尚进一步帮助天主教工会，改宗世俗民族主义，皮埃尔·拉波特（Pierre Laporte，1921—1970年）将民族联盟核心的丑闻在《责任报》上曝光，皮埃尔·特鲁多在《自由城》中提出教育世俗化，电视评论员勒内·勒维克（Rene Le’vesque，1922—1987年）利用电视和大众传播文化工具引导魁北克人睁眼看世界。在将魁北克拉向北美模式的变革中，他们都起了特别的作用。这样，平静革命初步改革了魁北克的传统社会性质。

让·勒萨热

**60年代让·勒萨热的改革** 1959年9月杜普莱西斯在新旧社会势力激烈斗争中去世，他的继任者让·安东尼奥·巴雷特（Antonio J. Barrette，1899—1968年）已无力阻挡民族联盟的衰败。联邦自由党在1958年的大选中败给约翰·乔治·迪芬贝克后，让·勒萨热（Jean

Lesage，1912—1980年）重返魁北克，成为省自由党领袖，并领导魁北克自由党在1960年6月省选举中赢得胜利，在16年之后再度执掌魁北克权柄，宣告莫里斯·杜普莱西斯时代结束。让·勒萨热执政伊始就开始了魁北克的全面改革，传统史学称之为“平静革命”，意在强调它的社会意义，特别是指“使教会失去对教育与社会事业的控制”。不过，这次变革的基础是经济现代化，即战后的工业化和城市化，因此当今加拿大更多的教科书将“平静革命”诠释为从经济到社会的全面变革。

为了推进魁北克改革，让·勒萨热领导的自由党省政府首先提出“购买魁北克”计划，即实现基础和关键工业的国有化。自然资源部部长勒内·勒维克将原由英裔加拿大商人经营的8家私营电力公司收归国有，1962年合并为魁北克水电公司，占用了莫里斯·杜普莱西斯藏匿的剩余资金。1963年省政府设立魁北克经济委员会，制定经济发展规划，成立魁北克投资公司，吸纳公共和私人基金，为中小企业融资；引进现代管理技术，振兴魁北克的私营企业。1964年建立魁北克钢铁公司，发展本省钢铁工业，但效果并不显著。实际上，除水电国有化卓有成效外，其他经济改革均不理想，主要原因是法裔加拿大人比较保守，经营理念落后。尽管如此，成绩还是应当肯定的。在让·勒萨热上台初期，魁北克经济一片萧条，改革后工业化加速，第三产业的比重也有了很大的提高。1961—1966年国民生产总值从299.25亿加元增至400.64亿加元，失业率从9.2%降至4.7%，1961—1971年约增加100万人口，城市化率达80%以上。这样，魁北克基本上实现了工业化和城市化。

可是，初步实现工业化和城市化的魁北克却保留着一个传统管理机构，这是自由党所不能容忍的。实际上，自上台之日起，让·勒萨热便开始大刀阔斧地进行行政改革，着手创建一个适应现代社会管理的职业和高薪的现代官僚机构，扩大公共部门，加强政府职能以提高工作效率。1960—1966年政府部门从39个增至64个，雇员从1960年的36 000人增至1971年的35万人，主要分布在公共企业、卫生和教育部门。政府开支随之剧增，1959—1960年度为598 397 000加元，而1964—1965年度为1 437 715 000加元。改革提高了政府干预经济的能力，也推进了其他领域的改革，同时增加了新中间阶级人员的就业和晋升机会。

在政治和社会方面的改革最突出之处是民主化，尤其是选举的民主程序的建设，合理划分选区，增加选举透明度，等等。在教育改革方面，可谓天翻地覆。长期以来，教育一直由魁北克天主教会控制，服务于乡村社会和传统农业生产方式，以维护法裔民族的传统语言和文化生存。教会控制教育是造成魁北克思想普遍保守以及经济社会全面落后的基本原因。1961年3月成立了教育调查委员会，调查教育现状，制定新教育政策。1961年10月颁布了一系列教育改革法案，对15岁以下儿童实行免费义务教育。1964年成立了帕朗调查委员会，全面监管教育，剥夺了天主教会控制公共教育的权力。建立语言和宗教的中立学校，在全省建立基础教育以及大学前教育完整的地方学校体系。让·勒萨热曾发誓永远不会设立教育部，但到1964年省政府负责一个高度集中而受到控制的学校体系。几年之内，魁北克创建了高级中学和低级学院的网络，普及了中学教育，并建设了一批现代化的教育设施，从而形成了较为完善的现代教育体系。教学内容也加以改革，减少宗教内容，增加科技课程，科技教育与普通教育进一步结合，实现了教育世俗化。教育改革后，培养了一大批适应现代化的科技和管理人才队伍，反过来又促进了魁北克的社会进步。

社会改革促进了妇女的解放，魁北克妇女开始接受高等教育，以获得与男子同等的工作机会。随着第三产业的发展以及卫生和教育的世俗化，越来越多的妇女参与到社会工作中。女权运动蓬勃兴起，成立妇女团体，开展妇女运动，宣传男女平等，保护妇女权利和自由，号召广大妇女团结起来为争取平等而斗争。1964年制定了《第十六号法案》，规定夫妻法律上地位平等，妇女享有行使内务和财政职责的权利，在法律上确认了妇女的地位。

在社会福利领域，剥夺教会控制社会福利的职能，由政府专门机构接管，进一步扩大社会福利的项目和惠及范围。1964年颁布义务捐助养老金计划，1965年成立社会保险和社会福利部。在工会组织的推动下，1964年还颁布新的劳动法，规定了工会财政的独立性。更重要的是，赋予了公共部门雇员进行罢工的权利。

**社会进步与新民族主义兴起**　教会势力在平静革命之后衰落，教育实现了世俗化和现代化，一直统治魁北克人思想的天主教会影响力一落千丈。新观念和新思想极大地冲击了天主教会的伦理道德和传统观念。“平静革命”之前，几乎所有法裔加拿大人都是天主教徒；改革后，天主教徒数量急剧下降，教徒从1965—1975年丧失50%。宗教活动也大为减少，昔日热闹的教堂变得十分冷清。魁北克“看上去更像这个国家的其他省份了”。毕竟，多数省都管理学校、控制水力发电事业，而且除大西洋沿岸各省外，都禁止了最丑恶的牧师推荐权。改革趋势如此强劲，现代化运动已不可阻挡，即使1966

年6月自由党因过分自信而被他们轻视的丹尼尔·约翰逊(Daniel Johnson, Sr., 1915—1968年)及其领导的民族联盟打败后,魁北克仍循着改革方向继续进步。

发起“平静革命”的知识分子本来就具有强烈民族主义的倾向,因此魁北克改革很快便走向民族主义。实际上,让·勒萨热发起改革之初,已经使“改革热情与民族精神相结合,相互促进”。20世纪60年代的魁北克人,同20世纪初的亨利·布拉萨一样认为,不被承认为“创始民族”是一种羞辱。在改革的过程中,历史教科书一直向魁北克人灌输他们是两个创始民族之一,加拿大联邦是两个平等民族之间的“契约”。

“平静革命”的这些发展早已引起全国注意。新民主党1961年创建时就致力于“两个民族”的理论和双语制度的建设,同情魁北克,确信它也应得到民主对待。执政的自由党,由于完全依赖魁北克选民的选票,很快就将魁北克问题提升为联邦的问题,既为维护国家团结,又为安抚魁北克,不仅从政治上也要从文化上满足魁北克的要求。莱斯特·皮尔逊总理几乎刚刚宣誓上台,就在1963年7月建立一个双语和二元文化皇家委员会(Royal Commission on Bilingualism and Biculturalism),由《责任报》(*Le Devoir*)杂志主编安德鲁·洛雷多(André Laurendeau, 1912—1968年)和加拿大广播公司(Canadian Broadcasting Corporation)前董事长戴维森·邓顿(Arnold Davidson Dunton, 1912—1987年)出任两主席,寻求解决问题。这个委员会也是循着新民主党的理论,提出加拿大人必须承认法语也是一个平等的官方语言,政府不能只使用英语。如果魁北克人不能被说服,让他们相信整个加拿大也是他们的家园,国家就会分裂。1965年确定放弃带有英国殖民主义印迹的老式旗帜,代之以白底红枫叶的国旗,也是为了照顾魁北克法裔加拿大人的民族情绪。在财政和

1911年政治漫画:组合英国、法国和加拿大象征的国旗

福利计划上，政府同意更大的让步。这些安排也受到了西部政党和舆论的批评，新民主党首领普雷斯顿·曼宁(Preston Mannig)指责说，给魁北克“一个特殊地位”，会助长魁北克的独立情绪，制造地方分裂。《温哥华省报》则称红枫叶国旗为国家不团结的象征。但是，为了避免魁北克形势恶化，维护联邦统一，自由党政府并没有放弃双语和二元文化解决问题的思路。

1960年7月，魁北克省政府在第一次联邦—省际会议上率先提出，撤出一些共同福利计划，并将大部分税收归还各省。同时，让·勒萨热不像20世纪40年代莫里斯·杜普莱西斯那样提出取消财政分担计划。这样做，是为了要回莫里斯·杜普莱西斯因拒绝联邦财政分摊计划而失去的大笔资金，以填补魁北克省政府的财政亏空，但被约翰·乔治·迪芬贝克领导的保守党联邦政府所拒绝。而1964年，自由党莱斯特·B.皮尔逊政府重新安排分摊计划，增加各省税收份额，根据自愿原则承担分摊计划的财政责任，同时联邦政府给予补偿款。魁北克取得税收权，但退出现行大部分分担计划。1965年联邦政府颁布加拿大退休金计划，魁北克根据1951年宪法修正案关于各省对退休金立法具有至高无上权力的规定，实行本省独立的退休金计划，不再参加联邦政府“量入为出”的计划。魁北克的目的是征集巨额储备金，用于本省的投资目标，结果魁北克获得了对本省经济更多的控制权，省权扩大了。虽然改革初衷是振兴法裔民族经济，提高法语语言和文化的影响力，尽管省内让·勒萨热自由党是联邦派，但过于强调魁北克省的重要性，从而促进了民族主义力量滋长的势头。后来，魁北克自由党实际上已经不能控制省内局面，主张分离的民族联盟迅速成长壮大。

丹尼尔·约翰逊

1962年选举落败后，丹尼尔·约翰逊(Daniel Johnson，1915—1968年)对民族联盟进行了现代化改造，吸收让·勒萨热内阁的每一个热心民族主义者。1963年，6个魁北克人中就有一个相信分离，少数恐怖分子成立“自由魁北克”武装组织，设置邮箱炸弹，进行恐怖活动。形势如此严重，而让·勒萨热仍对省自由党政府控制局势的能力十分自信，结果在1966年6月魁北克省立法议会选举中被民族联盟击败。由于资源丰富，从艺术教育到让蒂里的核工业，靠自身力量，魁北克没有什么不能做到。魁北克不能做到的只是保护省外少数法裔加拿大人。其余省份能够让渡资源和权力，而魁北克则不能，法语和文化生存有赖于强大的政府。因此，从一开始，丹尼尔·约翰逊的民族联盟政府就主张魁北克从加拿大联邦中分离出来，并得到新中产阶级的支持。改革没能使他们的地位得到彻底改善，他们认为只有独立才能达到目的。

激进的民族主义分子成立了恐怖组织魁北克解放阵线（Front de libération du Québec）和魁北克解放军，企图以暴力实现独立。这样，在现代化运动中觉醒的法裔加拿大人的民族意识便日益走向极端，最终演变为独立运动。1967年举行建国百年庆典时，民族分离主义者也修改好最后的纲领，声讨对魁北克“不公正的一百年”。

更严重的是，激进的民族主义还得到了法国政府支持，魁北克驻法代表的地位被提升，加拿大大使受冷落，取消乔治·菲·瓦尼埃（Georges Phileas Vanier, 1888—1967年）总督的访法安排。加拿大政府邀请英国女王和法国总统戴高乐参加百年庆典，英国女王的到来成为分离主义展示力量的机会，尽管未出现骚乱。而戴高乐则借机鼓励分离主义，声称魁北克是“我们自己的民族在此繁衍生息”。本是国事访问，魁北克省政府却将联邦官员排斥在外，独揽这次访问的接待安排。戴高乐从魁北克城溯圣劳伦斯河而上，7月24日在蒙特利尔市政厅前举行盛况空前的群众集会，军队摆出V字形，戴高乐高呼：“魁北克自由万岁！”当然，莱斯特·B.皮尔逊对此进行了尖锐的抨击，甚至已不讲外交礼节。戴高乐便取消对渥太华的访问，提前回国。为了缓和事件的负面影响，安大略总理约翰·罗伯茨支持召开内容为“联邦明天”的会议，丹尼尔·约翰逊却借机宣布“魁北克国家”从今以后将与加拿大其余地区平等打交道。自1966年6月省立法议会选举败给民族联盟之后，魁北克自由党发生分裂，资源部部长勒内·勒维克脱离自由党，并在1967年年底创立“主权—联合运动”（Mouvement Souveraineté-Association）协会，提出以和平方式实现魁北克主权独立，同时保持与加拿大的经济联系。此举旨在将省内互相争吵的分裂各派统一为唯一的独立运动。

对魁北克的独立运动，莱斯特·B.皮尔逊自由党联邦政府一味地姑息。联邦政府中来自魁北克的官员倒是坚定的联邦主义者，反对姑息，并很快成

皮埃尔·特鲁多

为党内主流，代表人物是让·马尔尚、《新闻报》主编热拉·佩尔蒂埃尔（Gérard Pelletier, 1919—1997年）和皮埃尔·埃里奥特·特鲁多（Pierre Elliott Trudeau, 1919—2000年）3位自由党的精英。几个月之后，皮埃尔·埃里奥特·特鲁多成为三人团的主角，1965年应聘入阁，并在1968年4月接替辞职的莱斯特·B.皮尔逊当选为自由党领袖，并接任联邦总理之职。6月25日全国大选，皮埃尔·埃里奥特·特鲁多领导自由党以155票对77票战胜斯坦菲尔德的保守党，组成了一个自由党的多数政府。

自由党内外的加拿大人都对皮埃尔·埃里奥特·特鲁多寄予厚望，将他看作是擅长政治突破的领导人。皮埃尔·埃里奥特·特鲁多果然不负众望，不仅突破了魁北克民族分离运动的政治难题，而且开创了加拿大历史上一个特殊的自由主义时代。

## 三、皮埃尔·埃里奥特·特鲁多自由主义时代

加拿大在20世纪60—70年代之交随同西方国家进入自由主义时代。富裕的年轻一代对传统政治家所长期追求的平稳日益不满，要求开拓、变革和创新，追求自由，反映进入工业社会以后人民信心增强，精神面貌焕然一新。皮埃尔·埃里奥特·特鲁多的政治风格正好适应这一时代要求，符合市民或年轻人的口味。在皮埃尔·埃里奥特·特鲁多离职后很长一段历史时期内，加拿大甚至仍沐浴在他所开创的自由主义之风中。因此，加拿大的自由主义时代应当冠以皮埃尔·埃里奥特·特鲁多的名称。

**自由主义兴起** 作为一位自由主义的政治家，皮埃尔·埃里奥特·特鲁多一直提倡和宣传公正社会的主张。在竞选演说或多次辩论中，他一再表示要消除社会不公，扩大社会福利，提高全民生活质量；消除种族歧视，实现民族平等。“加拿大必须统一，加拿大必须进步，加拿大必须是一个公正的社会”。这是皮埃尔·埃里奥特·特鲁多长留人间的名言，也是他的治国圭臬。他的私人生活也精彩纷呈，喜欢漂亮女人和豪华赛车，长期单身，随心所欲，结交女友大多是知名歌星和影星，有芭芭拉·史翠珊、马格特·基德和吉他手欧

丽娜·博伊德等。他1971年52岁时同自己一位内阁部长辛克莱的女儿、21岁的玛格丽特结婚,而在有了3个儿子后,1984年突然离婚,轰动一时。

皮埃尔·埃里奥特·特鲁多上台后得以践行建立"公正社会"的竞选诺言,得益于加拿大取之不尽的自然资源保证国民生产总值每年以5.5%速度增长。1967年联邦政府的收入是1957年的两倍,保证了皮埃尔·埃里奥特·特鲁多开局顺利。虽然联邦政府所占国民生产总值份额下降,各省税收增长,但两级政府很快就福利分摊计划达成一致。1965年所有省份在联邦统一标准下实行养老计划,魁北克虽然未加入,但养老计划几乎与全国相同。1957—1968年约翰·乔治·迪芬贝克和莱斯特·B.皮尔逊先后取得各省同意,引进住院和医疗保险制度,联邦政府制定了统一标准,并提供一半费用,由省政府负责实施。全民医疗保险制度实行费用全免的全面保险。1962年萨斯喀彻温省平民合作联盟政府开创的这个制度,1967年已成为全国不可抗拒的要求。医生企图继续控制包括医疗价格在内的整个健康医疗,以"医药社会化"威吓选民,甚至罢医,然而病人的权利在自由主义时代比专业协会更受重视。

1968年皮埃尔·埃里奥特·特鲁多刚接任总理时,享受失业保险者仅包括年收入低于700加元者、季节工和沿海渔民。1969年联邦政府宣布福利制度改革,以失业保险为主要对象,并着重改善年轻人和中下层民众的生活。到1971年,与福利改革相关的法案全部在议会通过,新福利制度包括失业保险、低收入者补贴(中下层)和个人发展援助(针对年轻人),受惠面更广,几乎人人得利,且资助优厚,一般的失业补助每月700—800加元,是所有保障金中最慷慨的。另外,设立儿童抚育补贴,补贴费300加元,俗称牛奶费。虽然有人担心费用太过庞大,但在繁荣时期一切均可办到。到20世纪70年代初,联邦政府只剩200亿加元债务,占国民生产总值的20%,而1977—1978年财政年度联邦预算用于保健和社会项目的开支高达116.6亿加元,占国家支出总额的27%。其中,失业保险金所占份额最大。到1981年,总共发放了48.28亿加元的失业补助金,失业者平均每周领取130加元。如此完备丰厚的社会福利制度,世界无双,而全民福利制度奠定了皮埃尔·埃里奥特·特鲁多自由主义社会的基础。其间,皮埃尔·埃里奥特·特鲁多经历4次大选胜利,任加拿大总理达16年之久,继约翰·亚历山大·麦克唐纳、威廉·莱昂·麦肯齐·金之后成为第三位任职最长的总理,政绩也堪与他们比肩。

繁荣使这一代人相信没有什么不能拥有,且代价较少。这一代人的双亲收入增加了一倍,保证生活轻松,对未来不必担忧。每个时代的年轻人都在寻求独立身份，20世纪六七十年代的加拿大社会已由年轻人支配，从未有过这么多加拿大人达到成年，也从未这么富裕过。对于他们来说，长期繁荣像天上掉下馅饼，长辈们激动不已，他们却视若寻常。越来越多的年轻人走进大学或学院，很多加拿大人都相信能够盼望想要得到的任何东西。教育家宣传教育比任何其他投资能够得到更好的回报，退休基金的资金大量投资于扩建新大学或新学院。两级政府出资支持从学生贷款到促进全民健身和业余体育等各类公共项目。

冬季休假或国外旅行成为中产阶级日常生活的内容。加拿大大学海外服务团（Canadian University Service Overseas）第一批志愿者于1961年前往国外，成为成百上千万青年的先锋。为了与美国人区分，他们将枫叶国旗缝在背包上。到越南去打仗的加拿大年轻人比在加拿大逃避兵役的美国青年还多。

城市中产阶级决定了自由主义的时代风尚，在温哥华或蒙特利尔的闹市区，比在梅迪辛哈特、米西索加或拉瓦尔这些小城镇更能见到自由主义的生活方式。人们几乎要摆脱每一种传统的约束，衣着、语言和人际关系更能体现自由主义的时代风尚，这主要是受美国的影响。那些因为便宜、轻便而穿布拉儿的人们向往和追求缓慢的生活节奏。妇女地位提高更加鲜明地显现了自由主义的时代风尚。早期的母性女权主义一直为保护或扩大妇女的传统养育角色而斗争。绝大多数加拿大人在20世纪六七十年代想要孩子，保持婚姻，而自由主义则意味着结束妇女以前所有固有的角色。社会学家说，如果妇女要改变受男性限制、社会地位低下的状况，妇女就必须摧毁这些陈规陋习，在商业、政府、教育和专业领域占有足够有权的地位。妇女特别要求自己控制生育，1960年发明了可靠安全的避孕药，为避孕提供了实际保障。加拿大的出生率，从1957年的29.2‰急降至1967年的18.2‰。在多子女的天主教区魁北克，下降甚至更为明显。家庭规模的改变主要不是因为节制生育，而是因为非婚生育。非婚生育1969年是1957年两倍。裸体、同性恋和婚前同居禁忌均已淡化。皮埃尔·埃里奥特·特鲁多当司法部部长期间于1967年修改堕胎、离婚和同性恋法，天主教主教没有反对，只担心堕胎妇女的健康。离婚平均每年6 000对夫妇，1967年后增加一倍，1974年每4对夫妇就有一对离婚，1990年又增加一倍。

种族问题等老旧问题也受到重视，加拿大曾激烈批评美国和南非的种族政策，20世纪60年代末却发现自己很多地方黑人和土著人命运同样悲惨。

富裕还促进了竞技体育的广泛普及。由于美加城市队竞争参赛权，6人国家冰球队被解散了，除得到天才球员和赛季外，还希望得到门票收入。由于美国球赛的大规模电视转播，几乎无人关心加拿大自己的比赛。20世纪70年代，两支美国篮球劲旅的竞赛完全吸引了蒙特利尔和多伦多的球迷。富裕还激发了人们热爱运动，喜欢慢跑的罗兰德·米切纳（Roland Michener，1900—1991年）总督引导一个好静而身体超重的民族注重运动和健康，并且很快在各个年龄段的人群中普及。从射击到网球，加拿大运动员都达到了世界水平。魁北克人斯泰韦·波德博尔斯基（Steve Podborski，1957— ）赢得高山滑雪世界冠军，西尔维埃·贝尼埃（Sylvie Bernier）赢得奥运会高台跳水冠军。

城市街道治安相对安全，但色情和毒品使犯罪急增，成为进步中最丑恶、最悲哀的现象。1957—1974年被判吸食兴奋剂罪者从354人增至30 845人。警察阻止毒品交易时断时续，没有效果，因为得不到支持。政府试图降低人们饮酒年龄，考虑大麻合法化，以减少吸毒犯罪。出版检查退回到只做等级分类。为了维护传统道德，温哥华市长和多伦多警察企图关闭艺术馆和下流小报而遭到全国嘲笑。

自由主义也摧毁了很多曾支撑保守社会的制度。大学膨胀得超出注册标准，学生参与管理，甚至参与决定科研计划，奖学金实际作用提高。过去各级政府拒不承认政府雇员罢工和集体谈判权，但萨斯喀彻温省平民合作联盟打破了这个传统，1964—1968年各省和联邦政府雇员最终都赢得了谈判权，绝大多数雇员还有权罢工。教派分裂促成了泛基督教主义，20世纪50年代绝大多数人还去教堂，60年代减少一半。教堂座位空空如也，教士大讲境遇心理学，还在教堂地下室开咖啡厅。不过，健全的制度经受了自由主义的考验，摧毁的只是缺陷；当社会活跃分子离去而只留下信徒时，教会并没有受到削弱。工会由受过教育、有理想的会员管理，斗争性更强，也更民主。中学和大学渡过混乱时期，课程设置革新，帮助妇女、土著人和少数族，以及改善环境。社会科学促进了数据整理和分析，有助于商业和政府决策的准确性，有助于个人追求知识；自然科学和数学教学使受教育者认知水平提高，不过难逃行政管理和过分扩大的后遗症。自由主义时代最实际的进步是20世纪70年代开始重视保护环境，人们悲哀前几代人盲目开发资源和毁坏耕地而扩张郊区。现在保护土地、抵制农药、毛皮贸易和猎捕海豹已成为自由主义的重要内容。来自国外的环境保护主义、女权主义或反种族主义等自由主义流派，激起了加拿大人反美主义的呼唤乃至反越战的抗议运动。皮埃尔·埃里奥特·特鲁多1967年年底迫使议会接受对离婚、堕胎和同性恋的法律改革，更是开加拿大改革风气之先。他说:“国家没有干涉国民卧室的权力。”没有那句话比这句话更准确地表达自由主义的价值观。虽然存在吸食毒品和色情之类的丑恶现象,但从整体上看,加拿大更文明、更有创新性,成为最吸引移民居住的国家。

“任何时代的自由,财富都是基础”。第二次世界大战后20多年几乎不间断的经济繁荣造就了富裕社会,而继20世纪五六十年代长期繁荣之后,皮埃尔·埃里奥特·特鲁多执政初期,国家经济更是强劲发展,国民生产总值逐年增长,国民收入也大幅提高。按1970年价格计算,国民生产总值是856亿加元,国民收入300亿加元,到1980年分别增加到2 900亿加元和1 300亿加元。短短3年后的1983年,又分别达到4 000亿加元和3 400亿加元(均按1975年价格计算)。在20世纪70年代中期以前,经济增长率创战后最高速度,年平均为7%;中期之后虽有下降,仍高于英美两国,人均生产总值居世界第四位。70年代所提供的产品和服务已是第二次世界大战前的5倍,而从生产和贸易的总体水平来衡量,国内生产总值排在资本主义国家第七位,人均国民收入排在第三位,而人口仅为其他6国的1/2—1/10。1978年加拿大“成为七大工业国集团的小兄弟”。

20世纪60年代末70年代初的后续繁荣是由越南战争促成的,然而已是长期繁荣的最后阶段。越南战争中,加美两国在政治上分歧严重,同时在经济上也开始体面地分离。这也应了物极必反的说法。第二次世界大战后,加美两国经济空前融合,这引起了加拿大经济民族主义者的警觉。莱斯特·B.皮尔逊的财政部部长沃尔特·戈登由于1963年财政预算和1965年选举判断失误出丑,但仍受总理之托发起重新调查美国控制加拿大经济的情况。民族主义经济学家迈尔维尔·H.沃特金斯(Melville H.Watkins)起草了一个研究报告,其中关于公司美国化的统计数据既启发了皮埃尔·埃里奥特·特鲁多,也使新民主党在20世纪70年代提出在经济决策中限制美国资本。这在一定程度上使经济发展速度放慢,这也是过去保守历史学家的一个普遍认识。其实,在20世纪60—70年代之交,加拿大经济从峰巅下落有多种原因,不仅仅是因为限制美国资本。繁荣造成的通货膨胀,早在1966年已显迹象。1961—1965年消费价格指数上升约5%,经10年平衡,增加了17个百分点。有经济学家将此归因于工人工资增加两倍的过快增长,这是由于莱斯特·B.皮尔逊给予联邦雇员罢工权的改革所致,公共事业工会和政府工作人员也提高了偏低的工资。另外,从高投入的1967年蒙特利尔世界博览会到为越南战争提供资金借款,也加重了通货膨胀对国家经济的危害。同样，加拿大银行迅速采取紧缩货币措施也是原因之一。然而，主要原因都来自外部，且受害者不只是加拿大。结果，莱斯特·B.皮尔逊明显成为这次危机的替罪羊而让位于皮埃尔·埃里奥特·特鲁多。

**地方主义情绪高涨**　20世纪七八十年代出现的社会和政治动乱也成为自由主义时代的象征，首先是魁北克省的分离主义。20世纪60年代“平静革命”之前，法裔加拿大工人收入最低，甚至比其他省来自欧洲的新移民还要低，生活水平较全国平均水平低10%，比最富裕的安大略低20%。随着法裔加拿大人为赚取更高工资而移居其他省，魁北克人口不断减少。经过战后的持续繁荣，魁北克经济有了很大发展和进步，若平衡一下全国的“穷省”与“富省”，魁北克省位居中间，既有安大略式的城市增长，又有大西洋海岸省的那种衰败，但已是富裕社会。“平静革命”的社会改革，使成千上万涌入新增学院或大学的魁北克年轻人学会的不只是进入公司的通行证——英语，也培育了民族主义，以及向联邦政府挑战的本领。到皮埃尔·埃里奥特·特鲁多自由主义时代，魁北克民族分离主义已有了很大的发展。这时，老一代的民族联盟领导人丹尼尔·约翰逊已经去世，新一代的继承人让-雅克·贝特朗（Jean-Jacques Bertrand，1916—1973年）治理无能，民族联盟陷入困境，主要失误是处理蒙特利尔意大利人社区语言骚乱的不得力。在20世纪60年代以后，蒙特利尔同多伦多一样涌入成千上万干粗活的南欧移民。由于发觉语言决定当地的经济收入，说英语的新移民平均收入甚至超过会说双语的法裔加拿大人，因此绝大多数家庭把子女送入英语学校，结果引起了新移民与法裔加拿大人之间的仇恨。1967年蒙特利尔世界博览会后的衰退，更是助长了这种对立情绪，最终酿成了蒙特利尔圣·莱昂纳郊区意大利移民发动语言骚乱。由于担心对魁北克传统的语言和教育多元化产生威胁，让-雅克·贝特朗采取让步处置措施。这就威胁了魁北克的传统和皮埃尔·埃里奥特·特鲁多的全国双语计划。这个事件加上洛雷多—邓顿双语和二元文化皇家委员会的调查，证实了语言不公平的状况，分离主义者趁机煽动不满情绪。民族联盟虽然因此遭到挫折，但勒内·勒维克领导的主权—联合运动协会（Mouvement Souveraineté-Association）却成为分离运动的主导力量。1968年10月，主权—联合运动进而改组为一个政党——魁北克人党（Parti Québécois），通过引诱机制将分离主义分子统一组织起来。

魁北克人党将坚持政治独立作为解决魁北克问题的唯一道路，但为了减少独立的阻力，则主张仍与加拿大维持经济联盟。这一主张成为魁北克独立运动的主流思想。作为魁北克人党的创立者和思想家，勒内·勒维克的策略是“主权—联盟—政治主权”。所以，他提出的主张比省内自由党倡导的经济、社会和文化等所有改革都更激进。而且，由于勒内·勒维克在加拿大舆论界的长期影响，他的狂热的民族主义、激进政策或策略乃至个人魅力使魁北克人党成为一支可怕的政治力量。在1970年4月29日魁北克省选举中，争夺基本上是在罗伯特·布拉萨（Robert Bourassa，1933—1996年）领导的自由党与魁北克人党之间展开。魁北克人党要求选民赞成独立。罗伯特·布拉萨是个年轻而坚定的联邦主义和专家治国论者，并有联邦总理皮埃尔·埃里奥特·特鲁多为后盾，他采取迂回策略来对付魁北克人党的分离主义纲领，提出解决语言问题，允诺提供成千上万个新的工作机会，宣称联邦制度必将带来利益。魁北克人为工作而焦虑，对分离运动发动的没完没了的游行、示威、罢工乃至暴乱早已厌烦，因此罗伯特·布拉萨的承诺颇受欢迎。结果不投民族联盟的选票被社会信誉党和魁北克人党平分，自由党因此获胜，获得108个议席中的72席，魁北克人党仅得7席。

然而，获胜上台的自由党面临的是魁北克人党分离主义几年来折腾的烂摊子。魁北克债台高筑，许多企业只能依靠补贴或关税减免才勉强开工，成千上万的毕业生找不到大学学位所期许的工作。教师以往日崇信天主教的热情转向马克思主义，蒙特利尔街头骚乱一波接着一波，几乎成为革命的先兆。市长让·德雷波（Jean Drapeau，1916—1999年）发出恐怖主义的警告，而媒体讥讽他故意耸人听闻，以获得连任，但警告很快成为现实，魁北克一片混乱。魁北克人党却利用这一形势，攻击罗伯特·布拉萨的自由党政府，而魁北克人党的选举失败也驱使分离主义组织——魁北克解放阵线（Front de libération du Québec）走极端路线，乞灵于恐怖暴力。1970年10月5日，魁北克解放阵线绑架了英国驻蒙特利尔商务专员詹姆斯·科罗斯（James Cross），提出价值50万加元黄金的赎金、释放政治犯、警察停止逮捕、广播魁北克解放阵线宣言等要求。联邦和魁北克省政府为了解救詹姆斯·科罗斯，同意谈判解决危机，甚至答应他们最后一条要求，即广播魁北克解放阵线宣言。但10月10日，魁北克解放阵线的成员又将省政府劳工部部长皮埃尔·拉波特从他家前院的草坪上抓走，15日蒙特利尔大学和部分群众罢课、集会，以支持魁北克解放阵线。魁北克解放阵线派代表与罗伯特·布拉萨谈判，要求在魁北克组织联合政府，宣布魁北克省独立。勒内·勒维克与《责任报》瑞安以及其他著名的民族主义分子一起，吓唬罗伯特·布拉萨不要让皮埃尔·特鲁多卷进来，但为时已晚。这位一度动摇的省总理吓坏了，向渥太华求助，导致加拿大现代史上著名的十月危机（October Crisis）。

作为坚定的联邦主义者和来自魁北克省的政治家，皮埃尔·埃里奥特·特鲁多十分了解魁北克问题的重要性和迫切性，并且一直认为独立的法兰西民族国家在北美历史上未能长期存在，当今更不可能。分离不能解决魁北克问题。他不认可联邦政府以往一再向魁北克民族分离主义分子妥协，认为莱斯特·B.皮尔逊政府时期对分离主义让步，甚至向省级政府交权，给魁北克特殊待遇，只能助长分离主义分子胃口大开，可能导致国家分裂。他的思路是，魁北克要加快经济和社会现代化进程，追赶先进的英裔省份，并抛弃狭隘的民族主义。早在1968年2月莱斯特·B.皮尔逊主持的联邦—省际会议上，魁北克总理丹尼尔·约翰逊提出分离要求时，刚出任联邦司法部部长的皮埃尔·埃里奥特·特鲁多果断出面，维护联邦主义，抨击丹尼尔·约翰逊。他还经常鼓励魁北克年轻人离开祖先的棚屋，跟他一起管理包运船户祖先创建的这个国家。他坚持从语言和文化入手解决魁北克问题，加强法语教育，将法语提升为与英语同等的官方语言，以使法裔居民不再被看作是二等公民；只要法裔加拿大人觉得自己是平等的加拿大公民，就会忠于加拿大，魁北克问题就可以解决。执政后，皮埃尔·埃里奥特·特鲁多立即令洛雷多—邓顿双语和二元文化皇家委员会在上届莱斯特·皮尔逊政府调查的基础上，制定了《官方语言法》，确定法语的官方语言地位，官方文件和法令英法文字并用，联邦政府官员必须使用双语。因此，皮埃尔·埃里奥特·特鲁多决不允许魁北克解放阵线等极端分离主义分子破坏他的改革、葬送联邦制而分裂加拿大。除坚持迫使魁北克省政府拒绝魁北克解放阵线的要求外，1970年10月15日接到罗伯特·布拉萨求助的当天，皮埃尔·埃里奥特·特鲁多就调动1万名士兵进驻蒙特利尔、魁北克和渥太华。第二天黎明之前，宣布实施《战争处置法》，除将主要的公共人物和政府机构置于部队保护外，又迅速出动警察拘捕魁北克解放阵线成员。原计划逮捕70名主犯，实际逮捕了460人，显然有错抓的同情者，后来大部分被释放。包括杀害劳工部部长皮埃尔·拉波特、绑架英国外交官詹姆斯·科罗斯的20名重犯被判刑。

在10月危机中，皮埃尔·埃里奥特·特鲁多的自由主义象征的形象受到破坏，但皮埃尔·埃里奥特·特鲁多辩解说，政府采取行动，“是要让绑架者、革命恐怖分子和凶手明白，这个国家的法律是由加拿大绝大多数人选出的代表制定和执行的，不是由一小撮自己选出的暴徒执行的”。绝大多数加拿大人认可这个理由。实施《战争处置法》后，魁北克解放阵线的同情者很快销声匿迹，也结束了对民选的罗伯特·布拉萨自由党省政府的危害。十月危机实际上提高了皮埃尔·埃里奥特·特鲁多自由党联邦政府的威信。不过，鼓吹充分公民权的人从未原谅过皮埃尔·埃里奥特·特鲁多，坚持认为他的行动与自由主义时代相背离。

在皮埃尔·埃里奥特·特鲁多自由主义时代，除魁北克人党的分离主义高涨外，西部草原3省与东西海岸各省的地方主义也在日渐抬头，尤其是西部草原3省的地方主义产生的背景也与魁北克分离主义一样，是现代化滋长的地方主义。

从整体上看，西部草原省份的经济发展一直比较落后，工业化水平在很长时期内甚至还跟不上东西沿海地区，经济部门单一，长期以小麦经济为主，只是在第二次世界大战后才增加了资源工业。随着20世纪60年代国家工业化的深化，西部经济才随之进步，基本的产业部门——农业出现革新，实现了机械化，将家庭所有制的农场变革为上千乃至几千英亩的大产业，完全依靠科学技术、财政措施和合作经营方式。虽然仍是实行以小麦为主的大宗产品生产，但农场主也实行生产多样化，种植油菜和亚麻，气候和灌溉允许的地方也栽种蔬菜。巨型农场意味着农业人口减少，战后草原地区有75万人离开农场。马拉犁时代的基本面貌——村庄、铁路线和升降机谷仓已成为历史。从1933年至1978年，西部的5 758个升降机谷仓几乎消失一半；15英里一个粮车装运站以及一犋马拉犁的风景线也已消失。1940—1980年农业人口从60%减为30%。

西部更大的进步是工业化速度加快，到皮埃尔·埃里奥特·特鲁多时代，工商业已取代农业成为草原主要产业部门，实现了经济多样化的变革。但是，西部工业化不同于东部以制造业为主的工业化过程，而是以资源开发和加工为导向。1947年发现勒杜克油田，引来了跨国石油公司几十亿美元的投资，提供国内10%的石油和天然气。20世纪60年代在接近魁北克市场以麦克堡及麦克穆雷堡为中心的阿尔伯塔北部面积相当于英格兰的地区，发现了储量可开采200年的丰富油砂矿，可提炼出年产35亿加元的石油，仅次于沙特阿拉伯，处于世界第二位。萨斯喀彻温和马尼托巴省走的也是同样的工业化道路。萨斯卡通号称世界钾碱之都，里贾纳有大型钢铁联合企业，可以满足西部石油管道的需求。汤普森和林莱克的镍矿也促进了马尼托巴省经济发展的多样化。西部自19世纪末以来一直以小麦经济或木材贸易为主的经济发展模式宣告结束。由于西部的发展，太平洋铁路公司也在20世纪90年代初从蒙特利尔搬到卡尔加里，以逃避魁北克民族主义的干扰，东部的银行和股票交易所在西部都设立了分支机构。在这一时期，温尼伯、里贾纳和萨斯卡通都变为工商业都市，人口增加两倍，卡尔加里和埃德蒙顿增至7—8万人，1981年双双超过温尼伯而成为地区都市，草原的发展也使最西端的温哥华成为超过百万人口的大都市。这些都被西部看作是本地区经济现代化的象征。

同魁北克一样，经济现代化也给西部带来政治动荡和变革要求。联邦总理皮埃尔·埃里奥特·特鲁多与西部省份矛盾不断，首先因石油而起。作为经济民族主义的领袖，皮埃尔·埃里奥特·特鲁多认为加拿大国内有足够的石油，全国应当从石油自给政策中获益，摆脱欧佩克的剥削；边疆石油开采以及加拿大国有石油公司也应当使加拿大东西不同地区同样获益，阿尔伯塔省不应当期盼国际高油价。1973年皮埃尔·埃里奥特·特鲁多政府开始干预石油价格的波动，对出口美国的石油课税，以资助依赖欧佩克的东部消费者。阿尔伯塔等石油省感到不公。令西部工商界愤怒的是，东部安大略和魁北克两省生产的汽车、外销煤炭等各类产品可以以国际市场价格出售，渥太华从未进行干预以救助西部。当1979年西部与渥太华就油价就要达成妥协时，欧佩克新油价最终升高了3倍。这一年是选举年份。皮埃尔·埃里奥特·特鲁多政府的反应同1973年一样，继续牺牲阿尔伯塔省并资助进口石油的东部各省。问题是如此尖锐，不但导致皮埃尔·埃里奥特·特鲁多自由党政府下台，而且继皮埃尔·埃里奥特·特鲁多之后上台、出生于阿尔伯塔的查尔斯·约瑟夫·克拉克（Charles Joseph Clark，1939— ）领导的保守党政府也十分短命。

查尔斯·约瑟夫·克拉克

1980年3月皮埃尔·埃里奥特·特鲁多再次就任联邦总理后，西部与渥太华的争端最终白热化。西部资源各省一致指责联邦政府说：

开采资源压低(石油)价格是抢夺后代的钱财,已探明的资源也过了高峰开采期,资源收入的节余应不断注入阿尔伯塔和萨斯喀彻温省的遗产基金。可是,皮埃尔·埃里奥特·特鲁多政府却一直在牺牲西部的利益,例如,企图对萨斯喀彻温新民主党政府实现钾碱工业国有化的计划釜底抽薪,加以破坏,结果萨斯喀彻温与阿尔伯塔结成了统一阵线。当铺设马更些河谷石油管(Mackenzie Valley Pipeline)将北极天然气和石油输送到阿尔伯塔的计划遭到破坏时,贾斯庭斯·托马斯·伯杰(Justice Thomas Berger, 1933— )领导的皇家委员会保证支持北方土著人部落的要求,促使他们加入南方草原各省反对渥太华的政治同盟,要求拥有自己的资源。于是,因纽特人和戴奈人(北方土著人部落的新称呼)以北方开发为工具,迫使联邦政府对其政治和领土权要求让步。

西部各省与渥太华的争端也因传统产业问题而加剧。小麦经济繁荣过去之后,西部农场主与联邦政府冲突不断,20世纪70年代晚期草原各省经历了历史上少有的几个大丰收年,但陈旧而过度紧张的运输系统损害了他们的利益。农场主竭力维护1897年《西部谷物运输协议》所确定的小麦“运费率”,将其视为神圣的地方象征,但铁路公司强烈反对而实行高运费,还冠冕堂皇地说可促使谷物在当地出售以繁荣畜牧业。草原各省希望皮埃尔·埃里奥特·特鲁多政府同20世纪五六十年代的约翰·乔治·迪芬贝克政府一样帮助他们,而皮埃尔·埃里奥特·特鲁多则质问愤怒的西部农场主:“我为什么要替你们销售小麦呢?”这句话说明他对西部非常冷漠,忘记了小麦局是联邦政府的代理机构。渥太华不再管小麦销售,但又鼓励压缩小麦种植面积,听话的农场主后来损失惨重,因为中加粮食贸易和加苏粮食贸易使谷物价格很快攀升。虽然草原各省政府予以价格补贴,但农场主依然十分不满,将怒火发向皮埃尔·埃里奥特·特鲁多的自由党联邦政府。苏必利尔湖以西农业地区的选票对1968年皮埃尔·埃里奥特·特鲁多上台发挥了重要作用,但20世纪70年代后期皮埃尔·埃里奥特·特鲁多在西部的威信迅速下降。

自由主义时代西部的政治变动与经济发展战略息息相关。1969年马尼托巴保守党被新民主党打败,是因为吸引外资出了问题。1977年资源辩论使新民主党败北,也是保守党在1982年恢复执政的原因。长期执政的萨斯喀彻温平民合作联盟因农业人口减少而于1964年下台,便决心控制钾碱工业,又在1971年夺回政权。同样,石油和天然气繁荣消失后,阿尔伯塔的进步保守党在这一年提出长远发展计划参加竞选,打败了执政36年的社会信誉党。特别重要的是，随着经济实力的增强，西部各省要求得到与他们经济力量相一致的权利。在石油价格、铁路运费率和商业投资上跟联邦政府长期的利益之争，使他们对联邦国家的观念有所削弱。不过，西部各省绝大多数民众并非像魁北克法裔加拿大人那样要求退出联邦，只是认为自己的正当利益受到了忽视。1971年宪法改革方案只把否决权给予了安大略和魁北克两省，这被西部各省视为陈旧的政治秩序。阿尔伯塔坚持要求同等的否决权，其他西部各省也普遍支持。许多存在语言和文化矛盾的地区大都认为皮埃尔·埃里奥特·特鲁多的双语和二元文化观念对他们造成了危害。

大西洋海岸各省与渥太华的矛盾相对较少。大西洋海岸各省是穷困省份，要依赖联邦政府再分配的施舍。1970年之后，大西洋海岸各省执政党派虽然名称各异，但都是新民主党政府，他们彼此合作，或与保守党敌人合作，与自由党联邦政府的关系基本良好。纽芬兰和新斯科舍向来因在财政上依赖联邦政府资助而较为顺从，但在这一时期也加入了西部同盟，跟联邦政府争夺近海石油储藏的所有权。纽芬兰省还向阿尔伯塔遗产基金借钱，以加强反对联邦政府的斗争，要求拥有海洋大陆架权利。太平洋沿岸的不列颠哥伦比亚也要求拥有天然气和近海资源。

从整体上看，加拿大的地区问题，除魁北克民族主义的要求是政治上的，东西部各省与联邦政府的矛盾皆围绕资源所有权而展开，尤其是以阿尔伯塔和萨斯喀彻温省的石油价格之争最为尖锐。东西部各省都决心控制本省的经济命脉，从地区利益出发一般倾向于经济大陆主义，他们认为自己的利益在纽约或休斯敦要比在渥太华或多伦多更安全。

**《1982年加拿大宪法法案》** 西部地方主义的出现，暴露了《英属北美法案》所确立的联邦政府与各省关系极不适应加拿大实现现代化后的政治现实。例如，阿尔伯塔特别不满1971年宪法改革方案只将否决权给予安大略和魁北克两省。这就促使皮埃尔·埃里奥特·特鲁多决心通过修改宪法，一劳永逸地解决问题。因此，十月危机后，皮埃尔·埃里奥特·特鲁多1971年年初便在维多利亚与各省总理商讨收回并修改《英属北美法案》。40年前，安大略和魁北克两省因未得到未来修宪的否决权，曾联手破坏了收回宪法的安排。这次皮埃尔·埃里奥特·特鲁多给了魁北克和安大略这样的权力，并满足魁北克绝大部分的要求，出席会议的魁北克省自由党总理罗伯特·布拉萨非常满意。然而，皮埃尔·埃里奥特·特鲁多不可能满足各色分离主义者的要求，《责任报》主编克劳德·瑞安（Cloude Ryan，1925—？）就进一步煽动民族主义。魁北克立法议会也没有批准《维多利亚宪章》，是对这次修宪的沉重打击。由于皮埃尔·埃里奥特·特鲁多与各省总理事先有约定：只要有一个省不批准《维多利亚宪章》，这个宪章就不能生效。魁北克立法议会的否决，宣告了皮埃尔·埃里奥特·特鲁多第一次修宪尝试的失败。

维多利亚修宪会议的失败被魁北克民族分离主义者利用，使尚未解决的语言争端与当时的经济困难交织在一起。魁北克民族分离主义者声称，商业通用英语是造成失业多的原因，为了缓和分离主义者的情绪，罗伯特·布拉萨颁布了《第二十二号法案》。可是，由于这个法案规定对6岁的孩子接受英语教育进行考试，引起说英语家长的愤怒。民族主义者借机坚持魁北克只使用一种语言。1976年春，渥太华宣布法语和英语同为魁北克官方空中交通管制语言，遭到说英语的飞行员、地勤管理人员以及政客的抗议，只好推延一年实施。1976年11月15日，魁北克省立法议会选举，魁北克人党的席位从7个增到71个，占41%，自由党只剩28个席位。这样，在勒内·勒维克离开自由党而组织分离势力的9年之后，独立派第一次在魁北克省取得了执政权。魁北克人党这次选举胜利并非偶然，十月危机后魁北克解放阵线虽被取缔，但魁北克人党始终没有偃旗息鼓，采取和平方式继续鼓吹独立。

1976年11月魁北克独立派上台执政，对于分离主义者来说，似乎离实现独立的目标不远了，加拿大面临国家分裂的威胁，全国震惊。皮埃尔·埃里奥特·特鲁多迅速采取应对措施，在1977年2月一次中期选举中提出："我向你们保证我能够控制局面，加拿大的统一不会被破坏。"半数加拿大选民投了他的票。勒内·勒维克上台后见形势不利，也推迟了独立公决，并取消对刚会走路孩子考试的愚蠢做法，加拿大人民这才松了一口气。不过，勒内·勒维克并未放慢独立的步伐，不久就颁布了第一个分离主义的法规——《101法案》，规定法语成为魁北克唯一的合法语言，从政府表格到广告牌、饭馆菜单只能使用法语。这意味着英裔魁北克人要留下来，无论是在股票交易所，还是在工厂装配线，都必须说法语。新来的儿童要用法语听课。1979年大选前后的政局空前动荡。5月2日魁北克反对魁北克独立的选民仍坚定地忠于皮埃尔·埃里奥特·特鲁多，但其他地区因经济衰退、失业和收入降低而不再投皮埃尔·埃里奥特·特鲁多的票。保守党以136席胜出，仅差8席即成为多数派。然而，乔·克拉克保守党政府对魁北克即将公决也束手无策，又发生伊朗油价冲击，利率从15%增至20%。乔·克拉克犹豫不决，预算方案表面紧而实际松，试图牺牲安大略用户而迎合西部石油富翁。保守党支持率猛跌，自由党受民意测验鼓舞，联合新民主党在预算方案上为难保守党政府，结果在加拿大历史上举行了少有的一次隆冬中期选举。在安大略、魁北克和大西洋海岸省的支持下，1980年2月18日皮埃尔·埃里奥特·特鲁多以多数票获胜，重返渥太华。

毫无疑问，魁北克危机仍是联邦政府必须认真对待的问题。勒内·勒维克计划在1980年5月2日就“主权—联盟”议题进行全省公决，一旦通过，再就独立进行第二次公投。由克劳德·瑞安领导的“反对派”，是一个从事地方分权联邦制研究的松散团体，实际上也是分离派。皮埃尔·埃里奥特·特鲁多的对策是，派让·克雷蒂安这位颇有人缘的部长、来自魁北克“沙维尼根的小子”去鼓动反勒内·勒维克的运动。《101法案》虽已减缓魁北克人对生存的忧虑，但勒内·勒维克不断犯错误，令支持者厌烦、反对派羞辱、中间派犯愁。最后，反独立派获胜，勒内·勒维克首次公投以40%：60%大败收场。

皮埃尔·埃里奥特·特鲁多政府之所以能够击败勒内·勒维克的魁北克独立派，是因为在公决之前利用魁北克人担忧独立后经济困难，不断发表演说，号召反对就“主权—联盟”举行公决。他向魁北克人民许诺：“如果选民反对公决，他就努力改善魁北克在加拿大的地位”，并且表示制定一个新宪法方案来实现这一许诺。虽然皮埃尔·埃里奥特·特鲁多知道宪法改革会引发各种问题，包括会使英语省份特别是西部资源各省的地方主义升温，但仍坚持收回和修改宪法，为宪法增添《权利与自由宪章》。实际上，皮埃尔·埃里奥特·特鲁多自1967年出任皮尔逊政府司法部部长后就已将收回宪法当作自己的任务。他以《民主宣言》为题发表演讲，声称加拿大急需一个权利法案，包括语言权利在内的广泛的公民权利应当在加拿大新宪法中占据牢固而显著的位置，联邦或任何省政府都无权违反这项条款。《权利与自由宪章》应当是加拿大主义的基石，成为凝聚力量。实际上，这个《民主宣言》标志着皮埃尔·埃里奥特·特鲁多自由主义时代已经开始。1987年他已退休，仍出来抨击布莱恩·马尔罗尼当年制定的《米彻湖宪法协议》，捍卫《1982年加拿大宪法法案》，夸口说它“将存活一千年”。他显然是指《权利与自由宪章》的永恒意义，尽管这个宪章曾引起争议，左派认为分量不够，而右派则嫌走得远。

加拿大全国对魁北克公决这个结局满意，也认为宪法仍须在英国修改不正常，皮埃尔·埃里奥特·特鲁多确信修宪改革的目标会实现。在1980年夏天，他派让·克雷蒂安（Joseph — Jacques — Jean Chretien，1934—）和萨斯喀彻温总检察长罗伊·罗曼诺跑遍加拿大，推介宪法一揽子计划。1980年9月，皮埃尔·埃里奥特·特鲁多与各省总理在渥太华开会，但除安大略和新不伦瑞克总理赞同皮埃尔·埃里奥特·特鲁多的优先考虑外，各省总理的立场都没有改变。内阁估计，各省选民可能要求搁置修宪程序直至地区和个人的主要要求得到满足。修宪似乎陷入僵局，勒内·勒维克暗自高兴，但他错误估计了皮埃尔·埃里奥特·特鲁多。10月初，他便独自行动，对拖了半个世纪的宪法问题来个了断，从伦敦收回《英属北美法案》，在加拿大独立修改宪法，并增加《权利与自由宪章》。按事前约定，安大略和新不伦瑞克很快表示赞同，新民主党要求皮埃尔·埃里奥特·特鲁多保证增加保护西部资源权利的条款后也同意了。勒内·勒维克、阿尔伯塔的拉菲德和其他大部分省总理都不认同皮埃尔·埃里奥特·特鲁多，认为他行动鲁莽。

收回和修改宪法得到了加拿大人民的支持，这是一项全民的事业。在议会开会期间，乔·克拉克利用这个问题统一保守党的认识。律师和一大批专家也积极参加争论。政府、反对派乃至英国下院议员则互相攻击。绝大多数普通加拿大人感到与己无关，也弄不懂宪法晦涩难懂的条文。各省都将问题放到法院立案。天主教教士、女权主义者、土著人领袖、残疾人以及诸多社团，纷纷要求修改后的宪法能够保护他们各自的利益。在温哥华举行的各省总理的修宪会议上，意见分歧严重，各方就综合修改方案讨价还价。由于相信“温哥华宪章”毫无用途，勒内·勒维克甚至也“同意”了这部宪法草案。渥太华的宪法辩论已使议会瘫痪。1981年9月，加拿大最高法院就皮埃尔·埃里奥特·特鲁多行动的合法性进行裁决，绝大多数法官同意政府做法合法，但是违背了惯例。大法官博拉·拉斯金（Bora Laskin，1912—1984年）则认为收回宪法没有先例，也没有惯例可循。这个裁决没有意义。不过，皮埃尔·埃里奥特·特鲁多必须按裁决再次召开联邦和省总理会议，以求达成统一。1981年11月5日深夜，克雷蒂安、罗曼诺与安大略总检察长罗伊·麦克莫特里（Roy McMurtry，1932—）拼凑了一个妥协案，将权利宪章与温哥华修正案兼收并蓄，唤醒各省总理（在霍尔熟睡的勒内·勒维克除外）到现为渥太华联邦会议中心的旧火车站签字。勒内·勒维克到后，签字已结束。

1981年11月5日寅夜妥协案，添加了各省控制资源和财政分摊等条款，其余争端也作了些微变动，形成一个临时宪法文件，但妇女和土著人通过斗争得来的许多条款被取消了。后来经过反复游说，性别平等和土著人权利的一些模糊承诺又被写了上去，但魁北克的否决权仍未被采纳。最大的输家是勒内·勒维克，由于对温哥华宪章的轻视，在这个新宪法文件中，魁北克历史性的特权被取消了。这意味着魁北克的特殊地位丧失了宪法保障。

1982年4月17日，一个寒冷的雨天，约5万人参加了在渥太华的历史性庆典。伊丽莎白女王签署了《1982年加拿大宪法法案》，标志着加拿大宪法终于回归，最终结束了修宪要经过英国议会的尴尬，加拿大这一最大的殖民地痕迹最后得到消除，完整主权得到保障。皮埃尔·埃里奥特·特鲁多在庆典上庄严宣布："加拿大宪法已经回归祖国，现在用不着请示英国议会就可以修改自己的最基本的法律了。""加拿大今天终于获得了全面而完整的主权"。遗憾的是，这并非举国同庆的盛典，4月17日盛典下午，勒内·勒维克在蒙特利尔领导了大规模示威游行，反对这部宪法。

签署宪法庆典后不久，皮埃尔·埃里奥特·特鲁多便告别加拿大政坛，但魁北克独立公决的失败和《1982年加拿大宪法法案》确立了他在加拿大历史上的地位。宪法的收回和修改是皮埃尔·埃里奥特·特鲁多政治事业的顶峰，16年执政业绩中最耀眼的亮点。

## 四、自由主义的衰落

与其政治上有声有色的业绩相比，皮埃尔·埃里奥特·特鲁多的国家经济发展业绩却黯然失色。经济和行政管理并没有引起他多少兴趣，他将新设的地区经济开发部交给让·马尔尚管理，前股票交易所主席埃里克·基兰斯负责邮局自动化改革，尤金·惠伦（Eugene Whalen）管理商业贸易，其市场管理和补助计划激怒了农场主。本来应该帮助皮埃尔·埃里奥特·特鲁多实现"公正社会"诺言的税制改革，被首任财政部部长埃德加·本森篡改为使百万富翁和特许会计师发财。皮埃尔·埃里奥特·特鲁多执政一开始并没有能够践行自由主义的改革承诺。

**经济衰落** 在第二次世界大战后25年的持续繁荣中，一直是南安大略和魁北克的城镇繁荣，皮埃尔·埃里奥特·特鲁多上台后从70年代起情况发生了变化。能源繁荣把财富吸引到西部，阿尔伯塔夸耀平均收入全国最高，新斯科舍省和纽芬兰省的近海丰富资源储藏表明，它们将同阿尔伯塔一样富裕。与此同时，中央加拿大地区并没有受益，相反面临的是能源价格飙升、工业技术陈旧、外国竞争加剧、工厂企业关闭，以及成千上万个工作机会丧失。曾吞噬安大略镍矿和魁北克铁矿石的美国各州到处锈迹斑斑，荒凉沉寂，结果加拿大资源出口锐减。随着富裕的中央加拿大省份经济衰退而来的是财政日渐缩减，已经满足不了各省公众教育和健康的需求。这自然引起了人们的愤怒，首先是医生和教师。1972年春，20万魁北克公共部门工作人员发动加拿大有史以来最大的一次总罢工，安大略省医院职工继之而起，反对监禁工会领袖。1975年安大略百万工人走上街头示威，几乎将1943年后连续执政的省保守党政府赶下台。1974年通过宽裕的财政开支和补贴，联邦自由党才取得议会席位占多数的政府。

20世纪70年代前期社会动荡的原因是自1966年开始的通货膨胀失去控制。当时，货币主义学派经济学家认为通货膨胀根本上是货币问题，而油价的影响并不大，政府和银行不应干预石油价格，而应努力减少货币供应。他们还认为罪魁祸首是美元贬值。第二次世界大战后的各项稳定措施自70年代大都崩溃了，而将美元确定为基础货币而其他货币与其挂钩的布雷顿森林体系首先崩溃。布雷顿森林体系实行了27年后，1973年华盛顿宣布美元贬值，金价上升（不再是每盎司35美元）。当1975年美国政府承认越南战争失败时，世界繁荣的消失首先从新英格兰地区开始，遗留下污染、贫困和领养老金者。美国废弃的工业由亚太地区接过来。罗马俱乐部因此预测世界绝大部分的资源将迅速耗尽。欧洲和北美的失业与通货膨胀很快结合为滞涨。这就否定了凯恩斯关于经济总能够“设法”平衡的信条，经济学家因此开始转向货币主义。

皮埃尔·埃里奥特·特鲁多采纳货币主义学派的主张，选择限制的政策。1975年成立反通货膨胀局（Anti-Inflation Board），对物价和工资实行管制，冻结工资和养老金，由政府支付上升的消费指数。停止工会谈判权3年。他本人1975年感恩节周末也宣布自我“节制”。根据反通货膨胀局的建议，在减低货币供应速度的同时，还严格控制财政支出。这一措施对各省十分奏效，财政状况得以改善，扭亏为盈，但联邦政府因承担义务较多，赤字越积越大，通货膨胀势头并未减弱。1974年财政部部长约翰·内皮尔·特纳（John Napier Turner, 1929— ）采用保守党的办法，按生活指数调整纳税，政府开支增长，但财政收入并未增加。经济民族主义者重提以外国分厂为基础的经济本身就存在依附性和无效率。左右两派的批评都要求采取新工业战略，可是找不到适合所有方面的政策。1978年夏皮埃尔·埃里奥特·特鲁多从联邦德国波恩参加7国首脑会议归来，准备对通货膨胀以及正在增长的财政赤字重新宣战，实行高利率，削减公共开支，降低居高不下的失业率，仍然很少有人满意。最终皮埃尔·埃里奥特·特鲁多在1979年暂时丢失政权，党内归罪于政府的货币紧缩政策。

显然，单纯的货币政策改革解决不了困难，问题的根子在于阿拉伯产油国利用石油武器对付美元贬值以及美国支持以色列发动的赎罪日战争。1973年，石油输出国组织的阿拉伯人将原油每桶价格提高4倍，以减少美元贬值造成的损失。油价提升，随即引起了石油危机，震撼了世界经济，通货膨胀加剧，世界经济活动放缓。这就是1973—1975年世界经济危机。作为一个贸易25%以上依赖商品和服务出口，以及78%以上的资本投资来自国外的国家，加拿大很快就感受到了美元不稳、欧美保护主义以及过分依赖资源出口对经济的沉重打击，很快陷入衰退。因此，皮埃尔·埃里奥特·特鲁多在1980年重新上台后，在大力推进宪法改革的同时，也进行税费和“加拿大牌”能源政策的改革。财政部部长阿伦·J.麦凯琴（Allan Joseph Mac Eachen，1921—？）利用第一个财政预算案堵塞积久不治的逃税漏洞，但主要是接受乔·克拉克保守党短命政府取消政府所有的加拿大石油公司（Petro-Canada）的教训，重点进行能源政策改革。

第二次世界大战后，加拿大成为产油大国，1947年原油仅为770万桶，不到30年（1976年）已达到5.26亿桶，1982年产量跃居世界第九位。理论上，加拿大应当能够应付这次石油危机。可是，石油产于西部，且82%集中在阿尔伯塔省，其余在萨斯喀切温省。皮埃尔·埃里奥特·特鲁多出任联邦总理之前，西部石油除供给当地外主要出口美国，而东部（以渥太华河为界）安大略和魁北克两省则从海湾地区进口石油。伊朗的石油在魁北克的到岸价每桶为2.5美元，加拿大西部的石油每桶为3美元。尽管如此，1973年之前不存在能源供应不够的问题，甚至还要为西部石油开拓市场。欧佩克提高油价对加拿大现行石油供求关系影响较大，造成东部企业的成本压力。这样，皮埃尔·埃里奥特·特鲁多政府在1973年9月冻结国内油价，实行双轨制油价，以保持油价在每桶4美元以下；加征西部石油出口税，补贴靠石油进口的东部。长期战略是扩大西部石油对魁北克的供应，保护东部用户不受阿拉伯和壳牌石油公司的剥削。然而，油价是冻而不结，到年底，联邦政府已无力补贴进口，便放开价格，东部用油随国际油价上升到每桶10美元。因此，西部限价也难以维持在4美元以下。随后，联邦政府与西部产油省达成妥协，国内油价随国际市场价格波动，但最高必须低于国际市场的最低价。例如，1979年波斯湾油价每桶上升到23美元，加拿大国内油价每桶为13美元。所以，油价改革基本上失败了。

若在10年以前，税制和能源两大改革都可能取得成功，然而当时正是西部地方主义兴起之时，两大改革都受到西部和商界攻击，政府随即解禁大多数税费漏洞，不再提税制改革。全国能源计划（National Energy Program）倒是坚定执行了，但遭到了产油省的顽强抵制。1975年创建加拿大石油公司，使用加拿大资本，由政府经营，主要促进储备，开发北极和近海的石油（从波弗特海到纽芬兰近海赫伯尼亚的边疆石油沉积层）、天然气以及阿尔伯塔省的油砂。到1979年，在这几个方面都取得了突破，接着在1981年年底宣布全国能源计划，以加拿大石油公司推动国有化和自给自足，以及取消对钱库充盈的石油公司让税等。然而，1979年石油价格上涨3倍之后，等待阿尔伯塔减价，迎来的却是两大油砂提炼工程被阿尔伯塔省政府关闭，东部的石油供应减少。当1982年秋与联邦政府妥协时，石油公司已将资本转投美国，石油繁荣时期诞生和发展起来的几百个石油公司或关闭，或移钻南方到美国开采。被西部石油繁荣吸引来的东部工人调头回家，留下的加入失业大军。1979年阿尔伯塔省曾吹嘘就业率达到96.3%，而1983年10个工人中就有一个要找工作。

20世纪80年代初西部繁荣风光不再。除全国能源计划的人为因素，衰退是打断资源经济繁荣的祸首。皮埃尔·埃里奥特·特鲁多运气不佳，当政4年后遇上了经济危机。历史上形成的外向型经济一直严重依赖外资和国际市场，很容易受世界经济危机的拖累。加上新贸易集团的保护主义、第三世界贫困加重以及银行滥放贷款，这次经济危机更加严重。1981年随着高利率使通货膨胀达到22.5%的战后新高，倒闭和失业接踵而至，国家经济被彻底击垮。20世纪70年代初经济的高速增长突然中断，1975年国民生产增长率降为1.2%。失业人数逐年增加，1974年为52万人，1975年为69万人，1979年达到83.6万人，1982年平均每月有131.4万人失业，其中一半为25岁以下的年轻人。1981—1985年，加元兑换美元汇率从93美分急跌至70美分的历史新低，纽芬兰、新不伦瑞克和魁北克等省的租税增至最高。煤炭、木材和纸张的世界市场崩溃，不列颠哥伦比亚因此6个工人中就有一个失业。1982年，加拿大国民生产总值按固定美元价格计算猛降4%，是20世纪30年代大萧条后的首次大倒退。

管理糟糕也加重了经济灾难，全国能源计划首当其冲。纽芬兰近海的“海洋游骑兵”号钻井平台连同工作人员在暴风雨中沉没。多姆石油公司（Dome Petroleum）承担的勘察波弗特海海底油气储藏是全国能源计划的体现，现在因费用上升和油价猛降而失败。西部农业也被波及，20世纪70年代后中苏两国均减少了加拿大小麦的购买。当1983年西部谷物运费补贴，这一给予草原谷物出口商的历史性政策被取消时，西部农场主愤怒到了极点。

第二次世界大战后加拿大经济一直呈现一种趋势，即景气时与美国经济进一步相融合，萧条时则离心倾向加强。由于战后加美经济融合的时段较长，皮埃尔·埃里奥特·特鲁多刚执政时制定了“第三种选择”的对外政策，其中包括扩大与欧洲和太平洋国家的贸易关系，就是为了减少对美国的依赖，扶持传统的东西向贸易，限制所谓大陆主义。实际上，这也是皮埃尔·埃里奥特·特鲁多自由主义的主要内容之一。结果，日本取代英国乃至整个欧洲成为加拿大的第二大贸易伙伴，日本的汽车、照相机、电视机、磁带收录机，以及韩国跑鞋和便裤等80年代消费主义的商品，取代了美国商品；歇业或破产的公司引进日本的机器人、微型集成电路或管理观念。不过，这种变动要得到美国公司总部或商会的批准。然而，美国分公司的生产计划主要依据美国母公司的总体计划而定，并不考虑加拿大的国内市场需求。它们利用加拿大相对便宜的劳动力、能源和资源大赚红利，加拿大则资本外流。加拿大政府要克服这些弊端却十分困难。

早在20世纪50年代早期，经济民族主义者就一再提醒各级政府注意美资控制加拿大经济的问题。不过，国内经济学界对此一直存在很大分歧，有人认为外资包括美资的投入对加拿大利大于弊。工商业者也不希望政府阻止使用外资，所以问题一直难以解决。皮尔逊政府的财政部部长沃尔特·L.戈登（Walter Lockhart，1906—1987年）因限制美资而几上几下，到20世纪70年代，美资控制的现象已十分严重。皮埃尔·埃里奥特·特鲁多是一个坚定的联邦主义者和自由主义者，同处理对美外交关系一样，他决心也对加美两国的经济关系大动干戈。1970年成立一个由税务部部长郝伯·E.格雷（Herbert Eser Gray，1931—？）牵头的专门小组，开始调查外国特别是美国的投资问题。1972年提出的《外国在加拿大直接投资》报告（即《格雷报告》[*Grey Report*]）指出，外国所有权和控制程度在加拿大大大高于别的国家，提出联邦政府“对外资的直接投资进行直接干涉”，建议成立专门机构审批和监管外资企业的转手、投放和扩张，以及发放许可证。议会1973年就此通过《外资投资审查法》，规定银行、报纸、广播和通信等媒体机构不许外国投资；一定规模以上的外资投资或企业兼并必须经过严格审批手续方可实施。1974年成立外国投资审查局，负责此项规定，约1/3的投资申请被否。颁布《新能源法》，将石油等能源企业的外资所有权由原来占75%减为50%。此前，已按计划有选择地收购了一些可能影响国计民生的外资企业。1971年成立加拿大发展公司，收购英美控股的两家航空公司，实现航空业的国有化；1979年收购一家美资的跨国公司，夺回了阿尔伯塔省的石油开采权。虽然美国财团进行抗议，国内经济学家和商界也认为过分，但皮埃尔·埃里奥特·特鲁多坚持严格控制。他在最后一届政府任内于1980年将格雷提升为内阁阁员，由格雷领导外资审查局，以示严控美资的决心。

皮埃尔·特鲁多政府种种保护国家经济的措施取得了一定的成果，将航空、运输、金融、新闻广播和出版业等要害企业的所有权收归加拿大政府或私人资本所有，为加拿大人民树立了保护国家经济利益的意识。可是，由于历史上所形成的经济对外资的严重依赖，加上实行经济政策改革的时机不好，刚好处于70年代末80年代初阿拉伯国家运用石油武器而引发世界经济危机之时，不仅美国强烈抵制皮埃尔·埃里奥特·特鲁多的改革，加拿大国内反对力量也不小。1982年国家经济衰退低谷时，皮埃尔·埃里奥特·特鲁多任命一个皇家经济联合委员会，征召所有优秀经济学家参与研讨对美国的经济关系，但与其估计相反，学者大都赞成密切与美国的经济联系，甚至主张两国实行自由贸易。结果，皮埃尔·埃里奥特·特鲁多的改革大大地打了折扣，实际上失败了。甚至像“6—5计划”（工资增长6%或5%）尝试对工资和价格加以限制等对人民有利的举措也树敌颇多。皮埃尔·特鲁多是借助收回宪法和修宪的辉煌形势推进经济改革的，未曾料到经济危机不期而至（1983年失业率达到12%的历史新高），改革进程被彻底打乱了。失望的皮埃尔·埃里奥特·特鲁多便在1984年2月29日辞职，黯然离开了加拿大政坛。

**自由主义蜕变为保守主义** 20世纪70年代石油价格震荡引起的这次经济危机造成国家税收下降，而解决失业的费用则不断增大，政府陷入债务危机。由于整个70年代国家岁入没有增加，福利费用不断高涨，联邦政府财政赤字同步增长，每年新增国债120亿—130亿加元。在70年代初，联邦政府债务仅占财政支出20%，轻微负债，此后逐年增长，1982—1984年联邦政府赤字由239.9亿加元增至357.9亿加元，人均世界最高。到80年代中期，加拿大债务即岁入和开支赤字成为政治问题。每年几十亿加元的赤字迅速增高国债，仅支付国债利息总额就要占税收的25%以上。现在政府再也没有财源来支撑福利国家的庞大开支，甚至连60年代建立的健康和教育机构也无力维持。

由于财政不堪重负，1974年选举许下制止通货膨胀的诺言无法兑现，皮埃尔·埃里奥特·特鲁多在第二个任期也放弃了“公平社会”的诺言。10月危机后，随着通货膨胀攀升，失业增加，绝大多数家庭追求的生活方式难以继续。针对穷人实施的社会救助计划改为灵活安排，目的在于取消家庭补贴，因为普遍计划现在变得十分棘手而不敢触及，引起普遍不满。更严重的是，自由主义社会出现了老年和单亲家庭的新问题，离异增多，单亲母亲家庭成为贫困的代名词。养老金和家庭法的修改要优先考虑这样的问题。政府将失业保险改为收入保障，纳税人因开支增大而唾骂“吃福利”大军。平民合作联盟的老战士大卫·刘易斯（David Lewis，1909—1981年）1971年接过新民主党的领导权，指责“合作福利游民”花去了几十亿加元税收，而这本来可以减轻低收入者的负担。大多数加拿大人责骂这种穷人，认为政府应让他们去工作而不该资助他们。1972—1973年，食物价格因苏联大批购买谷物而上涨，政府提供了面包和牛奶补贴，价格审查局及其附属机构新市场处对价格加以干预。从1978年年初起，加拿大人均实际收入开始下降，原先被家庭双职工收入掩盖的这个问题开始显现。

随之，乐观的自由主义情绪变为自私的保守主义。高出生时期的“大一代”逐渐变为自私的消费主义者，公众舆论转而反对吸烟，致使卷烟和烟草业主损失惨重；中年消费者转向饮葡萄酒，特别是进口名牌啤酒，醉酒驾驶成为一种公害；支持与反对堕胎者激烈争吵，互不相让；要求严格的学校课程和考试，争取高分的学生转向职业导向的课程选择；死刑恢复，后又被取消；女权主义分裂，色情和不健康的自由言论也成为争论的问题；“大政府”和“大工会”被视为敌人，“大商业”却一直受到支持。到20世纪80年代，六七十年代倡议的东西只有少数还存在，包括为资助奥运会而设立的制造百万富翁的六合彩，实际上这是“自愿税”，为省政府提供“零花钱”。战后的理想主义信念由于到处在玩6/49博彩而消失。所有这些都意味着皮埃尔·埃里奥特·特鲁多自由主义改革的失败。

然而，时间越是久远，皮埃尔·埃里奥特·特鲁多的一系列政治和社会改革措施，越是显示巨大潜力和伟大，人民衷心拥护。后来，加拿大人民十分眷恋这位非凡的政治家，怀念他的公平社会建设的理想，怀念自由主义时代。在2000年皮埃尔·特鲁多去世时，加拿大人民深情表达了对这位政治家的眷念之情。那一年本书作者正在渥太华，目睹了人们对他的那份真情。2000年9月28日公告皮埃尔·埃里奥特·特鲁多先生逝世的新闻发布后，在议会大厦前国会山广场“不灭之火”的水池边上，已摆上两三支红玫瑰，第二天一早，红玫瑰已被更多花束厚厚地盖在下面。10月1日，数以万计的加拿大人排队向他致以最后的敬意，官方不得不将遗容瞻仰时间延长。来自全国甚至外国的男女老幼，为了向加拿大这位伟大的政治家作最后告别，要排队等上数小时。在这

马丁·布赖恩·马尔罗尼

些人中，有商人和官员，也有身穿牛仔装的年轻人。有一位从多伦多驱车300多公里赶来的男子说："皮埃尔·埃里奥特·特鲁多是加拿大最好的总理。"

**马尔罗尼保守党政府的大倒退** 皮埃尔·埃里奥特·特鲁多辞职的1984年正当大选之年，他离开不久便开始了选举。自由党临时推举约翰·内皮尔·特纳为皮埃尔·埃里奥特·特鲁多的接班人，跟马丁·布赖恩·马尔罗尼（Martin Brian Mulroney, 1939—）领导的保守党争雄。前者10年前曾是皮埃尔·埃里奥特·特鲁多政府的第二任财政部长，而后者则是刚入政界不久的保守党成员，以前是蒙特利尔律师，竞选保守党领袖之前正担任加拿大铁矿公司（Iron Ore Company of Canada）董事长。所以，这次竞选不是政治明星之战，也不是执政纲领对决，而是纯粹以选举技巧定输赢。布赖恩·马尔罗尼竞选资金充足，组织有声有色，表现老练；约翰·内皮尔·特纳资金短缺，因多年活跃于商界已不谙政情，电视辩论结结巴巴。1984年9月4日，保守党以211∶40票的绝对多数获胜，堪与1958年约翰·乔治·迪芬贝克那次胜利相比。

马尔罗尼实际上是从皮埃尔·埃里奥特·特鲁多手中接过政权。在就职演说中，他表示要在皮埃尔·埃里奥特·特鲁多失败的地方获得成功，保证魁北克"体面而真诚"地回归修宪事业。实际上，凡是皮埃尔·埃里奥特·特鲁多成功或没有成功但着力推进的改革，布赖恩·马尔罗尼都在开倒车，首先是在宪法修改和处理魁北克分离主义问题上倒退。1987年4月30日和6月3日在渥太华附近的米彻湖与各省总理进行两次马拉松式的讨论，达成一个新宪法修改协议，将参议员和最高法院法官候选人交由各省举荐，而由联邦政府总理认定；联邦政府与各省共同对移民政策负责；为选择退出联邦统一计划的省份提供充足的补偿金，等等。最重要的是，承认魁北克为"独特"的社会。

《米彻湖宪法协议》（*The Meech Lake Constitutional Accord*）最受非议之处有三：1.加强省司法权，联邦政府权力被削弱（纽芬兰省便持这一观点）；2.忽略土著人的利益，马尼托巴土著人对此特别关心，而魁北克土著人则埋怨他们的要求尚未澄清就对魁北克省作出让步，这是他们担心自己控制的土地会归魁北克所有；3.容许魁北克具有自成体系的“独特社会”(a distinct society)地位。对此，民众担心这会使法语成为该省唯一的官方语言，英语将不受重视。女权主义者也担心“独特社会”条款会使魁北克妇女得不到权利宪章的保护；英裔加拿大人愤怒的是，罗伯特·布拉萨在民族主义分子的强大压力下，突然限制省内英语标牌的使用；安大略50个社区以罗伯特·布拉萨的《178法案》为借口，要求本省只使用英语。联邦主义者则认为马丁·布赖恩·马尔罗尼的根本错误是削弱联邦政府权力而提高各省政府的权力。米彻湖会议进行的当时，就有记者指出在参加会议的十几个人中，只有两人为捍卫联邦中央权威而战，而联邦总理马丁·布赖恩·马尔罗尼却不在其中。按1982年宪法规定，只有10省议会一致批准，一项宪法草案才能生效，各省批准的最后期限是1990年6月23日。而在最后期限内，马尼托巴和纽芬兰都没有批准《米彻湖宪法协议》。这意味着米彻湖修宪会议以失败告终，马丁·布赖恩·马尔罗尼给魁北克特殊地位的尝试也随之落空。

《米彻湖宪法协议》受挫带来了严重的政治后果。魁北克人民表达了政治上的强烈不满，认为此举有意将魁北克省排除在联邦修宪活动之外，支持独立的选民由40%迅速上升到70%，相信其他省会作出让步的人大为减少。他们认为在宪法谈判中已两次受辱，就不应该有第三次。罗伯特·布拉萨宣布，再也不会参加与各省的谈判了。而早在1990年2月，就已成立由两位最受尊重的财政专家米歇尔·贝朗热(Michel Belanger)和让·坎普奥(Jean Campeau)主持的一个17人委员会(Commission on the Political and Constitutional Future of Quebec, also known as the Bélanger-Campeau Commission)，研究一旦协议失败所应采取的行动。这个委员会在1991年3月提出，加拿大必须在1992年10月之前拿出魁北克可以接受的条件由魁北克人抉择，否则10月26日就举行独立公决。这就将宪法危机推向最严重的关头。此时，听到最多的议论就是加拿大可能因魁北克独立而分裂，有些报刊甚至议论说，这一次魁北克要求独立绝非纸上谈兵，这是因为一群被称为Emergence的法裔年轻企业家在过去十几年中已经成长起来，他们许多人不讲英语，甚至根本不懂英语，但民族意识很强，经济实力也很强，精通经营之道，努力使魁北克追赶安大略而成为北美最富庶的地区之一。魁北克省每年的总产值已经超过155亿加元，产品35%运往美国销售，25%运到安大略市场，只从安大略输入10%的商品。不少人断言，加拿大现在需要魁北克的程度高于魁北克对加拿大的依赖，所以与20世纪60年代中产阶级独立运动相比，魁北克独立运动现在有了更雄厚的经济基础。如果这些企业家支持独立，将其利润依比例投入政治用途，魁北克独立就可能变为现实。

魁北克发出最后通牒后，加拿大真正面临分裂的威胁。然而，经过两次尝试的失败，马丁·布赖恩·马尔罗尼这时也无计可施。为了挽救国家统一，渥太华联合一些省倡导“加拿大圆桌会议”——所有党派和团体都参加辩论宪法改革的一种民主方式，例如组织公开论坛、民意测验或听证会，将创立三E（平等、选举和效率）参议院到保健、教育、环境和集体谈判等与宪法权利相关的一系列问题提到桌面上公开讨论。土著人也参加了辩论，提出“建立自治政府的固有权利”，要求一切与他们相关的任何宪法修正案都要同他们协商。这样，经过一年多的协商，《米彻湖宪法协议》方案被大大地修改，就土著人自治政府、有限的社会宪章、参议院代表平等选举产生等项条款大体取得一致。但是，未来参议院的形式和魁北克的宪法否决权等争议依然较大。此后，经过联邦总理与各省总理会议以及土著人首领会议反复协商，最后采取萨斯喀彻温省的一个折衷办法，即如果魁北克在两院议员人数变为或仍为总数1/4（出生率下降使所占议员人数可能下降），它应当接受每省在参议院都有6名议员的安排。安大略省同意减少本省众议员人数而让与魁北克省，魁北克要放弃对土著人在自己土地上建立自治政府的抵制；联邦政府放弃主导建房、移民、地区发展、人力培训、森林和城市事务等方面过去所充当的角色。这样，宪法改革似乎又现曙光。联邦政府趁热打铁，1992年8月24—28日，联邦总理马丁·布赖恩·马尔罗尼同10省总理、两个地区的领导人以及第一民族、梅蒂斯人、因纽特人领袖聚会于夏洛特敦，达成了《夏洛特敦协议》（*Charlottetown Accord*）。这一协议有5条：1. 参议院改革，实行人口较少的地区也应有较大的发言权；2. 承认土著人的自治权；3. 联邦政府下放若干权力给省政府；4. 加强各省经济合作；5. 承认以法语为主的魁北克省享有独特社会地位。在两年多辩论中最棘手的参议院改革问题也达成了妥协：议员由原来的104名减少为62名，各省平均都是6名，两个地区各1名，实现了参议院议员各省平等的原则；原来因人口多参议院议员人数也多的安大略和魁北克两省（各24名）减少的名额，由增加众议员到18名而找回平衡；参议员由原来总理任命改为人民选举，享有否决众议院议案的权力。

由于《夏洛特敦协议》继续保留魁北克省独特社会的规定，前总理皮埃尔·埃里奥特·特鲁多特别不满，他在10月1日发表讲话，称魁北克领导人在勒索，《夏洛特敦协议》将会创建民族等级制度，法裔加拿大人高踞等级之巅，土著人处于等级低下地位，而其他少数族又在土著人之下。西部几省不满的是，尽管设立三E参议院，中央加拿大省仍享有否决权。魁北克党团和魁北克人党对此最不满意，因为他们的目标是魁北克独立。

马丁·布赖恩·马尔罗尼总理在1991年6月使联邦议会通过一个提案，要就这个宪法改革方案举行一次公决。公决日定在1992年10月26日，与魁北克准备独立公决的日子为同一天。安大略以71%的高票表示支持，而魁北克则“最严厉地否定”（7∶5），尽管满足了它的绝大部分要求。马丁·布赖恩·马尔罗尼未曾料到，主权独立论者宣称让步不够，而其余各省则认为走得太远。尽管马丁·布赖恩·马尔罗尼大幅让步，也未能挽回宪法改革的失败。在公决结果公布后，他无可奈何地说：“《夏洛特敦协议》已成为历史，加拿大仍是个伟大而美丽的国家。”

对于皮埃尔·埃里奥特·特鲁多努力推进但最终失败的经济领域改革，马丁·布赖恩·马尔罗尼更是背道而驰，全力倒退：不仅停止皮埃尔·埃里奥特·特鲁多时期限制美国资本的各类举措，而且以签订美加自由贸易协定作为推动经济发展的主要目标，与其在野时曾抵制自由贸易是180度转弯（那时马丁·布赖恩·马尔罗尼常提醒人们记住1911年互惠贸易的教训）。这是迎合加拿大商界的愿望。在这一时期，加拿大主要的公司都拥护美加自由贸易，例如以罗伯特·坎普奥为首的企业家热衷于投资美国的高风险公司，商界大把花钱给媒体鼓吹自由贸易。西部农业各省因向美国销售谷物而具有自由贸易的传统信念，坚持保护主义的魁北克甚至也转变了态度。罗伯特·布拉萨领导的魁北克自由党省政府，准备向美国出售魁北克省的水电。尽管科学和文化界的民族主义者反对美加自由贸易的声音也很强，但他们没有多少选票，政客并不予以理会。工会和左派政党的反对呼声反而促使工商界支持的立场加强。10个省的总理中只有3个反对。

这一时期加拿大对美加自由贸易的要求绝非偶然。皮埃尔·埃里奥特·特鲁多20世纪80年代初大力推进经济民族主义改革，当他组织皇家经济联合委员会的经济学家研讨摆脱美资控制对策时，令他失望的是，他们却赞成更加密切与美国的经济联系，甚至实行自由贸易。这就可以理解了。正如加拿大一位历史学家所说，经济繁荣时，加拿大就会要求摆脱美国的轨道；萧条时，就追求经济大陆主义。马丁·布赖恩·马尔罗尼上台时，加拿大经济还没有走出1982年的低谷。由于加拿大各界对加美自由贸易要求十分强烈，加拿大讨价还价的力量受到了削弱，马丁·布赖恩·马尔罗尼本人也拼命为自由贸易叫好，谈判就更没有回旋的余地。1965年主持谈判《加美汽车贸易协定》的西蒙·赖斯曼出任加方谈判代表。加拿大人普遍认为，这次自由贸易谈判远不如100年前的“自由互惠协定”，而那次几乎被加拿大选民拒绝，马丁·布赖恩·马尔罗尼这是弄巧成拙。在1987年谈判过程中，保守党的民意测验支持率再次降低。几个月谈判之后，西蒙·赖斯曼面对的是美国拒绝考虑有约束力的争议条款机制（加方的条件），并将医疗保健和重新就业等补助金项目列为不公平补贴。为了取消已经很少的关税以促进非关税壁垒谈判，加拿大同意与美国分享它的自然资源，允许美资自由进入加拿大银行、财政和其他服务业；如果政府进行干涉，就要全部给予补偿。酿造业和文化产业倒是受到了保护，但葡萄酒除外，其他所有的行业几乎都要“商业开放”。西蒙·赖斯曼难以承受巨大的责任，只好在1987年9月27日走人，而10月4日在与里根总统会晤之后，两位内阁部长在华盛顿签署了协定草案，约定存在的主要问题要妥协解决，或推迟几年再谈；一旦协定被议会拒绝，将提前6个月通知对方。

对于这个协定，加拿大人分裂了。以罗伯特·坎普奥为首的企业家热衷于投资美国高风险公司；魁北克分离主义者和联邦主义者都转而拥护自由贸易，他们给批评者扣上背叛魁北克的帽子；西蒙·赖斯曼给约翰·N·特纳贴上卖国贼的标签，而民族主义的卡通画家也给马尔罗尼冠以同样头衔。在华盛顿，国会一边倒，批准协定草案；在渥太华，马丁·布赖恩·马尔罗尼必须利用在众议院的多数，强行结束辩论。自由党抓住自由贸易问题攻击保守党政府，人气上升，以其控制参议院，威胁要进行一次选举。马丁·布赖恩·马尔罗尼满足了自由党的要求，加拿大在1988年11月21日举行了一次最不愉快、最分裂的选举。自由党和新民主党分别取得83个和43个席位，选票较上次大为增加，反映了有很大一部分选民对自由贸易持保留态度。保守党取得了自1891年以来一个最大多数的胜利，继续当政，反映了加拿大人民基本上支持美加自由贸易。1989年1月2日，马丁·布赖恩·马尔罗尼及其内阁同事全都到场，郑重地宣布加拿大批准《自由贸易协定》。同日，里根总统在加利福尼亚自家的牧场里在协定上签了字。

然而，加美自由贸易对加拿大的不利之处很快显现出来，引起了企业兼并潮。在向自由贸易过渡期间，政府只含含糊糊地承诺保护加拿大人和企业，但法人企业在鼎盛时期已转向残酷兼并，自由贸易促进了这一趋势。巨大的莫尔森公司吞掉了它的酿造业对手卡林·奥克菲，濒临倒闭的沃达尔国际有限公司，像加拿大太平洋航空公司一样，落入西太平洋航空有限公司之手，无人救助唐纳德·考尔密埃资本集团及其6.7万个信托投资者。1988年，罗伯特·坎普奥成为自由贸易的英雄，兼并了美国巨型零售商而成就自己的商业帝国梦想。然而，两年后他就成为输家，他自己的企业帝国也崩溃了，连他的靠山——里奇蒙家族，不久也在英国陷入麻烦而被伦敦金丝雀码头吃掉。随着兼并潮而来的是失业，其后的两年，仅安大略省就有10万个工作岗位消失。由于当地和外国拖网船过度捕捞，鳕鱼濒临灭绝，大西洋渔业受到沉重打击，沿海地区各项事业也陷入凋零。1992年，加拿大政府不得不宣布鳕鱼保护措施，禁止渔民出海捕鱼，渔民由政府发放补贴，或转营其他行业以维持生活。1989年夏天炎热，加上贪婪采伐，遇到了几十年来最严重的森林大火。欧洲和美国对作物栽种者实行补贴，加拿大西部农场主的小麦几乎一钱不值，自由贸易明显加重了自然灾害带来的损害。对于接二连三的灾难，马丁·布赖恩·马尔罗尼政府基本上袖手旁观，仅以149亿加元补助金作为抵押金，救助多元文化报纸等，尽管此前他曾含糊地承诺在向美加自由贸易过渡期间保护加拿大人的利益。

马丁·布赖恩·马尔罗尼大概将1988年的选举胜利不仅视为对美加《自由贸易协定》的授权，而且是对其在1984年竞选中提出的其他保守的财政和税收政策的授权，因而对其他经济政策也逆皮埃尔·埃里奥特·特鲁多的改革方向而动。第一个预算案就将皮埃尔·埃里奥特·特鲁多国有化的主要成就即对加拿大广播公司、加拿大邮局和加拿大铁路有限公司这些民族企业实行的国有化改革措施予以取消；关闭社区邮局，业务转让给任何认为有钱可赚的店主。最遭人恨的是征收商品和服务税，即不按收入而按消费收税，实际上取消了对企业的直接征税。这是将部分企业税转嫁给消费者而有利于企业主或富人的税收政策，比起欧洲式的追加值税减收得还多，税值明显很高，原为9%，后减至7%。

上台的第二年，马丁·布赖恩·马尔罗尼就对皮埃尔·埃里奥特·特鲁多最得人心的福利国家制度开刀，到1986年又将养老金计划改为不随价格指数变动，遭到老年人攻击而被迫停止，并且实行老人收入超过5万加元就要退出养老金项目。当然，削减福利的责任不应完全归罪于马丁·布赖恩·马尔罗尼，自20世纪60年代末实行福利国家制度以来，加拿大联邦政府开支逐年增加，早已入不敷出，债务长期居高不下，到1993年让·克雷蒂安（Jean Chrétien，1934—）领导自由党打败保守党再度上台时，已是债台高筑。各省也

让·克雷蒂安

是如此。加拿大的债务总和达到了7 500亿加元，占国民生产总值99.6%。这表明费用十分昂贵的福利制度已无法维持下去。总之，马丁·布赖恩·马尔罗尼两任总理期间，虽仍属于自由主义时代，不过已至尾声。加拿大开始进入保守主义。

**让·克雷蒂安自由党政府的政策回调** 如果加拿大人在商品和服务税、福利制度以及自由贸易问题上对马尔罗尼政府没有什么办法，那么在宪法改革和魁北克独立的问题上却能够给他颜色看。1992年10月26日全民公决这一天，加拿大人否定了马丁·布赖恩·马尔罗尼花了5年心血精心导演的《夏洛特敦协议》。马丁·布赖恩·马尔罗尼政府的宪法改革，最终归于失败，也结束了马丁·布赖恩·马尔罗尼的政治生涯。1993年6月24日，马丁·布赖恩·马尔罗尼将总理职位交给来自温哥华的吉姆·坎贝尔（Kim Campbell, 1947— ）。她成为加拿大第一位女总理，但很快便在10月联邦大选中失败而丢失宝座。她和所有保守党候选人都丢掉了选票，创出了保守党也是加拿大宪政史上的奇迹。有一位加拿大历史学家将保守党这次失败归罪于她本人的“坏脾气及缺少经验”，但实际上责任还在马丁·布赖恩·马尔罗尼。这次大选选民抛弃的是保守党，原因是加美自由贸易和宪法改革，而最遭选民痛恨的恐怕就是商品和服务税了。

联邦政府权柄重归自由党，接班的是让·克雷蒂安。他是皮埃尔·埃里奥特·特鲁多的门生，也来自魁北克省。他在1980年、1982年和1990年《米彻湖宪法协议》争端期间，多次充当枪手，因此也同皮埃尔·埃里奥特·特鲁多一样，在家乡魁北克省遭到人们特别是那里的政治精英的痛恨。然而，在其他省，让·克雷蒂安却威信倍增，被视为诚实的政治家。这正是让·克雷蒂安被视为皮埃尔·埃里奥特·特鲁多的学生、能够接手自由党以及这次取得选战胜利的原因。

让·克雷蒂安看到了马丁·布赖恩·马尔罗尼政府败在特权、回扣、密室和黑金交易的弊端上，一上台即宣布旧家具对他在萨赛克斯大道的官邸已经足够，又将新内阁班子减员至23位，每位部长的助手不得超过6个，而马丁·布赖恩·马尔罗尼有38—40位部长，每位部长有一排助手。马丁·布赖恩·马尔罗尼许给富豪朋友的好处即为海军购买直升机和出售多伦多机场的“两笔买卖”也被他砍掉，只此两项，就减轻了纳税人很大的负担。不过，调整马丁·布赖恩·马尔罗尼时期的财政和社会政策才是让·克雷蒂安政府优先考虑的目标，当务之急是减少自1974年以来已增至420亿加元的财政赤字，以及已达5 000亿加元的国债。财政改革势在必行。

自皮埃尔·埃里奥特·特鲁多建立西方国家最完备的福利国家制度以来，联邦政府的财政负担与年俱增，早已不堪重负，所以这次财政改革实际上也是社会改革。好在让·克雷蒂安上台的时机对改革较为有利。20世纪90年代初的经济衰退已经使加拿大人相信减少“公共利益”的信念。1994年的预算案首先堵塞税收漏洞，冻结联邦税收，限制失业保险，强行减少防务和补贴加拿大广播公司的主要或特别开支。1995年再砍23亿加元的商业补贴，从加拿大石油公司到加拿大国家铁路、航空运输的公共投资转为社会融资；取消已实行98年的西部运费补贴，一次性补偿草原农场主16亿加元，停运非盈利的铁路支线，节省23亿加元的补贴。其他改革还有裁减联邦政府4.5万名文官，也减轻不少财政负担，这或许又被看作是对保守党政府人浮于事的纠正；公共机场等建筑转让给当地经营者，由用户而非纳税人为空中交通管制付账；印第安人事务转交村落社负责。1995年拨给马尼托巴8.4万印第安人480万加元启动基金，帮助他们实现自治。甚至一张永久选民新的登记表就省去了花在首席选举官的费用，以及降低会议费用，都节省了政府开支。

在社会制度方面的改革，仍然延续马丁·布赖恩·马尔罗尼已开始的势头。具体措施是，将联邦政府转拨各省用于健康、福利和职业教育的费用大大地减少，并且合并为单一的“加拿大社会转拨款”。财政部部长保罗·马丁（Paul Martin, 1938—）1996年承诺到1998年务必消灭财政赤字，新的领取养老金者要缴纳较高的保险费而拿较低的抚恤金。人力资源部部长劳埃德·阿克斯沃希（LIoyd Axworthy, 1939—）将失业保险更名为雇佣保险，重新找到工作者不再享受生活补贴、抚恤金和相应的权利。要求公司实行强制性的再培训计划，为此安排了几十亿加元的“工作岗位创造基金”。仅此一项改革就砍去78亿加元的财政赤字，而且还将雇佣保险费变为盈利项目，使之成为联邦政府财政收入的主要来源之一，财政由负转正。大学教育曾是皮埃尔·埃里奥特·特鲁多福利制度的主要受惠方面，而这次也进行了改革，帮助各省将自20世纪60年代以来对大学和学院的资助改为鼓励银行对学生发放贷款。除不列颠哥伦比亚省和魁北克省以外，大学提高了收费。学生举债是他们双亲未曾经历过的，没有收入即已负债，还美其名曰："收入应急预付。"这与以前的教育思想大相径庭。但是，在1996年年底民意测验时，自由党声称支持率达到了63%。

让·克雷蒂安这次调整显然是一次保守性改革，幅度很小，实际上是承袭了马丁·布赖恩·马尔罗尼保守党政府的倒退举措。他在竞选中虽然曾承诺取消商品和服务税、重新谈判或取消1989年《自由贸易协定》，但并未兑现。因此，让·克雷蒂安虽是皮埃尔·埃里奥特·特鲁多自由主义的门生，但他执政的10年仍属于马丁·布赖恩·马尔罗尼开始的保守主义时代。

让·克雷蒂安的改革能够顺利进行并获得成功，要归因于20世纪最后一次即90年代的经济萧条。工厂、矿山关闭，公司压缩，大量解雇，以至于年轻人与工作无缘，而年纪太老的人已无人再雇，因此1991年失业率正好上升到两位数。财政收入降低，政府赤字加大，而缩减赤字又常常导致经济衰退加剧。当受自由贸易协定保护的工业减少1/10时，安大略受打击最重，因为实际上是渥太华向富省转嫁损失。自20世纪50年代以来，不列颠哥伦比亚省因与亚洲联系而保持了繁荣，但在90年代后期亚洲金融风暴中成为附带受害者，木材、煤炭和渔业市场大幅萎缩。由于全球性的生态恶化，太平洋大马哈鱼消失了；大西洋海岸更加糟糕，纽芬兰的古老鳕鱼业由于过度捕捞而陷入灭顶之灾，为了资助被摧毁的渔民家庭已花了几十亿加元。林业也受到热带速生林竞争的影响，再生林面积缩减。小麦价格暴跌，谷物农场主改为饲养生猪，发生了饮水污染问题，安大略小镇沃克顿在2000年春天发生大肠杆菌感染，几千人病倒，7人死亡。

随着经济衰退加深，各省政府也纷纷削减财政开支。前卡尔加里市市长拉尔夫·克勒恩以缩减政府开支、铲除福利游民以及与犯罪顽强斗争等平民主义的诺言在1993年6月当上阿尔伯塔省总理。他受新西兰政府总理罗杰·道格拉小政府信念的影响，劝说选民接受减少健康、教育和福利的公共开支，威信反而上升，尽管大学、中学和医院对降低预算不满。不久，安大略省保守党领袖麦克·哈里斯（Mike Harris）也步其后尘。有东西两个重要省份保守性社会改革的先例，让·克雷蒂安的联邦政府改革的政治风险就大大降低了。虽然经济从1993年开始复苏，自由党政府仍严格规范雇佣保险规定，工人必须接受没有退休金、安全保证和加班费的最低工资，工会的谈判权也被削弱。10年经济自由主义以及普遍的富裕正在消失，20世纪80年代形成的贫富鸿沟造成了对现行制度和价值的信心丧失，这一趋势在90年代仍在继续。第一民族、单身妈妈、失业者日益成为无家可归者，甚至一些全日制工人，也难以依靠微薄的工资找到住处。让·克雷蒂安不仅没有停止执行1989年《自由贸易协定》，而且随后同意扩大为《北美自由贸易协定》。加元只相当于美元的2/3，加拿大的商品和服务出口增加，对美国市场乃至经济的依赖性不断加大。从麦克米伦—布洛德尔、伊顿到西格拉姆等历史悠久的公司，或破产，或变为跨国公司沃尔玛、盖普等的分公司，名号丧失。加拿大四大特许银行兼并计划，由于最初没有取得财政部部长保罗·马丁同意和公众抗议，才得以停止。

在这10年中，虽说存在以上种种弊端，加拿大经济却日益趋向进步和技术升级，从资源工业和制造业转向信息服务。原来发展很好的电话系统已经成为世界性传真输送和计算机网络的中枢，网络发展越来越新，高密盘等信息新技术不断更新。或许，这正是让·克雷蒂安比马丁·布赖恩·马尔罗尼威望更高的原因，从而能够连续10年执政，尽管他延续了马丁·布赖恩·马尔罗尼的保守性改革。

**1995年魁北克全民公决**　如果说让·克雷蒂安政府在财政政策和社会制度方面承袭了保守党马尔罗尼政府的倒退举措，那么在宪法改革和魁北克独立的问题上则并未顺应其路线，而是继续皮埃尔·埃里奥特·特鲁多的方针，维护国家统一，有效地防止了国家的分裂。1992年10月全民公决否定了马丁·布赖恩·马尔罗尼满足魁北克“特殊社会”要求的《夏洛特敦协议》，魁北克人感到英语省份有意要排斥他们，对此十分不满，似乎一下子又勾起他们对Je me souveiens这个刻在魁北克省徽上箴言的记忆（这句箴言在魁北克的车牌号下面常可见到，意思是“我记得”。箴言源自一首法文名诗：“我记得在法国的百合花下诞生，在英国的玫瑰花下成长。”百合花是魁北克省省花；玫瑰花是英国国花。全句的含义是：魁北克人虽然生长在魁北克省，却处在英国人的包围之中。箴言显示了魁北克人强烈的民族主义），支持独立的人数迅速增加。结果，在1994年9月5日魁北克省的选举中，抛弃了反独立的自由党丹尼尔·约翰逊（Daniel Johnson, Jr., 1944—）政府，而将魁北克人党推上台。极端独立派的领袖人物雅克·帕里佐（Jacques Parizeau, 1930—）出任省长。

在选举中，雅克·帕里佐曾承诺尽早举行全省公决，实现独立，但魁北克人党的战略家不像他那么鲁莽而主张温和路线，以“主权”代替“独立”，支持者慢慢就减少了。1995年6月，在吕西安·布夏尔（Lucien Bouchard, 1938—）的压力下，雅克·帕里佐妥协，同意同时就“主权独立”和“与加拿大的伙伴关系”进行投票表决。雅克·帕里佐斯骗魁北克人说，取得主权后仍可使用加拿大货币和护照。支持者上升了，于是在9月发起公决运动，提出表决的问题是:“你是否同意在有关魁北克未来的法案以及1995年6月12日签署的协议的框架之内，向加拿大正式提出新的经济与政治伙伴关系之后，魁北克成为主权国家?”

1995年10月初，当双方迎接公投的造势刚开始时，各次民意测验均显示联邦派占优势，一直超过独立派。可是，自10月6日开始，形势逆转。统独之争的权威民意测验机构Leger & Leger的统计显示，反独立派(联邦派)开始从52.8%下滑，而独立派则开始从47.2%上升，10月8—12日反独立派下滑至50.8%，独立派上升至49.2%。临近公投前几天，独立派一般以1%左右略胜反独立派。这时，加元兑换美元也重新下挫，公决前夕已经跌到1加元兑换71—72美分。联邦派情绪十分低落，他们估计独立派会以51%对49%胜出，加拿大分裂。媒体甚至开始谈论魁北克独立后应当承担联邦政府多大比例的债务问题。10月6日形势逆转，是独立派宣传运动领导人更换所致。一年前由于细菌感染失去了一条腿的吕西安·布夏尔此时露面，以其特有魔力、真诚和激情激励了主权独立运动的高涨。他宣称，投赞成票就会像挥舞魔杖一样，可以实现“魁北克联合为一个国家的民族自尊和独特性”，甚至能够迫使英语加拿大请求与魁北克建立新的伙伴关系。

除了吕西安·布夏尔个人魅力的作用外，独立派势力暂时领先还有另外3个主客观原因：首先，魁北克人党利用魁北克人在《夏洛特敦协议》遭到否决后对英裔加拿大人的不满情绪，加大鼓吹分离力度，争取到相当一部分中间派的民众。其次，是魁北克人党的模糊宣传策略，即独立后仍可以与加拿大“保持伙伴关系”或“经济关系”，甚至说仍可使用加拿大护照和加元，这一策略被渥太华《市民报》的一位专栏作家称为“混淆战略”。“混淆战略”对那些原来在独立问题上摇摆不定的魁北克民众产生了迷惑或欺骗性影响，以至于错误认为魁北克省独立后自己仍是加拿大公民而糊里糊涂地站到魁北克独立派的一边，而他们实际上仍然眷恋加拿大。再次，联邦派尤其是联邦总理让·克雷蒂安本人轻视了独立派的力量。他们认为1980年那次魁北克公决以60%对40%战胜独立派，估计这次最坏也会以55%对45%取胜。1995年10月14日，让·克雷蒂安为了在蒙特利尔招待到访的中国总理提前回到自己的选区沙维尼根，以联邦总理的身份为省内联邦派(主要是1994年在魁北克省选举中下台的自由党)鼓劲，仍未意识到形势严峻，以致在家乡父老的集会上仍信心十足地挥手高呼:“我们必胜!”一位联邦派理论宣传家在公投的前一天吹牛说:“他们不论可能多么强大,但也强大不到足以使魁北克分离运动在这次全民公决中赢得大多数。”虽然预言最终未错,但反映了反独立派对独立派力量迅速增长估计不足,几乎断送国家统一。正因为联邦派上层小视了分离派运动力量及其“混淆战略”的危害,尤其是总理本人,对魁北克独立派年初就已抛出的“保持伙伴关系”、“经济关系”、“使用加元和护照”等似是而非的口号在很长一段时间内未予以公开拒绝。直到公决前夕,联邦派才意识到问题严重并公开表示:如果魁北克独立,加拿大既不与它保持什么伙伴关系,也没有经济关系。10月25日,让·克雷蒂安到蒙特利尔宣布:“处于危急关头的是我们的国家,要么离去,要么留下,这才是全民公决的问题。”并且与保守党新领导人让·夏尔一起承诺维护魁北克的“独特社会”、魁北克有宪法否决权,而原先他们是拒绝的。这才安抚了魁北克省人民的中间派。声明虽迟,但已经足以使中间派丢掉既想独立又能继续当加拿大公民的幻想。正是这部分人在投票日明确了反独立立场,使联邦派得以以微弱优势险胜,最终决定了魁北克省留在加拿大联邦体内。

为了挽救不利局势并给魁北克联邦派鼓劲和支持,10月27日在加拿大大厦前的广场上举行了“蒙特利尔全国团结大会”(The Montreal Union Rally),紧急声援反独立派(N0派),全国各地成千上万民众乘坐小汽车、公共汽车、火车和飞机涌入蒙特利尔。本书作者有幸目睹加拿大人民维护国家统一的这一壮举。当时,本书作者受中加政府学者交换项目支持,正在卡尔顿大学作访问学者。作为研究加拿大的一位中国学者,也时刻关心这次公投,不希望这个好端端的国家因200多万人要独立而被分裂。全国团结大会头天晚上,从电视报道中得知安大略省将开公车去蒙特利尔声援反独立派,也参加了渥太华联邦派的这次声援行动。他们声援魁北克省联邦派的热情万分高涨,渥太华原计划开80辆公车去5 000人,最后增至190辆,运去1万人。我们一进入蒙特利尔,就感受到了魁北克省内外加拿大人十分高昂的政治热情,蒙特利尔市内建筑皆挂出各色旗帜,以表示公司或机构的立场,仔细观察,加拿大枫叶国旗多于缀着三瓣百合花图案的魁北克省省旗。车子缓缓行驶在市区,人们向安大略车队欢呼,并以各种姿势表明支持或反对独立的立场,有的向上打出V型手势,有人则大拇指倒竖。进入广场更觉察到加拿大人的爱国热情,虽然下雨,人们毫无退意,一面巨幅的加拿大国旗在人群的头顶上传递,联邦派士气大增。

联邦政府内阁要员也大部分出席了这一天的集会,让·克雷蒂安总理发表演说，代表全国加拿大各族人民对魁北克省人民表达了真诚挽留之意，并重申对魁北克公决的明确立场："只要加拿大的统一得以维持，魁北克人民作为民族整体的民族性是会得到承认和照顾的。"公决举行的前一天晚上，他又在温哥华发表电视讲话，饱含深情说：魁北克若独立，不仅使魁北克人，也会使他们的后代不能再分享加拿大美丽的风光。让·克雷蒂安这是诉诸"永久的加拿大情结"，进一步唤醒中间派。10月30日，93%的魁北克省合法选民投了票，结果，2 308 028票赞成独立，2 361 526票反对独立，即44.44%对51.56%；选票差额仅为62 498票，废票约86 676张。

正式公投以前，绝对支持与绝对反对魁北克省独立的人数大体相等。在各次民意测验中，大约13%的民众尚未表明立场，他们就是中间派。独立派和反独立派都在争取这部分民众。联邦派最后关头揭穿"混淆战略"和诉诸"加拿大情结"的策略起了作用，得以险胜。中间派既不满英语省份否定《米彻湖宪法协议》而"排斥"魁北克的立场，又不愿抛弃他们世代已生活两三个世纪的加拿大。他们的祖先毕竟是加拿大这片沃土近代"最早"的发现者和开拓者，在加拿大联邦体内已与英裔加拿大人和其他少数族共同生活了128年，为创立和发展加拿大的民主制度作出了巨大贡献，对这片美丽的国土，有着难以割舍的眷恋之情。因此，中间派一旦明白魁北克省独立后仍可保持加拿大公民身份是个骗局，就放弃对独力派的支持。在10月30日的正式公投中，正是这13%的中间派最终决定了魁北克省的去留。30日早晨投票开始时，雅克·帕里佐信心十足，发誓如果渥太华敢于限制魁北克自由，就单方宣布独立，可是到了夜里随着计票进展就泄气了，说相差很小的失败是"少数族和钱"的过错。第二天雅克·帕里佐就宣布辞职，由魁北克独立策略派吕西安·布夏尔接任魁北克人党党魁和省总理之职。

确实如雅克·帕里佐所说，票数相差非常微小，比起1980年那次公投魁北克独立派以40%比60%的失败，15年后这次公投他们确实进展巨大。因此，主权分离分子感到虽败犹荣，比以前任何时候更自信。计票刚一结束，尚未宣布辞职的雅克·帕里佐喜形于色，宣称："看下一次吧！"这次魁北克人党换班，是分裂派为尽快举行下一次独立公投而使用的策略手段。按加拿大法律规定，同一任政府任期之内，不能举行内容相同的两次全民公决，换班就可以名正言顺地在两三年内再次举行独立公投。1996年1月吕西安·布夏尔就职后宣布，还要举行另一次全民公决，他要使用所有手段、威望和机会创造制胜条件。出于策略考虑，组阁时将雅克·帕里佐等强硬主权派换成温和派，旨在争取中间力量支持独立运动，并宣布将解决魁北克绝望的经济问题作为第一优先考虑。

在这次加拿大的全民公决中，美国的立场也有利于联邦派战胜独立派。让·克雷蒂安1993年上台后，虽然曾表示疏远白宫，但在这次关乎加拿大命运的公投中，美国并没有落井下石。克林顿总统2月23日出访渥太华前两天，议会魁北克党团领袖、温和独立派代表人物吕西安·布夏尔病愈返回议会上班。独立派分子自然盼望克林顿总统跟吕西安·布夏尔会晤，以给独立派带来有利影响，起码可以使克林顿总统认识到独立的魁北克对美国利益没有损害。然而，克林顿在到访后的公开演说中，字里行间没有任何这样的暗示，相反表态遵循美国对魁北克分离运动的传统立场，即希望与一个统一的加拿大相处。他说："世界因种族冲突变得黑暗，不少国家因此瓦解，加拿大却树立了一个榜样，向世人显示不同种族和文化背景的人如何共同和平相处、工作和生活。"23日晚在与渥太华一河之隔的霍尔的文明博物馆举行的国宴上，克林顿举杯祝"加拿大万岁"！这与法国总统戴高乐1967年高呼"魁北克万岁"形成了鲜明对比。1967年那次政治事件后，魁北克接连发生动乱，最终酿成1970年的10月危机，皮埃尔·埃里奥特·特鲁多总理还动用了武力。

无论怎么说，在这次全民公决中，联邦派只是险胜。笔者当时有一篇文章曾说，让·克雷蒂安大意险些失"荆州"，联邦派只是险胜。公投后，无论是独立派，或是联邦政府，还是魁北克省以外的加拿大人，都高兴不起来。经历10月30日的震撼，强硬的联邦派反对给魁北克任何特殊让步，公决非常接近的结果使他们相信魁北克独立不可避免，到20世纪末就可能实现。因此，他们有的希望甩掉魁北克问题，轻松前进；有的则坚持必须运用法律或武力维护国家的统一。自由党联邦政府准备了A、B两个方案，转向两手策略。方案A主张寻求妥协，使魁北克归顺；方案B主张一旦再次面临分离威胁，采取强硬策略。让·克雷蒂安倾向于方案A。公投过后不到一个月，11月27日，他使自由党控制的议会通过议案，承认魁北克为"独特社会"，明显地表达了妥协解决的姿态，尽一切可能劝说魁北克留在联邦内。让·克雷蒂安政府确定不再通过修改宪法解决与魁北克和各省的分歧，打算改革联邦制度，分散联邦中央的权力，扩大省权。为此，联邦政府进行了相应的经济和社会改革，稳定经济和社会。1996年1月借联邦内阁改组之机，成立了一个"团结内阁"：24名阁员中有6名来自魁北克。让·克雷蒂安政府的新路线是要淡化宪法争端，集中致力于经济发展。

至于方案B，主张“以分裂对分裂”，魁北克分裂加拿大，加拿大也能够分裂魁北克。这是魁北克麦吉尔大学年轻的政治学教授、新任联邦新闻部部长斯特凡·迪翁（Stephane Dion，1955—）的主意。到任不久，他即提出：“既然加拿大可以分裂，魁北克为什么不能呢？”一旦妥协行不通，魁北克省仍坚持独立，联邦政府有权接受魁北克境内不愿脱离加拿大的人民和土地，使他们从魁北克省分离出来。

魁北克省北部地区占全省面积2/3，千百年以来一直由因纽特人和印第安人居住；而在渥太华河北岸以北及蒙特利尔以西的魁北克省西部则以英裔居民居多。早在公投期间，这两个地区就已表示，不愿脱离加拿大联邦。魁北克省独立公投后，联邦政府也准备立法，规定分离之类的重大问题必须由60%以上多数票决定，不能像魁北克前两次公投那样由50%加1的简单多数决定，有人提出75%至少66%的公决多数才能确定分离问题。而且，魁北克省的去留不能仅由该省公决，而应当由加拿大全民公决来确定；提出的公决问题也不应由独立派单方拟定，而应由两派协商，还需经过联邦政府同意。渥太华《市民报》刊登的一篇文章《要告诉魁北克离开加拿大的真正条件》，除以上条件外，还提出如果魁北克省分裂出去，应当在其领土东部划出一条走廊，由联邦控制，以使大西洋海岸4省仍能与西部省区相连，因为魁北克南面与美国接壤，独立后将会使中央加拿大与大西洋海岸的领土分割开来。此外，魁北克分离后，也应当承担联邦债务，须按人口分摊；军队、海军以及海港设施也应事先按比例分割清楚，由联邦政府对外宣布，等等。联邦派以分裂对分裂的策略，给魁北克独立派设置了难以逾越的障碍。

自公决后，联邦派也开始采取行动教训魁北克独立派，太平洋铁路公司1995年11月宣布将总部迁往卡尔加里；蒙特利尔及其他一些城市纷纷成立反分离的组织，如加拿大团结特别委员会，等等。魁北克省印第安人和因纽特人组织在1995年年底写信给魁北克省新总理吕西安·布夏尔，提出警告：如果魁北克脱离加拿大联邦，要允许他们继续留在加拿大联邦体内。事态的这一新发展似乎是魁北克独立派所不曾想到的，他们也乱了阵脚。对联邦派应对分裂的新举措，吕西安·布夏尔宣称：加拿大国内有两个民族，是两个国家，两片领土，可以分裂；魁北克是一个单一民族、单一语言的国家。这明显是强词夺理。让·克雷蒂安立即公开驳斥：魁北克本身也是一个多民族、多语言的多元社会，如果加拿大可以分裂，魁北克当然也可以分裂。面对这些难以突破的障碍，独立派感到不仅独立，就是公投都受到了严格的限制，不免有点知难而退。不仅吕西安·布夏尔这样的策略派，就是雅克·帕里佐那样的强硬独立派，也态度缓和了。倾向于妥协解决的联邦派更是适时让步，即使提出“以分裂对分裂”的斯特凡·迪翁本人，也主张把重点放在调解上，能不采用就不采用强硬措施，也不赞成通过修宪制止魁北克独立，认为那样只会扩大宪法争端。自由党政府准备采取“灵活而现实的联邦—省际协商会议”方式来解决魁北克问题。

本着继承自英国善于妥协的政治传统，其他英语省份也积极加入调解魁北克省与联邦政府的矛盾。1996年2月3日在麦吉尔大学加拿大研究所召开了政治问题学术讨论会，阿尔伯塔省总理拉尔夫·克莱因（Ralph Phillip Klein，1942—2013年）专程赴会拜见吕西安·布夏尔，实际上是借机调解矛盾，以缓和一年前独立公决造成的他与联邦政府之间的紧张关系。据拉尔夫·克莱因说，魁北克有意放弃永不与加拿大联系的誓言，准备参加下一次的联邦—省际总理协商会议，还表示要放弃公决，专心于经济发展。

## 五、21世纪以来经济、政治与社会变动

在暂时缓和魁北克局势尤其是让·克雷蒂安第二任开局后，天下似乎太平了，实则不然。其时，已届新旧世纪之交，加拿大联邦与各省政府都要应付即将到来的全球化挑战。果然不久，让·克雷蒂安遇到了两个严重事件，即党内保罗·马丁“逼宫”和“9·11”事件。在1997年大选中，让·克雷蒂安虽然如愿以偿实现多数派政府的愿望，2000年大选又在腹背受敌中获胜，但令他始料不及的是自己的财政部部长保罗·马丁首先在大选前“逼宫”，要求他辞职让位。在国外，21世纪的第一年发生“9·11”事件，拉登的恐怖组织袭击美国，炸毁纽约世贸大厦。

保罗·马丁（左）

**让·克雷蒂安三连任**　在1993年以来历次民意测验中，让·克雷蒂安领导的自由党一直保持领先。虽然让·克雷蒂安天生的命令主义使支持者常常感到困惑，而其平民领袖的形象又使

他很容易博得支持。显然，由于让·克雷蒂安在1995年魁北克分离主义公决中维护了国家统一和团结，深得人心，自由党政府的威信也增强了。相反，在野党都出现了震荡，只有改革党（Reform Party of Canada）还是1993年的领导人普雷斯顿·曼宁（Preston Manning，1942— ）；魁北克党团的领导权由米彻尔·古蒂埃勒转手于吉尔·迪塞普（Gilles Duceppe，1947— ）这位前共产党同盟的组织者；让·查尔斯特也未能提高保守党的支持度；新民主党的奥得雷·麦克劳夫林不久被另一位社会工作者爱丽莎·麦克多夫所取代。正是看到形势有利，让·克雷蒂安决定在1997年春天右派组织起来以前提前进行一次选举，而且相信自己会重新当选。保守党、新民主党和改革党都指责说，让·克雷蒂安没有正当理由在任期还有一年多的时候举行耗资2亿加元的选举。虽然6月2日投票率很低，只有55%的选民投票，让·克雷蒂安仍以多数票当选（赢得38%的选票，即301个议席中的155席）。

紧随选举之后，改革党的普雷斯顿·曼宁联合右翼发动了一场保守主义运动。由于1993年和1997年在两次大选中都没有在安大略省或魁北克省有所突破，普雷斯顿·曼宁就联合两省右翼人士将改革党改组为联盟党。在1997年的选举中，联盟党提出削减个人所得税和还清国债的主张。财政部部长保罗·马丁斥责说，这不切实际。按联盟党这一主张，每年将减少200亿加元税收，加上政府养老金和5 770亿加元的国债利息开支，政府将无力支持医疗费用和皇家骑警的费用。因此，选民并不相信联盟党的主张。保守党领导人让·查尔斯特（Jean Charest，1958— ）则计划联合魁北克省的联邦主义者打败吕西安·布夏尔，但是也没有成功。结果，让·克雷蒂安得以平稳执政。

让·克雷蒂安获得连任的当年，经济形势好转。他在政治上搁置宪法争端，代之以1997年与各省签订《加拿大社会契约协议》（*Social Compact of Canada*），作为合作联邦主义的新形式，甚至吕西安·布夏尔也代表魁北克省在上面签了字。不过，吕西安·布夏尔很快就选择魁北克省退出，渥太华立即重申魁北克省仍会得到补偿。魁北克省立法议会只指责《清晰法案》，但是最高法院重申原来的裁决，即魁北克省可以迫使其余各省就它脱离联邦举行谈判，但是只有在获得明显多数的魁北克人就一个明确的问题投票之后才能够进行。联邦主义者预计这会在魁北克省激起激烈的反应，但是魁北克人绝大多数希望更清晰。自1995年公决失败之后，越来越多的魁北克人已对独立和宪法争端厌恶了。因此，自皮埃尔·埃里奥特·特鲁多时代以来，这个长久困扰加拿大政治和社会生活的难题现在缓和多了。总之，在新旧世纪之交，让·克雷蒂安领导下的自由党联邦政府日子好过多了。

然而，在2000年这一年，自由党却在绝大多数省份丢掉权柄，只有纽芬兰省仍在该党的治下，因此让·克雷蒂安决定再次提前大选。他之所以敢于作出这个决定，是因为看到在这时能够在联邦政治中与自由党相抗衡的只有普雷斯顿·曼宁新建的加拿大联盟党（Canadian Alliance），而这个党却在内讧。6月2日的领导人会议迫使普雷斯顿·曼宁让位给43岁的斯道克韦尔·戴伊（Stockwell Day，1950—）这位曾经的圣灵派牧师。他刚出任就提出举行联邦大选，而这正中让·克雷蒂安的下怀，他正想提前选举，以选出一个多数派政府。同1997年上次大选一样，媒体和在野党都指责让·克雷蒂安当选40个月之后又进行实无需要的选举。虽然选前自由党的支持率突然下降，但是新民主党、保守党和联盟党正在进行混战，对自由党有利，支持率转而上升。11月27日，几乎有一半选民没有投票，自由党以172席多数当选组阁。加拿大联盟党66席、魁北克党团38席，新民主党和保守党分别得到13席和12席。这样，让·克雷蒂安继约翰·亚历山大·麦克唐纳、威尔弗里德·劳雷尔、威廉·莱昂·麦肯齐·金之后，成为加拿大历史上第四位三连任总理。

同在职时间最长的威廉·莱昂·麦肯齐·金总理一样，让·克雷蒂安之所以能够获得三连任，是因为“明白加拿大人急于改革，理解妥协，最喜欢最少分裂他们的领导人”。1995年阻止魁北克省分离这一功绩具有长久影响，但是关键是让·克雷蒂安头两任任期内加拿大经济持续繁荣。在他任期内，加拿大绝大多数地区经济恢复增长，增长率一度达到4.7%，为近期之最，处在主要西方国家的前列。

这主要是得益于新技术的运用，带来20世纪90年代后期世界经济繁荣。让·克雷蒂安是一位幸运的政治家。1993年他第一次上台时，财政赤字高达420亿加元（约合320亿美元），1997年连任时，一举平衡了财政收支。1999—2000年财政年度则盈余123亿加元，2000—2001年盈余200多亿加元，大大超过预期。到2001年，加拿大已连续4年盈余，成为西方7强中唯一财政结余的国家。在此期间，政府结余大体平均占每年财政预算的0.2%。政府平分结余，除用于减税和社会项目投资外，还用于资助大西洋沿岸等落后地区恢复健康服务和失业保险，结果失业再度回落，通货膨胀和利率皆保持在低位。按当年联合国的社会发展指数，加拿大以微弱的优势排在首位。这些都表明让·克雷蒂安确实治理有方，为加拿大人民所信任。

**自由党内讧**　正当让·克雷蒂安陶醉于实现政治愿望快意之时，又遭遇国外的更大挑战，2001年发生了“9·11”事件，布什在“9·11”后对恐怖主义宣战，请求盟国参加袭击拉登恐怖组织。在“9·11”事件一周年之际，让·克雷蒂安虽然曾指责美国和西方世界“傲慢蛮横、自私”而引起阿拉伯世界报复，但是指责归指责，美加毕竟是最大的贸易伙伴，个人政见分歧不能影响两国的特殊关系。让·克雷蒂安并未改变自莱斯特·B.皮尔逊以后的一贯立场，即“时刻准备”紧随美国对重大国际事件作出及时反应，也没有改变马丁·布赖恩·马尔罗尼加入布什战争的原有安排。

拉登“9·11”恐怖袭击美国可以说是21世纪的第一战。自20世纪90年代以来，经济全球化加快，美国亨廷顿教授借机鼓吹“文明冲突论”，实际上是要用美国的大众文化“全球化”世界各民族丰富多彩的文化。拉登所代表的阿拉伯世界的强烈民族主义文化，为了反击亨廷顿们，对美国发动恐怖袭击，才是21世纪的第一战。

这时在加拿大政府内，保罗·马丁对让·克雷蒂安的挑战到了最后阶段，他再次发起“逼宫”行动。5月31日，让·克雷蒂安令他停止挑战他的领袖地位，保罗·马丁断然拒绝。6月2日，让·克雷蒂安宣布解除保罗·马丁财政部长之职。其后，保罗·马丁的支持率不减反增，有人提出弹劾让·克雷蒂安，虽然被他挡回，威望却大受减损。当晚加元汇率跌到1∶1.651 2。这表明自由党内的政治天平已向保罗·马丁一边倾斜。

保罗·马丁1938年8月28日出生于安大略省温莎市，从政前曾任加拿大电力公司经理、加拿大轮船公司董事会主席和首席执行官，1988年当选为众议员。由于保罗·马丁在1993年为自由党执政立下汗马功劳，出任最重要的财政部部长一职。让·克雷蒂安取得可圈可点的政绩，这位能干的财政部部长功不可没。加拿大经济当时发展缓慢，预算赤字惊人，保罗·马丁充分利用世界经济整体上升和美国经济强劲发展的有利条件，提倡自由贸易和减税，大刀阔斧地改革经济体制，压缩政府预算，到1998年政府财政首次盈余。在亚洲金融危机中，保罗·马丁又倡导成立20国集团，推动加拿大积极参与国际事务，2001年3月，发起取消英国女王为国家元首的倡议，年终以财政部部长身份入选“世界经济论坛”评出的“梦幻内阁”。由于恢复了加拿大的金融秩序，他受到国际金融界的一致赞誉。如此骄人的政绩和在党内不断巩固的基础，正是保罗·马丁一直向让·克雷蒂安叫板的本钱。实际上，1990年选举自由党党魁时，他与让·克雷蒂安已经展开政治较量，而2000年大选前“逼宫”则是两人矛盾的公开。民意测验也显示，68%的投票者希望让·克雷蒂安在

2005年退出。让·克雷蒂安曾暗示第三届任期一半即退休，但是大选期间又变卦，表示要完成5年任期。这是对保罗·马丁“逼宫”行动进行的报复，晚退休是为了老化保罗·马丁，使他再度失败。

让·克雷蒂安之所以从第三任开局就陷于被动，主要是因为年初内阁班子中有数名阁员卷入丑闻（将政府合同签给亲朋好友）。2002年1月14日，他的最佳接班人、47岁的工业部部长托宾突然宣布辞职，这严重动摇了让·克雷蒂安内阁。他不得不进行自首次组阁以来最大的改组，8位部长易人。更难堪的是一起家庭风波，33岁的养子米歇尔在2002年7月迷奸一名18岁少女，也恰在此时东窗事发。就这样，在党内纷争和腐败丑闻的双重压力下，为了确保自由党的执政地位，8月21日，让·克雷蒂安被迫宣布在2004年2月提前退休（本可到2006年）。祸不单行，10月又发生4名部长因接受免费请吃和度假旅游，被反对党揪住不放。在党内，保罗·马丁更是加紧“逼宫”，让·克雷蒂安又不得不将任期缩短到2003年11月13日。2003年12月10日下午接待从波士顿抵达渥太华进行一天半工作访问的中国国务院总理温家宝，是他最后一次重要国事活动，两天之后，便告老还乡。

离开政坛这年让·克雷蒂安69岁，是西方执政时间最长的政府首脑。他任加拿大总理10年，不留赤字，在各类问题层出不穷、政治变动剧烈的当今实属不易。他的平民领袖的形象很适合20世纪末加拿大民众的脾胃。在发表告别演说时，让·克雷蒂安首次公开支持保罗·马丁，翌日保罗·马丁当选自由党党魁，12月12日成为加拿大第21任总理。

当上党魁后，保罗·马丁立即宣布进行政府体制改革。首先，在投票和修订法律方面给议员更多的权力；检查政治任命方式，取消提名制，改为开放的提名制选举，由基层选民提名议会议员，还承诺提高女议员在议会中的比例；削减总理办公室过度膨胀的权力。其次，在经济政策上，许诺继续致力于平衡预算的努力，进一步降低政府债务和税率，推进自由贸易；为保证加拿大在国际上的经济领先地位，将全力投资于教育和科技；推行自由化的社会政策，承认同性恋合法化和拥有少量大麻非刑事化。再次，在对外关系上，承诺大力改善对外交往，首要的是改善同美国的紧张关系，在相互尊重的基础上，加强伙伴关系，但是对伊拉克战争和导弹防御系统等，继续执行让·克雷蒂安的政策；积极参加联合国事务，增加军费开支，加强对外援助，提高国际地位；推动建立多边国际体制以应对国际恐怖主义、金融冲击以及SARS、西尼罗河病毒，等等。他肯定让·克雷蒂安最近几年对非洲的援助、禁止陆地采矿以及在建立国际法庭中所起到的领导作用，但是认为这些“还远远不够”，加拿大拥有最多样化的人口，最为开放的经济体系，完全可以作为建立世界新秩序的催化剂。这时的保罗·马丁雄心勃勃，但是具有讽刺意味的是，在2004年6月大选获胜连任仅仅当了一年半总理后，却因他用来扳倒让·克雷蒂安的腐败丑闻被推翻了，2005年11月28日，议会以171票对133票通过在野党联合提出的不信任案。这样，2006年加拿大又将面临选举。

从加拿大选举历史来看，任何一个政党要想赢得压倒性胜利，必须在大选中赢得40%以上的选票。2004年6月28日的议会选举，自由党获得130个席位，支持率为36%，保罗·马丁政府由多数派变为少数派政府。最大的反对党保守党仅得到98席，选民对其在卫生、气候变化和软木贸易争端等重大问题上的看法不满意。持续执政12年的自由党，从班底、政策和执政经验等综合实力来看，还是最强的竞争者，执政期间经济强劲增长，失业率降到30年最低（20世纪90年代初失业率高达11.3%，2007年降为6%），财政连续8年出现盈余。自由党这次选举时，又提出庞大的减税方案；在土著人事务、移民、福利和军事等领域，利用财政盈余，宣布了一系列巨额投资计划，为广大选民勾画了美好远景。这些本来是自由党继续执政非常有利的条件。可是，自由党被“赞助丑闻”严重杀伤，加上21世纪时代变了，选民强烈“求变”，结果在2006年1月23日选举中，自由党没有能够翻身。斯蒂芬·哈珀（Stephen Joseph Harper，1959—）领导保守党以领先10个百分点胜出，但是仍为少数派政府（议会308席中只得到126席），需要至少一个反对党支持，才能保证通过议案。斯蒂芬·哈珀2月6日就任加拿大第22任总理。

自由党政府最终下台是败在腐败上。在20世纪90年代后半期，让·克雷蒂安以反对魁北克省独立、维护加拿大联邦统一、增强自由党在魁北克省的影响力以及促进全国团结等名义，拨款大约2.5亿加元（约合1.9亿美元），设立了“联邦赞助项目”。正是这个项目后来出现了“丑闻”，有1.5亿加元资金流入与自由党关系密切的5家广告公司，被先后抽取了1亿加元佣金。让·克雷蒂安在任时对此一直否认，但是到2004年年初，总审计长弗雷泽的年度报告证实，确实存在腐败。保罗·马丁于2月19日成立独立调查委员会进行调查，他与前总理让·克雷蒂安等自由党官员都接受了询问。调查中广告公司经理承认拿走了数百万加元佣金或其他好处费。此事主要涉及魁北克省自由党的高官贪污和滥用公款。虽然法官判定前总理不了解资金的具体运作，只属于失察，现任总理、时任财政部部长的保罗·马丁也不知情，与丑闻无关，但是这桩丑闻毕竟影响了自由党的威信。

斯蒂芬·哈珀

**斯蒂芬·哈珀保守党政府的治理**　来自卡尔加尔的经济学教授斯蒂芬·哈珀在20世纪80年代进入加拿大政界，最初为进步保守党党员，后因对该党不满而离开渥太华，回到了西部。他在1993年当选为卡尔加里西区的联邦议员，并且参与改革进步保守党，2003年进步保守党与联盟党这两大右翼政党合并，组成新保守党，恢复该党1942年曾使用过的名称——保守党，斯蒂芬·哈珀出任首任领袖。

斯蒂芬·哈珀在这次大选中获胜，说明加拿大人民期待21世纪的变革。在大选后，斯蒂芬·哈珀政府便迎合广大选民的希望，将工作重点集中于反腐败、削减商品和服务税、打击犯罪、对儿童护理进行家庭直接补贴以及减少候诊时间等紧迫的社会问题。同时，承诺解决联邦与省政府之间的财政拨款不平衡，并允诺给魁北克省更多的自主权。在对外关系方面，强化加美关系，重开导弹防御体系谈判，增加投入，加强加美边境的安全，但是与美国仍谨慎保持“一定距离”，因为2/3的加拿大人不喜欢美国政府。在首次记者会上，斯蒂芬·哈珀就批驳了美国驻加大使关于加拿大北极主权的讲话。

为了确保保守党继续执政，并能够选出一个多数派政府，以便使各项改革顺利进行，斯蒂芬·哈珀在2008年10月14日提前举行大选（本应在2009年10月19日）。大选前的民意测验显示，保守党的支持率达38%，领先自由党近10个百分点，距多数政府需要的40%仅差两个点。新民主党和魁北克党团多次表示要推翻哈珀政府；最大反对党自由党也扬言倒阁，但是因元气未复而审慎行事。因此，斯蒂芬·哈珀提前大选先发制人。与其等着被推翻，不如抓住有利时机主动出击，即便无法实现多数派政府的愿望，也可以进一步打压自由党，打乱反对党派的倒阁计划。此外，美国11月举行大选，奥巴马领导的美国民主党在执政理念上接近加拿大自由党，如果奥巴马获胜，无疑外部环境对保守党不利，选民或将倾向于选择偏左的自由党。提前大选可以使其免受美国选举结果的冲击。

不过，真正坚定斯蒂芬·哈珀提前大选决心的原因是加拿大经济在2008

年世界金融危机打击下日渐疲惫。加拿大已经连续10多年增长的国内需求开始下降，房地产降温，失业率升高，股市下降。人口最多、选票最多的安大略省就是个晴雨表，2008年几乎每周都有制造业工厂关门。加拿大3/4的出口流向美国，而美国经济减速加快，加拿大的出口面临更大压力。经合组织早先已将加拿大2008年预期增长率下调至0.8%，而专家预测2009年情况更坏。如果按期在2009年10月大选，这个问题就势必成为焦点。然而，提前大选的结果未尽如人意：2 300万选民，只有58%的参投率；议会308席中，保守党仅赢得144席，虽然高于2006年的126席，支持率也由36.3%上升为38%，但是离组建多数派政府所需的155席尚差11席。自由党的表现更糟，从95席降至77席，斯蒂芬·哈珀政府虽然仍旧为少数派，执政地位却得到了一定的巩固。

在2011年大选中，一向不被看好的新民主党异军突起，议席从上届的37个大幅提升至102个，取得突破性胜利，获得不少选民的支持，取代自由党成为第一大反对党。这是因为该党主张削减小公司税率以及重视家庭及养老。自由党则惨遭失败，不仅党魁伊格纳季耶夫落选，议席也从选前的77席跌至34席。

金融危机开始以来，斯蒂芬·哈珀是第一位面对选民的西方领导人，成功连任后，他主要是应对世界金融危机。首先，制定金融法规，以有效控制银行风险；其次是减税，以促进产业发展，希望带领国家平安渡过金融危机。这些对斯蒂芬·哈珀政府都是严峻的考验，果然他连任后仅仅一个月，就遭遇了一次严重的政治危机，险些下台。11月27日宣布的最新财政预算修正案，削减了给各党的补助金总额3 000万加元，企图切断反对党的财源，理由是应对经济危机。可是，3个反对党不买账，立即联手签署联盟协议，拟组建为期两年半的联合政府，以取代斯蒂芬·哈珀政府。在以后将近3年的执政中，斯蒂芬·哈珀虽然以少数派组阁，实际上则日益强劲，要利用一切机会打击反对党，例如将阿富汗驻军日期由2009年延至2011年；军费开支达207亿加元，而不是估算的80亿加元；移民新法损害潜在移民者的利益等。此前，各大国纷纷出手挽救经济，而斯蒂芬·哈珀政府没有出台任何刺激措施，却强调加拿大经济基础良好，还作出下一财政年度8亿加元盈余的乐观预测。12月4日，斯蒂芬·哈珀被迫请求总督暂时中止议会，才避免被联合起来的在野党推翻。此后，他只好向反对党退让，不仅放弃取消行政补贴条款，而且宣布新的拯救经济措施。

在2009年1月26日公布的新的施政纲领中，哈珀承诺推出数百亿加元的庞大的重振经济计划，强调为重振经济，政府将不惜成本。第二天便向议会提交新财年的预算，明确开列“重点”刺激目标：投资70亿加元用于基础设施建设、确保金融体制稳定，支持林业、制造业、汽车业、旅游和农业等，以及保障失业者、低收入者和老人等弱势群体的生活。未来两年政府预算要达到640亿加元，将使保持10多年结余的财政首次出现赤字。如此庞大的项目计划，虽然是为了挽救陷入衰退的经济，但是也想彻底化解政治危机。当天，魁北克党团和新民主党就明确对预算案投反对票。最大的在野党自由党的新领袖迈克尔·伊格纳季耶夫（Michael Ignatieff, 1947—）不愿在经济危机关头发难，认为连续两次大败的自由党需休养生息，趁人之危，会进一步失去民意。这样，斯蒂芬·哈珀政府的压力暂时得到了缓解。但是政府6月11日向议会提交的刺激经济计划的落实进度报告（第二阶段刺激经济措施），再起波澜，由于斯蒂芬·哈珀同意与最大在野党自由党进行党魁会谈，才没有出现较大麻烦。党魁会谈的结果，确定设立“蓝丝带”特别小组，双方委任两名成员，对就业保险制度改革提出建议。

到2009年9月，已有迹象表明衰退已经接近底部，未来将步入一个经济恢复期。2010年3月4日，斯蒂芬·哈珀公布题为《强大的加拿大、强大的经济：目前与未来》的施政纲领，提出了“重新调整”政策。提出由于经济危机即将结束，政府将转向控制财政预算，紧缩银根，削减开支。第二天宣布190亿加元刺激基金的最后一笔拨款，用于防止经济衰退，但是要在下一年发放。退出财政刺激政策遭到媒体批评，说新措施除宣传性的官员冻结工资外，就是吸引外资、改善环保和提高单亲家庭援助金。反对党虽然对预算政策吹毛求疵，但是没有投反对票，转向对一些不太紧迫的问题进行辩论，如修改国歌、声援太平洋和北极海岸猎人反对欧盟禁止进口海豹产品等，表明反对党还是配合政府的。2010年11月1日，国际货币基金组织发表年度声明，肯定加拿大金融体制已经过渡到新国际银行标准，将在西方7国集团中保持最好的财政状况；加拿大经济管理强劲，未来两年平均增长将引领主要发达经济体。2014年4月17日一则新闻报道称，加拿大经济在未来两年将只会温和增长，只是较高的家庭债务水准和房市降温，或将抑制消费者的支出，经济表现将不及美国。但是随着加元贬值和美国经济进一步复苏，预测出口回升可望在2014年下半年实现。33位分析师的调查显示，美国经济2014年和2015年将分别增长2.7%和3%；加拿大经济2014年和2015年将增长2.3%和2.6%。加拿大央行2014年1月预估2014年和2015年两年平均增长2.5%。这些预测似乎证实了国际货币基金组织年度声明的分析。而5月31日的一则报道称，加拿大经济一季度环比增长0.3%，增幅放缓，美国一季度则下降1%，所以确定加拿大经济何时走出低谷为时尚早。最有利的预测是加拿大未来两年出口复苏，由于美国经济强劲，对商品需求增加，以及加元贬值，加元计价出口销售未来或可增加。

加拿大经济能够较快出现好转迹象，2014年4月10日逝世的64岁的吉姆·费拉逖（Jim Flaherty，1949—2014年）功不可没。他在2006年当选为加拿大国会议员，被斯蒂芬·哈珀委以新保守党政府财政部财长，是加拿大任职时间最长、最有能力、最出色的财政部长之一。他受命不久便经历了2008—2009年全球经济衰退，成功引导加拿大的经济渡过难关。吉姆·费拉逖在任内经手8份财政预算，一直致力于平衡预算。2014年2月11日，吉姆·费拉逖提交“2014年经济行动计划”，显示加拿大财政赤字将继续削减，到2015年财政收支平衡可以说已无问题。所以，在他去世后，昔日的同僚和政敌均深表痛惜。出席他的国葬仪式的包括两位加拿大前总理、加拿大前总督伍冰枝以及联邦自由党党魁小特鲁多等政要。

**难逃保守党政府在经济危机中下台的厄运** 然而，加拿大这次在经济危机中的稳定形势维持得并不长，经济数据也差强人意。到2015年经济成长率应该仅为1.2%，2016年也不过是1.8%，连续两年都未达2%的水平。自从第二次世界大战以来，这是加拿大第三次连续两年经济成长不到2%的纪录。这次突然出现的波动显然是由于2015—2016年度全球大宗物资价格崩跌造成的。它深深地伤害了加拿大经济，因为这片土地上有太多人仰赖石油、金属和各类壳类产品的收入，尤其是油价的连续下跌致使2015年前三季度的GDP负增长。

2015—2016年经济危机的这一特点以阿尔伯塔表现得最为突出。在过去几年中，由于油价一路飙涨至每桶100多美元，该省一时堪称加拿大最富裕的省份，2014年的经济总量更是首度超越魁北克省，跃居加拿大第二名，当年经济产出量增加了60亿加元。此后油价暴跌，现在已经跌至45美元左右（例如2017年3月28日纽约4月原油的报价为47.73美元），沉重地打击了阿尔伯塔省的经济，因为石油在该省的经济总量中占比太高。因此，2015年经济增长率不及1%，2016年也是半斤八两，如今经济总量又跌回老三的地位，失业情况却是第一名。根据统计局最新数字，2015年12月失业率7%，与11月持平，创下自2010年4月以来最高失业率，11月流失近1.5万个工作岗位，12月数字显示有5.8万人在找工作，皆为全国第一。

由于世界价格跌跌不休，加拿大的进出口产品价格也必然顺势下滑，第三季度的价格比上年同期大减7.9%，是1956年以来的第二大跌幅，仅次于2008—2009年金融风暴时期。2015年加拿大央行已经连续两次降息，基准利率维持在0.5%，加元币值，也顺势跌了16%。

当然，斯蒂芬·哈珀保守党政府在42届议会选举中的这次失利，不仅仅是因为2015年至2016年全球大宗物资价格崩跌造成的经济波动，还有其他原因。早在2015年4月，加拿大任期最长的财政部部长之一、前自由党政府的财政部长保罗·马丁就指出过，最大的担忧还不是经济形势严峻，而是政府没有出台任何应对严峻形势的相关措施。石油工业和采矿业构成加拿大经济的重要部分，政府经济政策的失误不是重视石油工业，而是完全忽视其他经济领域，没有在能源经济的基础上发展其他领域，不仅忽视了探索性科学研究，也没有顾得上城市基础设施建设。保罗·马丁认为，在世界经济环境恶劣的条件下，竞争不仅存在于加拿大与别的国家之间，也存在于加拿大大城市与世界各国的城市之间，忽视城市基础设施建设是很不应该的。财政平衡的必要条件是经济持续发展，而教育、探索性科研以及基础设施是未来经济发展的基础，如果不为将来投入，就会陷入持续的赤字。加拿大央行1月份就已将基准利率降到0.75%，这个决定被称作央行方面对经济的“金融刺激”。但是，政府方面并没有随之采取刺激经济发展的财政措施。央行的金融政策同政府的财政措施应该互相呼应和支持，如果央行行长认为有必要在金融方面采取刺激经济的举措，则政府也要采取相应的财政措施，即增加在基础研究、城市基建和教育上的投资。

正是由于2014年以来的石油价格下跌造成的经济波动这一客观原因以及保守党政府管理不善的人为因素，致使2015年以来加拿大经济波动较大，而对斯蒂芬·哈珀政府而言，不幸的是2015年是大选之年。10月19日，第42届联邦大选正式开始，这是加拿大联邦立法选举史上最长的选举周期：从解散议会到投票，时间长达11周（79天），而通常的选举周期平均仅为37天。可见各个政党之间的竞争非常之激烈。经济治理表现成为各反对党集中攻击联邦保守党的主攻点：税收、福利以及移民政策。如果说经济走势不佳让拖到最后一刻才启动大选成为斯蒂芬·哈珀的最大失算，那么漫长的选举周期，配合以新鲜出炉的“C-23法案”则是他最大的选战助推器：由于选举规则的改变，竞选期间各政党选举经费的投入，不再设上限，而资金来源又受新规限制，选举周期越长，对自身资金充实的政党就越有利。斯蒂芬·哈珀的联邦保守党恰在当时加拿大联邦参选各政党中是经费最富足的。在2015年上半年，尽管保守党在民意测验中还稍占优势，三项民调的结果都显示出保守党能够保住执政地位，不过，只能组成少数派政府。加拿大联邦选举近年来的“主战场”历来是内政领域，包括经济、环境、税收政策和社会福利及移民政策等方面。例如自由党在2008年的联邦大选中错估选民环保意识，在金融风暴信号已经十分明显的时候，依然顽固地打出不合时宜的“碳税”政纲，结果一败涂地。在近几届大选中，斯蒂芬·哈珀联邦保守党政府都主打经济牌，强调自己才是引领加拿大保持经济繁荣和稳定的关键。这张牌在前几次选举中屡屡得手，但是正所谓“成也萧何，败也萧何”，此后加拿大经济形势不佳，2015年的前5个月的GDP增幅皆为负数，身为多数党责任内阁总理的斯蒂芬·哈珀及其联邦保守党，显然受到了经济景气值的牵累。在2014年12月的本书旧版中，作者曾估计斯蒂芬·哈珀政府有可能走出保守党总在经济危机中下台厄运的轮回。现在已经看出这仅是个良好的期望。

斯蒂芬·哈珀政府在2015年大选中的失败表明保守党仍未走出这个轮回。自1896年威尔弗里德·劳雷尔自由党内阁形成以来至今(2017年)的这121年中的绝大部分时间里，加拿大都是由自由党执政，至2006年把政权让给保守党时，执政已达67年，其间保守党执政的时日加上2011年获得连任的斯蒂芬·哈珀总理，统共才执政39年零9个月，而除布赖恩·马尔罗尼、斯蒂芬·哈珀两任外，均未过两任，而且都是在经济危机中下台的。

2011年大选时自由党遭到自1873年建党以来的首次大败，以至于多伦多大学教授、加拿大最著名的外交史学家罗·博斯韦尔评论道:“现在推测哈珀政府能够执政多久还为时过早，可能这也标志着漫长岁月中自由党及其当政的时代要在加拿大的历史中落幕了。”① 不过，这一论断错了，他没有料到自由党会在一颗刚刚升起的政治新星——贾斯廷·特鲁多的率领下，在2015年第42届联邦议会选举中就漂亮翻身了。

**小特鲁多的时代的到来** 2015年11月4日上午，贾斯廷·特鲁多(Justin Trudeau，1971— )这位意气风发的年轻总理，带着他的30名内阁成员，在总督府宣誓就职，走向他们新政府的征程。11月的渥太华秋意正浓，当天气温在10度以上，晴空万里、云淡风轻。总督府门庭若市，前来观礼的民众不绝于途。在此之前，为了兑现自己的竞选承诺，实现所谓“真正的改变”，贾斯廷·特

① 罗·博斯韦尔:《加拿大史》2012年版，第471页。

鲁多允诺新内阁将减少职数，且男女各半。10时许，他携妻子和30名内阁成员，乘坐大巴车抵达总督府。为了凸显新政府的革新气象，贾斯廷·特鲁多一改往昔新政府就职时车队大排长龙的旧例，改乘大巴车。就职仪式从上午10时30分开始，贾斯廷·特鲁多首先宣誓：加拿大属于英联邦国家，仍尊英国女王为国家元首。在女王代表——加拿大总督大卫·L.约翰斯顿（David L. Johnston）的见证下，贾斯廷·特鲁多以英法两种官方语言向英国女王伊丽莎白二世表达效忠之意。此时，场外观众群情激奋，掌声雷鸣。随后，30位内阁部长宣誓。整个仪式持续了几乎两个小时，下午1时贾斯廷·特鲁多内阁出现在总督府前广场上。贾斯廷·特鲁多对民众发表简短讲话，重申了自由党争取变革与振兴加拿大的蓬勃雄心。现年43岁的贾斯廷·特鲁多成为第23届联邦政府总理，至此，加拿大进入了第二个"特鲁多时代"。

在30个内阁部长中，全国10省均有内阁部长，来自安大略省的10个，魁北克省6个，北部3个原住民特区共享1个名额。来自安大略省的65岁的约翰·麦加廉（John MacCallum）是一位政坛老将，出任移民部长（曾经担任国防部长、财政部长），其妻为一位来自中国的华裔。预计他或将面对的第一个棘手问题便是如何接收叙利亚难民。马克·加尔诺（Marc Garneau）担任交通部长，是加拿大第一个进入太空的宇航员。老兵事务部长肯特·赫尔（Kent Hehr）是内阁中唯一的一位残疾人。斯特凡·迪翁出任外交部部长，他曾经在前自由党政府中担任环境部长。比尔·莫诺（Bill Morneau）任财政部长。克瑞斯廷·舒瑞兰（Chrystia Freeland）任国际贸易部长。印度裔的哈尔吉特·萨吉安（Harjit Sajjan）被任命为国防部长，他曾经是加拿大历史上第一位锡克族的军事基地指挥官。新阁员中有5人为少数族裔。现年38岁的印裔锡克族移民后裔纳伍迪普·辛格·班斯（Navdeep Singh Bains）出任创新、科技与经济部长。阿玛吉特·索伊（Amarjeet Sohi）任基础设施与社区部长，他17岁移民加拿大，24岁重返印度，被恐怖组织关押两年后回到加拿大，43岁当选为埃德蒙顿市议员。35岁的印裔女性巴蒂西·查格（Bardish Chagge）出任旅游部长。阿富汗籍难民玛丽亚姆·门舍夫（Maryam Monsef）担任民主制度部长。

贾斯廷·特鲁多是20世纪60—80年代担任加拿大总理16年的皮埃尔·埃里奥特·特鲁多的长子。2000年10月，皮埃尔·埃里奥特·特鲁多逝世。1998年特鲁多家族遭遇一次家庭悲剧，其幼子、时年23岁的米歇尔在不列颠哥伦比亚省滑雪时死于雪崩，老特鲁多的逝世或许与这次悲剧有关。据接近他的人说："幼子意外早逝对他造成非常大的心理打击，是他健康一路下滑的主因，米歇尔的葬礼两年后就去世了。"6年多后，即2007年4月，自由党提名他的长子贾斯廷·特鲁多为议会候选人。此后，人们习惯称其长子为小特鲁多，而称他为老特鲁多。小特鲁多在2008年联邦议会大选中正式成为议员，从此追寻先父的道路，开始了从政生涯，自由党党魁鲍勃当时曾评价说，他对政治的思考很长远。

小特鲁多在2011年4月加拿大联邦大选中虽然顺利连任议员，而自由党却惨遭失败，只获得众议院338个席位中的34席，首次沦为议会第三大党。在这危难之时，党内许多人呼吁小特鲁多出来"救救自由党"。于是，小特鲁多在2013年开始角逐自由党党魁，并获得党内78%的支持，高票当选。在2015年10月19日结束的42届联邦大选中，他领导自由党一洗前耻，以压倒性优势击败执政的保守党，赢得众议院338席位中的184席，成为议会中的多数党，打破加拿大议会选举中单个政党所获席位的最高纪录。在从政8年后他就问鼎总理，在加拿大历史上实属少见，而且是加拿大历史上第二年轻的总理（第一是保守党的克拉克，出任总理时39岁），也成就了加拿大历史上首对父子总理的佳话。

在2015年大选中，贾斯廷·特鲁多提出的竞选口号是"真正的改变"。在5轮电视辩论中，他机智幽默，态度鲜明，充分展示了个人魅力，舆论认为他形象清新，有思想、有主见。一向亲民的贾斯廷·特鲁多善于运用社交媒体展示个人魅力，经常用手机自拍竞选活动，配上热情而又理性的语言在脸书或推特上推出，吸引了无数粉丝，尤其是年轻的粉丝。当选后的第二天，即10月20日，贾斯廷·特鲁多一大早就到蒙特利尔的地铁站与来往的乘客寒暄，感谢他们的支持。粉丝们见到这位即将就任的"帅哥"总理激动不已。

贾斯廷·特鲁多形象清新，有思想，有主见，表现在两轮辩论中，他是唯一提出拼经济问题的竞选者，承诺执政后无论经济如何低迷，将坚决实行财政赤字，大量投资发展与改善基础设施。保守党领袖斯蒂芬·哈珀及新民主党领袖唐美凯都表示将实施财政收缩政策。在执政不久，贾斯廷·特鲁多就在英国《经济学人》杂志上发表《我们如何选择开放》一文，说："在加拿大，我们正在贯彻对基础设施进行历史性投资的承诺——这不仅是因为此举能创造出高薪的好工作，还因为我们深知当人们更容易按时抵达工作岗位，更容易将产品运往市场，更容易使年迈的父母获得其所需的护理，整个经济都会从中受益。""出口导向型行业的工资水平比非出口型行业高出50%，因此，重振与加拿大前五大贸易伙伴——美国、墨西哥、中国、日本和欧盟——的关系不仅是明智的外交政策，对加拿大人而言也是明智的经济政策。更强的贸易关系能为加拿大工人创造更多成功的机遇。”“随着家庭债务的增加，家庭感觉财源枯竭，实际经济增长无迹可寻，因此，很难提升收入，要创造、强化并扩大中产阶级所需的高薪的好工作。懂得拥抱世界这一点的领导者，需要作出抉择：我们是利用这种焦虑来为自己谋求政治利益呢，还是采取具体步骤实施直击焦虑根源的政策？在加拿大，我们选择建立适合所有人而不仅仅是那1%的顶级富人的经济（政策）。为达到这一目的，我们没有‘闭关锁国’或拒绝与全球经济携手共进的机会，我们选择拥抱世界。”贾斯廷·特鲁多在2015年10月19日的竞选中承诺削减中产阶级的入息税，并将支出数百亿加元用于基础设施建设，来促进不温不火的经济增长。因此，“在此状况下，加拿大政府这几年不得不再度面对年度财政赤字增加的状况”，他拒绝重申年度赤字（在）100亿加元（74亿美元）以内、在2019—2020年将实现预算平衡的目标。

作为一个传统贸易立国的国家，对外贸易决定了2016年加拿大经济的不稳定。加拿大只有3 600多万人口，国内消费市场有限，要想保持经济发展，维持高水准的生活水平，必须出口产品与服务。多年来，靠着输出矿产特别是石油、运输设备、机电产品、金属制品、化工产品等，保障了国民经济的持续稳定发展。然而，随着世界市场近年来出现的变幻，导致了国内经济低迷。受出口下降影响，加拿大经济2015年的增长率仅为1.2%，比往年降低了一半；随着北美自由贸易裂痕越来越大，加拿大2016年的贸易出口更是雪上加霜。长期以来，美国是加拿大的主要贸易出口对象国，占据加拿大70%以上的贸易出口份额，最高时，甚至达到90%以上。加拿大油气产业背靠美国市场，本来不必担心销路，可是美国页岩气革命解决了国内油气生产的大难题，令其对外依赖度越来越小。加拿大凭着多年合作关系，还能继续向美国出口油气，但是要想扩大出口数量，基本上难于上青天。有望能源自足的美国，以保护环境为由否决了加拿大公司新建管道的计划。贾斯廷·特鲁多总理从2016年就开始积极与当时的奥巴马政府接触，希望美国能“回心转意”。展望2017，加拿大经济应该赢得转机，加拿大广播公司指出了加拿大经济2017年好转的五大利好：就业市场复苏，原油价格升高，加元升值，出口贸易复苏，多伦多证券交易所的指数接近历史高点。从宏观上来看，2017年加拿大经济也应该有所好转。首先，竞选期间，特朗普再三声称要对墨西哥、中国商品征收高额关税，他上台后必定会有所表示，最起码会在个别领域发动“贸易战”。这对于墨西哥及美国来说肯定是不利的，而对加拿大来说则可能意味着贸易转机。美国如果减少从墨西哥、中国的进口，必定会从其他国家弥补，而加拿大无疑是最好的替代国。其次，加拿大对外多元化贸易格局已经初现曙光，2016年10月与欧盟签署了自由贸易协定，即《综合经济自由贸易协定》（从2009年就已开始谈判），2017年2月16日欧盟批准该协定，此后将陆续实施。贾斯廷·特鲁多总理2016年9月访问中国，宣布申请加入亚投行，2017年3月23日随同其他12个意向国家加入（使亚投行会员国增加到70个）。2016年年末，加拿大国际贸易部长克里斯蒂娅·弗瑞兰就曾表示，将于2017年就以自由贸易与中国展开沟通。这意味着，加拿大对外贸易将更趋多元化，更稳定。

从长远来看，加拿大经济要浴火重生，须完成两个至为关键的经济转型：一是重振高新技术产业，摆脱对油气等资源产品的过度依赖；另一个是拓展亚太与欧洲市场，摆脱美国市场的深度掣肘。只有坚持这样的贸易转向，加拿大的经济复苏才会有着光明前途。2017年4月7日贾斯廷·特鲁多协同比尔·莫诺财长公布第二个财政预算案，提出多项加快加国的经济与社会发展的新政。这主要有以下各项：第一，将加拿大打造成为全球创新新中心，这个预算案的重点在于将加拿大建成在世界上具有领先地位的科技创新中心。为此，决定在未来2年内拨款5 000万加元用于开发儿童学习编程课程，在未来5年内拨款95亿加元支持企业领导人的"超级创新平台"。第二，投巨资加强国民的技能培训。联邦政府将从2019—2020年4年中将投入4.5亿加元而后每年投入4 630万加元，用来帮助已经工作的加拿大居民及移民接受教育或提高技能以获得更好的工作。第三，在大幅提高加拿大人民的技能的同时，还要在世界范围内吸引有才华、有技能以及创业精神的人才。联邦政府还将设立25个为纪念建国150周年的科研项目来吸引世界顶级学者或科研人员来加拿大工作。第四，实行有利于经济发展的税务改革。个人缴纳所得税将发生很大变化，那就是联邦政府调整2016年不同收入阶层的纳税率，收入在45 281—90 563加元之间的人纳税率从过去的22.5%降为22%。第五，加强交通运输建设，未来3年内为铁路建设拨款8.67亿加元。第六，其他诸多福利支持，例如，联邦政府预留112亿加元用于全国房屋策略，资助各城镇的可负担房屋建设。在下一节我们会看到，为了实现这样的经济发展目标，在移民、外交政策等方面也加以配合。

贾斯廷·特鲁多生于1971年，1984年父母离婚后，一直随父亲生活，实际上由父亲抚养成人。1972年时任美国总统的理查德·尼克松在渥太华出席

特鲁多父子

其父主持的欢迎国宴上说："我们今晚免去那些礼节，我要向加拿大未来的总理贾斯廷·皮埃尔·特鲁多祝酒。"小特鲁多当时只有4个月大，恐怕没人想到，这句话会在40多年后成为现实。虽然父母在其幼时离异，但是贾斯廷·特鲁多对父母仍充满感激之情。他在自传中说："父亲以一种理性的态度对待生活，这种态度从核心原则与价值观开始，并寻求以最佳方法将这种核心原则与价值观清晰地体现在政策、选择或生活方式中。同时，从我母亲那里，我也学到了如何了解人、开放与信任以及如何倾听别人，如何从别人那里学到东西。"其母辛克莱·玛格丽特，其实是老特鲁多总理的一位内阁同事詹姆斯·辛克莱的长女，是温哥华的一位名媛。1977年与老特鲁多分居而离开总理官邸，他们的3个孩子归老特鲁多抚养。

贾斯廷·特鲁多从小就受到良好教育，有着扎实的人文和自然科学背景。他先后就读于加拿大名校麦吉尔大学文学系以及不列颠哥伦比亚大学教育系，获得双学位，毕业后在温哥华市的两所中学当过社会与法语老师。贾斯廷·特鲁多继承了母亲的美貌，有众多的女性粉丝，被她们称为"特鲁多王子"。他多才多艺，先后从事过教师、酒保、滑雪教练、慈善事业等。他为世人所知，不仅仅是因为出演过的多部影视作品，更源于2000年10月这位离开大学不久的年轻人为其父所致的那篇意切情深、文采飞扬而举世闻名的悼词。这篇悼词说道："对许多人来说，皮埃尔·埃里奥特·特鲁多这个名字意味着太多含义：政治家、知识分子、教授、政敌、户外运动爱好者、律师、记者、作家、总理，但是对我而言更为重要的，他是父亲。父亲爱我们，他用一生的激情和奉献爱着我们，教我们相信自己，坚持己见，了解自我与勇于为自己承担责任。我们知道，我们是世界上最幸运的孩子，而我们确实受之有愧。对此，我们要用毕生去为之努力。"他还回忆说：一次他认出了老特鲁多的一位主要政治竞争对手，为了取悦父亲，他讲了一个关于那位对手的笑话（小特鲁多8岁时已有政治意识了，或许得益于老特鲁多任总理期间出国访问经常带着他同行，他见过英国的"铁娘子"撒切尔、美国里根总统、西德施密特总理等当时的国际政要)……结果,老特鲁多非常严厉地看着他说:“贾斯廷,永远不要人身攻击。我们可以做到与别人有分歧,但是绝不可以诋毁他人。”“因为简单的宽容及仅仅是宽容都是不够的,我们需要真诚地、深深地尊重每一个人,这无关于他们的思想、价值观、信仰或出身”。那种表情,令小特鲁多刻骨铭心。这篇以恰如其分的文采和真挚的感情为父亲所致的悼词,感动了无数的加拿大人,赢得了人心。他对年少时与父亲的种种回忆则勾起公众特别是老一代加拿大人对老特鲁多总理的怀念,因此,应大量电视观众的要求,加拿大广播公司不得不在葬礼后多次重播这篇悼词。

贾斯廷·特鲁多后来又在2002—2004年到蒙特利尔大学攻读工程学位,并且回到麦吉尔大学攻读环境地理学硕士学位。在加拿大电视连续剧《伟大的战争》中因扮演主角而广受好评,加拿大广播公司在2003年出版的书籍中将该剧列为过去50年间影响加拿大人最重要的场面之一。2012年,他曾因参加拳击比赛再次上新闻头条,当时已经身为议员,为了给癌症者募捐的慈善活动而参加拳击比赛,最终大获全胜,尽管被打得鼻青脸肿。看来,这是秉承了其先父老特鲁多的自由主义理念,追求社会公平。2016年3月16日,他曾首次到访联合国纽约总部,出席了妇女署举办的“同工同酬全球倡议行动”高级别研讨会,并且表示自己是一名女权主义者,倡导性别平等。在他的30名阁员的内阁中,男女各半,创下比例之最。

## 六、第二次世界大战结束以来的对外关系

第二次世界大战结束不久,发生了伊格尔·古任科苏联间谍事件(1945年9月),加拿大政府估计苏联间谍组织已经潜入外交部等机密部门,突然发现失去了过去引以为豪的地理安全感,从而主动积极地卷入超级大国的冷战旋涡。对于刚刚独立不久的自治领国家来说,这是个不小的考验。

**冷战中与美国的关系** 不期而至的冷战虽然密切了加美双边关系,但是加拿大政府却被排斥在对德和约谈判之外。这使加拿大十分不满,1946年便从欧洲撤出占领军,1948年只按希望做的派遣空军到柏林。因此,苏联驻联合国大使格罗米柯将加拿大代表的发言贬低为“美国管弦乐队里令人讨厌的第二把小提琴”。加拿大人感到很受伤害。即使在成立北约组织的过程中,出席会议的加拿大外交官也在美国影响之外进行可能的选择。1948年英法联合提出修改布鲁塞尔条约,苏联占领捷克斯洛伐克后,低地国家也加入修改。渥太

华虽然被邀请加盟，却扮演了牵制美国的角色。加拿大外交官伊斯考特·里德（Esoott Reid，1905—）建议将北约建成一个比较广泛的经济共同体机构，将华盛顿决策者置于盟友更多的影响之下，防止美国新孤立主义，并且方便参加者获得美国的经济援助。在1949年4月12日签约国中，许多国家都宣称是创始国，只有加拿大审慎对待自己的作用。

马歇尔计划与北约组织巩固了西方在欧洲冷战前线的团结，却忽略了内战中的国民党中国这个重要盟友。中国共产党在1949年10月建立政权，渥太华很想承认新政府，最终却追随美国而未付诸行动。1950年6月朝鲜战争爆发，美国操纵联合国安理会授权联合国进行军事干涉，但是实际上，只有美国大量派军队。最初，渥太华仅派出3艘驱逐舰、一个空军中队参加联合国军。只是在战事推进到朝鲜半岛蜂腰带（朝鲜半岛最狭窄地段）后，又增派一个旅5 000人，8个月后，加入半岛蜂腰带的激烈战斗。这时中国正式宣布出兵，加拿大军队也加入三八线的战斗，两年多总共损失312名士兵。

欧洲盟国担心美国军队被牵制在远东战争，怀疑苏联有意将美国引到亚洲遥远的角落而使欧洲处于无防备状态，因此同意北约立即加快重新武装，召回已经退休的战时盟军司令艾森豪威尔（Dwight David Eisenhower，1890—1969年）将军担任北约最高司令官。12个喷气战斗机中队用来加强北约空军，建立了一支护卫驱逐舰队，以应对苏联大西洋潜艇的威胁。加拿大也为欧洲再征一旅兵力，至此总共装备了15 000人的一个满员陆军师。防务开支从1947年的1.96亿加元急增至1952年的20亿加元，占联邦政府开支的2/5。

1949年苏联试验了第一颗原子弹，随后很快试爆热核武器，能够运载核武器破坏北美心脏地区的巨型轰炸机也很快制造出来。1952年，艾森豪威尔当选为美国总统，把美国战略调整为大规模报复即实行核威慑。新的世界战争随时可能在西欧爆发。加拿大原来希望北约组织是一个经济和文化联合体，危机的加剧使这一希望彻底破灭。1954年，重新武装联邦德国，并且接受它为北约成员，激烈敌对的两个相邻的西方盟国希腊和土耳其也被划作北约的南翼防线。加拿大广阔领土的防卫第一次成了实际问题，松树线、中部和远距离早期雷达警报线（Distant Early Warning Line）的三层雷达站分布在其北部广阔的领土上，以保证美国随时实施有效的威慑行动。正是在这样的背景下，加拿大两大政党都同意制造“箭式”超音速拦击机，以覆盖加拿大全部领空，尽管它十分浪费钱财，但是后来却只归罪于保守党20世纪60年代的总理约翰·乔治·迪芬贝克。无论是法裔加拿大人，还是英裔加拿大人，很少有人谴责北约组织、卷入朝鲜战争以及重新武装，以至于国防部部长布鲁克·克赖埃克斯顿（Brooke Claxton，1898—1960年）相信，征兵可能不会再像两次世界大战那样成为分裂加拿大的政治问题了，应对苏联的爱国热情，已使志愿者足够扩编军队之用了。

实际上自1940年起，加拿大对防务已不再独自作出判断，而是自愿为加美两国共享的大陆防务承担义务。在第二次世界大战中设立的加美防务常设委员会，自1947年2月恢复活动。此后，加拿大军队在装备、战术和训练体制上也从英国系统转向美国系统。加美两国派驻北约的部队被共同编入英国莱茵军团，而皇家空军师则与美国空军统编。作为1954年建立早期雷达警报系统协议的条件，华盛顿甚至承认了加拿大的北极主权。在1957年北美防空司令部正式建立很久以前，加美就已在空中防卫中密切合作。然而，加拿大的防务状况明显不能适应冷战需要：1945年，军队总共才8.2万人，而且将官多而人浮于事；军舰、坦克和飞机都已过时，以至于晚至20世纪80年代中期，最现代化的军舰仍是皮尔逊年代定购的4艘驱逐舰。虽然实力疲弱，承担的义务从克什米尔到北约北翼都在大量增加。

在皮埃尔·埃里奥特·特鲁多时代，自由主义政策也曾对加拿大的对美关系和防御政策产生不小的影响。皮埃尔·埃里奥特·特鲁多不太考虑加拿大的世界地位，对国际地位比对国内语言、文化和宪法冲突的关注要少得多。他看不惯美国人，认为白宫主人从尼克松到里根都是平庸之辈。美国人对皮埃尔·埃里奥特·特鲁多也另眼相看，比此前他们对约翰·乔治·迪芬贝克的看法好不了多少。皮埃尔·埃里奥特·特鲁多先是认为北约无用，20世纪70年代又认为有用，最后却在东西方之间当和事佬；谴责北约的冷战偏见，而与两个共产主义大国拉关系。1970年10月，步法国后尘，在西方世界第二个承认中华人民共和国并建立外交关系，背离了美国的遏制战略，但是为东西方关系缓和迈出重要的一步。实际上，不久之后，美国政府也派基辛格访华，促成中美关系在1972年开始解冻。

皮埃尔·埃里奥特·特鲁多对第三世界以及“南北对话”同样很重视，但有时又反复。这严重影响了加拿大在国际舞台上发挥作用。越南战争与确保相互摧毁的新战略理论，平息了20世纪60年代初的核恐惧，因此皮埃尔·埃里奥特·特鲁多也相信裁军的作用了。莱斯特·B.皮尔逊在1968年开始大力整编军队，皮埃尔·埃里奥特·特鲁多则进一步，在1969年削减一半驻北约部队，实力减为1/3。这引起北约盟友的强烈不满。加拿大外交部也不是外交家坐镇，皮埃尔·埃里奥特·特鲁多声称从《纽约时报》就可了解所需要的一切，因而关闭若干驻外使团。

马丁·布赖恩·马尔罗尼保守党政府的外交比皮埃尔·埃里奥特·特鲁多大大倒退，转而与里根政府结成更密切的关系。1985年双方在魁北克城首次会晤后，他向《华尔街日报》宣告："与美国的友好关系、特殊关系将成为我们政策的基石。"但是，在酸雨问题、美国军事入侵尼加拉瓜以及开支巨大的导弹防御系统上却矛盾甚多。马丁·布赖恩·马尔罗尼被迫同意将西北水道对国际开放，由美国破冰船开道，并要保证提供另一艘舰只。皮埃尔·埃里奥特·特鲁多不是让军舰"锈掉"了吗？马丁·布赖恩·马尔罗尼保守党则答应加强防卫力量，以使北约盟国满意。1987年度国防白皮书建议要使海陆空军尽快适应苏联军事挑战的需要，装备了一个核动力潜艇分舰队，以达到保卫三洋的能力，但五角大楼并不支持。华沙条约开始解散时，加拿大拥有12艘新护卫队舰和3个陆军师的兵力，已经恢复到能够作为北约前线的水平。

**以联合国为主要外交舞台**　路易·圣洛朗政府时期就主张，加拿大在第二次世界大战后世界舞台上应有一席之地，不论知识界和孤立主义者希望什么，绝大多数加拿大人相信提高国际地位的必要性，并且转向一度曾持怀疑态度的集体安全理念。1945年5月在旧金山积极参与创建联合国后，威廉·莱昂·麦肯齐·金政府就将加拿大定位为"中等国家"。加拿大充当五大常任理事国之外联合国的重要支持国，并且主要在集体安全以及联合国的各个职能机构对人道主义、经济和社会活动方面发挥较大作用，而对主要的战略问题则不发言，认为那是五大常任理事国的责任。只有当自己能够成为主角时，才在安理会会议上对物质援助或收养难民等非战略问题提出主张，安心于在大国与不起作用的小国之间充当"中等国家"角色。这就是说，加拿大只起"职能"作用，由于影响小不能够发挥全球性作用，物质力量却足够大而不能被忽视，能够发挥实际作用。

虽然是"中等国家"的定位，加拿大在经济和技术援助方面却发挥了巨大作用。从联合国成立至20世纪80年代，尽管数额小，却是联合国第四大财政捐助国。此外，加拿大经常充当主要"和平使者"，在联合国维和与人道事业中扮演了不可替代的角色。1948年，印巴发生克什米尔冲突，加拿大开始参与维和。在1954年印度支那战争中，越南赶走法国殖民主义者，加拿大又与波兰一起作为两个中立国监督停火。影响最大的是，在1956年联合国安理会解决苏伊士运河危机中，加拿大外交部部长莱斯特·B.皮尔逊发挥了关键作用。危机是由美国拒绝提供资金修筑阿斯旺大坝工程引起的，埃及年轻的领导人纳塞尔被激怒，7月26日将连接地中海与红海的苏伊士运河收归国有，征收过境费用，修筑尼罗河上的阿斯旺水坝。英法两国伙同以色列秘密策划报复，约定以色列于10月末发动进攻，越过西奈半岛侵入埃及，英法要求埃及和以色列同时撤出苏伊士运河，然后两国快速出兵干涉，轰炸运河区。世界大多数国家因此被激怒，第三世界国家立即对埃及表示同情，苏联威胁轰炸巴黎和伦敦。由于英法没有事先向美国征求意见，美国人也大怒，对英法两国百般羞辱。加拿大总理路易·圣洛朗谴责英国侵略，称之为赤裸裸的现代帝国主义。

联合国安理会接受莱斯特·B.皮尔逊的提议，在交战双方之间插入多国维和部队，帮助英法两国军队摆脱出来，同时使以色列撤回自己的边境。加拿大的伯恩斯中将一直指挥在以色列边界监督停火，接着又负责指挥新成立的联合国紧急部队。埃及领导人纳塞尔不接受穿英式制服的加拿大女王欧文步兵营，经过反复谈判，同意加拿大以联合国名义提供非战斗部队。事件最终平息，由于处理危机所作出的卓越贡献，莱斯特·B.皮尔逊获得了1957年诺贝尔和平奖。此后，联合国的维和行动似乎一定要有加拿大参加。到90年代，加拿大人曾先后向包括非洲、中东、东南亚和地中海等多事地区派出维和部队，总共约8.5万名男女军人。

在20世纪90年代以后，许多加拿大人希望在世界扮演更理想的角色，例如充当提倡人权、性别平等和社会公正的引导者。在1991年布什发动的海湾战争中，马丁·布赖恩·马尔罗尼仍以联合国维和行动对待，派一支维和部队到伊拉克与科威特边界巡逻。同年，南斯拉夫解体，出现了种族屠杀战争。作为联合国维和部队，加拿大军队从德国的北约军事基地直接开到那里，约2 000名官兵一直在塞尔维亚—克罗地亚边界执行维和任务，在1993年德国基地关闭后很长时间里，仍然留在那里。内战在非洲从索马里扩展到利比里亚，在东南亚也在继续，华盛顿请求加拿大出兵到索马里援助美国。1994年1月发生暴乱，加拿大伞兵空降到索马里维和3年，声誉卓著。

在此期间，加拿大军队管理状况却很不适应艰巨的维和任务。在1993年之后，加拿大的国防开支从130亿加元降至96亿加元，常备兵人数从8.3万人减到5.9万人，且技术退化，设备老旧。当20世纪60年代制造的装甲车用尽之后，加拿大士兵1993年是开着加拿大生产的教练车到克罗地亚和波希尼亚参加维和行动的。在塞尔维亚的斯雷布雷尼察大屠杀（Srebrenica massacre）中，没有能够保护波斯尼亚人免受灾难。其后，这支加拿大军队担任的维和任务被北约军队所取代。1998年年底塞尔维亚科索沃省内战爆发后，加拿大积极参与北约的干涉，只能“从事内线作战”的F-18轰炸机也与美英的喷气机一起轰炸塞尔维亚的基础设施。一个月之后，塞尔维亚撤出科索沃后，800名加拿大士兵参加了北约占领科索沃的行动。1999年9月东帝汶从印度尼西亚独立，渥太华也派战机、补给船和一连步兵参加以澳大利亚为主的维和与占领行动。尽管出现过枪杀索马里人的暴力行为，88%的加拿大人仍然称赞他们的士兵所作出的“贡献”，只有7/10的人希望支付必需的武器装备。加拿大在后来此类行动中越来越多地使用后备役人员，他们花上几个月承担困难而危险的维和任务，在家住上几个月后，再被调到别的前线。这就增加了加拿大人民的税务负担，但是军队下级军官的工资仍然很低。一位议员的报告提到：“有时迫使下级军官去送比萨饼，或求助食品银行养活自己的家庭。”政府命令提高薪金，但是保罗·马丁只找到一点钱。为了支付这笔费用，国防部官员保证进一步降低军费，延缓军购，维和部队的费用倒是增加了，但是要用2 000名女兵去填补军队1/4的战斗岗位。由于加拿大自20世纪50年代以来为联合国的维和事业作出了大量贡献和牺牲，当1998年诺贝尔和平奖颁发给联合国维和部队时，加拿大人认为这个奖一多半应属于他们。进入21世纪之后，许多加拿大人希望扮演更理想的角色，继续为维和作出贡献。据一位美国学者的一项研究，到2007年年初，加拿大参与世界热点地区的16个多国使团，派出军人2 700人，其中绝大多数是参加北约在阿富汗的行动。如果以对联合国维和行动的财政拨款来评定，到2007年年初，加拿大居世界第八位。

贾斯廷·特鲁多自由党政府执政后修改了保守党斯蒂芬·哈珀政府在联合国内积极追随美国的政策。2015年10月20日，他告知美国奥巴马总统加拿大将退出突袭极端组织“伊斯兰国”的行动。据加拿大全球化研究中心主任米歇尔·乔多夫斯基告诉一位俄罗斯记者说：“我认为他们（自由党）仍将在很大程度上与美国的政策保持同步，但是这并不意味着他们必须参加美国主导的战争。”

此外，加拿大也积极扮演提倡人权、性别平等和社会公正的角色。然而，这无疑会激怒第三世界国家，影响加拿大的对外贸易。自在20世纪70年代皮埃尔·埃里奥特·特鲁多提出“第三项选择”以来，特别是在让·克雷蒂安执政之后，加拿大转向亚太地区。1995年5月，让·克雷蒂安政府的外交部部长奥利在与东盟各国外交部部长会晤后宣布：“加拿大已经中止将贸易与人权挂钩的长期政策。”左派改革党和新民主党曾在加拿大议会里指责说，自由党这是违背自己所许下的促进人权进步的竞选诺言。奥利反击说，在自由党1993年的竞选纲领《红皮书》中也许下另一项诺言，即为加拿大创造更多的就业机会，而贸易是促进民主发展的最佳途径。为了促进贸易，加拿大还对英联邦施加影响，予以改革，以此作为扩大贸易的重要工具。

**英联邦的主导成员** 英联邦是加拿大最早也是主要参与建立的国际机构，加拿大联合南非等原英国的自治领和殖民地，1926—1931年将英国主导的英帝国改革成为英联邦，并在此后一直促使这个机构为自己的安全和贸易利益服务，成为这个机构中最积极的成员之一。随着英国在第二次世界大战中的急剧衰落，加拿大在英联邦中同英国的感情日渐淡化。不过，对于加拿大来说，英联邦仍然是一个十分重要的关系网络，历任加拿大总理越来越重视与英联邦成员国特别是第三世界成员国的合作。因此，英联邦不仅成为加拿大在第二次世界大战后参与国际合作的外交实习的国际机构，还由于美国不能够参加这个国际机构，将其作为牵制美国的重要工具。

加拿大在它所参加的国际组织中，由于大国控制，要发挥作用则受到了较大的限制，例如在联合国仅能扮演中等国家角色；在北约或西方七国集团中，也只是个小兄弟。可是，加拿大在英联邦中则不然。由于英国越来越不能够发挥主导作用，便不再十分重视而逐渐放弃英联邦的主导地位，加拿大变得重要起来，有时所发挥的作用甚至大于英国。因此战后历任加拿大总理都十分关注对英联邦进行有利于自己的改造。最初，威廉·莱昂·麦肯齐·金和路易·圣洛朗都努力联合印度总理尼赫鲁等亚洲被压迫民族的领袖，让他们相信英联邦成员资格同他们自己的民族独立斗争并不矛盾，开始将这个白人自治领的俱乐部扩大为有第三世界国家参加的松散的国际组织。在这样的改造过程中，加拿大等自治领国家也获得了独立。正是由于英联邦成员国的资格，加拿大在1948年第一次印巴战争后顺理成章地当上了克什米尔军事观察员；自1952年在锡兰（斯里兰卡）首都科伦坡举行英联邦会议以后，加拿大首次承担了非常重要的对外援助计划，此后捐助第三世界国家一直较为慷慨，成为援助第三世界中原英国殖民地的国家的主力。加拿大也因此加强了与这些国家的密切关系。1956年约翰·乔治·迪芬贝克政府上台几周之后，就支持加纳成为英联邦第一个来自非洲的成员国，更加强了制衡英联邦组织的作用。为改造英联邦作出更多努力的，当数20世纪60年代之后的3任加拿大总理，即莱斯特·B.皮尔逊、皮埃尔·埃里奥特·特鲁多和马丁·布赖恩·马尔罗尼。

莱斯特·B.皮尔逊作为圣洛朗政府的外交部部长，实际上自第二次世界大战之后就积极参与改造英联邦的工作。为了适应战后英国在亚非拉的殖民地先后独立这一局势，莱斯特·B.皮尔逊积极推动英国允许独立后而采取共和制的第三世界国家加入英联邦。其后，英国、加拿大、澳大利亚、新西兰和南非成为英联邦的老成员国，而英国在亚非拉的殖民地则成为新成员国。其中，来自南亚的3个战后新独立的国家，即印度、巴基斯坦和斯里兰卡3个非白人的成员国正是由于莱斯特·皮尔逊劝说，仍留在英联邦内。在20世纪七八十年代，皮埃尔·埃里奥特·特鲁多总理对英联邦两年一次首脑会议的议事方式的改革作出了特殊贡献，1973年由他做东的渥太华英联邦首脑会议取消了刻板教条的发言，改为首脑私下交换意见。在八九十年代英联邦的政治活动中，马丁·布赖恩·马尔罗尼的保守党政府也树立了很好的形象。1985—1993年在代表加拿大出席英联邦首脑历次会议上，马丁·布赖恩·马尔罗尼违背大多数成员国的意志，公开反对南非白人政权的种族隔离政策，支持非洲人国民大会，为黑人领袖纳尔逊·曼德拉的获释乃至后来黑人政权的建立都发挥了促进作用。为此，加拿大同包括英国在内的其他英联邦国家分道扬镳，甚至在西方7国集团中也被孤立，但是提高了国际地位，加强了与第三世界国家关系包括经贸关系。正因为如此，作为富裕的工业化国家，加拿大被英联邦中许多落后的南方新成员国视为获取经济和技术援助的来源国，在这方面加拿大也确实发挥了其他成员国不可替代的作用。例如，英联邦为了帮助这些国家，设立了3项基本基金，即英联邦技术合作基金、英联邦青年项目和英联邦基金。加拿大是基金的主要捐助国，特别是给予英联邦技术合作基金的关键支持，不仅承担了30%的预算总额，而且还用追加办法保证随同其他主要捐助国（英国和澳大利亚等）援助计划的增加而增加自己的援助资金，有时比英国捐助得还要多。在1989—1990年的捐助计划中，英国和加拿大对这3项主要基金提供了大量捐助。在这一财政年度中，加拿大承诺并捐助将近2 800万加元。可见，英联邦主导成员国的资格和利益不是免费的，作为主要捐助国，财政负担自然会加重。

按一些加拿大历史学家的说法，英联邦组织类似于校友会组织，只有共同保留议会制度这一象征性的英国传统，印度尼赫鲁的中立主义及其不同的政策，同其他成员国特别是白人成员国经常发生冲突。这表明英联邦仅是一个讲坛，而不是同盟机构，因此加拿大在这个国际机构中同在北约一样，发挥影响也受到很多的限制。不过，加拿大充分利用这个由昔日英帝国演变而来的殖民机构的残体，积极发挥主导作用，以追求自身的最大利益，扩大在非洲、南亚或东南亚的贸易和投资。有一位加拿大学者说英联邦这部“被改造过的旧车的司机,已经换成加拿大人了”。这个比喻非常形象。

**后冷战时代早期保守党政府跟定美国的政策** 1990年苏东事变结束了东西方的冷战格局,世界形势剧变。苏联的解体大大减轻了欧洲对美国的压力,美国转向西方传统的战略要地——中东。加拿大与美国的关系也随之改变,选择紧跟美国的政策。当1991年美国纠集37国75万兵力入侵伊拉克时,加拿大保守党马丁·布莱恩·马尔罗尼政府几天之内就以两艘旧驱逐舰及补给舰组成一支小部队,派到波斯湾前线,随后又在10月派出几架CF18战斗机队中的老式飞机参战。新民主党甚至一些自由党人,抗议参加这场战争,说这不是对侵略的反击,而是牺牲维和声誉。尽管批评者后来转变看法,相信应该惩罚萨达姆·侯赛因,但是海湾战争中的盟国似乎很少有像加拿大那样严重脱离政治现实的。

进入21世纪之后,在新的保守党斯蒂芬·哈珀政府的领导下,加拿大在外交领域更紧地跟定了美国,积极参与世界热点事件。斯蒂芬·哈珀政府的国防支出只占GDP的1%,但是在新世纪加拿大军队却参与诸多的国际事件。一直以来都有人批评,斯蒂芬·哈珀政府与加拿大长期以来建立起来的和平使者和调停人形象不符。然而,斯蒂芬·哈珀则宣称加拿大对外政策不再“为随大流而随大流”,而是要奉行“有原则的”外交政策。

斯蒂芬·哈珀政府激进的对外政策让加拿大的国际形象受损,有时竟至陷于孤立。加拿大在3年前竞选联合国非常任理事国时首次败选。对这一教训,斯蒂芬·哈珀政府反以为傲,以“光荣的孤立”来自慰。因此,人们对斯蒂芬·哈珀保守党政府在2015年大选中败选并不感到意外。不少评论早就指出,10年来,斯蒂芬·哈珀政府将加拿大带上了“一条错误的道路”,其意识形态偏执,将加拿大带向了极端保守主义的方向,并加剧了加拿大的社会分裂。最新的例证是随同美英两国积极参与东欧乌克兰政治危机。2013年年末乌克兰选举,亲西方派上台,引起国内政治动荡。进入2014年,动荡加剧。俄罗斯趁机使冷战时期划归乌克兰的克里米亚重返俄罗斯。美国对此态度强硬,支持乌克兰与俄罗斯对抗,颇有“冷战”的气势。加拿大明确支持美国。4月17日,斯蒂芬·哈珀总理宣布加拿大将派6架CF—185战机参加北约在东欧的行动,以应对乌克兰东部日益紧张的局势。据悉,这6架战机飞往波兰的瓦斯克空军基地,还另派20名军官到布鲁塞尔北约总部参与安全策划工作。7月17日,发生了从阿姆斯特丹飞往吉隆坡的马来西亚航空公司MH17航班在乌克兰内乱地区上空坠毁事件，乌克兰危机立即加剧。美国及其欧洲盟国借机对俄罗斯进行战争威胁。英国《金融时报》8月29日报道说，7个北约组织国家包括丹麦、拉脱维亚、爱沙尼亚、立陶宛、挪威和荷兰，打算联合组建一支快速反应部队，规模至少1万人，包括海陆空军，由英国主导。果然，9月4日在英国威尔士举行的第26次北约峰会决定成立这支部队，以“加强对俄罗斯的防范”。加拿大也确定参加。

**自由党政府的新外交政策理念** 1993年，对外事务部改成外交部，让·克里蒂安任命首任部长为安德烈·韦莱，实行实用主义外交政策，宣布外交的首要任务是为加拿大人创造工作机会。1993年竞选时，让·克里蒂安承诺重新谈判或停止《1989年自由贸易协定》，取消商品与服务税，后来并未兑现。《1989年自由党贸易协定》签订后，紧随其后，几乎不可避免地要有1994年的《北美自由贸易协定》。这个协定的大部分条款得以扩大，也给予了墨西哥。显然，缔结北美大陆的“多边贸易伙伴关系”，只能任由美国利益占上风。作为主要的出口国家，加拿大1995年之后只能寄希望与欧洲或亚洲进行自由贸易。1997年召集亚洲太平洋各国经济峰会前后，让·克里蒂安多次组织“加拿大团队”，率领省总理和公司总裁奔赴亚洲、拉丁美洲展开外交贸易，寻求贸易和投资机会。1994年4月15日，加拿大在马拉凯什帮助拥有131个成员国的世界贸易组织取代战后关税总协定，扩大反倾销、反补贴的权力，增加了“公平贸易”的安排，并且立即与美国联手反对欧盟禁止以生长激素喂养肉牛的决定。世贸组织裁决，反对加拿大保护国内杂志，1999年又通过了谴责《1965加美汽车贸易协定》的决议。并非所有争端都是由世贸组织裁决的。西班牙1999—2000年在纽芬兰浅滩过度捕捞，渔业部长布莱恩·托宾抓捕了Estai号拖网船，扣在圣约翰斯。之后，西班牙以炮舰外交相威胁，为支持西班牙，欧盟对加拿大实行普遍贸易制裁。布莱恩·托宾就将西班牙的鱼网船运到纽约，向媒体展示其不合法性。同时，一艘加拿大潜艇严阵以待，以防备西班牙可能进行的武装干涉。这件事虽然使外交官困窘，然而，布莱恩·托宾“拯救生长在大浅滩、濒于灭绝的大比目鱼”的战争，却使加拿大民众欢天喜地。

显然，让·克里蒂安政府实行的是务实政策，使外交服务于国家经济发展的需要。小布什2002年再次对伊拉克动武。这次尽管美国极力要拉上加拿大参加，被让·克里蒂安政府拒绝。他在布什上台之初，就批评他对加拿大无知。这就背离了马丁·布赖恩·马尔罗尼保守党政府自海湾战争以来一直追随美国的政策。让·克里蒂安2002年之后同布什几乎没有什么往来；2003年则取消原定的互访计划；国际会议期间甚至也未安排会谈。为了经济利益，总体上说，让·克里蒂安政府主要转而重视并且实际改善了与第三世界尤其是与亚洲等地区的国家的关系。

看上去，加拿大对华关系甚至比同美国的关系还要协调。让·克里蒂安在担任总理的10年任期间，6次访华，会见中国领导人16次，两次亲率“国家团队”访问北京，团队不仅有各省总理、政府高官，还有重要的企业家。这不仅是秉承其政治先师皮埃尔·特鲁多维持中加两国友好的传统，也是为增加对华出口。

与冷战后长期的武装“和平”相比，20世纪90年代以后的世界充满了冲突和暴力。其间，加拿大多次承担国际维和任务，美国前国务卿基辛格因而赞誉说，加拿大“拥有与其军事贡献不相称的影响力……实行全球外交政策，也为发达国家与发展中国家的对话做出了建设性的贡献”。本着这一传统，新任外交部部长劳埃德·阿克斯沃希（Hon. LIoyd Axworthy,1947— ）1997年向国际社会发出新的人类安全观倡议。例如发起一个多国议定书，反对制造和使用地雷，尽管多个使用地雷的国家都没有签字。他还发起其他所谓高尚的目标，诸如禁止少年兵、释放古巴政治犯等。这类倡议往往导致加拿大陷入国外更多的冲突，承担更多的维和及援外义务。

2001年发生了“9·11”事件。美国布什政府即刻作出了有力的反击，但是并没有像海湾战争一样很快得到联合国的授权。由于这次帮助美国同联合国宪章的规定不存在冲突，加拿大积极出兵阿富汗，并且同在科索沃维和一样，一直在波斯湾一带参与巡逻，监视和封锁沿海海岸。

**小特鲁多的多边化外交**　在2015年的11周的大选中，小特鲁多已多次承诺，若是胜选，将让加拿大在全球舞台上走出比斯蒂芬·哈珀保守党政府更多边化的路线，要修复与美国奥巴马政府的关系，加大力度应对反恐、气候变化等全球性问题。果然，在当选后的第二天中午，特鲁多就立即与美国总统奥巴马、英国首相卡梅伦、法国总统奥朗德、意大利总理伦奇以及墨西哥总统涅托等领导人通话。加拿大媒体认为，保守党斯蒂芬·哈珀担任总理近10年期间，加拿大在国际上给人以强烈的鹰派感觉，唯我独尊，倾向于好战，偏执于以意识形态划线，使加拿大与很多国家的关系貌合神离。特鲁多将会在世界舞台上展示加拿大新的形象，通过政治对话与合作，改变唯我独尊的外交形象。

在对华关系上，贾斯廷·特鲁多也推行比保守党斯蒂芬·哈珀政府更积极的政策。据称，渥太华内部对应在多大程度上向中国开放本国市场及经济的问题存有分歧。一些官员称加拿大民众在加强对华联系上犹豫不决。此外，两国还在加拿大油菜籽对华出口的问题上发生了争执，国际贸易部部长克里斯蒂娅·弗瑞兰说，在此问题得到解决前，两国不可能深化双边关系。加拿大《环球邮报》8月29日报道称，在参加G20杭州峰会之前，贾斯廷·特鲁多总理需要慎重考虑对中国采取何种战略措施，主要是因为在很多方面21世纪正在迅速成为中国世纪。报道称贾斯廷·特鲁多总理与中国总理会晤时必须慎重权衡全球正在发生的变化以及中国正在全球经济与安全领域走向核心舞台。随着中美关系变得难以驾驭，加拿大需要更加机智地加以应对。在亚洲安全问题上，加拿大可以发挥外交与军事方面的调和作用。鉴于美国的保护主义渐起，加拿大需要转向中国，并高度重视中国。在出席由中国主办的2016年20国集团杭州峰会期间，贾斯廷·特鲁多总理于8月30日至9月6日对中国进行了正式访问。9月1日上午与家人登长城时，他曾表达了这样的感悟："拓展多元合作和筑起更多壁垒，凝聚共识和保持距离，拥抱未来和惧怕躲避，加拿大无疑都将选择前者。"当天晚上，他又在上海强调说，中国在当今世界经济复苏发展中正发挥着"领导核心"的作用，世界的成功与中国的成功密不可分，任何忽视或弱化对华关系的行为，都是"短视而不负责任的"。贾斯廷·特鲁多是在"加中贸易理事会第38届年会"晚宴上发表演讲时说这番话的。他表示"中国对加拿大很重要，此次访华最期望的成果就是重振并加深加中两国和两国人民之间的关系"，"历史上，加中关系一直亲切而温暖，近期却有一些疏远，并缺乏重点"。他向参加晚宴的800多名两国各界人士指出，重振并加深加中两国关系来自三方面理由：一是通过经济合作，可以为两国企业和人民带来实实在在的利益，尤其是让更多加拿大企业获得更多的中国市场准入机会，让更多加拿大人民通过优厚而体面的工作赢得人生成功；二是可以拓展加中两国之间更多城市、更广地域以及更多领域的合作，进而全面打开发展新局面；三是可以提升加中两国在国际舞台上的高效合作，共同应对全球气候变化等共同挑战，"双方携手的成果将远大于单枪匹马"。通过回忆"总理父亲"生前坚定致力于加中友好的往事，贾斯廷·特鲁多深有感触，"在维系和推动不同国家企业与人民互利往来的道路上，政府发挥着基石般的稳定作用，作为领导人更需要智慧和远见，在关键时刻显示出非凡的魅力和勇气。中国当前的经济转型正为世界带来新的合作机遇，3 600万加拿大人需要与中国建立持久而深入的友谊。我们今天的这一选择既是前人的期望，也将为后人感激"。这次中国之行还没过半个月，他便邀请中国国务院总理李克强9月下旬对加拿大进行了正式访问，实现两国总理再次聚会。这也是中国总理时隔13年再次访问加拿大。在这次会谈中，两位总理就加强两国政治、经贸、人文等领域的合作达成广泛共识，发表了《中华人民共和国与加拿大联合声明》，宣布的重要合作进展以及签署的相关合作文件达29项之多。他在2017年撰写的《我们如何选择开放》一文中又说："在很多方面，不断发展的加拿大与中国的关系是更加开放、更具合作性的做法，是可让中产阶级受益的绝佳例证。如果我们想要充分利用加拿大企业和工人所面临的机遇，中加关系需要更强大更稳定。为此，我们正寻求通过自由贸易协定扩大中加经济联系，并承诺到2025年使中加双边贸易翻一番。"

贸易也是外交关系的主要内容。实际上，在这方面加美之间也存在继续保持加拿大依赖美国市场的传统。贾斯廷·特鲁多的父亲——前总理皮埃尔·埃里奥特·特鲁多1968年提出"第三种选择"的战略，结果在当政末期对美国的依赖程度却急剧增强，而今依赖更大：1981年约65%产品出口美国；1989年的数字为74%；在21世纪，加拿大有80%左右的产品是为美国市场生产的。这是由几个原因促成的，其中主要是美国从20世纪80年代早期到90年代中期一直实行强势美元政策，加元大幅贬值，到1998年9月1加元仅相当于63美分。这就使得加拿大产品在美国市场极为便宜，美国居民乐于购买加拿大产品，促使加拿大对美出口。此外，还有加美之间自由贸易、同期欧元区实行保护政策等原因。

尽管如此，加美也不能避免两国之间的经济贸易摩擦。美国农场主长期要求对几宗加拿大农产品交易增加巨额补贴。就在反恐战争8个月之后，美国照样关闭了不列颠哥伦比亚的软木工厂。软木贸易没有包括在北美自由贸易区协定中，它属于临时协议处理的几宗商品之一。从1983年到90年代中期，双方签订了最早的3个正式《软木贸易协议》，允许加拿大每年免关税出口到美国市场1 400万立方定额板材，超出这一定额的部分要征税，有效地限制了加拿大输往美国市场的加拿大木材。加拿大的生产者不欢迎这些协定，而美方生产者很高兴。到1996年协定最后到期时，双方争端加剧，曾试图在世贸协定框架内解决争端，或试用其他方法，但是均告失败。2006年又谈判建立新的《软木贸易协议》，继续实行出口定额制，而双方摩擦依旧。

《软木贸易协议》到2016年走到了时间尽头，何去何从，再度成为横亘在加拿大面前的一道难题。此外，涉及加拿大、美国和墨西哥的《北美自由贸易协定》未来的发展更是备受外界关注。美国商务部威尔伯·罗斯在2017年3月10日宣布：特朗普政府即将启动重谈北美自由贸易协定程序；晚些时候，这位商务部长又说：预计谈判将产生两个独立的协定或三方的新协定。可以预料，包括软木贸易在内所有贸易项目的谈判，必将困难重重，可能会面临一场血雨腥风。果然不出所料，4月24日，美国商务部宣布，初步决定开始对建筑用加拿大软木木材征收约20%的反补贴税。这致使加拿大五大木材公司出口到美国市场的木材面临高达3%—24%的税率；特朗普还批评说，加拿大对美国出口的乳制品“非常不公平”，声称要重新评估两国乳制品贸易协议。贾斯廷·特鲁多总理立即致电特朗普，对这项“不公平制裁”提出抗议；又对媒体表示，加拿大与美国经贸关系密切，对美国而言也如此。友好关系意味双方可以应对任何争端，诸如出现的软木贸易和乳制品问题。

特朗普倾向贸易保护，自竞选期间及上台伊始，他就多次表示美、墨、加三国之间签订了很久的《北美自由贸易协定》对美国不公，将与加、墨两国重新谈判，修改这一协定。2017年7月19日，美国贸易办公室代表宣布：美国将于8月16—20日在华盛顿与加拿大和墨西哥就重谈《北美自由贸易协定》举行首轮谈判。从特朗普提起《北美自由贸易协定》问题一开始，加拿大政府就不赞成修改。特朗普开始执政后，贾斯廷·特鲁多总理很快便前往华盛顿与特朗普进行会晤，商讨美加贸易问题。实际上贾斯廷·特鲁多与特朗普就广泛议题进行了交流，不仅包括北美自由贸易协议，还就两国边境税、能源政策、基石输油管项目（Keystone XL）、反恐和国家安全以及妇女就业问题等进行了交流。会谈后双方发表的《美加联合声明》阐述了加美两国四大共同目标：一是双方同意促进两国间的贸易活动和劳工交流；二是两国将对方国家预先清关的适用范围扩大至货物运输；三是同意在基础建设上继续合作；四是将继续促进能源基础建设项目，创造更多就业机会，同时尊重环境。这份联合声明显示了加美“独特”的双边关系，也证明两国将继续强化互惠关系。虽然两国在经济议题上基本达成共识，但是在对待难民的问题上仍然存在分歧。

**北极主权争端升级**　北极领土主权争端是最近二三十年来加美两国之间尖锐问题之一。我们已经知道，这一争端的根源是英国1880年9月1日法令，但是当时问题尚未激化。到20世纪60年代之后，北极发现石油和天然气储存十分丰富；全球气温升高，北极变暖，西北航道意义凸显；以及科学技术的进步，开发北极自然资源的条件已经成熟，濒临北极的国家对北极领土主权形成竞争态势。自20世纪末，尽管加拿大采取一系列行动，在国际社会宣示加拿大在北极的领土和领水的主权存在，但是并不是所有国家都认可，特别是包括美国在内利益相关的国家不认可加拿大的主权。首先，美国从20世纪60年代公开挑起争端。当时，美国在阿拉斯加找到石油，美国人要通过西北航道的海峡把石油运回本土，尽管加拿大政府认为这些海峡属于加拿大内陆水域，任何国家未经允许不得进入，但是美国坚持那些海峡属于公海，任何国家均可通行，并且美国油轮在1969年强行通过。这实际上是对加拿大北极领土主权要求的公开挑战。1985年，美国又派“北极海号”未经加拿大同意再次进入同一水域，并坚持由美国破冰船开道，实现西北航道通航。这时，已经是对美友好的马丁·布赖恩·马尔罗尼保守党政府执政，外交部部长查尔斯·约瑟夫·克拉克（Charles Joseph. Clark，1939— ）提出建造一艘破冰船（耗资5亿加元），在Eureka海峡破冰。1987年，加拿大政府宣布建造核潜艇投入北极水域服役，声称是为了加强北美大陆的战略防卫，实际上也是兼顾捍卫加拿大的领土主权。

其次，俄罗斯、芬兰、挪威、瑞典、丹麦和冰岛6国历来也宣称享有北极主权，参与争端。到20世纪90年代，所有濒临北极的8国达成共识，协商解决争端，并自1996年成立北极理事会。从一开始，加拿大就是最积极活跃的成员，出任第一届北极理事会轮值主席国。2013年再度担任该职，到2015年。这次作为北极理事会轮值主席国，加拿大提出负责任的自然资源开发，以保持可持续发展的环极地社区。2013年5月，促成环北极各国签订《北极地区海上溢油污染事故防备与应对合作协议》，确保对北极海洋环境起到保护作用。3个月后，当时在任的加拿大总理斯蒂芬·哈珀赴北极视察，陪同视察的政府官员有自然资源部部长奥立弗、环境兼北极理事会部部长阿格卢卡克和土著事务部部长等高官。这不是他首次到访北极地区，自2006年上台执政以来，每年都要对北极地区进行实地考察，这次已是他连续第八年的北极之行。这在加拿大实属空前，显然是为了显示加拿大对北极领土主权的拥有。2013年8月18日，哈珀夫妇抵达育空地区首府怀特霍斯，高度赞扬育空地区所取得的经济成就，强调这无论是对育空地区，还是对加拿大北极地区的开发，乃至对全加拿大的繁荣，都至关重要，表明十分重视北极地区的自然资源。

北极能源储量极其丰富，仅石油和天然气储量就占世界未开发油气资源量的1/4，可能成为中东之后最大的油气富集区。斯蒂芬·哈珀此行一方面是要向世界强调加拿大在北极地区的存在，宣示主权要求；另一方面则一再表示要加大对北部地区的投资开发，资助对北极地区的科研、勘察和监视，并加快北部的基础设施建设。果然，2013年年底，加拿大就公开采取了行动。12月9日，加拿大外交部部长约翰·贝尔德说，经过对海底大陆架延伸情况为期10年的科学调查，加拿大将向联合国主张：“对包括北极点在内的”大片北极区域拥有主权。他还说，2013年12月 6日已向负责《联合国海洋公约》审查的大陆架界限委员会提交报告，确定加拿大大西洋沿岸大陆架外部界限，同时还提交关于北冰洋沿岸大陆架外部界限初步情况的报告。按约翰·贝尔德的说法，如果获得联合国的认可，加拿大将获得120万平方公里的海域。

加拿大的这些行动和要求立即引起俄罗斯作出反应。2013年12月10日，普京总统对俄罗斯国防部作出指示，要增加俄罗斯在北极的军事存在，以维护国家利益和安全。随后，他发表电视讲话说："明年，我们必须完成（北极地区）新部队与军事分支的建设工作"，"更积极地参与开发这片前景光明的地区"。2014 年4月9日，俄罗斯空军部队首降北极地区，这是迄今为止俄罗斯政府对加拿大的行动作出的最强烈反应。这些表明俄加两国在北极的争端再次升温。在此前后，加拿大政府一项《加拿大北极外交政策声明》称，"加拿大对北极的远景目标是：一个未定的与法制的地区，有明确的疆土界线，富有活力的经济发展与贸易活动，生机勃勃的北方民族居住区及健康并具有产能的生态系统"。当2014年9月4日北约威尔士峰会决定建立一支快速反应部队应对乌克兰危机时，加拿大斯蒂芬·哈珀政府宣布参加，实际上是借机在北极领土主权问题上给俄罗斯进一步施压。加拿大外交部两日后还声明严重关切俄罗斯在北极地区军力的增强，准备采取积极应对举措。普京政府也不甘示弱，10月2日报道俄罗斯宣布正式在北极建立驻军基地。

2017年3月30日，普京在总理梅德韦杰夫和国防部部长的陪同下到北极最北端的约瑟夫岛视察，表示俄罗斯支持北极资源开发，并呼吁海外伙伴参与实施有关项目并积极利用北极航道。美俄北极争端或将加剧，为了加强争夺地位，都会推动北极战略而强化基地军事力量。可以肯定，2016年上任的加拿大贾斯廷·特鲁多政府也会积极加入进来，以捍卫加拿大的北极利益。

## 七、土著人的进步

受到第二次世界大战后繁荣最大影响的是曾被遗忘了的土著人，他们的健康服务得到了改善，保留地的出生率迅速上升；教育使土著年轻人知道自己的贫困和挫折的原因，也了解到种族歧视主要是由于《印第安人法》(*Indian Act*)及负责解释条款的白人官员所造成的。

**战后状况与觉醒**　到20世纪五六十年代，土著人共有46.6万人，生活在2 200个保留地，被称为条约印第安人。保留地的出生率已经上升，而且已按权利宪章立法，恢复了与白人结婚的几千名印第安人妇女的身份。面临人口增加，保留地要维持打猎、捕鱼或陷兽的传统生活方式已显得狭小。土著人普遍贫困，在大型水电工程淹没他们的土地或动物保护者毁坏毛皮捕猎者的市场后，情况就更恶化了。100万梅蒂斯人、因纽特人及保护地以外的“非条约”印第安人，生活也好不了多少，尤其是年轻人，失业和酗酒现象严重，常常发生自杀。婴儿死亡率是全国平均数的两倍，而平均寿命较白人少8岁。

不过，也应当看到土著人的贫困问题已经引起政府和社会的重视，开始着手解决他们的土地要求和不公正待遇。育空7 000名印第安人、马更些河谷1.3万名沙丘印第安人和梅蒂斯人以及1.7万名极地东因纽特人的土地要求接近解决。新斯科舍省终于给予一名米克马克人唐纳德·马歇尔100多万加元，以补偿诬告他杀人的11年牢狱之苦。对马尼托巴省土著人司法待遇的调查，表明建立土著人自治政府及其司法系统的要求得到重视。土著人儿童较白人儿童状况更糟。第二次世界大战以前，印第安人事务部已开始实行寄宿学校制度，出于改善土著人的落后状况，社会工作者在20世纪60年代初期按加拿大一般儿童的照顾原则，将数目惊人的土著人儿童带离保留地，享受福利增加到全国平均5倍的水平。但是，按严格的纪律以及白人文化进行的改造，结果适得其反，造就了新一代牺牲品。现在土著人开始要求由他们自己照顾儿童，“年轻人是我们的民族希望和血液，儿童的离开严重损害了我们的文化和传统”。

皮埃尔·埃里奥特·特鲁多本着双语是公民权基本平等的基础的改革思想，对任何省、集团或个人的特殊地位的非民主状况都倍感不安，给予印第安人以加拿大公民的平等地位。1970年取消印第安人的称谓，改称土著人。立法取消了印第安人的特殊地位，结果好心办坏事，被土著人指责为种族灭绝，并称《安第安人法》是压迫的根源。他感到震惊，让时任土著人事务部部长的让·克雷蒂安立即着手修正。

土著人已经成立了第一民族立法议会(Assembly of First Nations)，但是他们认为这样的进步远远不够。土著人领导人乔治·伊莱斯莫斯拒绝接受魁北克省限制1982年宪法关于土著人权利的要求，反对将土著人的要求分开处理，也知道要用远比立法议会更强的战斗来施加压力。住在南安大略和南魁北克保留地、横跨美加边界两边的莫霍克人坚持认为，他们仍是享有主权的人民，至少作为乔治三世后代的联盟，他们不应当受外国法律的管制。在另一块美加边界的保留地阿克威塞斯奈，由于一次内部的赌博械斗，导致两个莫霍克人被杀。加拿大骑警没有介入，因此土著人提出强烈抗议。

土著人争取自身权利的斗争最典型的实例是魁北克1990年发生的“奥卡村事件”。1990年年初，蒙特利尔以西的莫霍克人的武装勇士团堵塞道路，以暴力对奥卡村周边的土地提出要求。事件的起因是要在那里修建高尔夫球场，侵害他们的利益。经过几个月的谈判和法院的听证，没有结果。1990年7月9日，魁北克警察开始猛攻路障，一名警察被打死。从另一个保留地卡那渥克来的莫霍克人，又堵塞了蒙特利尔与沙托盖之间圣劳伦斯河的主要桥梁。在整个加拿大，支持者也以堵塞高速公路或铁路给予援助。魁北克的警察包围了莫霍克地区，长达几周，致使持通勤票上班的人感到愤怒。最初，魁北克省政府总理罗伯特·布拉萨相信诉诸民事方法解决，但是最后还是动用了军队，到9月26日，才最终平息这次事件。在奥卡村冲突中，高尔夫球场的修建对莫霍克人只是一个借口，实际上他们是对魁北克广大农村地区乃至内地大部分地区的资源提出权利要求。

在魁北克之外，绝大多数加拿大人同情莫霍克人，结果《米彻湖宪法协议》失败之后，英裔与法裔加拿大人之间进一步分离。土著人领导人伊莱斯莫斯警告说，如果土著人的要求得不到满足，奥卡村事件可能只是开端。虽然魁北克省是按宪法动用军队，一些人则把这一事件归罪于马丁·布赖恩·马尔罗尼。

**斗争取得初步成就**　奥卡村事件不到5年，1995年在不列颠哥伦比亚的古斯塔夫森湖又发生了武装对峙，相持几个月；安大略省警察与占领旧军营的格兰德本附近的土著人之间也发生了冲突。这些事件都提醒人们，绝望地区人们与加拿大多数族之间的矛盾可能是魁北克危机之外另一困扰联邦政府的严重政治问题。

奥卡村事件的教训是皇家土著人委员会拨款6 000万加元，在1996年年底提交的5本调查报告，揭示了已被国家掩盖几代的落后边远地区和城市贫民窟的问题。报告提出的对策是应当给予所有土著人权利和资源，使他们自己管理生活，其中最重要的是土地利益。但是，渥太华动作很慢，最初只是为早期在寄宿学校接受“教育”的土著儿童的粗暴政策进行道歉，并给予补偿，总共拨款3.5亿加元，成立医疗基金。

争取控制资源进行斗争的成果当属前面曾提到的阿尔伯塔北部麦克堡和麦克默里堡附近地区的油矿砂的拥有权。这座矿从1963年开始开采，原住民族后来起而反对，因为矿区正处于阿萨巴斯卡河中游，他们担心造成环境污染，影响他们的传统生活方式。由于反毛皮业运动的成功，传统产业没落，土著民族沦为依靠政府救济过活。这里的土著民族也转而支持开采油矿砂，不久成立了属于土著人所有的麦克堡公司，推动了当地的经济发展，到2001年已经造福于当地人民。麦克堡周围发展了7个市镇，土著工人每月收入1 000美元，当地民众包括儿童在内平均每年分红1万美元。不过，焦油矿排放出的二氧化碳造成了严重污染，世界闻名，尽管开矿之初曾经保证采矿结束后立即恢复原貌。

1994年以前，不列颠哥伦比亚省与其他地区不同，这里没有与土著人签订解决土地的条约。当时，新民主党的省府宣布，要与土著人谈判签约，保证土著人的基本土地。第一民族立即对不列颠哥伦比亚省70%的土地提出了要求。最高法院裁定，季特斯堪和威特索威特族的德莱喀姆克人部落对祖先的土地拥有所有权，随后加快了土地谈判的进程。1998年7月，渥太华和维多利亚接受了长达500页的协议，提出在纳斯河谷及其周围地区建立尼斯加居留地村落，土著人拥有2 000平方公里的领地，授予三级政府管理权限（相当于市级政府）。改革党和自由党都发誓要废除这个条约，而邻近的一些村落对政府封锁尼斯加的信息十分不满，甚至发誓要取得条件更好的土地拥有权条约。在大西洋海岸，最高法院裁决恢复米格马赫人的一个旧条约，以保证他们以传统资源过“稳定生活”，结果，很快米格马赫人与当地渔民发生了冲突。

其间，最具重大历史意义的土著人的进步事业是1999年4月1日宣布成立因纽特人努纳武特自治区，2.1万名因纽特人（加上其他民族共有2.5万人）获得了对西北地区一半（或加拿大领土的1/3）领土的控制权。联邦政府赔付给因纽特人16亿加元，作为对因纽特人定居地所有权损失的补偿金，用以成立努纳武特因纽特人拥有的塔那喀维特经济发展公司。西北地区剩余的一半领土在4万白人与土著人之间平均划分，继续以耶洛奈夫为首府，实行自治。然而，这并没有解决因纽特人发展落后的困难，平均1.1万加元的年收入，25%的失业率，生活费用高昂、毒品和酗酒导致因纽特人传统家庭结构最终崩溃等严重的问题。引进现代社会管理模式并不能解决这些问题，一些人坚持传统的由老人组成协商政府来治理，而更多的人对此持怀疑态度，因为以传统的民族治理方式往往造成由几个家庭控制，难以解决电视和失业的影响。

不过，从整体来看，在迈向21世纪时，加拿大因纽特人、梅蒂斯人和包括非条约印第安人在内的约100万土著人正在寻求未来的进步，有加拿大联邦和各省政府的帮助，一定能够创造新生活。成千上万的年轻土著人已经受到前所未有的中等专业以上的教育，开始成为本地区的律师、教师、社会工作者、财会或医护职业人员，他们最终将对本民族的治理发挥积极作用。

**移民政策开放**　与土著人政策的变迁相似，第二次世界大战后的繁荣也使历经挫折的移民问题有了改革的希望。在20世纪30年代，甚至逃离希特勒德国的绝望难民，也由于加拿大国内大批人失业而遭禁止入境。1942年拘捕的日本裔加拿大人，迟至1949年才获得更正，此后也给予所有亚裔人完全的公民资格。然而，威廉·莱昂·麦肯齐·金1948年宣布新移民政策时，仍要求保持加拿大人口的“基本特征”。这样的失误也造成对有色族群移民的不公正待遇。

在第二次世界大战之后，由萨斯喀彻温和安大略两省首先通过人权宪章，以色列人、黑人以及世世代代遭受凌辱和歧视的土著人地位终于有了改善的可能。但是，偏见并没有消失。战后的充分就业，国门对移民敞开，移民能够从事加拿大人从来不愿做的农场劳工或家庭佣工等类低下的工作。希特勒德国的罪犯甚至也逃来以难民身份躲避惩罚。难民则是20世纪六七十年代大批技术和非技术劳工到来的先驱者。直到1939年，多伦多完全像贝尔法斯特或伯明翰一样的英裔各族的天下，战争期间特别是在战后已有意大利人、希腊人、乌克兰人或波兰人零星到来，才初步改变这一状况。最初的民意测验显示大多数加拿大人对移民潮持怀疑态度，而大多数法裔加拿大人则坚决反对移民到来。为了满足技术工人的紧急需求，1947年安大略省开通了飞往英国的航班。到1961年，多伦多市民就开始相信世界主义，到各国风味的餐馆享受，认为这是繁荣带来的实惠，是移民开放的后果。出现繁荣和充分就业后(20世纪50年代之后)，加拿大人只愿意从事办公室或职业性的工作，于是开始容忍新移民从事矿山和建筑工作。到20世纪六七十年代开发北部边疆资源时期，移民发挥了重要作用。更何况，苏格兰或德国的徒工为工业经济提供了必需的技术工作。野蛮竞争不多的工作机会，在加拿大总要造成种族和宗教冲突，如果没有经济繁荣，冲突往往循环往复，而自繁荣到来之后就几乎再也没有这样的冲突了。

1911年魁北克德国移民

大体上说,由于第二次世界大战之前经济发展仍相对缓慢,原有居民特别是法裔加拿大人对移民持怀疑和排斥态度,那时移民较少,平均每年几万人不等。20世纪50年代之后,经济繁荣需要劳动力,加拿大人开始表现出宽容态度,移民才开始较多地进入加拿大。在20世纪五六十年代,平均每年大体上有十几万移民到来,1957年这一年进入的移民最多,达到28.2万人之多。当然,这有世界性的政治原因,即1956—1957年的苏联和东欧事件,相当多的苏联和东欧国家的政治难民迁居加拿大。

说到这一问题,应当看到在20世纪80年代末苏联解体以前,加拿大的移民政策基本上是受东西方冷战格局的制约,政治影响因素较大,加拿大移民当局更多地关注人权状况不佳国家所造成的政治难民。临近冷战结束的80年代末,加拿大移民局在1989—1990年敞开接受来自中国的移民,当时在加拿大的中国留学生、进修生、访问学者乃至临时到访者,只要本人提出移民要求,皆被作为政治难民接收。这样,大约共接收了两三万人,后来又很快入籍。

自20世纪90年代特别是进入21世纪之后,国际移民进入加拿大的速度稳定提升,由20世纪80年代的平均十几万,到1990年增到20万人,在整个90年代也是这个速度,接收这个数目的移民。这是由于随着经济和文化全球化的发展趋势,加拿大政府调整了移民政策,自90年代初开始重视接收技术或投资移民;进入21世纪后又重视接收企业家移民,致使21世纪的头一年(2001—2002年)涌入25.6万移民,比20世纪八九十年代年均高出40%。特别重要的是,新政策促进了更多科技和管理人才进入,随之也促使国际资本流入。据阮西湖先生《加拿大民族志》一书的统计:20世纪90年代初新移民政策刚实行时,为当时加拿大增加了8.2万个就业岗位,对国内生产总值的贡献是26亿加元,增加3%。在1989年这一年,每个移入加拿大的投资移民和企业家带入的资金分别为76万和185万加元,到1991年分别增加为102万和205万加元。而且,投资大都分布在制造业、建筑业或服务等行业,为加拿大的科技和生产进步增添了活力,促进了经济发展、就业和国内安定。

进入21世纪,加拿大的移民政策更为开放和进步,成就也有目共睹。2000—2001年,一个加裔印度人成为不列颠哥伦比亚省第一位非白人总理,与20世纪50年代发生在该省排斥亚洲移民的骚乱形成鲜明的对比,确实“是一个令人震惊的转变”。这是加拿大实行多元文化政策的成果。2014年4月22日,加拿大政府再次颁布新移民政策文件,提出开放“最快移民通道”的决策。这个政策文件可能是有针对性的,但是加拿大政府公布这一政策后,还专门指出新文件不是针对中国移民的。在经济危机尚未好转的当今，加拿大可能不会实行对中国人关门的移民政策。果然，2014年5月15日加拿大不列颠哥伦比亚省就1923年加拿大的《华人移民法》正式向华人道歉。那个移民法完全禁止中国人入境和加入加拿大国籍。这是自2006年6月21日加拿大政府总理斯蒂芬·哈珀正式就向华人征收"人头税"而作出的历史性道歉之后，就那段不光彩的历史进行道歉的第一个加拿大省份。

2016年贾斯廷·特鲁多执政后，对移民采取更加开放的态度。美国特朗普政府拒绝接收伊斯兰难民，造成大量中东难民渡过地中海移往欧洲，欧洲出现了难民问题。鉴于这个难题，秉承多元文化传统以及一贯对移民开放的政策，加拿大贾斯廷·特鲁多总理宣布继续积极吸收移民。2017年2月13日，他与特朗普会谈后表示，美国不要难民，加拿大要，并到机场亲自迎接难民，还贴出一张2015年在多伦多机场欢迎一名叙利亚小难民的照片，并且表示将继续与特朗普政府谈判，促使美国接收难民。这位年轻的加拿大总理说："如果希望人人都享有机会，我们必须打造一个开放的社会——欣然接纳新想法、创造性思维方式以及不同的文化和人民。"上任后，他立即批准加拿大接收了3.5万多名叙利亚难民。2月23日，加拿大联邦议会以201 ∶ 91票通过一项议题，谴责"伊斯兰恐惧症"以及所有形式的种族主义或种族歧视。2017年2月27日，美国特朗普总统签署一份关于难民与移民政策的行政令，暂停所有难民入境，引发国内外强烈关注。贾斯廷·特鲁多总理则在28日社交媒体推特上表示，加拿大欢迎那些逃离战乱的难民，"无论你们信仰哪种宗教，加拿大都欢迎你们。多元化是我们的长处"。在他的影响下，吸收移民最多的多伦多市市长约翰·托里也加入进来，在一份声明中说多伦多这座全球最多元化的城市欢迎来自世界各地的移民，"我们理解，作为加拿大人，大家几乎每个人都是移民，没有人应该因为种族或国籍被排挤。"在接受美联社记者采访时，加拿大政府发言人凯特·珀蔡斯说："特鲁多总理希望在下次与特朗普总统的会谈中能讨论加拿大移民与难民政策取得的成功。"她没有说明这次谈话将以什么方式举行，也未透露具体时间。4月7日，贾斯廷·特鲁多总理在新闻发布会上宣布加拿大联邦政府将修改《移民与难民法》，以期吸引有才能的外国人易于移民加拿大，并留在加拿大创造企业或工作。这将为这些人提供各类便利条件，例如提供2周拿到签证的服务。另一方面，也为即将移民加拿大的专业人士提供各种政策支持，包括加强学历认证、专业证书认证等。明显看出，加拿大现政府旨在罗致各国人才为国内经济和社会发展服务。

## 八、文化和科学的繁荣

工业化和城市化时代的到来，人们不仅对物质生活也对文化生活提出了更高的要求。富裕社会的实现，加拿大现代社会的阶级结构变化很大，加上政府重视，有条件从事科学和艺术事业的人员日益增多，科学、文化和文学艺术事业也进一步繁荣。这使加拿大人对国家更有信心，相应地，新老两代加拿大人也开始在科学和文学方面对国际社会作出贡献。与前一时期相比，各类科学研究或文艺作品，更突出现实主义，反映工业社会、自由主义和改革的现实。

**大众文化兴起** 第二次世界大战以前的加拿大，文化相对贫乏，剧院虽有驻院管弦乐队的表演，但是绝大多数民众在影院或酒吧寻找乐趣。战后繁荣，民众收入增加，文化消费不断提高，带来的首先是大众文化的昌盛。这也是受美国文化的影响。卫星和盒式录像机的出现，更方便人们欣赏美国的大众娱乐文化，加拿大广播电视与卫星转播委员会的文化民族主义几乎荡然无存。演员或歌手主要靠加拿大广播公司的法语和英语广播网播放更多广播节目才能够维持创作和生活。节目虽然富有想象力，但是因征收小笔费用而不太受观众欢迎，结果不少文艺从业人员只好改行。颇受关注的节目有"加拿大冰球之夜"，英语观众关心多伦多枫叶球队。此外，还有广播连续剧、各类表演以及半小时从美国电视网购进的戏剧节目。语言障碍使魁北克加拿大人成为加拿大广播公司节目的忠实听众，但是在魁北克之外，很少有法裔加拿大人能够听懂。

1951年梅西—勒维克报告公布后，文化事业得到了政府扶植，状况开始改善。1949年温尼伯首先由政府资助建立了一个职业舞蹈团，多伦多和蒙特利尔的年轻芭蕾舞团也得到了政府资助。1951年，3个蒙特利尔人发起创建新世界剧院，在仓库演出莫里哀的戏剧。1953年，斯特拉特福德的安大略商人汤姆·帕特森（Tom Patterson，1920—2005年）创办莎士比亚节（Stratford Shakespeare Festival），由格斯里执导、格伊内斯主演的《理查三世》在一座马戏团帐篷里演出。这些传统的经典作品主要满足了保守听众的胃口。

最重要的文化事业开始于1952年9月，加拿大广播公司取下台标而进入电视时代，多伦多和蒙特利尔很快成为电视节目主要制作中心。加拿大电视广播公司和加拿大广播公司主要靠向听众收费维持节目制作，并开始竞争广告业务，包括与美国强大的无线电托拉斯、电视节目网竞争。广告和进口廉价节目质量低下。议会补贴逐渐增加，则损害文艺自主权，遭到文人反对，并且背离了梅西—勒维克委员会的宗旨。不过，富裕也创造了宽容精神。20世纪50年代民意测验和节目欢迎程度的测验，表明加拿大人满意高级文化的享受。随着国民收入增长的超预期，剧作家、作曲家甚至芭蕾舞演员受到资助，不再受苦。虽然一些政客为沉迷于淫秽或无聊诗句的诗人划定行为底线，但是宽容精神促进了文化的多样性和社会生活的安宁。

20世纪50年代之后，由于富裕，年轻人越来越有活力，新兴的流行娱乐方式主要由他们或为他们创作。同时，新娱乐方式首先来自国外，有利物浦披头士爵士乐队、伯克利自由演说运动，以及孟菲斯或底特律在烟雾腾腾咖啡馆里演唱的乡村黑人音乐。在20世纪40年代，他们的父辈曾为弗兰克·塞那特拉所神魂颠倒，对儿孙辈为披头士爵士乐队或其他摇滚歌星到访而尖声大叫感到不安。也有加拿大人自己的摇滚乐队，如“盖世虎”(The Guess Who)乐队，或歌手莫尼克·莱拉克，等等。在这一时期，加拿大也出现了影响世界歌坛的音乐家——爵士乐钢琴家和作曲家奥斯卡·彼德森15岁就在电台表演。他自20世纪50年代一直统治世界爵士乐坛，著名作品包括《加拿大套曲》《非洲套曲》，等等。格伦·古尔德(Glenn Herbert Gould, 1932—1982年)1982年在50岁去世时就是世界上最伟大的巴赫钢琴曲演奏家、电子音乐天才，1964年他改革了电子音域技巧，走出录音室同样有音乐演奏效果。进入六七十年代，娱乐性音乐对传统音乐发起了革命性挑战。默里·谢弗(1933—)提出新音乐理念，试图挑战传统的音乐和声演奏曲谱。1970年，由巴·菲·尼科尔(Barry P. Nichol, 1944—)、斯蒂夫·麦卡弗里、拉斐尔·巴雷托-里韦拉、保尔·达顿4人组成的“四骑手组合”，创作“表演诗歌”形式，很具有革命性。道格·巴伯(Doug Barbour)创造的“声音诗”否定了常规“意义”，让听者相信当代社会的荒谬性。

年轻的格伦·古尔德

然而，随着皮埃尔·埃里奥特·特鲁多自由主义时代经济和社会改革的挫折，到20世纪80年代中期以后特别是90年代经济全球化的到来，加拿大大众文化的变革也不可避免地受到美国文化的巨大影响，卫星、盒式录像机以及其他现代音响设备方便了大众文化的传播，结果加拿大的大众文化也日益融入世界文化的当代新潮流。

**建筑和绘画艺术** 加拿大大城市在第二次世界大战后已经改观，到处都是以温哥华不列颠哥伦比亚水电大厦和多伦多自治领中心为代表的混凝土砖结构的楼群，上翻玻璃，枯燥乏味。自20世纪60年代中叶有迹象表明出现风格反叛，要丢弃这种苍白的国际性功利主义的建筑风格，开始回归传统和人性理念。第一座有顶盖的购物中心就考虑了加拿大极端的气候条件。哈利法克斯人保护他们的历史风景线不受千篇一律的办公大楼损害。联邦和各省政府都修建了历史公园，尽管有发展旅游业的功利动机。一般民众也很重视装饰，流行斯堪的纳维亚风格，设计古朴，颇为奢侈。

在20世纪50年代富裕时代的早期，形成了与二三十年代表现自然风光的“七人画派”艺术风格迥异的“十一人画派”。这个画派包括亚里山德拉·卢克(Alexandra Luke，1901—1967年)、汤姆·霍奇森(Tom Hodgson)、哈罗得·汤(Harold Town，1924—1990年)、卡佐·纳卡姆拉(Kazuo Nakamura，1926—2002年)、乔克·麦克唐纳(Jock Macdonald，1897—1960年)、沃尔特·亚伍德(Walter Yarwood)、霍坦斯·戈登(Hortense Mattice Gordon，1886—1961年)、雷·米德(Ray Mead，1921—1998年)等人，他们推崇欧洲的抽象派艺术。作为魁北克平静革命代言人的保尔-埃米尔·博尔迪亚，在四五十年代还不能为加拿大或魁北克的主流艺术所接受，要到法国或欧洲展示其天才。可是，一些先锋派画家在国内逐渐开辟出活动空间，六七十年代便兴起与皮埃尔·埃里奥特·特鲁多自由主义相匹配的视觉艺术的自由派，以形象体现效果。格雷格·科诺(Gregory Richard Curnoe，1936— )、伊夫林·罗思、杰克·伦纳德·莎博尔特(Jack Leonard Shadbolt，1909— )等画家用色彩、纹理和形式表现画意；约翰·汉密尔顿·布什(John Hamilton [Jack杰克] Bush，1909—1977年)、吉多·莫利纳里(1933— )则以纯抽象的色块挑战形式图案；麦克尔·斯诺(1929— )创作雕塑、拼贴画和全息照片等动态艺术，以全新模式对“普遍性”概念提出质疑。1975年，马丁·沃恩-詹姆士(1943— )的画集《笼子》的一组画，以视觉符号代替文字叙述；B.P.尼科尔的诗歌《船长组诗》以连环画形式表达思想。

这一时期东部大西洋沿岸省区最有影响的画家是追求一种古朴意境

的、被看成当代加拿大最有代表性的古典主义的画家夫妇即约翰·克里斯托夫·普拉特(John Christopher Pratt, 1935— )和玛丽·普拉特(Marry Pratt, 1935— )。约翰·克里斯托夫·普拉特还从事建筑设计创作。

**文学** 随着第二次世界大战后的繁荣富裕,加拿大文学进入了繁花似锦的春天。“由于加拿大文学的历史十分短暂,面临工业社会环境的迅猛变化,作家、艺术家人数按几何级数增长,从1960—1985年25年期间,涌现了约400位严肃文学的作家……” 虽然文化和科学政策严格限制任何粗俗和贪图私利的表达方式,但是20世纪六七十年代自由主义主导的艺术、音乐和文学属于年轻一代艺术家,显露了平庸和纵欲的倾向,反映了那个时代自由而浮躁的特征。这或许属于工业社会的流行病。

伟大的自由主义时代不乏后起之秀的天才,玛格丽特·阿特伍德(Margaret Eleanor Atwood, 1939— )便是加拿大当代年轻作家的优秀代表,品格卓越,语言精练,作品往往紧扣时代主题,人性描写成为她的代表性创作风格。例如,她的代表作《苏珊娜·穆迪日记》(*The Journals of Susanna Moodie*),是一部极为优秀的散文集,借用19世纪妇女解放先驱者穆迪夫人的话,表达工业化社会中妇女的要求。在刻画穆迪夫人时,主要试图说明加拿大英语社会习惯势力强大,通过剥夺妇女言论的权利规定了她们低下的社会地位。而她的诗歌《在魁北克码头上了岸》则道出了加拿大妇女20世纪70年代对传统的不满和抗争:

起伏山冈、沼泽、不毛的沙滩、
投在枯骨般浮水上的
阳光、冬季征兆
以及白昼般异样的月亮
都一望而知地
拒我于千里之外。
别人都在欢跃高呼:“自由!”
而我却无法从淙淙的河水望见自己的身影。
我成了陌生语言中
一个陌生的字眼。

诗歌以艺术方式表达了皮埃尔·埃里奥特·特鲁多时代最具自由主义特征

的女权主义思想。

玛格丽特·阿特伍德是年轻一代最受尊敬的作家，一直被认为是诺贝尔文学奖的有力竞争者。然而，在2013年最先为加拿大捧得这一奖项的却是与她齐名而长她8岁的另一位优秀女作家爱丽丝·门罗（Alice Munro，1931— ）。她1931年7月10日出生于安大略省西南部温厄姆，十几岁就开始练习写作，1950年在西安大略大学英语专业读一年级时，发表处女作《影子的尺寸》。1951年12月19日与詹姆士·阿姆斯特朗·门罗结婚。婚后育有三女，次女夭折，为了躲丧女之痛，1963年举家西迁至加拿大最西端的维多利亚岛。在那里，她一边创作，一边帮助丈夫打理自家书店，生意兴隆。可是，不久爱丽丝·门罗再遭不幸，1972年与丈夫离婚，之后回迁安大略，1976年与第二任丈夫结婚。2013年10月，爱丽丝·门罗因病封笔。此前，她出版了14部短篇小说集，以及《女孩与女人们》《你以为你是谁》《爱的进程》等几部中长篇小说。

爱丽丝·门罗的第一部短篇小说集《快乐影子之舞》(*Dance of the Happy Shades*)用了15年写完，经过细心打磨在1968年她37岁时出版，当年获得了第一个加拿大总督奖。后两部中长篇小说也分别在1978年和1986年第二、第三次获得加拿大总督奖。2013年12月10日，她的诺贝尔文学奖获奖词写道："门罗的作品以情节细腻见长，文风透彻，带有心理现实主义的特色。"爱丽丝·门罗的小说常常表现青春女孩，写她们在青春躁动时进退维谷的境遇，特别注重人物思想感情的细腻心理描写。她的作品大都以自己的故乡休伦县为背景，有人认为她的小说带有自传性，她自己也曾说《女孩与女人们》就是以她本人生活的经历为蓝本。她对一片风景、一条街道乃至一个房间，都写得非常逼真，细节一一呈现。这是她独到的艺术手法。有人批评说，这是"照相机式"的纪实，缺乏个人判断。爱丽丝·门罗回复说：细节的描写不是"照搬"，而是真实的。

加拿大老一代的作家梅维斯·加兰特、休·胡德、玛格丽特·劳伦斯、雅克·费隆、米歇尔·特朗布莱等是在第二次世界大战中成长起来的，本着服务于民众的价值观，作品紧扣现实主义的主题。休·胡德以《新时代》为总标题，陆续出版了《花园里的秋千》等12部文学巨著。作者以本人在南安大略的阅历为底本，通过一个叫马斯戈德里奇的人物的叙述，从城市犯罪、城郊礼仪到社会运动，探索个人、家族同社会的相互关系，讽喻1880年到20世纪末加拿大工业化社会早期的现实。玛格丽特·劳伦斯（Margaret Laurence，1926—1987年）出生于马尼托巴省尼帕沃镇，晚年居住在安大略省的莱克菲尔德，但是基本上属于描述草原生活的西部作家。他的代表作是马纳沃卡丛书，共包括《石头安琪尔》(1964年)、《上帝的玩笑》(1966年)、《生活在火里的人》(1969年)以及《占卜者》(1974年)等4部长篇小说，还有一部短篇小说集《屋中之鸟》(1970年)。无论是长篇小说中的4位主人公黑格·希谱利、中学教师雷切尔与她的中产阶级的姐姐或莫拉格·冈，还是短篇小说中的范尼莎·麦克劳德，都是那个时代妇女形象的典型，她们不屈不挠，为争取女权而战。在这些作品中，玛格丽特·劳伦斯以安大略省西部到西海岸的加拿大的广阔西部为社会背景，实际上写了三代妇女争取独立和改变社会舆论对妇女看法的持续斗争。此外，这些小说也从西部的视角探讨了20世纪六七十年代加拿大另一尖锐的政治和社会问题，即以魁北克分离主义为突出代表的英语与法语文化冲突。她认为民族和社会关系涉及性别、阶级或阶级歧视等细微问题，应当以和解方式加以解决，所以作品中追溯了英格兰人与苏格兰裔、爱尔兰裔、英裔加拿大人以及乌克兰移民、欧洲人或亚洲移民之间的关系，以及逐步和解的社会变革。这无疑为解决当代加拿大特有的政治难题提供了一个选择、一条线索或一种可能性，也表明玛格丽特·劳伦斯的作品永远服务于现实需要。

说到反映魁北克问题或文化冲突的文学作品，无论是英语文学，还是法语作品，书目众多，题材十分丰富。在众多作家和作品中，比较突出的是加布里艾尔·罗瓦(Gabrielle Roy，1909—1983年)。她生长在马尼托巴，能够超然地描述法裔加拿大人艰辛的生活，并且能够为英裔加拿大人中的读者所接受，或许是因为她生活在英裔加拿大人的环境中，了解他们所思所想。“甚至当她的著作在描述离愁和孤独时，也产生出希望”。英语作家中还有一位能够与时俱进的老一代作家，他就是休·麦克兰南(Hugh MacLennan，1907—1990年)。在20世纪60年代“魁北克平静革命”中英语与法语文化冲突加剧后，他承接了1945年《两种孤独》的创作思想，于1967年创作了《斯芬克斯归来》，再度探讨了解决这种冲突的办法。他将魁北克分裂主义的暴力行动归结为对父权和教权

加布里艾尔·罗瓦

传统的反抗，主张推动社会变革，彻底解决这一历史问题。然而，联邦政府历次消弭冲突的失败使休·麦克兰南十分失望。这些都表明休·麦克兰南确实不愧为杰出的现实主义作家，敢于接触重大的社会历史题材。

同样敢于接触重大的社会历史题材，在当代法语文学中与休·麦克兰南齐名的作家还有雅克·费隆（Jacques Ferron，1921—1985年）。到20世纪70年代，雅克·费隆已出版30多部散文集，对英裔与法裔文化冲突或魁北克省的问题多有触及，表达的是两难态度，既欲争取政治独立，又对政治意义表示怀疑。在“平静革命”中出版的《一个不确定的国土上的故事》（1962年）、《英裔故事及其他》和《从未发表的故事》（1968年）这3部作品中，雅克·费隆运用讽刺性的寓言和童话表达对独立事业的向往，批评休·麦克兰南的《两种孤独》以及其他英语作家所主张的所谓文化规划。他在短篇小说《梅利与公牛》（1962年）中使用滑稽语言描写了象征魁北克省的文学的母牛生下一头牛犊，牛犊长成为一头英国公牛后，竟将魁北克省的乡村的民间传说践踏得一干二净。显然，这一借谕旨在讽刺英裔加拿大人否定魁北克省的自由而期望两族结成永久联邦的主张。所以，这个时代无论是英语文学，还是法语文学，都非常关注加拿大国内的政治冲突特别是英裔与法裔的文化冲突这一重大主题，充满了时代现实感。

着重关注当代重大社会问题的现实主义文学运动是1963—1968年在蒙特利尔兴起的“决意运动”。决意运动是一个典型的分离主义组织，参加的有诗人、剧作家和小说家。创作的最著名的文学作品是《背叛者历史》的三部曲〔《稻草人》（1974年）、《疫病》（1975年）和《幸存者》（1976年）〕，反映的是勒内·勒维克1968年成立魁北克人党推动分离运动的政治现实。这一主题思想明确地表达在决意运动杂志《决意》的口号中：在魁北克省建立一个“自由、世俗与加拿大分离”的社会。1976年，勒内·勒维克获得省内选举胜利，建立魁北克人党的省政府，诗人热拉尔·戈丹（Gèrald Godin，1938—）出任移民与文化部部长，创办决意出版社，提倡用法语俚语写作，出版了20多部书。其中，最有代表性的是《潦倒人》（1964年）和散文集《美国白人与黑人》（1968年）。前者哀叹“魁北克省在文化上沦为何等败落贫乏的地步”，后者则论证“魁北克省是加拿大的殖民地，魁北克人是二等公民”。决意文学运动在20世纪六七十年代十分兴盛，以后随着1980年、1985年独立公决的失败以及勒内·勒维克离开政坛逐渐走向衰落，1995年独立公决最终失败后，则几乎烟消云散了。

在第二次世界大战后持续经济繁荣的末期，最具自由主义时代特征的文学艺术现象莫过于改写传统和重塑历史人物。在剧本《1837年农民起义》中，里克·萨拉丁(Rick Salutin, 1942— )并未将威廉·莱昂·麦肯齐按官方的传统定论写成叛逆者，而是将他塑造为社会改革家和民主派，起而造反是为英国殖民当局的暴行所逼。对加拿大历史上最有争议的历史人物路易·瑞尔，有更多的作品将其历史角色改写，在卡罗尔·博尔特(Carol Bolt, 1941— )的剧本《加布》(1973年)、鲁迪·威布(Rudy Wiebe, 1934— )的小说《森林遭毁后的人们》(1972年)以及约翰·纽洛夫(John Newlove, 1938— )的诗歌等作品中，路易·瑞尔不再是往昔的反叛者。乔治·伍德科克在为1885年路易·瑞尔起义的副手撰写传记《加布里埃尔·迪蒙》(1975年)时说，历史人物有持续感染力的是失败者(指路易·瑞尔)而不是成功者(指加布里埃尔·迪蒙)。约翰·纽洛夫的反传统之作是为早期毛皮贸易中著名的英国毛皮商人萨缪尔·郝恩写了一部赞歌《萨缪尔·郝恩在冬天》。在这部诗歌集中，一个冒险家、欺凌土著人的毛皮贩子被歌颂为英雄：

人们说你是有意装作豪侠，
又仿佛你是为写一本书
才出没那无人之境的荒野——
其实你还是你，萨缪尔，
想了解西部，想干一番事业。

诺斯罗普·弗莱

皮埃尔·埃里奥特·特鲁多时代是自由主义的时代，革新的时代。在这个时代里，加拿大诞生了蜚声世界的文学批评家、著名《圣经》研究学者、杰出的道德学家和多伦多大学教授诺斯罗普·弗莱(Herman Northrop Frye, 1912—1991年)。同乔治伍德科克一样，他为世界文学事业作出了巨大的贡献。1986年出版的《论莎士比亚》，为诺斯罗普·弗莱赢得了国际声誉。

**科学和人文社会科学的进步**　加拿大的大学一向是科学研究中心，无论是自然科学，还是社会科学，都成就卓著。新老两代科学人才开始在自然科学和社会科学领域为国际社会作出贡献。在20世纪早期已经取得成果的基础上，第二次世界大战后加拿大的自然科学研究又有了长足的发展，科学研究创新成果不断。最能够说明这一进步的是继1923年因为发现胰岛素而首次获得诺贝尔医学奖之后，加拿大又分别在1971年和1986年有了另外两位诺贝尔奖得主，分别是杰拉尔德·赫茨伯格（Gerhard Herzberg，1904—1999年）创立分子光谱学和约翰·查尔斯·波拉尼（John Charles Polanyi，1929— ）在化学和医学领域的创新性贡献。

人文社会科学领域的变革似乎更具革命性。由于加拿大从英法殖民地时代直到自治领早期相当长的时期内一直作为欧洲后来又作为美国的原料产地，向它们出口自然产品，从它们那里购买制造用品，20世纪20年代出现了以哈洛德·英尼斯（Harold Adams Innis，1894—1952年）为首的大宗产品论经济史学派。哈洛德·英尼斯在1923年出版的《加拿大的毛皮》一书中说："一直支配加拿大经济史的突出特点是，作为西方文明中心的边缘而存在着发展差距，使生产活动集中于原材料产品的开发，给宗主国提供原材料，促进其产品以及殖民地所需要产品的制造。这种趋势且越来越强。"鳕鱼、海狸皮、木材、木材制品（纸浆和纸）、小麦和矿产在历史上依次成为大宗出口的天然产品（原材料）。哈洛德·英尼斯学派甚至主张加拿大在1931年获得主权独立后仍继续殖民地时期的大宗产品经济。按哈洛德·英尼斯的观点，加拿大有永久成为生产资源附属国的趋势。晚至1952年，经济学家麦克托什仍认为加拿大这样新独立的国家要快速发展，"首先要依赖发现和开发出口世界市场的低廉原材料，并购买这一发展阶段它还不能生产的产品"，只是不再主张一味地开发原材料，而是要依赖工业国家发展本国工业。另外两位经济学家W.T.伊斯特布鲁克和H.艾特肯在他们编写的一部影响广泛的经济史教材《加拿大经济史》（1956年、1965年、1988年）中，仍将哈洛德·英尼斯的理论奉为经典，还说加拿大"不适合发展工业"。

哈洛德·英尼斯

哈洛德·英尼斯学派统治加拿大理论界长达近40年，对人文科学的各个学科皆有广泛的影响。例如，从我国国内早年仅有的两部加拿大史的译著即唐纳德·克莱顿的《加拿大百年史》和格莱兹布鲁克的《加拿大简史》来看，历史研究明显受到这一学派理论的影响。唐纳德·克莱顿（Donald Grant Creighton，1902—1979年）是哈洛德·英尼斯在多伦多大学的同事，当过历史系主任，是20世纪加拿大最重要的历史学家之一。在他这部《加拿大百年史》中，哈洛德·英尼斯的观点俯拾即是，特别是否认加拿大在20世纪以前发生过工业革命，认为“事实上直到19世纪末，加拿大人基本上把国外当作主要产品的市场以及工业制品、资本和人口的来源”。20世纪开始后，加拿大“仍是一个生产原料的国家，向工业比较发达的国家大量出口原料”。虽然作为“国家政策”在1879年颁布保护关税，意在促进工业化，但是此后20多年的时间里制造业只是“小规模的、分散的”，根本不能够成其为“化”，直至20世纪头10年才出现“新兴工业”。唐纳德·克莱顿20世纪50年代的早期著作《青年麦克唐纳传》和《北方自治领》在哈洛德·英尼斯的理论基础上创造了所谓圣劳伦斯命题，即关于都会与内地经济关系的历史理论体系。按这一理论，在欧洲人征服加拿大的早期，蒙特利尔既然控制着毛皮贸易，就是加拿大的都会中心，但是后来多伦多在上游崛起，切断了蒙特利尔与内地的联系，夺取了蒙

1910年蒙特利尔的景色

特利尔地区中心的地位，一跃而成为新的大都会。实际上，这个理论体系为后来英裔与法裔加拿大人长期的文化冲突提供了理论根据。唐纳德·克莱顿的历史理论体系甚至还影响了一些作家的文学创作。例如，休·麦克兰南的代表作《两种孤独》(1945年)就是运用圣劳伦斯命题来展示英裔与法裔加拿大人文化分歧的；艾德温·约翰·普拉特和阿特伍德等重要作家的创作多少也受到这一理论的影响。不过，也有历史学家并不认可唐纳德·克莱顿的理论体系，例如马尼托巴的历史学家W.C.莫顿在《加拿大的特征》一书中反驳了圣劳伦斯命题。

到20世纪50年代后期，哈洛德·英尼斯学派内部开始分化，分离出新古典主义，引进凯恩斯加快增值率模式，对哈洛德·英尼斯理论提出质疑，特别是到60年代出现了新经济史学派，更是大胆否定这一理论体系。1966年，钱伯斯和高登在加拿大《政治经济学杂志》上发表《初级产品与经济增长：一项实际测定》，可以作为新经济史学挑战哈洛德·英尼斯理论的代表，用计量经济学方法，推翻了哈洛德·英尼斯许多“传统观点”，特别是否定学派的理论基石——小麦经济在加拿大经济发展中的作用。按哈洛德·英尼斯学派，小麦产出占国民总产值的23.6%以上，而他们确定则贡献不到8.4%，小麦不是“加拿大经济集中增长的一个重要源泉”。这样，哈洛德·英尼斯理论本身发生了动摇。20世纪七八十年代新经济史学从货币政策、工资、收入、财富分配、国内金融市场乃至国际货币流通、关税政策等方面，论证了加拿大资本主义的发展，以及国家工业化和城市化的历史。戴尔斯教授则推翻了基于该理论的对国家政策的传统解释。

西方社会在20世纪60年代后期的动荡进一步促进了国际学术的交流，加拿大也出现了年轻一代的马克思主义学派，如H.C.潘特兰、S.B.赖尔森等学者从英国引进E.P.汤普森(E.P.Thompson)、艾瑞克·霍布斯鲍姆(Eric Hobsbawm)的“经验”马克思主义政治经济学，从西欧引进法国年鉴学派以及德国新马克思主义学派经济社会史学的分析方法，“用新方法研究加拿大社会和劳工”等问题，纠正因受哈洛德·英尼斯学派影响而忽视的对资本主义和工人阶级问题的研究，以C.吉莱为代表的马克思主义劳工史学派，重视研究工业革命的社会后果和工人阶级的形成。鲍姆夫莱特1993年出版《加拿大资本主义的发展》一书，指出：“有个广为人知的错误观念，认为加拿大是一个发达的国家，但是不是工业化国家，它所拥有的财富只依赖于其丰富的自然资源，大草原的小麦、矿产和林木，而且北方的水电开发计划也不能弥补地理上太过集中的制造业部门的重要性。然而，在加拿大国民生产总值中，工业产品占2/5，即使矿产、建筑和能源不计算在内，制造业部门在国民生产总产值中所占比重就超过25%，雇佣的劳动力几乎占25%。这在世界上也属最高。到第二次世界大战结束时，加拿大按人均的制造业产值，仅次于美国，位列世界第二。”这样，加拿大作为新兴资本主义国家就有了定论。

人文社会科学新学派在20世纪60年代初加拿大经济繁荣顶峰时期出现，显然是皮埃尔·埃里奥特·特鲁多自由主义的产物。历史学领域也是如此。重视工业化和城市化的著作纷纷出现，布朗教授主编的《插图本加拿大史》(1987年、2005年、2011年)，高度关注工业化和工业社会的叙述。还有研究工业社会的专著，如玛格丽特·康拉德和阿尔文·芬克尔编写的《加拿大人民史》(1998年)对社会和文化展开了充分讨论，是一部优秀的加拿大社会史专著。劳工和妇女运动史也成为社会史的一个重要领域，格雷格·海罗的《加拿大劳工运动简史》(1989年)、德斯蒙德·莫顿的《劳动人民：插图本加拿大工人史》(2000年)、阿里森·伯林蒂瑟的《加拿大妇女史》等，都是这些领域的最新著作。

**圣洛朗政府重视文化建设**　第二次世界大战后的富裕时代促进了加拿大科学和文学艺术事业的繁荣，但是加拿大政府实行积极的文化扶持政策也发挥了重要的推动作用。战后初期，圣洛朗政府就将培养文化精英作为文化建设的主要任务，1949年4月成立的前驻英高级专员文森特·梅西(Vincent Massey，1887—1967年)和拉瓦尔大学年轻的社会科学工作者乔治-亨利·勒维克(Georges-Henri Lévesque，1903—2000年)神父为两主席的皇家委员会，主持全国艺术、文学和科学的发展事业。在对主要文化机构调查的基础上，1951年提出了《调查报告》，称为《梅西—勒维克报告》(*Massey-Lévesque Report*)。这次调查表明，对大众文化及其支持者美国的粗俗文化的影响，加拿大文化精英倍感忧虑，因而建议鼓励表现民族感情、促进共同了解，以及发展丰富多彩的多元文化事业。同时，提出一些重要措施：即由联邦政府开支维持大学、加拿大广播公司控制的电视媒体、国家图书馆；设立全国捐赠基金，资助演员、作家、剧院和管弦乐队；建立不受党派或政府控制的加拿大文化委员会(Canada Council for the Arts)，负责对人文科学和社会科学资助和奖励。

《梅西—勒维克报告》很快被接受，并付诸实施，但是对采用税收资助芭蕾舞演员，圣洛朗担心选民会反对。自20世纪50年代以来，加拿大文化人一

文森特·梅西（右）

直渴望得到政府支持，联邦政府现在开始做了。1951年拨款800万加元资助大学科学研究，1956年增加拨款，但是政府资助毕竟受到财政的限制。直到1957年因3位百万富翁去世而得到继承税的意外收益，梅西委员会的目标才得以实现。其后，设立亿元捐赠基金资助艺术和学术，一半用作大学研究基金，一半作为文学艺术奖励基金。此后，文化委员会又得到大量增加的捐赠，发挥的作用也越来越大，成百上千万加元拨入艺术机构、大学、管弦乐团或出版社，有效地推动了文化事业的发展。仅为1967年建国的世纪庆典的文化活动，就提供了几百万加元。从70年代以后，在公共基金充足的基础上，还创立了强大的文化企业，成千上万名男女演员、诗人和剧作家依靠国家资金养活，尽管不怎么富裕，但是生活和创作有了保障。

同联邦政府一样，大多数省份也很重视推动文化事业的发展，成立与国家文化委员会相当的省级文化机构，鼓励艺术、人文和社会科学的研究。例如，安大略省艺术委员会便是在1967年建国百年纪念后为响应民族文化运动而成立的。在自由主义时代精神熏陶下，发掘当地文化遗产优势，来对抗大都市的传统地位，结果日益增长的文化需求将文化事业推向了远离大都市中心的地方。文化民族精英还强烈要求采取保护性措施，抵制美国粗俗大众文化的入侵，政府及其基金捐赠机构都采取了积极措施。

在历届各级政府的大力支持下，不仅造就了群星璀璨的文学艺术家队伍，而且推动了自然科学和社会科学的进步，文化事业出现了大繁荣。当然，这也要归功于战后的教育改革。20世纪五六十年代经济繁荣高峰期间，加拿大人对自己国家的地位信心倍增，为了培养经济建设所急需的人才，首先重视发展各类教育事业特别是高等教育。1945—1961年，中学注册的学生和教师数目增加一倍。高等教育发展最快，除扩大原有规模和设施外，又新建19所院校。在战后初期，高等院校注册学生是战前的3倍，1961—1971年学生从12.9万人增加到32万人，1990年达到51.44万人。据加拿大高等院校联合会编制的《1991年加拿大大学手册》，截至1990年，加拿大大学共89所，专职教师3.67万人。

# 深入研究的基本书目

19卷本《20世纪历史长编》史料丰富，史论结合，全面论述了加拿大历史。实际上这是一套通史丛书，由有关这个国家方方面面历史的14个分册构成，包括赫尔达·尼特比的《1760—1791年的魁北克》(Hilda Neatby, *Quebec*, 1966)、杰拉尔德·格雷格的《上加拿大1784—1841年农业开发的年代》(Gerald M.Craig, *Upper Canada: The Formative Years*, 1963)、费尔南德·韦莱特的《1791—1840年的下加拿大》(Fernand Quellett, *Lower Canada1791—1840*, 1980)、斯图尔特·马克努特的《1712—1857年的大西洋沿岸各省》(W.Stewart Macnutt, *The Atlantic Provinces 1712—1857*, 1965)、卡勒莱斯的《1841—1857年加拿大的联合》(M.S.Careless, *The Union of the Canadas*, 1967)、莫顿的《1857—1873年的关键年代》(W.L.Morton, *The Critical Years*, 1964)、韦特的《1874—1896年的加拿大：险峻的命运》(P.B.Waite, *Canada 1874—1896: Arduous Destiny*, 1971)、R.C.布朗和拉姆齐·库克的《1892—1921年加拿大国家的变迁》(R.C.Brown and Ramsay Cook, *Canada, 1892—1921: A Nation Transformed*, 1974)、莫里斯·扎斯劳的《1870—1914年的北方开发》(Morris Zaslow, *The Opening of the North*, 1971)、约翰·赫尔德·汤普森和阿朗·西格的《1922—1939年的加拿大：十几年的冲突》(John Herd Thompson and Allan Seager, *Canada, 1922—1939: Decades of discord*, 1985)和格兰纳赤坦的《1957—1967年加拿大变动与革新的年代》(J.L.Granatstein, *Canada, 1957—1967: The Years of Uncertainty and Innovation*, 1986)，等等。自21世纪以来，又有博斯韦尔在2006年出版的一部论述自早期到2006年的加拿大通史《加拿大史》(Robert Bothwell, *The History of Canada*, 2006, Penguin Books Ltd)，作者是多伦多大学教授，以前以研究对外关系和战后加拿大史较著名。

可惜缺少古代土著加拿大人的历史著作，反映了传统史学对土著人民历史的忽视。好在20世纪后期这一缺陷开始得到弥补，加拿大史学界重视这一专题研究的新著日益增多。考察土著加拿大人历史最重要的系统著作是奥尔夫·帕特里西亚·迪金逊的《加拿大第一民族：从远古至今的人民发展史》(Oliver Patricia Dickason, *Canada's First Nations: A History of Founding Peoples from Earliest Timers*, 1997)、亚瑟·雷的《自开天辟地我就住在这里：加拿大土著人民插图史》(Arthur J.Ray, *I Have Lived Here Since the World Began: An Illustred History of Canada's Natives People*, 1996)。此外，布鲁斯·特里格里的(Bruce G.Trigger)和威尔考姆·瓦斯波恩(Welcomb E.Wasburn)合编的《剑桥美洲土著人民史》(*The Cambridge History of the Native Peoples of the Americas*)的第一卷第二部分对加拿大大草原以外所有主要文化区作了考古学和人种学的综述。还有威廉姆·斯图尔泰凡特主编的《史密森北美印第安人手册》(William Sturtevant general editor, *Smithsonian Handbook of North American Indians*)第三卷第五章、第七章、第十二章和第十五章分别介绍了北极地区、东北地区、西北海岸、高原和近北极地区。海伦·塔奈尔主编的《大湖印第安人历史地图集》(Helen H.Tannereditor, *Atlas of Great Lakes Indian History*, 1987)透视了大湖地区土著人民的地理和历史。萨拉·卡特尔的《1900年以前的加拿大西部的土著人和殖民者》(Sarah Carter, *Aboriginal peoples and colonizers of Western Canada to 1900*, 1999)是考察西部内陆的一部好书。米勒的《摩天大楼挡住了天堂：加拿大印第安人—白人关系史》(J.R.Miller, *Skyscrapers Hide the Heavens: A History of Indian—Write Relations in Canada*, 2000)也很优秀，重点叙述所谓"接触时期"，即近代早期欧洲殖民者侵入加拿大、打破土著居民宁静生活的历史。

论述当代土著人状况和政策的一部著作是哈罗德·卡迪内尔的《不公平社会：加拿大印第安人的悲剧》(Harod Cardinal, *The Unjust Society: The Tragedy of Canada's Indians*, 1969)。该书论及1970年皮埃尔·埃里奥特·特鲁多建议取消《印第安人法》引起的不满改变了他的思想，从而成立皇家双语与二元文化委员会推动多元文化社会建设，从根本上解决土著人的不公平待遇。

14卷本《加拿大传记词典》(*The Dictionary of Canadian Biography*, 1965— )是一部珍贵的多卷本按传主去世前年月编谱，包括从土著人时代到1920年加拿大重要历史人物的传记，记述他们所处时代的生活特别是政治生活，但内容简短，史料不多，可轻松浏览，帮助理解通史内容。联邦之父和历任总理的正式传略则是深入研究通史十分必需的。他们承前启后，演绎了国家的整部历史。从开国总理约翰·亚历山大·麦克唐纳到第20任总理让·克雷蒂安的政治活动，构成了一部加拿大官方历史，展示了各个时代经济、政治、军事、外交的内容和发展状况。这是研究加拿大通史十分重要的资料，应予以重视。几位重要的总理都有优秀的传记，如唐纳德·克莱顿的《约翰·麦克唐纳》(D.G.Creighton, *John A.Macdonald*, 1952）和《老领袖》(*The Old Chieftain*, 1959, 1999年合为一卷平装本)，是论述这位开国总理最好的英文版传记。M.S.卡勒莱斯的《〈环球报〉的布朗》(*Brown of the Globe*, 1959）和《联邦政治家》(*Statesman of Confederation*, 1963）两部书是关于联邦运动中最激进的政治家、《环球报》主编乔治·布朗的传略。布赖恩·扬的《乔治-埃蒂安·卡迪埃：蒙特利尔的资产者》(Brian Young, *George-Etienne Cartier: Montreal Bourgeois*, 1981）一书赞扬的是另一位重要的联邦之父。同样重要的查尔斯·塔珀（Sir Charles Tupper）还没有一本正式的传略，最好的研究见菲利普·巴克内尔的《加拿大传记词典》第十四卷。约翰·斯帕洛·戴维·汤普森1885—1894年为司法部部长，捍卫了民族精神，约翰·亚历山大·麦克唐纳去世后继任联邦总理。P.B.韦特为他立传《来自哈利法克斯的总理约翰·汤普森爵士》(*The Man from Halifax: Sir John Thompson, Prime Minister*, 1985)。

联邦稳定后便进入工业革命时期。为19世纪末20世纪初国家工业化深化作出重要贡献的是自由党政府总理威尔弗里德·劳雷尔。斯凯尔顿的《维尔弗里德·劳雷尔爵士的生平与时代》(O.K.Skelton, *Life and Times of Sir Wilfrid Laurier*, 2vols., 1921）和约瑟夫·舒尔的《劳雷尔：第一位加拿大人》(Joseph Scull, *Laurier: The First Canadian*, 1965）是论述威尔弗里德·劳雷尔最好的传略。法语传略的优秀著作是雷阿尔·贝朗热的《威尔弗里德·劳雷尔》(Real Be'langer, *Wilfrid Laurier: quand la politique devient passion*, 1986)。罗伯特·莱尔德·博登总理也属于这一时期，罗伯特·格雷格·布朗为他立传：《罗伯特·莱尔德·博登》(Robert Craig Brown, *Robert Laird Borden*, 1975)。其后具有影响而且影响直至第二次世界大战结束的是威廉·莱昂·麦肯齐·金总理。麦克格莱果尔·道森和布莱尔·尼特比的《威廉·莱昂·麦肯齐·金》(McGregor Dawson and H.Blair Neatby, *William Lyon Mackenzie King*, 1958）是一部很好的传略。

20世纪四五十年代路易·圣洛朗和莱斯特·皮尔逊总理的传略有戴尔·汤姆森的《加拿大人圣洛朗》(Dale Thomson, *Louis St. Laurent: Canadian*,

1967）和约翰·英格里希的《走向世界的年代：莱斯特·皮尔逊的生平》（John English, *The World Years: The Life of Lester Pearson*, vol.II, 1949—1972, 1992）。丹尼斯·史密斯的《托利党党棍：约翰·迪芬贝克的生平与传说》（Denis Smith, *Rogue Tory: The Life and Legend of John Diefenbaker*, 1995 ）则是五六十年代之交的这位最有争议总理的传记。20世纪60—80年代最知名的总理是皮埃尔·特鲁多，斯蒂芬·克拉克顿和克里斯蒂娜·麦考尔以两卷本《皮埃尔·特鲁多与我们的时代》（Stephen Clarkton and Christina McCall, *Trudeau and Our Times*, 1994）为他立传（第一卷《宏伟的理念》、第二卷《崇高的幻想》），是一部严肃的传记。有关马丁·布赖恩·马尔罗尼和让·克雷蒂安时代，有杰弗里·辛普森的《焦急的年代：马尔罗尼和克雷蒂安年代的政治》（Jeffrey Simpson, *The Anxious Years: Politics in the Age of Mulroney and Chretien*, 1996），其他是一些有关竞选的传记和回忆，包括让·克雷蒂安的自传《肺腑之言》（Jean Chretien, *Straight from the Heart*, 1985）也是如此。

担任重要内阁职务的政治家也提供了补充史料。《加拿大传记词典》第十四卷有代表大西洋海岸的联邦之父约瑟夫·豪的最好研究，而第二次世界大战中及战后为加拿大经济发展作出卓越贡献的另一位C.D.豪则有罗伯特·伯斯韦尔（Robert Bothwell）和威廉姆·凯尔布尔恩合著的《C.D.豪传略》（Robert Bothwell and William Kilbourn, C.D.Howe: A Biography, 1979）。类似的传记还有康拉德·布拉克的《变成恺撒：莫里斯·杜普莱西斯的生平与遗产》（Conrad Black, *Render unto Caesar: the life and legacy of Maurice Duplessis*, 1998）和《真正的爱国者：布鲁克·克拉埃克斯顿的生平》（David Bercuson, *The Patriot, The Life of Brooke Claxton, 1898—1990*, 1993），前者告诉读者这位保守专制的统治者如何阻止魁北克战后的进步；后者是冷战时期分管国防的一名阁员，其活动在一定程度上反映了加拿大那时的军事和外交政策。而约翰·迪芬贝克政府（1957—1963年）时期的农业部部长阿尔文·汉密尔顿实际上是内阁灵魂，约翰·迪芬贝克政府屈指可数的政绩——小麦经济再度短暂繁荣主要归功于阿尔文·汉密尔顿打开中国谷物市场。阿尔文·汉密尔顿的政绩可见库帕的《阿尔文·汉密尔顿传略》（P.Kyba, *Alvin: A Biography of the Honorable Alvin Hamilton*, 1989）。肯尼斯·麦克诺特的《一位政治预言家：伍德斯沃斯传略》（Kenneth McNaught, *A Prophet in Politics: A biography of J.S.Woodsworth*, 1959）记述的则是一位激进劳工领袖，反映了工业化后加拿大劳工的要求和利益。

在通史的基础上作深入研究必须参考断代史著作。早期断代史的重要著作有马塞尔・特鲁戴尔的多卷本《新法兰西史》(Marcel Trudel, *Histoire de la Nouvelle-France*),列出了17世纪住在新法兰西的每个人的姓氏。英语著作有威廉姆・埃克莱斯的《法国人在北美》(William Eccles, *The France in North America*, 1998)、皮特・姆凯的《新法兰西》(Peter Moogk, *La Nouvelle France*, 2000)和阿伦・格理尔的《新法兰西人民》(Allan Greer, *The People of New France*, 1997),都很有用。早期法国侵入加拿大的重要见证人的记载是原始史料,十分宝贵。重要的有《耶稣会士的关系》(*The Jesuit Relations*)、尚普兰的系列游记、杰克・卡迪埃、皮埃尔・拉迪森的《航海记》(*The Voyages*)以及由乔伊斯・马歇尔编辑的玛丽・德・英卡内申(Marie de l'Incarnation)修女的书信《新法兰西来信》(Joyce Marshall, *Word from New France*, 1967)。

英国殖民地时期(1760—1840年)和联邦时期(1840—1900年)的加拿大历史发生了重大变迁。关于这两个时期历史的断代史著作更多,除收入前面提到的十九卷本《20世纪历史长编》外,早期重要的著作有以下几部:R.L.让蒂尔科勒和格兰特・赫德(C.Grant Head)合编的《安大略历史地图》(*Ontario's History in Maps*)、唐纳德・克莱顿《通往联邦的道路》(*The Road to Confederation*, 1964)、P.B.韦特的《联邦的生命与时代》(*The Life and Times of Confederation*, 1962)、保罗・克内尔的《加拿大1841—1867年政治组织的结盟》(Paul Cornell, *The Alignment of Political Group in Canada*, 1962)和杰德・马丁的《英国与加拿大联邦的起源》(Ged Martin, *Britain and the Origins of Canadian Confederation*, 1837—1867, 1995)。后面两部著作侧重于加拿大自治领联邦诞生的背景。

第一次世界大战后的重要断代史著作有格兰纳赤坦、阿贝拉(I.M.Abella)、大卫・伯卡森、格雷格・布朗和布赖尔・尼特比的《20世纪的加拿大》(*Twentieth Century Canada*, 2nd ed., 1986)、唐纳德・克莱顿的《多条道路:1939—1957年的加拿大》(*The Forked Road, Canada, 1939—1957*, 1976)。第二次世界大战后至今的代表作有德斯蒙德・莫顿和格兰纳赤坦的《1945年的胜利:加拿大从战争走向和平》(*Victory 1945: Canada from War to Peace*, 1995)、罗伯特・博斯韦尔(Robert Bothwell)的《1945年以来的加拿大史》等。

与断代史相关的是地区史,实际上是包含在断代史中。加拿大自治领联邦由英国征服新法兰西而建立,英裔和法裔加拿大人构成两个主体民族;安大略和魁北克构成加拿大两大中心地区,它们对于加拿大犹如中原之于中国。

当今加拿大就是从这两大地区先向东而后向西逐步扩张形成的。在断断续续的扩张过程中，渐次形成各地区乃至各省由特定民族居住并保持各自民族文化和语言特色。这对加拿大历史研究很重要。有关西部省份发展史的著作有：杰拉尔德·弗里埃森的《加拿大大草原史》(Gerald Friesen, *The Canadian Prairies: A History*, 1984)对西部草原发展历史作了最好的介绍。乔治·斯坦利的《路易·瑞尔》(George F.G. Stanley, Louis Riel, 1963)和大卫·莱科克的《加拿大大草原的平民主义与民主思想》(David Laycock, *Populism and Democratic Thoughts in the Canadian Prairies, 1919—1945*, 1990)论述了西部的抗议运动。保罗-安得烈·兰多、勒内·迪罗歇和让-克劳德·罗伯特《现代魁北克史》(Paul-Andre Linteau, Rene Durocher and Jean-Claude Robert, *Histoire de Quebec Contemporain*, 1867—1929, 1979)、保罗-安得烈·兰多、勒内·迪罗歇、让-克劳德·罗伯特和弗朗索瓦·里卡尔合著的《自1930年以来的魁北克》(Paul-Andre Linteau, Rene Durocher, Jean-Claude Robert and Francois Ricard, *Quebec Since 1930*, 1991)和罗伯特·吕米伊多卷本的《魁北克省史》(Robert Rumilly, *Histoire de la Province de Quebec*, 1940—1969)，是研究魁北克省历史的代表作。欧内斯特·福布斯的《大西洋沿岸的权利》(Ernest Forbes, *Maritime Rights*, 1979)较好地综述了大西洋海岸各省的历史。

与断代史和地区史同样重要的，还有专题史研究著作。通史性的系统专题史著作很重要。在经济史专题中，伊斯特玻瑞克和胡夫·艾肯的《加拿大经济史》(W.T.Easterbrook and Hugh G.Aitken, *Canadian Economic History*, 1988)在很长时期内一直是标准的经济史教材，但它是20世纪下半期以前统治加拿大学术界的哈洛德·英尼斯学派的代表作，论述的是哈洛德·英尼斯在《加拿大的毛皮》(Harold Adams Innis, *The Fur Trade in Canada: An Introduction to Canadian Economic History*, Toronto, 1956)一书中所创立的"大宗产品论"的经济学理论。此后经济学界和史学界开始清算哈洛德·英尼斯学派的影响，出现了新的经济学理论，相应的新著也不少，如里查德·鲍夫莱特的《加拿大经济的发展》(Richard Pomfret, *The Economic Development of Canada*, 1993)、诺里埃和道格·奥拉姆《加拿大经济史》(K.H.Norrie and Doug Owram, *A History of the Canadian Economy*, 1991)都彰显了新经济学说。迈克尔·布利斯的《北方的企业：加拿大商业五百年》(Michael Bliss, Northern Enterprise: Five Centuries of Canadian Business, 1987)、迈克尔·布利斯的《北方企业》(Michael Bliss, Northern Enterprise, 1987)透彻地分析了加拿大工商业发展史。

皮特·巴斯克韦勒和格拉汉姆·泰勒的《加拿大商业简史》(Peter Baskerville and Graham Taylor, *A Concise History of Canadian Business*, 1994)也很有用。

经济史中为加拿大所特有的毛皮贸易占有十分重要的地位，对此研究的专著也不少，如丹尼尔·法兰西斯和淘比·毛兰茨的《毛皮贸易中的伙伴：1600—1879年东詹姆斯湾毛皮贸易史》(Daniel Francis and Toby Morantz, *Partners in Furs: A History of the Fur Trade in Eastern James Bay*, 1983)、亚瑟·勒伊的《毛皮贸易中的印第安人》(Arthur J.Ray, *Indians in the Fur Trade*, 1998)。詹姆斯·吉布逊的《海獭皮、波士顿船与中国货：1785—1841年西北海岸的水上贸易》(James R.Gibson, *Otter Skins, Boston Ships and China Goods: The Maritime Fur Trade of the Northwest Coast, 1785—1841*, 1992)等不少著作也记述了太平洋海岸的贸易。

关于加拿大早期经济开发的问题，可读道格拉斯·麦克卡拉的《规划这个省：1784—1870年安大略经济史》(Douglas McCalla, *Planning the Province: The Economic History of Upper Canada, 1784—1870*, 1993)等。

重要的政治史著作有罗杰·基宾斯的《冲突与联合：加拿大的政治生活导言》(Roger Gibbins, *Conflict and Unity: An Introduction to Canadian Political Life*, 1990)、威廉姆·克里斯廷和坎贝尔的《加拿大的政党与意识形态》(William Christian and C. Campbell, *Political Parties and Ideologies in Canada*, 1990)，这两部著作通盘考察了加拿大的政治学。《爱国者与人民：1837年下加拿大农村地区的起义》(*The Patriots and the People: The Rebellion of 1837 in Rural Lower Canada*, University of Toronto Press, 1993)论述了加拿大唯一的一次革命。联邦与魁北克的关系是当代加拿大政治史的一个重要问题，皮埃尔·特鲁多的《联邦主义与法裔加拿大人》(Pierre B.Trudeau, *Federalism and the French Canadians*, 1968)、理查德·琼斯的《危机的地区》(Richard Jones, *Community in Crisis*, 1967)和拉姆齐·库克的《加拿大与法裔加拿大人问题》(Ramsay Cook, *Canada and the French Canadian Question*, 1970)等著作对这一问题作了广泛的探讨。作为英语加拿大对皮埃尔·特鲁多宪法战略的反响，有盖伊·拉弗勒斯特的《皮埃尔·特鲁多与加拿大之梦的终结》(Guy Laforest, *Trudeau and the End of Canadian Dream*, 1995)等。

直到第二次世界大战结束标准的加拿大外交教材是斯泰希两卷本的《冲突年代里的加拿大：加拿大外交政策史》(C.P.Stacey, *Canada in the Age of Conflict: A History of Canadian External Policies*, 第一卷1867—1921, 1977,

第二卷1921—1948，1984）。尼古拉斯·曼舍的《英联邦的经历》（Nicholas Mansergh, *The Commonwealth Experience*，第一卷从《德拉姆报告》到英国—爱尔兰条约，第二卷从英裔到多种族的英联邦，1983）对加拿大与英国的关系作了系统考察。德斯蒙德·莫顿的《从尚普兰到科索沃的加拿大的军事史》（Desmond Morton, *A Military history of Canada*, 1999）、唐纳德·古得斯皮德《加拿大1867—1967年的军事力量：成功的百年》（Donald J. Goodspeed, *The Armed Forces of Canada*, 1967）回顾了加拿大军事史。

莫顿的《走向决战：加拿大与第一次世界大战》（Desmond Morton, Marching to Armageddon: *Canadians and the Great War, 1914—1919*, 1989）和格兰纳兹坦的《在烈火中锤炼的国家：加拿大与第二次世界大战》（J.L.Granatstein, *A Nation Forged in Fire: Canadians in the Second World War, 1939—1945*, 1989）研究了加拿大与两次世界大战。格兰纳赤坦的《加拿大的战争：1939—1945年的麦肯齐·金政府的政策》（J.L. Granatstein, *Canada's War: The Politics of the Mackenzie King Government, 1939—1945*, 1975）。1945年之后，加拿大人意识到在这个受冷战和核毁灭威胁的世界上可以发挥作用，每年一次由加拿大国际事务研究所（后来以不同的题目由卡尔顿大学）出版的《加拿大在世界事务中》丛书（*Canada in World Affairs*, by the Canadian Institute for International Affairs and Carleton University）定期审查这个关乎人类生死存亡的这一严重问题。有才能的外交官的回忆录，如约翰·霍尔姆斯的《和平的实现：加拿大寻求世界次序》（John Holmes, *The Shaping of Peace: Canada and the Search for World Order, 1943—1957*, 1982）、埃斯柯特·里德的《忧虑与希望的年代》（Escott Reid, *Time of Fear and Hope*, 1977）和乔治·伊格纳蒂也夫的《和平贩子成功的手段》（George Ignatieff, The Making of a Peacemonger, 1985），也回顾和探讨了冷战问题。

三部论述现代加美关系的著作是罗伯特·博斯韦尔的《加拿大与美国：伙伴关系政治》（Robert Bothwell, *Canada and the United States: the politics of partnership*, 1992）、格兰纳赤坦和诺曼·希尔莫的《或好或坏：1990年以前的加拿大与美国》（J.L.Granatsein and Norman Hillmer, *For Better or For Worse: Canada and the United States to the 1990s*, 1991）和约翰·赫尔德·汤普森和斯蒂芬·兰德尔合著的《加拿大与美国：相互冲突的同盟》（John Herd Thompson and J.Randall, *Canada and the United States: Ambivalent Allies*, 1994）。 斯蒂芬·克拉克森的《加拿大与里根的挑战：加美关系的危机》（Stephen

Clarkson, *Canada and the Reangan Challenge: Crisis in the Canadian –American Relationship*, 1985)、理查德·格文的《49度线上的矛盾：加拿大在北美》(Richard Gwyn, The 49th Paradox: Canada in North America, 1985)探讨了20世纪80年代北美自由贸易问题。

近年开始注意关于维和与反恐历史研究，理查德·季姆布莱特和让·莫兰的《战场摩擦：海湾战争中的加拿大军队》(Richard Gimblett and Jean Morin, *Operation Friction: Canadian Forces in the Gulf War*, 1996)、卡罗尔·奥夫的《雄狮、狐狸与鹰》(Carol Off, *The Lion, the Fox and the Eagle*, 2000)和大卫·伯卡森的《重大事变：加拿大的军队、空军和在索马里的谋杀》(David Bercuson, *Significant Incident: Canada's Army, The Airborne, and the Murder in Somalia*, 1996)对维和与反恐问题表达了不同看法。

玛格丽特·康拉德和阿尔文·芬克尔的《加拿大人民史》(Margaret Conrad and Alvin Finkel, *History of the Canadian Peoples*, 1998)避开政治，对社会和文化的论题作了充分论述，是一部优秀的加拿大社会史研究著作。社会史的一个重要领域是劳工和妇女运动史。格雷格·海罗的《加拿大劳工运动简史》(Craig Heron, *The Canadian Labour Movement: A Short History*, 1989)、乔治·基勒和皮特·瓦里安的《加拿大工人阶级史论文集》(S.Kealey and Peter Warrian eds., *Essays in Canadian Working Class History*, 1979)是分析加拿大工人和工会史的最新范例。工人阶级的斗争史研究包括大卫·柏卡森的《在温尼伯的冲突》(David Bercuson, *Confrontation at Winnipeg*, 1974)、伊文·阿贝拉的《国家主义、共产主义与加拿大的劳工》(Irving Abella, *Nationalism, Communism and Canadian Labour*, 1973)、泰里·考珀的《揭示蒙特利尔1897—1929年工人阶级的贫困状况》(Terry Copp, *The Anatomy of Poverty: The Condition of the Working Class in Montreal,1897—1929*, 1974)、麦克尔·皮瓦的《1900—1921年多伦多工人阶级的状况》(Michael Piva, *The Condition of the Class in Toronto, 1900—1921*, 1979)。鲍勃·怀特的《在工作线上的生活》(Bob White, *My Life on the Line*, 1987)研究了第二次世界大战后的工人生活，夏洛特·亚特的《从工厂到政治：战后的加拿大汽车工人工会》(Charlotte Yate, *From Plant to Politics: The Autoworkers Union in Postwar Canada*, 1993)专门研究了现代加拿大新兴工业部门的工人生活，特别是集体谈判和工会活动。有关工人工会更广泛的历史可读德斯蒙德·莫顿的《劳动人民：插图本加拿大工人史》(*Working People: An Illustrated History of Canadian Labour*, 4th ed.,2000)。

加拿大妇女史的重要研究著作有马格丽特·康拉德和阿尔文·芬克尔的《加拿大人民史》(Margaret Conrad and Alvin Finkel, *History of the Canadian Peoples*, 1998)、阿里森·伯林蒂瑟的《加拿大妇女史》(Alison Prenticeet.al., *Canadian Women: A History*, 1988)和苏珊·曼恩·特罗费门阔夫与阿里森·伯林蒂瑟合编的《被忽略的多数:加拿大妇女史论文集》(Susan Mann Trofimenkoff and Alison Prentice, *The Neglected Majority: Essay in Canadian Women's History*, 1977,1985)。

第二次世界大战后的和平与高度工业化的实现使加拿大出现了高出生率,很快改变了加拿大的社会生活和历史。这是妇女问题研究中的一个重要的新论题,大卫·福特最初在《大一代》(David Foot, *The Big Generation*)而后在畅销的《高出生、低出生与回复:怎样从正在到来的民主变革中获益》(*Boom, Bust and Echo: How to Profit from the Coming Demographic Shift*, 1996)中作了探讨。道格·奥拉姆在《生逢其时:高出生率的一代》(Doug Owram, *Born at the Right Time: A History of the Baby Boom Generation*, 1996)中也得出相同的历史结论。战后的"高出生"和"低出生"的主要后果是1970年随着《弗洛伦斯·伯德妇女状态皇家委员会报告》(*The Report of Florence Bird's Royal Commission on the Status of Women*)的出版而开始的女权革命,多恩·布拉克的《20年之后》、苏珊·曼恩·特罗费门阔夫和阿里森·伯林蒂瑟合编的《被忽略的多数:加拿大妇女史论文集》(Susan Mann Trofimenkoff and Alison Prentice, *The Neglected Majority: Essay in Canadian Women's History*, 1985)对此专门作了探讨。

考察妇女的选举运动和后选举运动历史的著作有凯塞琳·克勒夫顿的《加拿大的妇女选举运动》(Catheine L.Cleverdon, *The Women Suffrage Movement in Canada*, 1950)、维罗尼卡·斯特朗-博厄格的《回忆新时期》(Veronica Strong-Boag, *The New Day Recalled*, 1988)。露丝·皮尔逊的《她们毕竟仍然是妇女》(Ruth Peason, *They're Still Women After All*, 1986)讨论了第二次世界大战中的妇女问题。马逖·丹尼赖维茨基的《做修女》(Marty Danylewycz, *Taking the Veil*, 1987)、安德鲁·勒维克的《规章的制定与破坏》(Andree Levesque, *Making and Breaking the Rules*, 1994)讨论了魁北克的妇女问题。

约翰·韦伯斯特·格兰特的《加拿大联邦时代第一个世纪的教会》

(John Webster Grant, *The Church in the Canadian Era: The First Century of Confederation*, 1972)、马克·麦克高万和大卫·马歇尔合著的《先知、教士和流浪汉：加拿大宗教史读本》(Mark G.McGowan and David B.Marshall, *Prophets, Priests, and Prodigals: Readings in Canadian Religious History, 1680—Present*, 1992)对各类宗教史也作了有价值的论述。宗教改革是社会改革的重要内容，拉姆齐·库克的《改革者》(Ramsay Cook, *The Regenerators*, 1984)、南希·克里斯蒂和麦克尔·高夫罗合著的《充分整顿的基督教》(Nancy Christie and Michael Gauvreau, *A Full Orbed Christianity*, 1996)对此作了论述。

关于社会制度的变革或福利国家制度的实现和进展，最好的著作是马尔科姆·泰勒的《健康保险与加拿大的公共政策：创立加拿大健康保险制度的七项决定及其后果》(Malcolm Taylor, *Health Insurance and Canadian Public Policy: The Seven Decisions that Created the Canadian Health Insurance System and their Outcomes*, 1987)。

加拿大史学界对国家早期的社会史研究也很重视，著作很多。关于新法兰西的社会史研究，有路易斯·戴奇内的《蒙特利尔的农民与商人》(Louis Dechene, *Habitants and Merchants of Montreal*, 1994)、阿伦·格理尔的《农民、地主和商人》(Allen Greer, *Peasant, Lord, Merchant*, 1985)、洛林·加杜律的《新法兰西的贵族》(Lorraine Gadoury, *La Noblesse de Nouvelle-France*, 1992)和费尔南·韦莱特的《1760—1850年魁北克经济与社会史：结构与时机》(*Economic and Social History of Quebec, 1760—1850: Structure and Conjucture*, 1980)。这样的著作还有塞尔日·库维尔的《连接城镇与乡村：下加拿大庄园里的乡村起飞》(Serge Courville, *Enter Ville et Campagne, L'essor du village dans les seineuries du Bas-Canada*, 1990)、塞尔日·库维尔的《魁北克历史地图：人口与领土》(*atlas historique du Quebec: Population et territore*, 1996)。格莱治布鲁克的《安大略的社会生活》(G.P. de T. Glazebrook, *Life in Ontario: A Social History*, 1968)、皮特·埃纳尔斯《1791—1861年上加拿大汉密尔顿镇的土地与社会》(Peter M.Ennals, *Land and Society of Hamilton Township, Upper Canada, 1791—1861*, PhD dissertation, University of Toronto, 1978)提供了早期安大略社会生活的概述及其特殊背景的广泛资料。《苏珊娜·穆迪日记》(Margaret Atwood, *Journal of Susanna moodie*, 1970)、珍·埃里顿的《妻子与母亲、女教员与女佣：1790—1840年上加拿大的工作妇女》(*Wives and Mothers, Schoolmistresses and Scullery Maids: Working Women in Upper*

*Canada 1790—1840*, 1995）也提供了这样的史料。关于新法兰西时期的社会生活，有伊万·戴斯劳杰斯的《佃农城镇：18世纪的魁北克》（Yvon Desloges, *A Tenant's Town: Quebec in the Eighteenth Century*, 1991）、阿伦·戴斯罗杰斯的《农民、地主和商人：三个魁北克教区的农业社会》（*Peasant, lord and Merchant: Rural Society in Three Quebec Parishes, 1790—1840*, 1985）等。苏珊·曼恩·特罗费门阔夫的《国家的梦想：魁北克的社会与思想史》（Susan Mann Trofimenkoff, *The Dream of Nation: A Social and Intellectual History of Quebec*, 1982）记述了自治领联邦时代魁北克人的社会生活和思想。让·德格勒的《大西洋沿岸的阿卡迪亚》（Jean Daigle, *Acadia of the Maritimes*, 1995）、霍华德·泰珀勒编的《甘宾斯的新不伦瑞克日记》（*Gubbins' New Brunswick Journal, 1813 &1814*, 1980）记述了大西洋海岸殖民地的社会生活。

关于20世纪50年代的社会生活，非常好的著作是瓦莱里·考林奈克的《郊区中的混乱：读主妇杂志》（Valerie Korinek, *Roughing it in Suburbia: Reading chatelaine Magazine, 1950—1969*, 1999）、乔伊·巴尔的《国内商品：战后年代的物资、道德和经济》（Joy Parr, *Demostic goods: The Material, the Moral and the Economic in the Postwar Years*, 1999）。

作为一个移民国家，移民定居是加拿大社会史的又一重要内容。这一问题在英国殖民地和自治领联邦时代尤为重要。这方面无可替代的经典著作是海伦·科旺的《英属北美第一个世纪里的英国移民》（Helen Cowan, *British Emigration to British North America: The First Hundred Years*, Rev.ed.1961）。还有布鲁斯·埃里奥特的《爱尔兰在加拿大各地的移民》（Bruce S. Elliott, *Irish Migrants in the Canadas: A New Approach*, 1988）、休·约翰森的《英国1815—1830年移民政策：清除穷人》（Hugh J.M.Johnson, *British Emigration Policy 1815—1830: Shovelling Out Paupers*, 1972）、加德琳·威尔森的《新寿命：爱尔兰与加拿大的地主、佃农和移民》（Catherine A.Wilson, *A New Lease on Life: Landlords, Tenants and Immigrants in Ireland and Canada*, 1984）、塞梭·豪斯顿和希莫斯·斯密斯的《爱尔兰移民和加拿大的拓殖：模式、联系与书信》（Cecil.J. Houston and W.Sheamus Smyth, *Irish Emigration and Canadian Settlement: Patterns, Links, and Letters*, 1990）。杰弗瑞·毕尔森的《黑屋：加拿大19世纪的霍乱病》（Geoffrey Bilson, A Darkened House: Cholera in Nineteenth–Century Canada, 1980）记述了移民的苦难（如霍乱等传染病）。考察移民和少数族历史的优秀著作有乔伊·帕尔的《劳动者的儿子：英国

1869—1924年到达加拿大的移民徒工》(*Labouring Children: British Immigrant Apprentices to Canada, 1869—1924*, 1980)、豪尔德·帕尔莫的《典型的歧视:阿尔伯塔的排外主义的历史》(Howard Palmer, *Patterns of Prejudice: A History of Nativism in Alberta*, 1982)、皮特·沃德的《永久的白色加拿大:不列颠哥伦比亚人民的态度与对东方人公共政策》(Peter Ward, *White Canada Forever: Popular Attitudes and Public Policies toward Orientals in British Columbia*, 1978)。

关于第二次世界大战以来的移民问题,见尼奈特·凯利和麦克尔·特勒比尔库克的《马赛克社会的形成:加拿大移民政策史》(Ninette Killey and Michael Trebilcock, *The Making of the Mosaic: A History of Canadian Immigration Policy*, 1998)。

关于文化、科学、思想和艺术等深入研究的基本补充书目,有麦金洛普的《加拿大思想史概论》(A.B. Mckillop, *Contours of Canadian Thought*, 1987)、卡尔·伯格的《国家的观念:1867—1914年加拿大的帝国主义思想研究》(Carl Berger, *the Sense of Power: Studies in the Ideas of Canadian Imperialism, 1867—1914*, 1967)、苏珊·泽勒的《加拿大的创立:一个横贯大陆国家在维多利亚早期的科学与思想》(Suzanne E.Zeller, *Inventing Canada: Early Victory Science and the Idea of a Transcontineental Nation*, 1987)。

了解加拿大文学史,可读诺拉·斯托里的《牛津加拿大历史与文学手册》(Norah Story, *Oxford Companion to Canadian History and Literature*, 1967)以及威廉姆·托伊埃的增订版(William Toye, *Supplement*)。关于加拿大土著人文学史,有潘尼·皮特劳奈的《从口头传说至今的加拿大土著人文学》(Penny Petrone, *Native Literature in Canada: From Oral Tradition to the Present*, 1990),可以帮助人们从土著人的神话和传说来研究加拿大土著历史。

卡尔·伯格的《1900年以来英语加拿大史学著作》(Carl Berger, *The Writing of Canadian History: Aspects of English-Canadian Historical Writing since 1900*, 1986)、塞尔日·加农的《魁北克与魁北克历史学家》(Serge Gagnon, *Quebec and its Historians*, 1982, 1985)论述了加拿大的史学。

迈克尔·布利斯的《班廷传》(Michael Bliss, *Banting: A Biography*, 1984)和戴尼斯·里德的《加拿大绘画简史》(Denis Reid, Concise History of Canadian Painting, 1973)分别叙述了加拿大的医学发展和美术史。随着20世纪中期电视的出现,加拿大人的文化生活方式发生了较大变化,有关著作有保罗·卢塞福德的《电视在早年的时候:1952—1967年加拿大的黄金时段》

(Paul Rutherford, *When Television was Young: Primetime Canada, 1952—1967*, 1990)、弗兰克·皮尔斯的《公众的眼睛：电视与加拿大的广播政策》(Frank Peers, *The Public Eye: Television and the Politics of Canadian Broadcasting, 1952—1968*, 1979)。保罗·利特的《文艺与大众文化委员会》(Paul Litt, *The muses and the Massey Commission*, 1992)记述了高雅文化与电视等大众文化难以相融的情况。

# 后记

作者曾编写过一本《插图本加拿大通史》,错误甚多,一直希望能够再版纠错。2012年上海社会科学院出版社计划出版世界历史文化丛书,将编写加拿大历史的任务交给笔者。这就有了纠错的宝贵机会,所以非常感谢上海社会科学院出版社和张广勇先生。同时还应感谢加拿大驻华使馆文化处官员王荔女士,为笔者这次编写提供了新材料。

李节传

2014年中秋节

# 修订本后记

2016年11月2014年版《加拿大通史》加印了一些，我感到此书还有读者，所以向张广勇先生建议销售差不多时出修订本，因为当时正当加拿大政府换届，而20世纪60—80年代的总理皮埃尔·特鲁多的长子贾斯廷·特鲁多（小特鲁多）承继父业当选为加拿大第23届联邦政府总理，从而成就了加拿大历史上首对父子总理的佳话。这应当予以记载。张先生同意，并将编辑任务交给王勤女士，王女士认为贾斯廷·特鲁多总理的执政理念自有特色，值得一述。我本来打算在7月1日在加拿大自治国家成立150周年纪念日出版此增订本，可是紧赶慢赶没有能够赶上，因为重校旧稿花费了不少时间，甚为遗憾，但是能够推出新版，仍然非常高兴，希望读者能从中受益。

作者于2017年7月23日记

图书在版编目（CIP）数据

加拿大通史 / 李节传编著 .— 修订本 .— 上海 ：上海社会科学院出版社，2018
ISBN 978-7-5520-2241-4

Ⅰ.①加… Ⅱ.①李… Ⅲ.①加拿大—历史 Ⅳ.①K711

中国版本图书馆CIP数据核字（2018）第032613号

加拿大通史（修订本）

---

编　　著：李节传
责任编辑：王　勤　张广勇
封面设计：陆红强
出版发行：上海社会科学院出版社
上海顺昌路622号　邮编200025
电话总机021-63315947　销售热线021-53063735
http://www.sassp.cn　E-mail: sassp@sassp.cn
照　　排：南京展望文化发展有限公司
印　　刷：上海市崇明县裕安印刷厂
开　　本：710毫米×1010毫米　1/16
印　　张：27.5
插　　页：1
字　　数：464千
版　　次：2018年6月第1版　　2023年2月第2次印刷

---

ISBN 978-7-5520-2241-4 / K · 431　　定价：118.00元

---